제2판

" 이제는 재무회계, 현금흐름 및 재무분석을 연계해야 한다 "

재무회계와 재무분석

나 영·양대천

신영사

머리말

오늘날과 같은 디지털 글로벌시대에서는 글로벌리더를 키우는 맞춤형 인재교육의 필요성이 제기되면서 경영학 이론 대신 기업과 사람을 가르치는 인재혁명과 교육패러다임의 변화가 뚜렷해지고 있다. 기업에는 장사뿐만 아니라 팀워크, 인간관계, 집단토론, 원활한 의사소통 등의 다양한 기업문화가 존재한다. 또한 전문경영자는 기업을 효율적으로 운영하면서 적절한 시기에 유용한 재무정보를 이해관계자에게 제공하고자 노력한다. 그러나 기업의 재무정보를 이해관계자들이 속 시원히 이해한다는 것은 그리 쉬운 일은 아니다. 그렇다고 계속적으로 쏟아져 나오는 재무정보를 쉽게 무시할 수도 없다.

사실 더 큰 문제는 회계 및 재무 교재를 충실히 학습하였다 하더라도 기업에서 제공하는 재무정보에 대한 해석을 제대로 하기가 어렵고, 심지어 재무제표를 통해 획득한 회계정보의 활용은 감히 엄두도 못 내는 실정에 처해 있다. 한 가지 분명한 사실은 회계처리를 명확하게 수행하지 못한다 하더라도 정보이용자 입장에서 재무제표를 충분히 이해하고 동 정보를 활용하는 것은 가능한 일이다. 일례로 자본시장의 모든 투자자와 참여자가 회계를 전공해야만 재무제표를 살펴볼 수 있는 것은 아니다. 실제로 회계처리 수행능력과는 무관하게 재무제표를 이해하고 정보를 획득하여 훌륭히 활용하는 일은 얼마든지 가능하다. 물론 회계처리에 대한 기본적인 지식을 가지고 실제 기업의 재무제표를 이해하고 활용하는 능력을 배양하는 일은 매우 중요하다고 할 수 있다.

본서는 국제회계기준(IFRS : International Financial Reporting Standards)이 전면적으로 도입되어 시행되는 시점에서, 기업의 경영관리와 관련된 회계 및 재무 측면에 초점을 맞추어 기술되었다. 최근에는 IFRS의 제정과 관련된 국제조직(예 : IFRS Interpretations Committee, IASB, Trustees of IFRS Foundation, Monitoring Board of IFRS Foundation)에 적극적으로 참여하여 한국의 입장을 반영한 국제회계기준이 제정되는 사례까지 나타나고 있는 현실이다.

회계수치로 기록된 기업의 재무제표를 읽는 방법을 터득하는 것은 실로 중요한 일이다. 기업가치는 재무제표에 기록되는 회계정보와 밀접하게 연관되기 때문이다. 그중에서도 회계이익과 현금흐름의 조명이 전체적으로 본서의 근간을 이루고 있는데, 이는 회계와 관련된 다른 서적들과 차별화된다고 할 수 있다.

기업활동 중에서 가장 중요성이 커지고 있는 분야가 기업 내에서 구체적인 회계정보를 분석하여 의사결정의 지원 역할을 수행하는 '재무활동' 분야이다. 기업의 재무활동에 대한 이해는 비단 재무활동을 책임지거나 수행하는 사람이나 부서에 한정되는 일은 아니다. 뿐만 아니라 자본시장이 발달하면서 기업의 자금조달규모가 커짐에 따라 외부투자자, 채권자, 애널리스트 및 펀드매니저, 기타 이해관계자들이 기업의 재무활동에 대해 정보를 획득하거나 경영활동을 감시하려는 욕구가 커지고 있다.

이와 관련된 모든 정보가 포함되어 있는 것이 바로 기업의 재무제표이다. 따라서 기업내부자는 재무제표를 충분히 이해하여 경영의사결정을 수행하거나 지원할 수 있고, 기업외부의 이해관계자는 재무제표를 통해 기업경영활동을 이해하고 경영을 평가 및 감시할 수 있는 것이다. 본서에서는 기업경영과 재무분석의 세계를 쉽게 소개하려고 했다. 즉, 회계 및 재무 영역의 속성과 기능이 어떤 것인지 전공자는 물론이고 비전공자들에게 쉽게 파악할 수 있도록 하였다. 또한 정보이용자 측면에서 기업의 재무정보의 관리가 왜 중요한지를 일목요연하게 설명하고자 하였다.

이를 위해 해외문헌인 Lawrence Gitman의 *Principles of Managerial Finance*(1990), Steven A. Finkler의 *Finance and Accounting for Non-financial Managers*(1996), Arlene K. Mose, John Jackson, Gary Downs의 *Day-to-Day Business Accounting*(1997), John A. Tracy의 *How to Read a Financial Report*(1999), George T. Friedlob and Franklin J. Plewa, Jr.의 *Financial and Business Statements*(2001), Stephen H. Penman의 *Financial Statement Analysis Security Valuation*(2001), Palepu, Healy, Bernard의 *Business Analysis & Valuation*(2004), Spiceland, Thomas, Horrmann의 *Financial Accounting*(2009), R. Libby, P. Libby, D.G. Short의 *Financial Accounting*(2011, 2014), 그리고 Weygandt, Kimmel, Kieso의 *Financial Accounting – IFRS edition*(2011, 2014) 등을 참조하였다. 특히, 본문의 예시를 위해 John A. Tracy(1999)에서 사용된 그림이나 표 등을 적절하게 발췌하여 수정·보완하였다. 본서를 통해 습득된 회계 및 재무 정보를 활용하여 기업경영활동과 재무제표를 이해하고, 나아가 기업경영 전반의 의사결정에 충분히 활용할 수 있을 것이다.

본서는 다음과 같은 특징을 갖고 있다.

(1) 대학의 회계/재무 비전공자 및 전공자 모두 기업의 재무정보를 해석하고 활용하는 데 도움을 주고자 하였다. 즉, 회계/재무 전공자뿐만 아니라 비전공자, 그리고 기업과 이해관계가 있는 정보이용자들에게 기업경영의 세계를 쉽게 설명하고자 하였다. 따라서 경영학 혹은 기타 전공을 이수한 후 실무현장에서 근무하는 직장인과 회계 및 재무의 세계를 쉽게 이해하고자 노력하는 잠재적인 투자자에 이르기까지 한 번의 정독만으로도 실질적인 학습효과를 거둘 수 있을 것이다.

(2) 독자 혼자서 각 장별 내용을 통독함으로써 재무정보의 기본적인 지식과 재무분석방법을 쉽게 습득할 수 있도록 기술하였다. 경영학은 물론이고 타전공과 관련된 대학의 재학생과 졸업자, 실무에서 근무하고 있는 연구원, 그리고 기업체 현장 근무자들이 새롭게 재무장할 수 있도록 기본적인 회계 및 재무 정보의 내용을 담고 있다.

(3) 각 장의 말미에 있는 '영어로 토의해 보기'(discussion question)는 회계 및 재무의 기본개념을 활용하는 데 도움이 될 것이다. 이는 Stephen H. Penman의 *Financial Statement Analysis Security Valuation*(2001), Palepu, Healy, Bernard의 *Business Analysis & Valuation*(2004), Michael L. Werner and Kumen H. Jones의 *Financial Accounting : A User Perspective*(2004), Melville의 *International Financial Reporting*(2008), R. Libby, P. Libby, D.G. Short의 *Financial Accounting*(2011, 2014), 그리고 Palepu, Healy, Peek의 *Business Analysis & Valuation*(2016)에서 발췌하였다. 글로벌시대에 발맞추어 회계/재무영역을 영어로 이해하고 학습할 수 있는 좋은 기회가 될 것으로 믿는다.

아무쪼록 본서가 독자들에게 유용하고 활용도가 높은 기업분석의 안내책자가 되길 바라는 마음이다. 본서가 나오기까지 인내와 성의로 애써주신 도서출판 신영사의 권영섭 사장님과 박지영 편집국장님께 감사드린다.

2022년 8월

중앙대학교

나영 · 양대천

차 례

제 I 부 회계정보의 기초

제 1 장 기업활동과 회계정보

제 2 장 기업의 이익과 현금흐름

제 3 장 회계순환과정과 재무제표 : 재무상태표와 포괄손익계산서

제 4 장 재무제표간의 상호연관성

제Ⅱ부 주요 계정과목별 회계정보의 연관성

제 5 장 매출액과 매출채권의 연관성

제 6 장 매출원가와 재고자산의 연관성

제 7 장 재고자산과 매입채무의 연관성

제 8 장 영업비용과 선급비용의 연관성

제 9 장 유형자산과 감가상각의 연관성

제10장 영업비용과 미지급영업비용 및 이자비용과 미지급이자비용의 연관성

제11장 법인세비용과 미지급법인세의 연관성

제12장 당기순이익과 이익잉여금의 연관성 : 주당순이익(EPS)

제Ⅲ부 현금흐름표의 이해

제13장 영업활동 현금흐름

제14장 투자활동 및 재무활동 현금흐름

제15장 정체기업/성장기업/침체기업의 영업활동 현금흐름

제Ⅳ부 회계감사 및 이익관리

제16장 회계감사 : 재무제표의 신뢰성 제고

제17장 회계처리방법 및 이익관리

제V부 경영분석 및 관리회계의 조명

제18장 경영분석의 이해

제19장 재무제표의 활용시 유의사항 : Q&A

PART I

회계정보의 기초

CHAPTER

1 기업활동과 회계정보

기업(firms)은 사람들이 모여 형성한 영리목적의 경제적 실체(economic entities)를 말한다. 경제적 실체로서의 기업은 주위에 둘러싼 많은 이해관계자들과 다양한 관계를 형성하고 있다. 다시 말해, 기업은 이러한 환경 속에서 이들과 지속적인 교류를 하며 경영활동을 수행한다. 따라서 기업을 이끄는 최고경영자와 그와 함께 일하고 있는 중간관리자는 기업경영에 대한 합리적인 의사결정을 위하여 다양한 회계정보(accounting information)를 필요로 한다.

기업경영에 필요한 정보는 국내외의 정치 및 경제 환경의 변화와 같은 거시적인 정보에서부터 종업원의 임금인상과 같은 미시적인 정보에 이르기까지 매우 다양하다. 이 중에서 어떤 정보는 계량화가 가능하지만(계량정보), 계량화가 어려운 정보(비계량정보)도 존재한다.

1. 회계정보는 기업경영에 꼭 필요할까?

회계정보는 기업경영에 필수적인 무한한 정보 중에서 계량화가 가능한 정보이며, 일반적으로 그중에서도 특히 기업의 주요 활동과 직접적으로 관련된 화폐액으로 표시된 정보를 말한다. 따라서 이러한 회계정보를 통해 기업의 활동을 파악할 수 있게 된다. [그림 1-1]에서는 회계정보가 기업활동의 흐름 속에서 어

그림 1-1 기업활동에서 회계정보의 역할

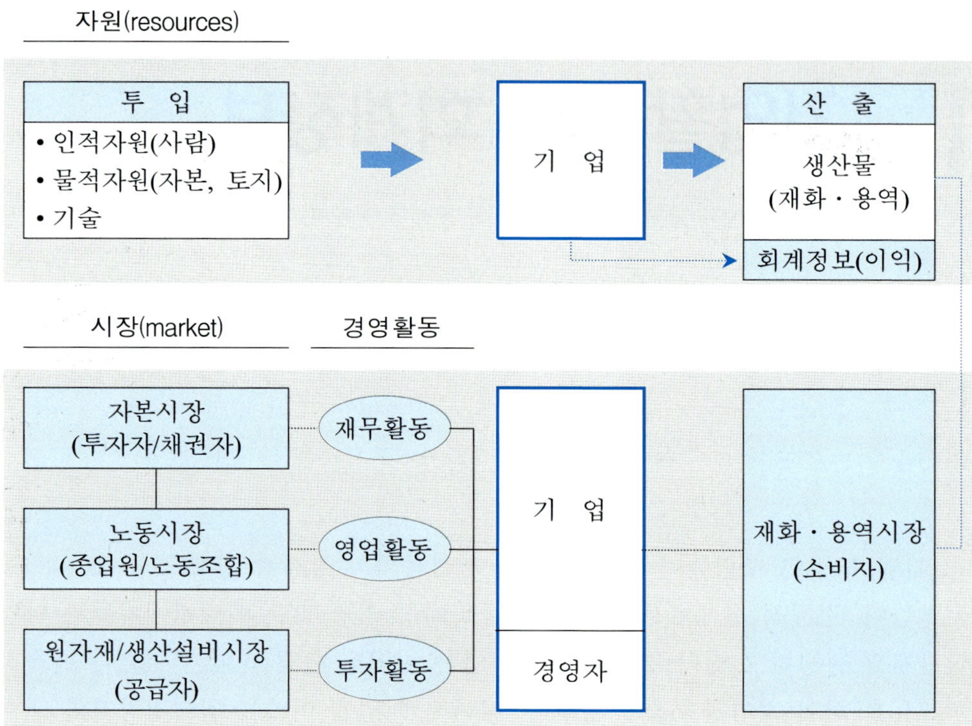

떤 역할을 하고 있는지, 기업활동의 전체적인 시각을 조명하고 있다.

기업은 경제적 자원(resources)의 흐름 관점에서 볼 때, 인적자원과 물적자원 및 기술을 기업 내에 투입하여 재화나 용역을 생산한 후 고객에게 제공하고, 그 대가로 돈을 받으며, 투입가치와 산출가치의 차이인 이익을 많이 얻기 위해 존재하는 경제적 실체라고 할 수 있다. 즉, 기업에서는 최소의 자원을 투입하여 최대의 산출물을 생성하는 생산의 효율성을 극대화시키는 방향으로 생산활동을 실시하고, 생산된 재화나 용역을 통해 이익의 극대화를 실현해 간다. 따라서 기업에 돈을 투자한 사람들에게 이익을 분배하거나, 혹은 재생산에 활용하여 기업활동을 지속하는 것이다.

2. 기업의 경영활동 및 경영관리란 무엇일까?

(1) 재무활동(financial activity)

재무활동은 기업의 자본 및 금융부채와 관련하여 미래 현금흐름을 예측할 수 있는 유용한 정보를 제공한다. 기업에서는 경영활동을 수행하기 위해서 자금을 필요로 한다. 이때 필요한 자금은 자본시장을 통하여 조달할 수 있다. 자본시장으로부터의 자금조달은 다양한 수단에 의해서 이루어질 수 있는데, 일반적으로 주식발행이나 사채발행 그리고 은행 등의 금융기관으로부터 차입을 통해서 이루어진다. 기업에 필요한 자금을 공급하는 사람들은 투자자나 채권자로서 자본시장을 통해서 기업에 자금을 공급하고 있다.

(2) 투자활동(investing activity)

투자활동은 기업의 수익 및 미래 현금흐름 창출을 위한 유용한 정보를 제공한다. 기업경영자는 조달된 자금(현금)을 이용하여 생산설비시장 및 원자재시장으로부터 필요한 설비나 생산원자재를 조달한다. 즉, 투자자와 채권자들로부터 조달한 자금을 영업에 투자함으로써 토지, 건물, 기계장치 등의 영업용 자산을 취득한다. 이와 같은 생산설비시장 및 원자재시장을 공급자시장이라고 하며, 기업에서는 공급자시장에서 필요한 자산, 즉 재화를 취득하여 생산활동에 투입한다.

(3) 영업활동(operating activity)

영업활동은 기업의 당기순손익에 영향을 미칠 수 있는 유용한 정보를 제공한다. 기업은 생산과 판매에 필요한 인력을 노동시장에서 확보한다. 그래서 투자활동을 통해 조달된 생산설비와 원재료를 가지고 최종 제품을 만들어내며, 만들어낸 제품을 소비자시장에 팔게 된다. 즉, 영업용 자산을 사용하여 영업활동을 시작함으로써 현금을 창출한다. 이때 고객은 기업이 판매한 제품을 통해 자신의 욕구를 충족시킬 수 있기 때문에, 그 대가로 돈을 기업에 준다. 기업은 고객에게 판매하고 받은 대가로 이익을 얻고, 자금제공자인 채권자에게는 이자를, 투자자에게는 배당의 형태로 나눠주거나, 혹은 재생산을 위해 기업내부에 유보한다.

(4) 경영관리(management control)

기업활동의 수행은 경영자의 경영관리에 기초한 의사결정을 기반으로 이루어진다. 이때 경영관리란 경영자가 수행하는 일련의 의사결정 행위와 노력이라

그림 1-2 경영관리의 순환

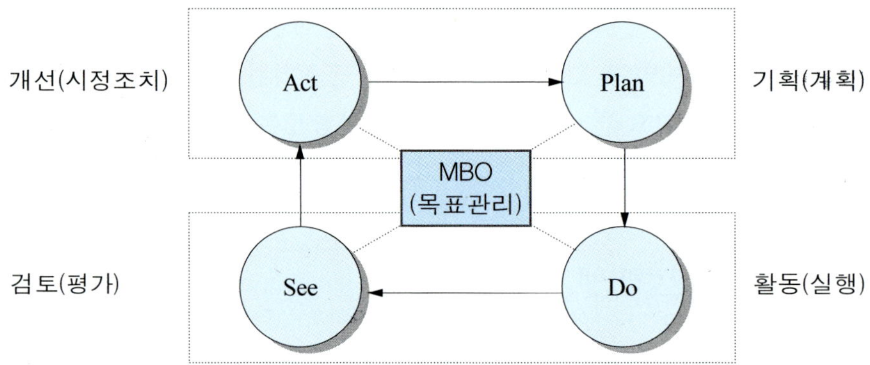

그림 1-3 경영관리의 구조

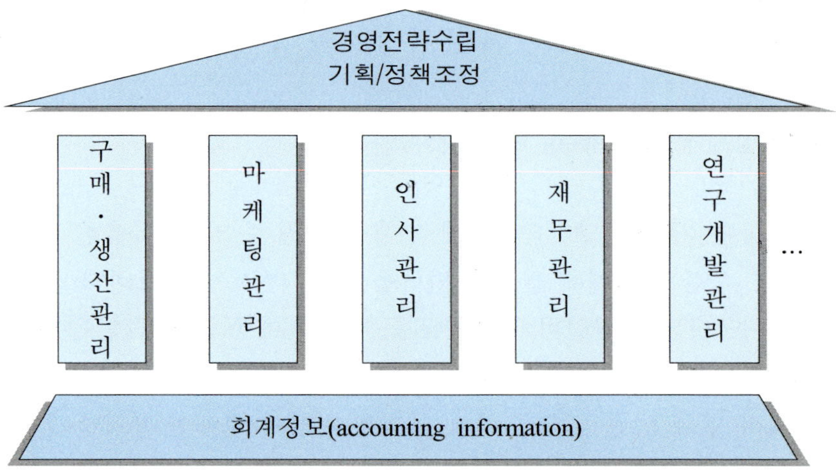

(주) 경영관리의 구조를 일상적인 '집의 구조'로 비유한다면, 회계정보는 주춧돌의 역할을 한다고 할 수 있다.

고 할 수 있다. 이러한 경영관리의 순환 및 구조를 살펴보면 [그림 1-2] 및 [그림 1-3]과 같다. 회계정보는 기업활동을 측정하여 나타낸 결과물이며, 기업 내의 경영자와 중간관리자가 회계정보를 기획하는 데 활용되고 있다. 특히 종업원의 목표가 기업의 목표를 달성할 수 있도록 종업원 스스로 자기관리를 통해 조직의 효율화를 극대화시킬 수 있는 목표관리(MBO : management by objectives)가 중요하다.

[그림 1-3]에서 보는 바와 같이, 회계정보는 기업의 여러 경영기능을 떠받치는 주춧돌의 역할을 담당하고 있다. 다시 말해, 회계정보는 여러 개의 기둥이 되는 각 경영관리활동으로부터 산출되어 회계부서에서 총괄되는 결과물이다.

회계부서에서 총괄된 회계정보는 재무활동, 투자활동, 영업활동별로 정리되어 최고경영자와 부문관리자, 그리고 기업외부의 이해관계자에게 전달된다. 즉, 회계정보는 모든 경영기능을 연결시켜주며, 기획 및 정책을 조정하는 데에 반드시 필요한 정보로서 기업의 경영활동에 중요한 역할을 담당하고 있는 것이다. 회계정보를 생산하여 이해관계자들에게 공급하는 주체는 기업의 경영자이다. 한편, 경영자는 회계정보를 공급하는 주체이지만 기업을 효율적으로 운영하기 위한 측면에서 자신도 회계정보의 수요자이다.

3. 국제회계기준(IFRS)이란 무엇일까?

(1) IFRS의 도입현황

IFRS(International Financial Reporting Standards)란 "국제적으로 통일된 회계기준 제정"을 목표로 국제회계기준위원회(IASB : International Accounting Standards Board)에서 제정한 국제회계기준을 의미한다. 따라서 어떤 국가가 IFRS를 도입한다는 것은 해당 국가의 기업이 재무제표와 관련 공시자료를 작성함에 있어 해당 국가의 회계기준을 적용하는 것이 아니라 각 국가간 통일된 회계기준을 적용하는 것을 말하게 된다.

OECD국가를 비롯한 전 세계 150여개 국가에서 상장기업 중심으로 국제회계기준 도입을 공표하였고, 우리나라에도 2011년부터 IFRS가 전면적으로 도입되면서 상장기업들이 동 기준에 맞춰 재무제표를 작성 및 공표하기 위해 많은 노력을 기울이고 있다.

(2) 국제회계기준의 도입배경

자본시장의 국제화로 다국적기업들을 포함한 많은 기업들은 이미 자국의 자본시장뿐만 아니라 해외 자본시장 및 전 세계의 투자자로부터 자금을 조달하고 있다. 기업의 재무제표 작성 및 회계처리도 마찬가지이다. 현재 글로벌시대의 기업들은 해외에 상장을 준비하거나 해외의 자본시장에도 적극적인 진출을 모색하고 있다. 이처럼 자본의 국제거래가 활발해지면서 기업의 재무정보에 대한 투명성 및 비교가능성에 대한 시장요구가 증가하였고 이에 따라 국제적으로 단일한 회계기준인 IFRS가 탄생되어 발전되어 왔다.

지난 1973년 런던소재 민간기구인 국제회계기준위원회가 IFRS를 최초로 제정 공표한 바 있지만 당시에는 큰 관심을 불러일으키지는 못하였다. 그러나 2001년에 국제증권감독자기구(IOSCO : International Organization of Securities Commissions)에서 전 세계 다국적기업들에게 IFRS 사용을 권고하고, 이후 2002년 유럽연합에서 상장기업에 대해 2005년부터 IFRS 적용을 의무화하면서 전 세계적인 파급의 기폭제가 되었다.

(3) IFRS의 주요 특징

IFRS의 주요 특징은 기존의 국내회계기준과 비교 관점에서 다섯 가지 정도로 집약해 볼 수 있다.

첫째, 기존의 국내회계기준이 개별재무제표를 기본재무제표로 한 것에 반해 IFRS는 연결재무제표(consolidated financial statements)를 기본으로 한다는 것이다. 연결범위에 있어서도 기존에는 소유지분율이 50% 초과인 경우와 30% 초과 최다출자자인 경우 연결대상이었으나, IFRS는 소유지분율이 50% 초과인 기업에 대해 원칙적으로 연결대상에 포함시키되, 사실상 지배력을 행사하는 모든 형태의 조직을 포함하여 실질지배력에 의해 판단하도록 하고 있다.

둘째, 기존의 당기순손익뿐만 아니라 기타포괄손익이 공시되고 소유주와의 거래(예 : 유상증자, 배당, 자기주식거래) 이외의 거래 결과가 모두 포괄손익계산서에 집합되어 기업의 경영성과가 포괄적으로 표시된다는 것이다. 기타포괄손익이란 자산의 가치가 저절로 상승(하락)하여 얻어진 이익(손실)을 말한다.

셋째, 자산평가에 있어 기존 국내회계기준은 취득원가 기준을 강조하고 있으나, IFRS는 투자자에게 기업의 재무상황 및 내재가치에 대한 의미 있는 정보를 제공하고자 공정가치(fair value)로 평가하는 것을 원칙으로 하고 있다.

넷째, 기존의 국내회계기준이 법률 및 정책적 목적에 따라 대부분의 항목에 대해 구체적인 규정중심 회계처리(rule based approach)를 제시하고 있으나, IFRS는 회계책임자가 경제적 실질에 기초하여 합리적으로 회계처리의 기본원칙과 방법론에 따라 원칙중심 회계처리(principle based approach)를 하도록 하고 있다.

마지막으로, 재무제표에 공시되는 정보 속성과 관련해서 재무적 정보뿐만 아니라 비재무적 정보까지 충분히 공시하도록 요구하고 있다. 그 예로 위험관련 정보 등 비재무적 정보를 연결기준으로 공시하되, 3,000여개 이상의 주석공시사항을 규정하고 있다. 회계정보이용자를 합리적 이용자로 가정하여 보다 충실한 정보공시를 요구하고 있는 것이다.

(4) IFRS의 도입영향

기업들이 IFRS를 적용함으로써 달라지는 점은 크게 세 가지 정도로 논의될 수 있다.

첫째, 연결범위와 지배회사의 책임이 확대된다는 점이다. 연결재무제표가 의무화되고 실질관계에 의해 지배여부를 판단하면서 연결범위가 확대될 수 있다. 또한 연결범위의 확대와 더불어 지배회사 경영자의 종속회사에 대한 내부통제와 재무보고에 대한 책임이 가중된다. 기업들은 지배구조를 검토하고 종속회사에 대한 책임 있는 관리를 고려해야 한다. 따라서 기업의 지배구조가 자연스럽게 개선될 가능성이 높아질 것이다.

둘째, 기업가치 평가와 관련된 정보가 변화한다는 점이다. 국제회계기준은 투자부동산 및 각종 금융자산 등을 공정가치로 평가하기 때문에 자산 및 손익에 대한 정보가 크게 달라질 수 있으며, 또한 자회사의 경영성과가 포괄적으로 반영된다.

셋째, 기존에는 개별 기업의 결산시스템에 의존하였으나, IFRS는 연결재무제표를 강조하고 있어 그룹사 전체의 연결결산시스템 구축이 필요하다. 또한 연결기업 재무보고와 관련된 내부회계관리시스템의 정비도 필요하다. 나아가 연결경영차원에서 단지 연결결산시스템뿐만 아니라 성과평가, 원가관리를 위한 관리회계시스템의 연계대응이 요구된다. 경우에 따라서는 통합공시체제 구축 및 새로운 Business Reporting 수단(XBRL : eXtensible Business Reporting Language 등)이 도

그림 1-4 IFRS의 도입영향

구분	내용
연결경영	• 연결범위 변동으로 기업지배구조 검토 필요 • 연결재무제표의 주재무제표화로 자회사에 대한 내부통제와 재무보고 책임 가중 • 그룹가치 창출을 위한 사업 포트폴리오 관리, 그룹 실적 및 위험관리방안, 연결배당정책 필요
가치평가	• 공정가치 회계적용, 기업선택사항 확대, 공시정보 확대로 기업가치의 재측정 • 시장가치 실현을 위해 국제회계기준 적용으로 인한 영향 및 분석정보 등 제공 필요 • 특히, 그룹가치 실현을 위한 그룹차원의 IR활동이 중요
시스템변화	• 연결기업의 내부통제, 재무보고를 위한 내부회계관리시스템, 그룹연결결산체제 구축 • 내부 경영관리를 위한 관리회계시스템 및 성과평가시스템 연계 대응 필요 • 통합 공시체제 구축 및 새로운 Business Reporting 수단(XBRL 등) 도입 검토

입될 필요가 있다.

IFRS 도입이 당초 기대에 부응하였는가?

(1) IFRS 도입으로 전 세계적인 회계처리기준 단일화 추세에 적극적으로 대응하고 회계기준의 국제적 정합성을 달성하였는가?

한국은 IFRS를 완전하고 모범적으로 도입하여 운영하고 있으며, IFRS의 발전을 위한 국제활동에도 적극적으로 참여하고 있다.

(2) IFRS 도입을 통해 글로벌 기업들의 회계정보 작성비용과 자금조달비용이 감소하였는가?

글로벌 기업의 경우, 미국 주식시장 상장시 재무제표 재작성 의무가 면제되었고 각종 자금거래가 보다 용이해졌다. 다만 평균적인 기업의 경우 단기적으로 인지되는 혜택보다는 발생한 비용이 컸다는 의견이 지배적이었다. 그럼에도 불구하고 IFRS 도입 이후 코스닥에 상장된 국내의 소규모 기업에 대한 외국인의 투자금액이 지속적으로 증대되는 등 장기적으로 자본조달이 용이해질 것으로 예상된다.

(3) 기업의 실질을 반영하는 원칙중심의 IFRS 도입으로 회계정보의 질과 기업가치가 향상되었는가?

다양한 기존의 연구결과와 새로 진행된 5년간의 IFRS 자료 분석을 통해 IFRS로 인한 경영자 재량 증대로 회계정보의 질이 하락했다는 증거는 찾을 수 없었다. 오히려 일부 회계정보의 질 측정치는 향상되었음을 알 수 있었다. 그럼에도 불구하고 여러 설문조사에서 정보이용자는 긍정적인 평가를 보이지 않았으며, 실증조사 결과 회계정보의 질이 높아질 때 자본비용이 낮아지거나 기업가치가 향상되는 결과를 뚜렷하게 찾을 수 없었다. 이는 기업의 신뢰성 문제일 수도 있고, 투자자의 정보이용 문제일 수도 있기 때문에 그 원인을 더 규명하기 위한 계속적인 연구가 필요하다고 판단된다.

(4) 회계정보에 대한 대내·외 신뢰도를 향상시켜 회계투명성을 제고함으로써 코리아 디스카운트(Korea Discount)는 해소되었는가?

설문조사 결과, 회계투명성 향상과 코리아 디스카운트에 대한 특별한 향상을 발견하지 못하였다. 이는 IFRS가 국가 주도로 도입되는 과정에서 기존의 경제주체들의 회계투명성 제고를 위한 경제적 유인이 부족했고, 법집행과 기업문화와 지배구조가 크게 바뀌지 않은 부분에 기인한 것이라고 판단된다. 그럼에도 선진회계기준 도입 자체가 한국 사회의 회계투명성을 향한 열망을 표방하는 커다란 모멘텀으로 작용하는 주요한 사건이었음을 부인할 수 없다.

이 외에도, 기업이 각종 해외거래 및 해외사업장 관리를 함에 있어 연결재무제표를 중시하고, 기업 내 회계 및 IT시스템에 많은 투자를 하였다는 점과 공공부문에까지 IFRS 도입을 확대하여 사회 전반의 투명성 제고라는 역할에 IFRS가 기여한 것으로 판단된다.

(한국의 국제회계기준(IFRS) 도입 : 5년의 경험과 교훈, 한국회계기준원, 2016.12)

[XBRL ; 회계투명성 높이는 글로벌 재무보고 언어] – 분류체계의 표준화로 언어 등 장벽 없이 공시정보 비교가능

바야흐로 4차 산업혁명과 빅데이터 시대가 도래하고 있다. 전 세계적으로 기업의 재무정보에 대한 표준화 및 디지털화의 요구가 커지고 있다. 미국과 유럽을 중심으로 재무보고 전용언어(XBRL · eXtensible Business Reporting Language)로 집계된 기업 재무정보의 활용은 눈앞의 현실로 다가왔다. 우리나라는 금융감독원이 지난 10년간 XBRL의 정착을 위해 고군분투했지만 XBRL 정보의 활용단계까지 이르기에는 아직 넘어야 할 산이 많다. XBRL의 실질적인 제도화를 위해서는 금감원만이 아니라 기업 · 회계정책제정기구 · 공인회계사회 등 회계정보와 관련된 이해관계자들의 적극적인 관심과 참여가 필요하며 XBRL 전문가의 양성도 시급한 상황이다. 지금이라도 전 세계적으로 진행되고 있는 XBRL 추세에 충분히 준비하지 않는다면 글로벌 자본시장에서 저평가되고 있는 한국의 회계투명성은 향후 더욱 낮아질 것으로 예상된다.

정보이용자가 XBRL 분석툴을 이용해 X축은 법인세율, Y축은 주당이익으로 지정하고 2015년 기준 미국 내 상장된 반도체 제조기업 전체를 한 개의 차트에 표시한 것이다. 단 몇 초 만에 정보이용자는 마우스 클릭만으로 개별 기업의 세부 정보까지 순식간에 확인할 수 있다. 만약, 한국에 동일한 환경이 구성돼 조선업계 기업들에 대해 X축은 영업이익률, Y축은 미청구공사 비율을 지정해 차트화할 수 있었다면 아마도 대우조선해양의 회계분식과 같은 사태는 심각한 상황에 이르기 전에 조기에 발견됐을 것이다.

XBRL은 확장성표기언어(XML · eXtensible Markup Language)를 기반으로 개발된 비즈니스 리포팅에 특화한 언어다. XBRL의 가장 큰 특징은 정보와 정보를 설명하는 메타데이터를 나눠 유통하는 것이다. 이러한 구조는 정보이용자가 표준화된 '택사노미(표준분류체계 · taxonomy)' 한 개를 가지면 수많은 기업들의 공시정보를 같은 기준으로 해석할 수 있도록 만들어주는 특징이 있다. XBRL의 흥미로운 점은 개념과 표현을 분리한 것이다. 표준화된 택사노미의 이름(태그)을 이용해 공시정보를 해석하기 때문에 각 기업들이 사용하는 정보의 명칭이 달라도 동일한 기준으로 해석이 가능하다. 예를 들어, 동일한 산업 내에 A회사는 매출이라는 계정을 쓰고 B회사는 영업수익이라는 계정을 쓰고 있다면 기존 시스템에서는 이름이 달라 서로 비교할 수 없다. 그러나 XBRL에서는 'Sales(매출)'라는 표준 태그를 해당 정보에 붙여 작성하므로 두 기업간에 보이는 이름이 달라도 동일한 회계 개념으로 해석해 비교할 수 있다. 이는 국가별 언어 문제도 해결해 준다. 동일 택사노미를 사용한 기업의 공시정보는 영어 · 한국어 · 일본어 · 중국어 등 얼마든지 자유롭게 실시간 변환이 가능하다.

이미 미국의 SEC는 이러한 XBRL 정보를 2009년부터 축적했으며, 분석 프로그램(CIRA)을 개발해 상장기업들의 분식 징후 예측 등 관리감독 영역에 이를 적극적으로 사용하고 있다. 게다가 입수한 모든 상장기업의 XBRL 정보를 SEC 웹사이트에 데이터로 전환 · 공개함에 따라 모든 정보이용자들이 이를 자유롭게 사용할 수 있도록 하고 있다. 이제 미국은 XBRL 데이터의 수집 단계를 지나 데이터 활용 및 데이터 품질관리 단계로 진화하고 있다. 올해 초 SEC는 미국 내 상장된 국제회계기준(IFRS)을 적용하는 외국인 투자자까지 그 대상을 확장해 의무화했으며, 유럽증권시장국(ESMA)도 2020년부터 모든 유럽 증권시장에 공개된 기업들에 대해 기본 XBRL을 발전시킨 형태의 인라인 XBRL을 발표했다. 전 세계적인 기업 재무공시 데이터의 표준화 흐름은 이미 미국과 유럽을 중심으로 XBRL로 통일화되고 있으며 가속화되고 있다. 한국의 XBRL은 금감원이 2007년에 도입해 지금까지 그 정착을 위한 노력을 지속해왔지만 택사노미의 유지 · 관리, XBRL의 품질을 높이기 위한 제반 제도의 수립 등 현실적으로 금감원에서만 이를 전담하기에는 그 영역이 매우 넓고 복잡하다. 해외는 국제회계기준위원회(IASB)와 미국 재무회계기준심의회(FASB)에서 IFRS 택사노미와 미국 회계기준(US-GAAP) 택사노미를 관리하고 있고, XBRL 품질을 향상시키기 위한 제도와 인증 등의 연구를 XBRL-US 및 미국공인회계사(AICPA) 등과 같은 유관기관에서 각각 분업하고 있다.

한국기업도 더 이상 XBRL에 대해 무관심하게 있을 것이 아니라 글로벌 추세에 따라 기업공시시장에 곧 닥쳐올 XBRL제도에 대해 미리 대비할 필요가 있다. 한국회계기준원(KASB)에서는 한국채택국제회계기준(K-IFRS) 택사노미를 유지 · 관리하고, 금감원은 XBRL 공시정보를 입수 · 분석 · 공개하며, 한국XBRL본부 및 한국공인회계사회(KICPA)에서 품질관리를 위한 제반 정책 및 연구를 병행한다면 한국도 '기업정보의 디지털 강국'으로 새로이 자리매김하고 회계투명성 또한 크게 높아질 것으로 기대한다.

(서울경제신문 일부수정, 2017.8.8)

영어로 토의해 보기(Discussion Question)

[DISCUSSION]

Identify the three major categories of financial statement analysis users and describe the basic objectives of each group.

ANSWER

Creditors are those who make loans to companies on either a short-term or long-term basis. A short-term creditor's goal is to determine the likelihood that the customer will pay them promptly in the near future. A long-term creditor's principal objective in analyzing a company's financial statements is to acquire information to help determine whether the company is likely to be financially healthy over the long haul.

Shareholders are those who have purchased of might purchase an ownership interest in a company and expect a return on their investment in the form of dividends and stock appreciation. In analyzing the financial statements, the principal objective of present and potential equity investors is to determine whether it is likely that the combination of dividends and stock appreciation will provide an adequate return, depending on the company's ability to generate income and cash in the future.

Management are those who are responsible for operating the company for the benefit of its owners. They make decisions on behalf of the company that maximize the use of company assets to earn profits. Managers rely on managerial and financial accounting information. A corporate manager's performance is evaluated in large part by the financial success of his or her company as reflected in the company's financial statements. Therefore, managers have a personal stake in the company's success as reflected in the financial statements.

CHAPTER

2 기업의 이익과 현금흐름

현실적으로 다양한 회계 이슈 및 이론을 한 권의 책에 모두 담기는 불가능하기 때문에 기업에 직접적으로 적용할 수 있는 내용을 서술하기에는 어려움이 있다. 따라서 본장에서는 기업경영에 있어서 가장 주요한 항목인 현금과 관련된 이슈에서 출발하고자 한다. 결국 재무정보에 대한 정보이용자의 최종관심은 현금흐름(cash flows)에 대한 정보로 귀착된다고 할 수 있기 때문이다.

기업에 있어 재무관리의 목적은 '소유주 부의 극대화'(maximization of owner's wealth)를 실현하기 위함이다. 더 간단하게 말하자면 '이익의 극대화'(maximization of firm's profits)라 할 수 있다.[1] 이와 관련하여 인간의 심장처럼 중요한 기업의 현금흐름부터 살펴보기로 한다.

1. 왜 현금흐름이 중요할까?

재무관리 측면에서 본다면, 기업경영은 수익성(profitability) 추구와 생존능력(viability)이라는 두 가지 목표를 가지고 있다. 이윤을 창출하고서도 계속적으로

1) 일반적으로 기업의 경영자는 그 밖의 많은 목표를 세우고 있다. 예를 들면 매출액의 극대화, 시장점유율의 극대화, 매출액증가율의 극대화, 주식가치의 극대화 등이 그것이다. 그러나 근본적으로는 기업가치의 극대화를 추구한다.

생존하지 못하고 있는 경우가 있기 때문에 기업은 이 두 가지를 동시에 추구하고 있는 것이다.

이익의 극대화는 항상 기업의 위험도와 상관관계를 가진다. 기업이 위험을 선호할수록 기대이익은 더 커진다. 또한 파산을 원하는 기업은 결코 존재하지 않기 때문에 재정적인 생존이 재무관리의 주요 목표가 되는 것이다. 이는 기업의 유동성(liquidity)[2]과 지불능력(solvency)의 관점에서 측정되고 있다. 특히 현금흐름은 유동성에 대한 귀중한 정보를 제공한다. 일반적으로 기업경영자, 채권자, 그리고 투자자는 주로 기업의 최대 재원인 이러한 현금흐름(cash flows)에 관심이 많다.[3] 왜냐하면 현금의 수입과 지출은 심장의 고동처럼 기업에 생명력을 불러일으키기 때문이다.

본장에서는 중소기업을 예로 들어 설명하고자 한다. 내부조직이 잘 갖추어진 이 기업은 일정한 이익을 창출하고 있으며, 좋은 재무상태를 유지하고 있다. 또한 좋은 신용상태를 유지하고 있어 은행에서는 매우 양호한 조건으로 자금을 대여해 주고 있다. 만약 이 기업이 새로운 사업확장을 위해 일정한 자금을 필요로 한다면, 새로운 투자자들이 기꺼이 자금을 공급해 줄 수 있을 정도이다.

기업에서 이와 같은 좋은 여건을 만든다는 것은 결코 쉬운 일이 아니다. 많은 이익을 창출하고 자금을 끌어들이며, 자금압박에서 쉽게 벗어나는 일은 지속적으로 좋은 관리능력을 요구하기 때문이다. 〈표 2-1〉에서는 가장 최근 회계연도 기간에 해당 기업의 현금흐름을 나타내고 있다. 서로 다른 두 영역의 현금흐름이 표시되어 있다. 첫째는 이익을 창출하는 영업활동 현금흐름이다. 즉, 매출로 인한 현금유입과 비용에 의한 현금유출을 말한다. 두 번째로는 사업활동에서 초래되는 그 밖의 현금흐름이다. 즉, 초기자본, 투자자본, 그리고 주주에의 이익배분 등으로 인한 현금유출입을 말한다.

현금흐름의 유입과 유출에 관한 내용은 실무적으로 중요하고 또 정보이용자 누구나 관심이 많다. 따라서 이 기업의 현금흐름과 관련하여 간략하게 설명하고자 한다.

---

2) 유동성(liquidity)이란 현금화할 수 있는 기업의 능력을 의미한다. 즉, 자산의 경우에는 현금으로 전환되는 데 걸리는 시간을 의미하며, 부채의 경우에는 부채를 지불하는 데 걸리는 시간을 의미한다.

3) 기업의 현금에 대한 사용과 원천을 표시하여 유동성에 대한 정보를 제공하는 구체적인 '현금흐름표'는 별도의 장(제13장~제15장)에서 논의하기로 한다.

〈표 2-1〉 현금흐름의 요약

이익창출을 하는 영업활동 현금흐름(유입과 유출)		
매출로 인한 현금유입액 (일부는 전년도 매출액 중 현금유입임)	$10,225,000	
판매된 제품의 제조를 위해 사용된 현금지출액	(7,130,000)	
영업활동을 위한 각종 현금지출액	(1,965,000)	
장·단기어음에 대한 이자지급액	(98,333)	
법인세비용 (일부는 전년도 과세소득에 대한 지출임)	(490,860)	
		$540,807
이익창출을 하지 않는 그 밖의 현금흐름(원천과 사용)		
이자부어음으로 인한 차입금	$175,000	
신주발행(유상증자)	50,000	
빌딩 및 기계장치 등 구입	(750,000)	
주주들에게 현금배당	(200,000)	
		(725,000)
회계연도 동안의 순현금 증감분		**($184,193)**

(1) 현금흐름의 첫 번째 영역에 있어서는 고객에게 물품을 팔고 난 후 수령한 돈이 표시되어 있다. 한 해 동안 $10,225,000이라는 현금유입은 그리 놀랄 만한 것은 아니다. 매출로 인한 현금유입은 비용을 필요로 한다. 이 기업에서는 고객에게 판매한 제품의 제조를 위해 현금을 지출했으며, 그 밖의 영업비용과 차입금에 대한 금융비용(이자비용) 그리고 법인세비용을 지급했다. 결국 한 해 동안 $540,807이라는 현금유입이 발생했다. 이는 투자자와 채권자 그리고 기업경영자에게 매우 주요한 수치이다.

(2) 현금흐름의 두 번째 영역에 있어서는 우선 한 회계연도 동안 기업이 자금조달을 위해 무엇을 했는지 주목해 볼 필요가 있다. 어음을 발행($175,000)하고 유상증자($50,000, 즉 주주가 투자한 금액)를 실시하였다. 또한 빌딩 및 기계장치, 차량운반기구 그리고 컴퓨터 구입 등으로 $750,000을 지출했으며, 추가적으로 한 해 동안 벌었던 이익을 기준으로 주주에게 $200,000을 배당금으로 지급했다. 이는 결국 $725,000의 현금유출을 초래하였고, 결국 이익을 창출하는 영업활동 현금유입 $540,807을 초과했다.

2. 현금흐름을 통해 파악할 수 없는 정보는 무엇일까?

〈표 2-1〉에서 보는 대로 영업상 가장 주요한 현금흐름이 한 회계연도 동안에 $184,193만큼 줄어들었다. 다시 말해 그 기간 동안에 현금유입은 현금유출에 비해 상대적으로 적었다. 의심할 여지없이 현금흐름이 감소한 이유에 대한 시사점은 매우 중요한 정보를 내포하고 있다. 그러나 이는 경영성과의 전체정보를 의미하지 않는다. 기업경영자, 투자자, 자금대여인(채권자), 그리고 그 밖의 정보이용자들은 현금흐름의 정보에서 나타나지 않는 다른 정보를 요구하기 때문이다.

현금흐름이 나타내지 못하는 기본적인 두 가지 주요 정보는 다음과 같다.

① 회계기간 동안에 벌어들인 기업의 이익과 발생한 손실의 크기
② 회계기간말 현재 시점에 기업의 재무상태(financial condition)

잠깐 다시 생각해 보자. 앞의 〈표 2-1〉에 나타난 것처럼 이익을 창출하는 매출액과 비용의 차이에서 현금흐름의 순증가가 $540,807이었다. 아마도 다음과 같이 질문할지도 모른다. 이 현금흐름의 증가액이 한 회계연도 동안에 있어서 기업이 벌어들인 이익이 아니냐고? 그러나 결코 그렇지 않다. 다시 말해 한 회계연도 동안에 이익창출을 위한 영업활동 현금흐름은 회계이익과는 똑같지 않다는 사실이다.

회계이익은 현금흐름과 비교해 볼 때 더 복잡한 속성을 지니고 있다. 한 해 동안의 현금흐름은 회계이익처럼 매출액과 영업활동으로 인한 비용을 측정함으로써 계산되는 금액이 아니다. 즉, 기업의 회계이익은 현금흐름과는 다르게 계산된다. 현금흐름의 정보는 기업의 재무상태에 대해 아무것도 시사해 주지 않는다. 재무상태란 특정 시점에서 기업의 자본(owners' equities)과 부채(liabilities)에 대비한 기업의 자산(assets)을 의미한다. 예를 들면, 회계연도말에 기업의 재고자산잔액이 얼마나 될까? 〈표 2-1〉에 따르면 한 회계연도 동안의 현금흐름은 $184,193만큼 감소되었다. 그러나 회계연도말 현재 기말 재고자산잔액이 얼마인지는 알 수 없다. 현금흐름정보는 기말 현재 기업의 자산 및 부채의 잔액을 나타내주지 못하기 때문이다.

3. 회계기간에 벌어들인 이익은 왜 현금과 같지 않을까?

〈표 2-1〉에서의 해당 중소기업은 신용으로 제품을 판매하고 있다. 다시 말해 고객에게 구매대금의 지불완료를 위해 일정한 기간을 제공하고 있다. 반면 개개인에게 판매하는 대부분의 소매상들은 일반적으로 고객에게 신용카드로 결제받는다. 이 기업은 한 회계연도 동안에 고객으로부터 $10,225,000을 현금으로 받았다. 그러나 일부는 전년도에 이루어진 매출로부터 유입되었고, 회계기간말에 신용판매로 인한 매출액은 당기말에 현금으로 유입되지 않았다. 회계기간말 현재 기업은 그해 후반기에 제품을 판매한 매출로 인한 수취채권(receivables)을 가지고 있었다. 이 수취채권은 다음 해에 현금으로 유입될 것이다. 왜냐하면 현금의 일부는 전년도의 매출로부터 유입되었고, 당해 회계기간 동안에 이루어진 매출로 인해 수취할 현금은 아직 유입되지 않았기 때문이다. 이와 같이 한 해 동안의 유입된 현금수취액은 같은 해의 매출액과 일치하지 않는다.

또한 한 회계기간 동안의 현금지출은 비용이 아니다. 한 해 동안의 매출액처럼 그 기간 동안의 현금흐름은 해당 기간에만 관련되는 것이 아니다. 본 예시에서 기업은 한 회계기간 동안에 $7,130,000의 제조비용을 지출했다. 그러나 회계기간말에는 많은 제품이 아직 재고자산(inventory)의 형태로 남아 있다. 이 제품들은 회계기간말까지 전부 팔리지 않았다. 오직 고객에게 판매된 제품에 대한 비용만 회계이익의 측정을 위해 매출액에서 차감되는 것이다.

사실 제조비용은 회계기간말까지 모두 지출되지 않는다. 기업은 제품을 제조할 때 사용된 원자재들을 신용조건으로 구매하고 있으며 이를 지불하기 위해서는 보통 수개월이 걸린다. 따라서 기업에서는 최근 원자재 구입내용과 그 밖의 제조비용을 포함하여 회계기간말에 그 상당액의 부채(liabilities)를 가지게 되는 것이다.

한 가지 더 있다! 영업비용과 이자비용, 그리고 법인세비용 때문에 발생하는 한 해 동안의 실제 현금지출은 그 해당 연도 동안의 이익을 측정하기 위한 비용이 될 수 없다. 따라서 기업은 회계기간말에 일반적으로 미지급비용(unpaid expenses)이라는 부채를 가지게 된다. 〈표 2-1〉에 나타나 있는 현금흐름의 지출액은 회계기간말에 나타나는 이와 같은 추가적인 부채금액을 포함하고 있지 않다.

요약하면, 매출액과 비용 때문에 발생하는 현금흐름은 한 회계기간 동안의 이익을 측정하기 위한 수익과 비용이 될 수 없다는 것이다. 현금흐름은 그 기간의 이익을 정확하게 측정하기에는 너무 늦게, 혹은 너무 빨리 발생한다. 따라서 올바른 기간에 매출액과 비용을 기록하기 위해서는 정확한 시점(correct timing)이 중요하다. 이와 같은 매출액과 비용을 기록하기 위한 정확한 시점은 현금주의회계가 아닌 발생주의회계(accrual basis of accounting)[4)]에서 출발한다. 발생주의회계에서는 회계기간 동안에 정확한 이익을 측정하기 위하여 신용판매가 이루어지는 시점에서 매출채권의 인식과 함께 수익을 계상하며, 미지급비용이라는 부채의 인식과 함께 비용을 계상한다. 또한 기업의 자산과 부채를 기록하여 특정 시점에서 재무상태를 파악한다. 이와 같이 기업의 이익은 발생주의회계에 의거하여 산출된 것으로 현금주의회계에 의한 현금잔액과는 상당한 차이가 있다.

4. 현금흐름의 정보는 재무상태를 나타낼까?

한 회계연도 동안의 현금흐름은 그 기업의 재무상태를 나타내는 것은 아니다. 기업경영자는 회사가 어떤 자산을 소유하고 있는지, 그리고 각 자산의 가치는 얼마인지를 확실하게 알고 있어야 한다. 이때 자산이란 현금뿐만 아니라, 매출채권과 재고자산 그리고 기타자산 등 모두를 포함한다. 또한 기업경영자는 회사가 어떤 종류의 부채를 안고 있는지, 혹은 부채가 있다면 그 금액은 얼마인지를 알고 있어야 한다.

기업경영자는 회사의 지불능력(solvency)을 유지하면서 그 부채를 상환해야 하는 책임이 있다. 나아가 경영자는 기업의 매출액에 비하여 상대적으로 자산이 너무 큰지 혹은 작은지, 항상 알고 있어야 한다. 기업에 돈을 대여하고 투자하는 자들도 이와 같은 사항들을 알려고 노력한다. 요약하면, 기업내부의 관리자와 기업외부의 자금대여자와 투자자들에게는 그 기업의 자산과 부채에 대한 재무상태가 매우 중요한 정보가 된다.

4) 발생주의회계(accrual basis of accounting)에서는 현금수입과 현금지출과는 무관하게 획득했을 때 수익을 인식하고, 발생했을 때 비용을 인식한다. 다시 말해, 돈을 받았을 때가 아닌 구매자에게 돈을 청구했을 때 수익으로 인식하고, 돈을 지급했을 때가 아닌 지급해야 할 의무가 생겼을 때 비용으로 인식한다. 반면에 현금주의회계(cash basis of accounting)에서는 단순히 돈을 받았을 때 수익으로 인식하고, 돈을 지불했을 때 비용으로 인식한다. 그러나 현금주의 회계는 후술될 '일반적으로 인정된 회계원칙'(GAAP : generally accepted accounting principle)에서 인정하고 있지 않는 방법이다.

현금흐름은 정보이용자에게 매우 유용한 정보이다. 사실 〈표 2-1〉에 나타나 있는 형태와는 조금 다르지만 제13장부터 논의할 현금흐름표는 모든 기업이 보고해야 하는 기본 재무제표 중의 하나이다. 현금흐름표는 한 회계기간 동안 기업이 현금흐름을 얼마나 창출하며 어떻게 사용하였는지 그리고 현금이 부족한 경우 어떻게 조달하였는지에 대한 기본적인 정보를 제공한다. 그러나 현금흐름표는 경영성과보고서가 아니며 재무상태보고서도 아니다.

분식회계 가리는 법 : 모뉴엘 분식회계, 현금흐름을 봤으면 충분히 알 수 있었는데…

회계는 기업의 언어다. 재무제표는 기업 현실에 대해 뭔가를 얘기하려 하지만 투자자나 이해관계자들은 대수롭지 않게 넘어가는 게 다반사다. 때로는 모른 체하고 있다가 일이 터진 후에야 뒤늦게 책임을 떠넘기려 하기도 한다. 분식회계는 실제 재무제표를 작성한 경영진이 일차적으로 가장 큰 책임이 있다. 그 다음으로 이를 감사해야 할 회사의 책임이며, 마지막으로 제도적으로 분식회계 가능성을 막지 못한 감독당국에게도 책임이 따른다.

회사의 영업이익에 현금 유출이 없는 감가상각비와 같은 비용을 가산하는 경우, 현금흐름표의 영업활동현금흐름 누적액과 그 금액이 장기적인 추세로 유사해야 한다는 주장이다. 이 주장에 따르면 대우조선해양의 분식회계는 이상 징후가 충분했고 분식회계는 당연히 발견될 수 있었다는 것이다. 또한 모뉴엘의 분식회계의 경우 많은 전문가들이 현금흐름표를 보았더라면 충분히 알 수 있었다고 얘기하고 있다.

경제개혁연구소는 '당기순이익(영업이익)+감가상각비'로 정의한 추정 영업활동현금흐름과 실제 영업활동현금흐름 간의 괴리가 큰 경우에 분식 징후가 있다고 보고, 그 괴리비율이 200%를 초과하면서 동시에 괴리금액이 1조원이 넘는 기업들을 분석했다. 분석대상기간은 2011년부터 2015년까지의 최근 5년과 2006년과 2015년까지의 10년으로 구분해 이 조건에 해당되는 기업들을 선정했다. 최근 5년 누계기준으로 그 조건에 해당되는 기업은 삼성중공업, 현대중공업, 현대건설 등 3개사이고, 최근 10년 누계기준으로 하면 포스코대우, 삼성물산, 에이제이렌터카, GS건설, 대우건설 등 5개사가 해당된다고 경제개혁연구소는 설명했다.

모뉴엘의 대출사기 금액은 약 3조4,000억원 상당으로 발표됐는데, 영업이익을 기준으로 2007년부터 마지막으로 재무제표가 공시된 시점인 2013년까지의 누적된 괴리금액은 2,544억원 규모다. 모뉴엘은 2014년 10월 분식회계가 밝혀지면서 그해 12월에 법원으로부터 파산선고를 받았다. 모뉴엘은 회계상, 서류상 데이터를 조작했고, 우리은행 계약직 사원이 영업심사부장과 함께 '이상하다'는 판단 아래 850억원 대출금 전액을 회수하는 결정을 내리면서 분식회계가 드러나기 시작했다. 모뉴엘의 그래프에서 (영업이익+감가상각비)와 영업활동현금흐름의 괴리금액이 심한 마이너스를 보이면서 비정상적인 패턴을 보이고 있다. 수출입은행, 무역보험공사 등에서 주고받은 검은 돈들이 결국 3조4,000억원의 대출사기를 낳고, 수많은 소액주주들에게 피해를 입히며, 국민세금으로 메꿔야 하는 결과를 가져왔다. 모뉴엘의 재무제표만 제대로 봤어도 국민의 혈세가 투입되고 투자자들을 울리는 사태를 사전에 예방할 수 있었다고 회계전문가들은 전하고 있다.

(글로벌이코노믹뉴스 경제연구소 김대성, 일부수정, 2016.6.27)

잠깐! 넘어가기 전에 한마디

지난 수세기에 걸쳐 기업이 재무제표를 준비하여 보고함에 있어서 회계실무와 재무제표 작성에 대한 전문성이 개발되었다. 즉, 회계의 전문성이 완전하게 확립되었다. 따라서 기업이 이익을 측정하고 재무와 관련된 사건들을 보고할 때, 모든 기업들은 체계적으로 정립된 규칙과 기준을 준수해야만 한다.

이때 재무보고를 위한 일반적 지침으로서 사용되는 기준의 한 세트를 간략하게 '일반적으로 인정된 회계원칙'(GAAP : generally accepted accounting principles)[5]이라 부른다. 이에 대한 구체적인 내용들은 앞으로 논의될 단원에서 자주 등장할 것이다.

그러나 최근 자본시장이 글로벌화됨에 따라 국제적으로 통일된 회계기준에 대한 요구가 크게 증가하고 있다. 이에 따라 각국에서는 국제회계기준(IFRS : International Financial Reporting Standards)에 대한 사회적 관심이 높아지고 있다. 우리나라는 기업에 대한 국내외의 회계투명성을 제고하고 회계정보에 대한 신뢰성을 높이기 위해 우리가 제정한 현행 기업회계기준(K-GAAP)을 포기하고 2011년 현재 국제회계기준을 본격 도입하여 채택하고 있다.

국제회계기준(IFRS)의 특징은 원칙 중심의 회계처리, 공정가치평가의 확대, 연결재무제표 중심의 공시체계, 그리고 경제적 실질 및 주석사항의 강조 등으로 나열할 수 있다.

5) 회계정보를 산출할 때 '일반적으로 인정된 회계원칙'(GAAP)은 왜 필요할까? 한마디로 말하면, 회계정보가 산출될 때 다양한 환경차이, 즉 국가·업종·기업간의 환경차이로 인해 실무에서 나타나는 다양한 회계처리 요구를 모두 충족시킬 수 없기 때문이다. 일반적으로 인정된(generally accepted)의 의미는 "다수에 의하여 지지되고 실질적으로 권위가 있다"는 것이다. '일반적으로 인정된 회계원칙'(GAAP)에는 기업회계기준, 상법, 세법, 그리고 공인회계사회가 발표한 회계처리지침 등이 있다.

영어로 토의해 보기(Discussion Questions)

[DISCUSSION 1]

The Cronin Corporation has been a profitable company for many years and has paid a quarterly dividend for each of the past 45 quarters. The company's board of directors is meeting and will discuss the quarterly dividend declaration. The current quarter incurred a $150,000 net loss, which is not unusual for a second quarter of the year. Unfortunately, Cronin does not have enough cash to pay the dividend and to support its operation during the next 45 days.

Required :

a. Assuming the company could get the cash somehow, would the current quarter's loss preclude the company from paying a cash dividend? Explain your answer.
b. The problem indicates the company does not have enough cash to pay the dividend. What could the company do to get the cash it needs to pay the dividend?
c. Are there any reasons the company's board of directors would want to pay the current quarterly dividend even though the company suffered a second-quarter loss and is temporarily short of cash?
d. What do you think the board of directors should do?

ANSWER

a. No, as long as the company has retained earnings from prior periods, it can pay a dividend in spite of the losses in the current quarter.
b. The company could borrow the needed funds or secure the funds by selling additional shares of stock.
c. The company may want to continue the tradition of paying a dividend to maintain investor confidence and to keep their investors satisfied.
d. With what little information is provided, it seems that the company should probably pay a dividend, even if it is small.

[DISCUSSION 2]

A finance student states, "I don't understand why anyone pays any attention to accounting earnings numbers, given that a 'clean' number like cash from operations is readily available." Do you agree? Why or why not?

ANSWER

There are several reasons why we should pay attention to accounting earnings numbers.

First, net income predicts a company's future cash flow better than current cash flow does. Net income aids in predicting future cash flows by reporting transactions with cash consequences at the time when the transactions occur, rather than when the cash is received or paid. Net income is computed on the basis of expected, not necessarily actual, cash receipts and payments.

Second, net income is potentially informative when there is information asymmetry between corporate managers and outside investors. Note that corporate managers with superior information choose accounting methods and accrual estimates which determine the net income number. Because accrual accounting requires managers to record past events and to make forecasts of future effects of theses events, net income can be used to convey managers' superior information. For example, a company's decision to capitalize some portion of current expenditure, which increases today's net income, conveys potentially informative signals to outside investors about the company's ability to generate future cash flows to cover the capitalized costs.

CHAPTER 3

회계순환과정과 재무제표 : 재무상태표와 포괄손익계산서

지금까지 회계이슈의 주요 항목인 현금흐름과 기업이익을 비교해 보았다. 본장에서는 먼저 재무제표(F/S : financial statements)가 무엇인지를 살펴보고, 회계거래에 대한 기록의 전 과정을 어떻게 재무제표라는 하나의 보고서로 담을 수 있는지, 그리고 이 보고서에서는 어떤 내용을 포함하고 있는지에 관해 살펴보고자 한다. 그러나 기업의 재무제표상의 회계수치를 아무리 구체적으로 검토하여 이해하고 있다 하더라도, 그 기업에 관한 충분한 윤곽을 잡는다는 것은 그리 쉽지 않다. 본장에서는 재무제표의 근간을 이루고 있는 재무상태표와 포괄손익계산서의 개념에 특히 중점을 두고 설명하고자 한다.

우선 회계순환과정(accounting cycle)을 그림으로 요약해 보면 [그림 3-1]과 같다. 이와 같은 회계순환과정을 통해 얻어진 재무제표는 다음과 같은 유용한 정보를 제공한다. 첫째, 기업경영자가 얼마나 기업을 잘 관리하고 있는지를 알 수 있다. 둘째, 경쟁기업간의 재무제표를 상호 비교 검토하여 경영성과를 상대적으로 측정할 수 있다. 셋째, 투자자로서 재무제표를 통해 투자를 원하는 기업을 적절하게 평가할 수 있다. 넷째, 자금제공자(채권자)로서 해당 기업의 재무제표를 검토하여 신용의 연장여부를 결정할 수 있다.

그림 3-1 회계순환과정

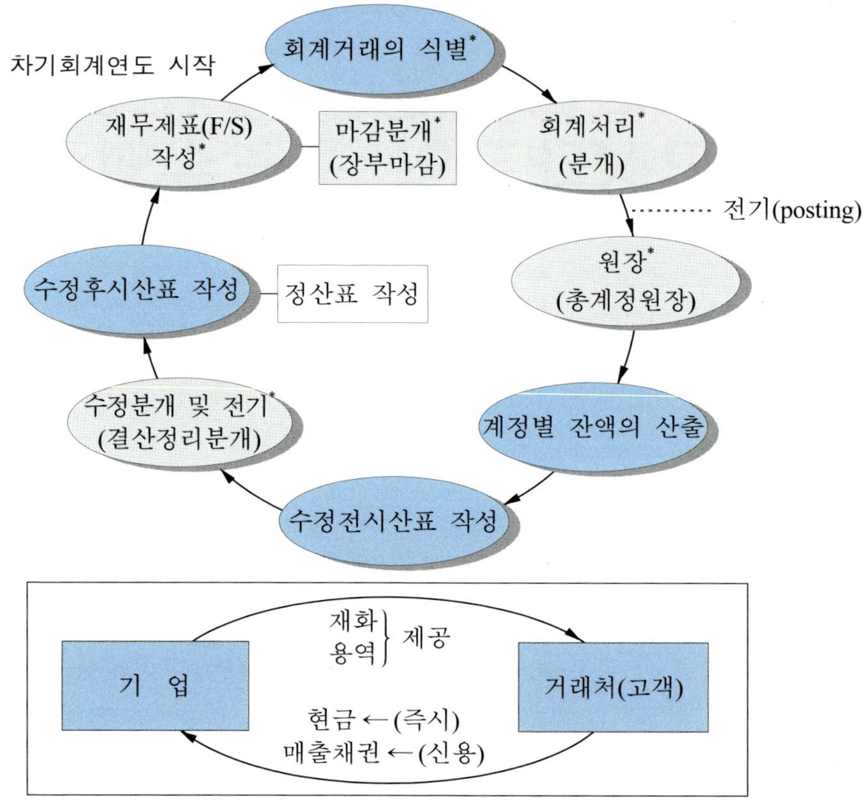

* 필수적 절차

1. 재무상태 및 경영성과를 어디에 기록할까?

기업경영자와 자금제공자, 그리고 투자자들은 기업의 재무상태를 알려고 한다. 그들은 기업의 자산과 부채뿐만 아니라, 소유주지분까지를 포함한 보고서를 필요로 하며 기업의 영업성과, 즉 이익과 손실을 야기시키는 매출액과 영업비용을 정리한 보고서를 필요로 한다. 그러나 제2장에서 설명한 대로, 현금흐름에 관한 요약은 그 자체로 매우 유용한 정보이지만, 기업의 재무상태나 영업성과에 관한 정보를 제공하지는 못한다.

기업의 재무상태는 재무상태표(statement of financial position)라는 회계보고서를 통해 전달되며, 경영성과는 포괄손익계산서(statement of comprehensive income)라는 회계보고서를 통해 전달된다.[1] 재무상태표는 특정 시점에서 기업의 재무상태를 나타내고 있지만, 포괄손익계산서는 일정기간 동안에 일어난 기업의 경영성과를 나타내주고 있다.

한국채택국제회계기준(K-IFRS : Korean International Financial Reporting Standards)에서는 기본재무제표로 재무상태표, 포괄손익계산서, 자본변동표(statement of changes in equity), 현금흐름표(cash flow statement), 그리고 주석(footnotes)을 열거하고 있다. 그러나 넓은 의미에서의 보충적 재무제표는 주기(parenthetical explanation)와 부속명세서(supporting schedules), 그리고 이에 따르는 추가적인 그래픽까지를 포함한다.[2]

〈표 3-1〉 회계연도 기초 및 기말 재무상태표

	기 말	기 초		기 말	기 초
유동자산			유동부채		
• 당좌자산					
현금및현금성자산	$565,807	$750,000	매입채무	$640,000	$535,000
매출채권	1,000,000	825,000	미지급비용	257,167	197,500
선급비용	160,000	185,000	미지급법인세	23,940	36,000
• 재고자산	1,690,000	1,250,000	단기차입금	625,000	600,000
합 계	$3,415,807	$3,010,000	합 계	$1,546,107	$1,368,500
			비유동부채		
			• 장기지급어음	$750,000	$600,000
비유동자산			자 본		
• 유형자산			• 자본금		
토지, 빌딩, 기계장치 등	$3,000,000	$2,250,000	(기초 : 195,000주, 기말 : 200,000주)	$775,000	$725,000
감가상각누계액	(800,000)	(540,000)	• 이익잉여금	2,544,700	2,026,500
합 계	$2,200,000	$1,710,000	합 계	$3,319,700	$2,751,500
자산총계	**$5,615,807**	**$4,720,000**	**부채와 자본총계**	**$5,615,807**	**$4,720,000**

1) 본서에서는 편의상 포괄손익계산서와 손익계산서를 혼용하고 있다. 재무상태표는 재무상태보고서(statement of financial condition)라고도 부르며, 손익계산서는 영업보고서(statement of operations, earnings statement)라고도 부른다.

2) 재무제표 중에서 기업의 포괄손익계산서는 주로 이익성과(profitability)에 초점을 두며, 현금흐름표는 생존능력(viability)에 초점을 두고 있다. 우리나라의 상법상 재무제표는 재무상태표, 손익계산서, 이익잉여금처분계산서와 부속명세서로 구성되어 있다.

〈표 3-1〉에서는 제2장에서 소개한 기업의 재무상태표를 나타내고 있으며, 후술되는 〈표 3-2〉에서는 가장 최근의 포괄손익계산서를 나타내고 있다. 기업의 현금흐름표와 관련해서는 제2장에서 소개한 현금흐름의 요약표를 일부 수정하여 제13장과 제14장에서 상세히 논의한다. 〈표 3-1〉과 〈표 3-2〉에 나타난 두 개의 주요 재무제표의 형식과 내용은 소비자에게 판매되는 제품을 생산하고 구매하는 제조업과 도소매업에 주로 적용된다. 본장에서는 일반적으로 사용되고 있는 재무상태표 및 포괄손익계산서의 양식을 동시에 소개하고자 한다.

〈재무상태표의 양식〉: 보고식 및 계정식*

재무상태표 (보고식)

○○회사 20××년 12월 31일		
자 산		
Ⅰ. 유 동 자 산		×××
(1) 당좌자산	×××	
(2) 매출채권	×××	
(3) 재고자산	×××	
Ⅱ. 비유동자산		×××
(1) 투자자산	×××	
(2) 유형자산	×××	
(3) 무형자산	×××	
자산총계		×××
부 채		
Ⅰ. 유 동 부 채		×××
Ⅱ. 비유동부채		×××
부채총계		×××
자 본		
Ⅰ. 자 본 금		×××
Ⅱ. 자본잉여금		×××
Ⅲ. 자 본 조 정		×××
Ⅳ. 기타포괄손익누계액		×××
Ⅴ. 이익잉여금		×××
자본총계		×××
부채와 자본총계		×××

재무상태표 (계정식)

○○회사	20××년 12월 31일			
자 산			부 채	
Ⅰ. 유 동 자 산		×××	Ⅰ. 유 동 부 채	×××
(1) 당좌자산	×××		Ⅱ. 비유동부채	×××
(2) 매출채권	×××		부채총계	×××
(3) 재고자산	×××		자 본	
Ⅱ. 비유동자산		×××	Ⅰ. 자 본 금	×××
(1) 투자자산	×××		Ⅱ. 자본잉여금	×××
(2) 유형자산	×××		Ⅲ. 자 본 조 정	×××
(3) 무형자산	×××		Ⅳ. 기타포괄손익누계액	×××
			Ⅴ. 이익잉여금	×××
			자본총계	×××
자산총계		×××	부채와 자본총계	×××

* 한국채택국제회계기준(K-IFRS)에서 규정하고 있는 계정과목은 다소 상이할 수 있음.

잠깐! 넘어가기 전에 한마디

영어로 '수익'(profit)이라는 단어는 사실 손익계산서상에서는 잘 쓰이지 않는다. 이는 돈을 바라고 탐욕스럽게 일하는 사람들이 즐겨 사용하는 단어로 보인다. 이 단어는 꼭 필요로 하는 것을 초과하거나, 혹은 남아도는 것을 암시한다. 또한 가끔씩 기업경영자나 그 밖의 많은 사람들이 손익계산서(income statement)라는 단어 대신에, 수익손실보고서(P&L statement : profit & loss statement)라는 용어를 사용하고 있는 것을 볼 수 있을 것이다. 그러나 이 용어는 외부용 재무보고서에서는 거의 사용되지 않는다.

반면에, '수익'(revenues)이란 기업의 주된 경영활동과 관련하여 발생하였거나 앞으로 발생할 현금유입액을 말한다. 제조업 등의 경우에 수익(revenues)은 매출액을 의미한다. 순매출액은 제품, 용역 등의 총매출액에서 매출에누리와 환입, 매출할인 등을 차감한 금액이다. 구체적인 내용은 본장의 다음 절에서 다룬다.

2. 포괄손익계산서에서 어떤 정보를 찾을 수 있을까?

일반적으로 사람들의 관심사는 만약 사업을 한다면 '충분한 이익을 남길 수 있을까?' 만약 그렇다면 '이익은 얼마나 될까?' 이러한 생각들을 할 것이다. 이런 관점에서 본 단원에서는 기업의 재무제표 중에서 포괄손익계산서에서 세공되는 정보를 먼저 다루기로 한다. 포괄손익계산서에서는 한 회계기간 동안의 매출액과 비용을 일목요연하게 보여준다. 〈표 3-2〉에서는 간단한 포괄손익계산서를 나타내고 있는데, 한 회계기간 동안 발생된 모든 수익과 비용을 각 항목별로 보고하고 있다.

〈표 3-2〉 포괄손익계산서

매출액(sales revenue)	$10,400,000
매출원가	6,760,000
매출총이익(gross margin)	$3,640,000
영업비용	2,080,000
감가상각비	260,000
영업이익(operating earnings)	$1,300,000
이자비용	103,000
법인세차감전이익(earnings before income tax)	$1,197,000
법인세비용	478,800
당기순이익(net income)	$718,200
기타포괄이익	0
총포괄이익[3]	$718,200
주당순이익(earnings per share)	$3.59

포괄손익계산서상의 첫 번째 항목은 소비자에게 현금판매 혹은 신용판매로 얻은 수익을 말하는데, 이것을 매출액(sales revenue)이라 부른다. 당기순이익(net income, net earnings, net profit)은 매출액에서 모든 관련 비용을 차감한 회계기간 동

3) 총포괄이익은 당기순이익과 기타포괄이익의 합으로 이루어진다. 기타포괄이익은 자산과 부채의 미실현평가손익을 당기손익에 반영하지 않고 잠정적으로 자본에 분류한 항목이다. 예를 들어, 토지 및 건물 등에 대한 자산재평가차익 등을 들 수 있다.

안의 순이익을 일컫는다. 즉, 본 예제에서는 한 해 동안의 매출액 $10,400,000 중 $718,200의 당기순이익을 벌어들인 셈이다. 다시 말해, 모든 관련 비용을 제하고 매출액 중에서 6.9%만이 이익으로 얻어진 것이다. 이를 수익, 비용, 이익의 관계로 등식화하면 다음과 같다.

수 익	−	비 용	=	당기순이익
($10,400,000)		($9,681,800)		($718,200)
총포괄이익	=	**당기순이익**	+	**기타포괄이익**
($718,200)		($718,200)		($0)

〈포괄손익계산서 양식〉: 보고식 및 계정식*

포괄손익계산서 (보고식)
20××년 1월 1일~20××년 12월 31일
○○회사

과목	금액
Ⅰ. 매 출 액	×××
Ⅱ. 매 출 원 가	×××
Ⅲ. 매출총이익	×××
Ⅳ. 판매비와 관리비	×××
Ⅴ. 영 업 이 익	×××
Ⅵ. 영업외수익	×××
Ⅶ. 영업외비용	×××
Ⅷ. 경 상 이 익	×××
Ⅸ. 특 별 이 익	×××
Ⅹ. 특 별 손 실	×××
XI. 법인세비용차감전순이익	×××
XII. 법인세비용	×××
XIII 당기순이익	×××
기타포괄손익	×××
총포괄이익	×××

포괄손익계산서 (계정식)
20××년 1월 1일~20××년 12월 31일
○○회사

과목	금액	과목	금액
Ⅱ. 매 출 원 가	×××	Ⅰ. 매 출 액	×××
Ⅲ. 매출총이익	×××		
Ⅳ. 판매비와 관리비	×××		
Ⅴ. 영 업 이 익	×××	Ⅵ. 영업외수익	
Ⅶ. 영업외비용	×××		
Ⅷ. 경 상 이 익	×××	Ⅸ. 특 별 이 익	
Ⅹ. 특 별 손 실	×××		
XI. 법인세비용차감전순이익	×××		
XII. 법인세비용	×××		
XIII 당기순이익	×××		
기타포괄손익	×××		
총포괄이익	×××		

* 한국채택국제회계기준(K-IFRS)에서 규정하고 있는 계정과목은 다소 상이할 수 있음.

포괄손익계산서는 사람이 계단을 오르내리는 것처럼 계단식으로 고안되어 있다. 각 단계별로 하나 이상의 비용항목이 차감된다. 첫 번째 단계는 매출액으로부터 매출원가가 차감되어 매출총이익(gross margin, gross profit)이 산출된다. 이 때의 이익 산정은 총(gross)이라는 측정단위를 쓰는데, 그 이유는 다른 비용항목들이 아직 차감되지 않았기 때문이다.

다음 단계에서는 영업비용과 감가상각비(비용항목 중 독특한 항목임) 등의 판매비와 관리비가 차감되어 기업의 영업이익(operating earnings)이 산출된다. 그러나 여기에서는 이자비용과 법인세비용이 아직 차감되지 않았다. 따라서 이를 일반적으로 "이자및법인세비용차감전이익"(EBIT : earnings before interests and taxes)이라고도 부른다. 국제회계기준위원회(IASB)가 제정한 국제회계기준(IFRS)에서는 영업이익의 공시의무가 없지만 한국회계기준원은 포괄손익계산서에 영업이익을 의무적으로 공시하도록 한국채택국제회계기준(K-IFRS)을 개정했다.

그 다음 단계에서는 차입금에 대한 이자비용 등이 차감되어 "법인세비용차감전이익"(EBT : earnings before income tax)이 산출된다. 여기에서 법인세비용이 차감되어 당기순이익(net income)이 산출된다. 특히 당기순이익은 정보이용자들의 관심항목이다. 일반적으로 상장기업은 주당순이익(EPS : earnings per share)[4)]을 공시하게 되는데, 이는 당기순이익을 유통주식수(number of shares)로 나눈 수치이다. 본 단원의 예제에서 다룬 기업의 해당 연도 동안의 EPS는 $3.59이다. 공개되지 않은 기업에서는 EPS를 반드시 공시할 필요는 없지만, 이 수치는 주주들에게도 매우 주요한 수치가 된다.

IFRS에 따르면, 포괄손익계산서에서는 당기순손익뿐만 아니라 기타포괄손익의 당기변동액도 표시된다. 기타포괄손익이란 수익과 비용항목 중에 당기순손익을 구성하지 않고 직접 재무상태표의 자본으로 인식되는 항목이다(예 : 유형자산의 재평가차액, 기타포괄손익인식(매도가능)금융자산평가손익, 해외사업장의 재무제표환산으로 인한 외환차이 등).

포괄손익계산서는 당기순손익과 기타포괄손익을 한 개의 보고서에 나타내는 방법과, 이를 각각 나누어 두 개의 보고서에 나타내는 방법이 있다. 또한 IFRS에서는 K-IFRS와는 달리 영업손익의 구분표시를 의무화하지 않는다. 한편, 비용과 관련하여 기업에서는 성격별 혹은 기능별 분류방법 중 하나를 선택하여

4) 주당순이익(EPS : earnings per share)은 단순히 당기순이익이나 총이익보다는, 주식 1주당 보통주주들에게 귀속될 수 있는 이익이 얼마만큼 되는지를 나타낸다. '일반적으로 인정된 회계원칙'(GAAP)에서는 이에 대한 공시를 요구하고 있다. 주당순이익(EPS)에 관해서는 제12장에서 구체적으로 다루기로 한다.

포괄손익계산서에 표시할 수 있다.

본 예제에서는 5개의 비용항목이 나열되어 있다. 일반적으로는 손익계산서에서 그 이상의 비용항목이 열거될 수 있지만, 영업상 매우 특별한 연도가 아니라면, 10개 이상의 비용항목을 갖는 경우는 드문 경우라 할 수 있다. 제품을 판매하는 기업인 경우에는 반드시 매출원가(cost of goods sold) 항목을 넣어야 한다. 특히, 서비스기업인 경우에는 매출원가가 없으며, 이에 따라 매출총이익도 나타나지 않는다. 또한 기업에 따라 손익계산서에 감가상각비를 넣지 않는 경우도 있다.

〈표 3-2〉에서는 단지 하나의 영업비용 항목이 포함되어 있다. 그러나 일반적으로 두 개 이상의 영업비용 항목이 포함된다. 마케팅비용은 종종 일반관리비용과는 별도로 구분된다. 이와 같이 손익계산서의 비용항목에 대한 구체적인 내용들은 매우 탄력적이라 할 수 있다. 손익계산서에 보고되어 있는 매출액과 각 비용항목들은 일반적으로 인정된 관습을 따르고 있는데, 이를 간략하게 기술하면 다음과 같다.

(1) 매출액

해당 회계기간 동안에 고객에게 제품을 판매한 후 받은 총금액, 혹은 앞으로 받을 금액을 말하는데, 이는 순액(net)을 의미한다. 즉 표시가격에서의 공제액(거래할인), 매출에누리와 환입, 그리고 송장가격으로부터 일정금액의 공제액(매출할인) 등은 매출액을 결정하기 전에 차감된다. 판매세(sales tax)는 매출액에 포함되지 않으며, 소비세(excise tax)도 마찬가지이다. 요약하면, 매출액은 기업이 영업활동으로부터 발생하는 비용을 충당하기 위한 판매금액이며, 동시에 기업의 이익을 창출하기 위한 판매수익이다.

(2) 매출원가

해당 회계기간 동안에 소비자에게 판매된 제품의 제조원가 또는 매입원가를 말한다. 아마도 이를 이해하는 데 큰 무리가 없을 것이다. 그러나 이해하기가 조금 난해한 부분은 예를 들어 들치기와 도난을 당한 제품, 소실된 상품, 그리고 파손이나 진부화로 인하여 발생하는 감모손실 등의 경우이다. 이와 같은 상품의 감소분은 해당 연도의 매출원가에 포함되거나 혹은 영업비용에 포함된다.

(3) 영업비용

넓은 의미로 말하자면, 이는 매출원가, 이자비용, 그리고 법인세비용을 제외한 모든 비용을 포함한다. 즉, 별개로 보고되지 않는 잡동사니의 모든 비용을 말한다. 본 단원의 예제에서 보듯이, 감가상각비는 그 밖의 영업비용에 포함되는 대신, 별개의 비용항목으로 분류되어 있다. 어떤 기업은 광고비용과 마케팅비용은 판매비와 관리비와 구별하여 독립적인 별개항목으로 보고한다. 여기에는 무수히 많은 영업비용 항목이 존재하는데, 어느 경우에는 아주 크고, 어느 경우에는 아주 작다. 크기의 범위는 종업원의 급여로부터 통신비, 보험료, 연구비, 복리후생비, 소송비용 등 법적 비용에 이르기까지 매우 다양하다.

(4) 감가상각비

건물, 기계장치, 구축물, 공기구, 그리고 차량운반구 등 한 회계기간에 비용으로 배분될 수 있는 유형자산에 대한 원가(original costs)의 일부라고 생각하면 된다. 즉, 감가상각비는 해당 기간 동안에 위와 같은 유형자산을 사용함으로써 발생되는 비용이다. 그러나 현금으로 직접 지출되는 비용은 아니다. 따라서 다른 영업비용 항목과 비교할 때, 독특한 항목이라 할 수 있다. 일반적으로 감가상각대상 자산은 제품의 제조에 직접적으로 사용되지 않지만 기업의 영업과 관련이 있으며 사용기간(수명)이 유한한 장기성유형자산을 의미한다.

(5) 이자비용 및 법인세비용

이자비용은 영업외비용으로 차입금 등과 같은 부채에 대해 금융비용으로 지급해야 하는 이자의 액수를 말한다. 대여금 조달비용(loan origination fees)과 같은 그 밖의 자금조달 금융비용도 여기에 포함된다.

법인세비용은 해당 연도 회계기간 동안에 벌어들인 과세대상이익(taxable income : 과세소득)을 기준으로 정부에 납부해야 하는 조세를 말한다. 이는 과세대상이익에 적정한 세율(tax rates)을 곱하여 산출된다. 그러나 이러한 법인세비용은 기업이 과세당국에 실질적으로 납부하는 금액과는 차이가 있다. 여기에는 법인세, 농어촌특별세, 주민세가 포함된다.[5)]

3. 재무상태표에서 어떤 정보를 찾을 수 있을까?

〈표 3-1〉에서 제시된 재무상태표는 기업의 자산과 부채 그리고 자본을 분류하고 체계화하기 위해 표준화된 형식을 따르고 있다. 그러나 금융기관, 공기업, 철도회사 그리고 그 밖의 특화된 비영리기업들은 이와는 다른 형식을 사용하고 있다. 반면에 제조업과 소매업 그리고 대다수의 영리기업들은 〈표 3-1〉에서 제시하고 있는 형태와 기본적으로 같은 형식을 따르고 있다.

재무상태표의 왼쪽에는 자산(assets)이 기술되어 있다. 오른쪽에는 기업의 부채(liabilities)가 기록되어 있는데, 부채(채권자청구권)는 자산에 대해 우선적인 청구권리를 갖고 있다. 또한 기업에 있어서 소유권의 근원인 자본(소유주청구권)은 부채항목 바로 밑에 기록되어 있는데, 이는 부채가 자산에 대해 우선적으로 변제받을 수 있다는 것을 의미한다. 즉, 기업의 소유주인 주식소유자들은 기업의 자산에 대해서 채권자들에게 먼저 충족되고 난 후, 그 다음으로 요구할 수 있는 권리를 가지고 있다는 것이다.

재무상태표에 기록되어 있는 각각의 독립된 자산, 부채, 그리고 자본을 계정(accounts)이라 부른다. 이러한 각 계정은 독립된 항목과 함께 금액으로 표시되어 있는데, 이를 잔액(balance)이라 부른다. 예를 들어 〈표 3-1〉에서 다음과 같은 기말 계정의 잔액을 찾을 수 있다.

계정과목	계정잔액
매출채권	$1,000,000

재무상태표상의 그 밖의 특정 금액은 계정잔액의 총액 혹은 각 계정과목의 합계로 표시되어 있다. 예를 들어, 특정 자산 합계액은 그 해당 자산을 구성하고 있는 자산에 대한 총계를 의미하는 것이지 전체 자산계정의 합계가 아니다. 전체 자산계정의 총계는 맨 밑줄에 표시되어 있다. 〈표 3-2〉에 나타나 있는 손익계산서의 당기순이익도 전체 손익계정의 총계이다. 또한 당기순이익 밑에 있는 주당순이익(EPS)은 기업의 상대적인 수익력을 나타내는 수치로서 정보이용자에게

5) 과세대상이익은 '과세소득'이라고도 부른다. 법인세비용은 기업이 지불한 임금에 대한 소득세, 실업세금과 사회보장세금 등은 포함되지 아니한다.

유용한 정보가 된다.

재무상태표는 포괄손익계산서를 작성하는 기간의 마지막 날을 기준으로 만들어진다. 예를 들면, 만약 손익계산서가 20×1년 6월 30일 말까지의 기간 동안에 걸쳐 만들어진다면, 재무상태표는 20×1년 6월 30일 시점에서 만들어지는 것이다. 재무상태표에 보고되는 금액은 그 해당 기간에 정확한 시점에서 자산・부채・자본의 각 계정과목의 양을 나타낸다. 이와 같이 기업의 **재무상태**는 특정한 시점에서 찍은 기업의 스냅사진이라고 할 수 있다.

다시 말해 재무상태표는 한 회계기간 동안에 있어, 기업의 자산 및 부채 그리고 자본 계정간의 흐름을 나타내지는 않는다. 단지 해당 회계연도 특정 시점에서의 기말잔액을 표시할 뿐이다. 예를 들면, 〈표 3-1〉에서 보는 바와 같이, 기업은 $565,807의 기말 현금잔액을 보고하고 있다. 이 경우 기업의 총현금흐름의 수입과 지출을 알 수 있을까? 재무상태표로부터는 결코 그 해답을 찾을 수 없다. 기업의 재무제표의 공시내용을 보도하는 사람조차도 가끔은 혼동되는 사안이 있다. 예를 들어, 어떤 기업에 대한 신문보도 내용 중 다음의 문구를 생각해 보자.

> "이 기업에서는 56억불의 매출액을 달성함으로써 견고한 재무상태를 유지하고 있으며…"(WSJ, 1998년 5월 18일, p.B1)

그러나 여기에서 기업의 매출액은 재무상태표에 보고되는 항목이 아닌, 손익계산서상에서 나타나는 항목이라는 것을 기억해야 한다. 한편, 재무상태표에 나타난 계정과목은 특별한 순서 없이 아무렇게나 배열되어 있는 것은 아니다. 일반적으로 각 그룹의 항목별로 다음에 나타난 순서와 속성에 따라 나누어진다.

왼편(차변) : 자산	오른편(대변) : 부채 및 자본
유 동 자 산	유 동 부 채
비유동자산	비유동부채
	자 본

유동자산은 현금을 포함하여 **영업주기**(operating cycle)의 기간 동안에 현금으로 전환될 수 있는 자산을 말한다. 여기에서 영업주기란 제품을 구매하거나 제

조하는 일련의 과정을 말한다. 즉, 판매시까지 제품을 보유하고 판매하면서, 외상매출한 제품의 현금 수거를 기다리며, 마지막으로 구매자로부터 현금을 받는 일련의 모든 과정을 말한다. 이와 같은 과정은 계속적으로 이루어지는 기업의 영업활동 중 가장 기본적인 흐름이라 할 수 있다. 보편적으로 영업주기는 60일 이내이며, 혹은 상대적으로 조금 길 수도 있는데, 이 경우 아마도 180일 정도가 보통이다. 정상적인 영업주기를 명확하게 식별하기 어려운 경우에는 그 기간이 12개월 이내인 것으로 간주한다. 영업주기와 직접 관련되지 않는 기업의 자산 중에서, 당해 연도에 매우 빠르게 현금으로 전환될 수 있다면 이는 당좌자산으로 분류된다. 일시적인 투자로 기업이 소유하고 있는 시장성이 있는 단기매매금융자산이나, 혹은 종업원들에게 빌려준 초단기대여금 같은 경우가 그것이다.

두 번째 그룹으로 분류된 항목은 유형자산(property, plant & equipment)[6]으로서, 이는 공식적인 재무상태표에서는 비유동자산으로 분류된다. 이를 고정자산(fixed assets)이라고도 하는데, 사실 강한 어휘라 할 수 있다. 왜냐하면 유형자산은 기업이 소유하고 있는 토지(land) 이외에는, 고정이 되었다든지 아니면 영원하다든지, 이런 의미가 아니기 때문이다. 유형자산은 오랜 기간에 걸쳐 사용되는 기업의 장기적인 영업활동의 원천이다. 예를 들어 건물, 기계장치, 설비기구, 차량운반구, 선박, 비품 등이 이에 속한다.

토지를 제외한 유형자산의 원가는 사용가능한 기간(내용연수 : useful life) 동안에 걸쳐 점차적으로 비용화된다. 즉, 유형자산의 총원가는 각 기간에 걸쳐 배분되어 간다. 이렇게 내용연수에 따라 유형자산의 원가가 각 기간에 체계적이고 합리적인 방법으로 배분되는 과정을 감가상각(depreciation)이라 한다.

한 회계연도 동안의 감가상각액은 〈표 3-2〉에서 표시되어 있는 대로, 손익계산서상에서 감가상각비라는 비용으로 보고된다. 또한 자산을 취득한 이후 감가상각비로 계상되어 누적된 액수는 감가상각누계액(accumulated depreciation)이라는 계정과목으로 재무상태표상에 보고된다(〈표 3-1〉 참조). 이러한 감가상각누계액의 잔액은 해당 유형자산의 원가에서 차감된다. 이와 같이 유형자산의 취득원가와 현재까지의 감가상각누계액을 모두 제공하여 현시점에서 유형자산의 장부금액을 모두 보여준다.

유동부채와 관련하여 다음 사항을 간략하게 짚고 넘어가도록 하자. 부채 난

6) 일반적으로 고정자산은 설비자산, 유형자산 혹은 유형고정자산이라고도 부른다.

에 기록되어 있는 계정과목은 대부분이 단기거래목적으로 부담하고 있는 단기부채이다. 이는 대금지급을 위해 부채에서 현금으로 쉽게 전환될 수 있는지의 여부에 따라 분류되는 계정과목이다. 재무상태표일로부터 1년 이내에 갚을 수 있는 단기차입금 같은 경우에도 이 부류에 속한다. 〈표 3-1〉의 재무상태표상에는 유동부채로서 4종류의 계정과목들이 열거되어 있다.

그 밖의 모든 부채는 비유동부채로서 재무상태표일로부터 1년 이후에 결제일이 도래되는 계정과목이다. 본 예제에서는 오직 한 개의 계정과목(장기매입채무)만이 보고되어 있다. 장기부채인 경우에는 주석에 결제일과 이자율 그리고 그 밖의 계약조항이 열거된다. 편의상 여기에서는 주석과 관련하여 언급하지 않았다.

부채는 기업의 자산에 대한 기본적인 청구권이라 하겠다. 다시 말해, 현금이나 혹은 현금화될 수 있는 자산은 부채를 지급하기 위해 사용된다. 기업이 벌어들인 이익으로 생성된 자산은 부채를 지급하기 위해 사용되는 유용한 항목이라 할 수 있다. 그러므로 기업의 모든 부채는 기업의 재무상태의 전반을 정확히 알리기 위해 보고된다. 부채는 동시에 자산의 원천이 될 수 있다. 예를 들면, 기업이 타인으로부터 돈을 빌리면 현금이 늘어난다. 외상으로 제품을 구입하면 미래에 대금지급을 해야 하는 부채가 발생함과 동시에 재고자산이 증가한다. 일반적으로 기업은 아직 현금으로 결제하지 않은 부채(예 : 미지급금, 미지급비용[7] ; accrued payable, unpaid expenses)를 가지고 있다.

재무상태표에 부채를 기록하는 또 다른 이유를 살펴보자. 이것은 기업이 가지고 있는 자산의 원천을 이해하는 데 도움이 된다. 다음을 생각해 보자. 기업의 총자산은 어디로부터 온 것일까? 기업의 재무상태에 관련된 전반적인 흐름은 자산이 어디로부터 왔는지 표시할 수 있어야 한다.

기업이 가지고 있는 총자산의 일부는 타인으로부터 만들어지며(채권자지분 : creditors equity), 나머지는 기업의 주인(주주)으로부터 만들어진다. 주주들이 기업에 돈을 투자한 후 그들에게 배당되지 않는 이익은 기업이 보유한다. 재무상태

7) 미지급비용은 발생된 비용(예 : 미지급이자비용, 미지급보험료, 미지급임차료 등)으로서 아직 지급되지 않은 것을 말한다. 반면, 제조 및 판매 등과 직접적으로 관련이 있는 일반적인 상거래 이외에서 발생된 채무(예 : 미지급비품비용, 미지급유형자산구입비용 등)로서의 미지급금(accounts payable-nontrade)과는 차이가 있다. 한편, 일반적인 상거래에서 발생한 외상매입은 매입채무로 회계처리된다.

표상의 주주지분(stockholders' equity)이라는 계정과목은 기업의 총자산 중 자체적으로 조달된 금액이 얼마인지를 나타내고 있다. 앞의 〈표 3-1〉에서는 두 가지 주주지분의 원천을 보여주고 있는데, 자본금(capital stock)과 이익잉여금(retained earnings)이 바로 그것이다.

기업의 주주가 해당 기업에 투자했을 때 먼저 자본금계정이 증가된다.[8] 기업이 벌어들인 이익에서 주주에게 배당금을 지급하고 난 후의 금액은 이익잉여금을 증가시킨다. 이익잉여금이라는 계정과목은 조금 혼동될 수 있는 소지가 있기 때문에 다른 단원에서 필요할 때마다 설명할 것이다.

4. 모든 거래는 회계장부에 기록해야 할까?

기업은 매출, 매입, 임대차계약, 주식매입 등의 다양한 활동을 한다. 이러한 기업이 수행하는 모든 거래를 회계장부에 기록해야 할까? 결론부터 이야기하면 '아니다.' 기업이 수행하는 거래 중에서 회계거래만 회계장부에 기록하는 대상이 된다. 그렇다면 회계거래란 무엇인가? 다음 두 가지 거래를 통해 살펴보자.

> 8월 1일 : 영업에 사용하기 위해 자동차를 구입하기로 계약을 체결하다.
> 8월 15일 : 자동차 대금으로 ₩20,000,000을 지급하고 자동차를 취득하다.

우선 두 가지 거래의 차이는 무엇인가? 8월 1일의 거래는 단지 계약만 한 것으로 기업의 재산에 영향을 미치지 않고, 8월 15일의 거래는 현금이 ₩20,000,000만큼 나가고 자동차가 들어오므로 기업의 재산이 변했다. 즉, 회계거래는 거래 중에서 기업의 재산에 변동을 가져오는 거래이다. 따라서 8월 1일의 거래는 회계장부에 기록이 되지 않을 것이며, 8월 15일의 거래는 회계장부에 기록이 될 것이다. 결국 회계장부는 기업의 재산변동을 나타내기 위해 작성됨을

8) 대다수의 기업들은 액면가 주식을 발행한다. 각 주식은 액면가(par value)라고 불리는 최소금액으로 발행되는 것이다. 기업은 주식을 액면가 이상으로도 발행할 수 있다. 액면가 이상으로 발행된 주식은 주식발행초과금(paid-in capital in excess of par value)이라는 계정과목으로 분류된다. 본 재무상태표의 예제에서는 이 계정과목을 다루고 있지 않다. 우리나라에서는 상법의 영향을 받아 원칙적으로 액면주식의 발행을 허용하고 있다. 그러나 시가가 액면가 미만으로 형성되어 있을 경우, 일정한 조건하에서 할인발행을 허용하고 있다.

그림 3-2 일반거래와 회계거래의 차이

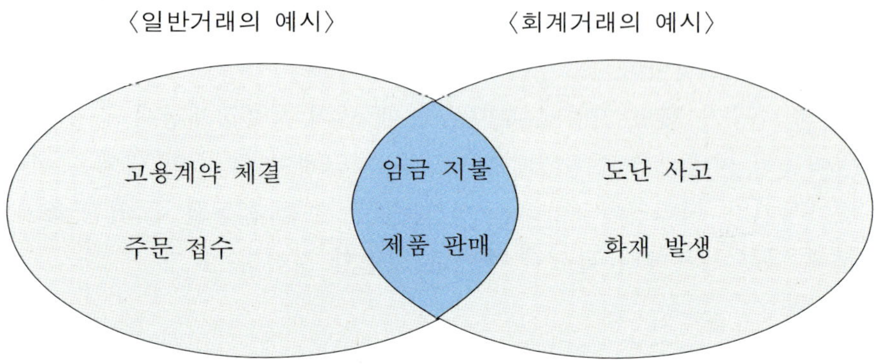

알 수 있다. 다만, 회계장부는 금액으로 표시되기 때문에 재산의 변동이 일어나는 거래라 하더라도 금액으로 측정하지 못하면 회계장부에 기록되지 못한다. 결국, 회계장부에 기록하는 거래는 첫째, 재산이 변동되며 둘째, 금액으로 측정가능해야 한다. 이와 같은 일반거래와 회계거래의 차이를 그림으로 나타내면 [그림 3-2]와 같다.

5. 회계의 순환과정이란 무엇일까?

회계장부에는 금액으로 측정가능한 회계거래만 기록된다는 사실을 배웠다. 이러한 회계거래가 발생하여 최종적으로 회계정보가 산출되기까지의 절차를 **회계순환과정**이라 한다. 회계거래가 발생하여 최종적으로 회계정보가 되기까지는 어떠한 과정을 거쳐야 할까? 구체적으로 회계순환과정은 무엇일까? 앞의 [그림 3-1]에서 이를 요약하고 있다.

(1) 회계거래를 처음 기록하는 것이 분개라고?

기업이 특정한 활동을 수행한 결과 회계거래가 발생하게 되면 이를 기록해야 하는데, 이러한 회계거래를 기록하는 것을 **분개**(journalization)라고 한다. 정확히 말하자면, 분개란 차변(왼쪽)과 대변(오른쪽)의 어느 쪽에 얼마의 금액을 기입할 것인가를 결정하는 것을 말한다. 이러한 분개를 기록하는 장부를 분개장이라고 부른다.

회계거래를 분개하기 위해서는 다음의 세 가지를 수행해야 한다. ① 발생한 회계거래의 계정을 결정해야 한다. ② 금액을 측정해야 한다. ③ 차변과 대변을 구분해야 한다.

생소한 단어들이 많으니 앞의 두 가지 거래 중 8월 15일의 회계거래에 대한 분개를 통해 알아보도록 하자.

(차변) 자동차(차량운반구)	20,000,000	(대변) 현 금	20,000,000

우선, ① 자동차와 현금이 계정과목이 되며, ② ₩20,000,000이 측정된 금액에 해당된다. 그리고 ③ 자동차가 기록된 왼쪽을 차변이라 하며, 현금이 기록된 오른쪽을 대변이라고 부른다. 차변에는 일반적으로 자산의 증가, 부채의 감소 및 비용이 발생이 기록되며, 대변에는 자산의 감소, 부채의 증가 및 수익의 발생이 기록된다. 이때 대차평균의 원리에 따라 차변과 대변에는 같은 금액이 기록되어야 한다.

이러한 분개를 보면 ₩20,000,000의 자동차가 기업의 자산으로 들어왔다는 것과 자동차를 구입하기 위해 현금이라는 기업의 자산 ₩20,000,000이 나갔다는 것을 알 수 있다. 이와 같은 회계거래를 기록하는 방법이 분개이다. 결국 회사가 수행한 많은 회계거래가 발생한 시간순서대로 분개라는 방법을 통해 분개장에 기록되며, 여기서부터 회계기록이 시작된다고 할 수 있다.

(2) 원장에 전기하라니 무슨 소리지?

앞에서 수행한 분개는 시간순서에 따라 특정한 분류기준 없이 기업의 활동으로 인해 발생한 회계거래를 기록한 것이다. 즉, 분개는 모든 회계거래가 기록되어 있기는 하지만 계정별로 분류되어 있지 않기 때문에 특정 계정과목의 기초금액, 당기중 변동내역, 기말 현재잔액 등을 한눈에 파악하기 어렵다는 단점이 있다. 따라서 이러한 단점을 해결하고 재무제표를 보다 쉽게 작성할 수 있도록 분개한 회계거래를 해당 계정별로 분류하여 옮겨 적는 것을 전기(posting)라고 한다. 또한 이렇게 전기한 계정을 다음과 같이 모아놓은 장부를 총계정원장 또는 원장이라고 한다.

자동차(차량운반구)

8/15 현 금 20,000,000	

현 금

	8/15 자 동 차 20,000,000

위의 예를 보면 앞에서 작성한 8월 15일의 분개가 자동차계정의 차변과 현금계정의 대변에 각각 전기되어 있음을 확인할 수 있다. 8월 15일 이외의 다른 일자에 발생한 여러 관련 분개들까지 모두 전기를 하게 되면 각 계정별로 기말 잔액까지 확인할 수 있게 된다. 이와 관련된 내용은 후술되는 사례에서 자세히 살펴보도록 하자.

(3) 재무상태표, 포괄손익계산서 이건 뭐지?

기업이 작성하게 되는 기본재무제표에는 재무상태표, 포괄손익계산서, 자본변동표, 현금흐름표, 그리고 주석이 있는데, 우리는 여기서 재무상태표와 포괄손익계산서의 작성에 초점을 맞추어 살펴보기로 하자. 작성법을 배우기에 앞서, 먼저 재무상태표와 포괄손익계산서란 무엇인가? 재무상태표는 말 그대로 특정 시점에서 기업의 재무상태에 대하여 나타낸 표이다. 특정 시점에서 표시한 것이므로 흔히들 기업의 재무상태를 찍은 스냅사진이라고 말한다. 포괄손익계산서는 특정 기간 동안에 일어난 기업의 경영성과를 표시한 것이다.

앞에서 설명한 원장의 계정은 자산, 부채, 자본에 해당하는 항목과 수익, 비용에 해당하는 항목으로 구분할 수 있다. 여기서 자산, 부채, 자본에 해당하는 계정잔액을 모두 모아서 재무상태표를 작성하고, 수익과 비용에 해당하는 계정잔액을 모두 모아서 포괄손익계산서를 작성한다. 재무상태표의 양식은 앞에서 이미 설명하였다(〈표 3-1〉).

다시 한 번 재무상태표를 살펴보면 앞에서 작성한 계정과목별로 모아놓은 원장과는 달리 자산, 부채, 자본에 해당하는 각 계정잔액들을 일정한 기준에 따라 분류 및 표시하여 작성하였음을 알 수 있다. 결국 원장은 각 계정의 기초금액, 당기변동내역, 기말잔액에 대하여 보여주고 있다. 또한 재무상태표는 계정의 잔액을 자산, 부채, 자본으로 구분 표시하여 재무상태표 작성시점 현재의 해당 기업의 재무상태를 보여주므로 정보이용자가 해당 기업의 재무적 안정성 등과 같은 재무정보를 용이하게 얻을 수 있다.

전술한 대로 포괄손익계산서를 살펴보면, 특정 회계기간 동안에 기업이 여러 활동을 수행하면서 발생하게 된 수익과 비용의 내용이 특정한 기준에 따라 분류 및 표시되어 있음을 알 수 있다. 이러한 내용은 재무상태표와는 달리 기업이 수행한 활동들의 업무실적에 관한 정보를 제공한다. 즉, 적은 비용으로 많은 수익을 창출해냈을 경우 당기순이익이 커지게 됨에 따라 효율적이고 효과적인 업무를 수행하였다고 평가할 수 있다. 포괄손익계산서상의 당기순이익은 차후에 마감분개를 통해 재무상태표상의 이익잉여금으로 대체되는데, 이는 결국 기업이 수행한 업무수행결과가 회사의 재무상태표 중 자본을 변동시키게 되는 결과를 가져오는 것이다. 즉, 이익잉여금을 통해 재무상태표와 포괄손익계산서는 서로 연계되어 있다고 할 수 있다.

6. 사례로 회계순환과정을 배워보자!

이제부터 올해 처음으로 설립된 (주)중앙컴퓨터A/S를 통하여 회계순환과정을 세부단계까지 포함하여 알아보자(올해 최초로 설립된 기업이므로 기초잔액은 전혀 없다).

① 1월 1일 (주)중앙컴퓨터A/S가 설립되었다.
이 기업은 주당 액면 ₩5,000의 주식 500주를 발행하였다.
이 주식은 모두 인수되었으며, 현금 ₩2,500,000이 납입되었다.

② 1월 20일 부자은행으로부터 ₩3,000,000을 차입하였다.

③ 2월 1일 영업활동에 필요한 소모품 ₩200,000을 현금으로 구입하였다.

④ 3월 10일 (주)서울의 컴퓨터 200대에 대한 A/S를 제공하고 서비스 용역대금으로 ₩3,000,000을 현금으로 받았으며, 나머지 ₩1,000,000을 외상으로 처리하였다.
⑤ 5월 15일 3월에 외상으로 제공한 용역대금 중 ₩500,000을 회수하였다.
⑥ 6월 20일 (주)서울의 컴퓨터 50대에 대하여 바이러스 제기서비스를 제공하고 서비스 대금 ₩1,500,000을 모두 현금으로 받았다.
⑦ 7월 1일 1년분 보험금 ₩500,000을 현금으로 지급하였다.
⑧ 12월 31일 당기분에 해당하는 건물임차료 ₩600,000을 현금으로 지급하였다.
⑨ 12월 31일 직원들에게 1년분 급여 ₩1,000,000을 지급하였다.

(1) 분 개

앞에서 발생한 회계거래를 일자별로 분개하면 다음과 같다.

일 자	차 변		대 변	
① 1월 1일	현 금	2,500,000	자 본 금	2,500,000
② 1월 20일	현 금	3,000,000	차 입 금	3,000,000
③ 2월 1일	소 모 품	200,000	현 금	200,000
④ 3월 10일	현 금	3,000,000	용역매출	4,000,000
	매출채권	1,000,000		
⑤ 5월 15일	현 금	500,000	매출채권	500,000
⑥ 6월 20일	현 금	1,500,000	용역매출	1,500,000
⑦ 7월 1일	선급보험료	500,000	현 금	500,000
⑧ 12월 31일	임 차 료	600,000	현 금	600,000
⑨ 12월 31일	급 여	1,000,000	현 금	1,000,000

(2) 전 기

(1)의 분개를 각 계정과목별로 원장에 전기하면 다음과 같다.

현 금

1/ 1 자 본 금	2,500,000	2/ 1 소 모 품	200,000
1/20 차 입 금	3,000,000	7/ 1 선급보험료	500,000
3/10 용역매출	3,000,000	12/31 임 차 료	600,000
5/15 매출채권	500,000	12/31 급 여	1,000,000
6/20 용역매출	1,500,000		

자본금

		1/ 1 현 금	2,500,000

소모품

2/ 1 현 금	200,000		

차입금

		1/20 현 금	3,000,000

매출채권

3/10 용역매출	1,000,000	5/15 현 금	500,000

용역매출

		3/10 { 현 금	3,000,000
		매출채권	1,000,000
		6/20 현 금	1,500,000

선급보험료

7/ 1 현 금	500,000		

임차료

12/31 현 금	600,000		

급 여

12/31 현 금	1,000,000		

(3) 수정분개

발생주의 회계처리에 의해 수익이나 비용 중 둘 이상의 회계기간에 영향을 미치는 거래의 경우, 해당 손익을 각각 귀속되는 회계기간에 나누어 주는 수정분개를 다음과 같이 해주어야 한다.

① 7월 1일에 지급한 보험료 ₩500,000은 1년분에 해당하는 금액이기 때문에 12월 31일 현재 경과된 6개월분의 보험료 ₩250,000을 2010년의 비용으로 수정해 주어야 한다.

② 당기에 구입한 소모품 중 ₩150,000을 사용하고 12월 31일 현재 ₩50,000이 재고로 남았다.

위와 같은 내용을 반영하기 위해 다음과 같은 수정분개가 필요하다.

일 자	차 변		대 변	
① 12월 31일	보 험 료	250,000	선급보험료	250,000
② 12월 31일	소모품비	150,000	소 모 품	150,000

위의 수정분개 결과 선급보험료의 잔액은 ₩250,000이 되고, 소모품의 잔액은 ₩50,000이 된다. 앞서 배운 것처럼 분개 이후에는 다음과 같이 원장에 전기해야 한다.

선급보험료

7/1	현 금	500,000	12/31	보 험 료	250,000

소모품

2/1	현 금	200,000	12/31	소모품비	150,000

(4) 마감분개와 장부마감

수정후시산표를 작성한 후 수익과 비용 계정을 마감하여 당기순이익을 산출하여 이익잉여금에 반영하고 자산, 부채 및 자본 계정의 기말잔액을 다음 회계연도의 기초잔액으로 이월하기 위해 마감분개를 해 주어야 한다. 우선, 선급보험료를 예를 들어 마감하면 다음과 같다.

2010년 선급보험료	
1/1 현 금 500,000	12/31 보 험 료 250,000
	12/31 차기이월 250,000

2011년 선급보험료	
1/1 전기이월 250,000	

수익과 비용 계정의 경우 집합손익이라는 임시계정을 이용하여 수익과 비용의 순차액만을 기록해 주고, 기존의 수익과 비용 계정의 잔액을 모두 0으로 만들어주는 마감분개를 해야 한다. 왜 1년간 기록을 하고 다시 0으로 만드는 번거로운 일을 하는 것일까? 이와 같은 마감분개를 실시함으로써 한 회계기간말 포괄손익계산서에 표시가 가능하기 때문이다. 즉, 한 회계기간이 끝나고 모두 0으로 만들어야 다음 회계기간에는 다음 회계기간의 손익만을 표시할 수 있다는 것이다.

일 자	차 변		대 변	
12월 31일	용역매출	5,500,000	집합손익	5,500,000
12월 31일	집합손익	2,000,000	임 차 료	600,000
			급 여	1,000,000
			소모품비	150,000
			보 험 료	250,000

위의 마감분개를 마치면 집합손익계정의 잔액은 ₩3,500,000(=₩5,500,000−₩2,000,000)이 되며, 이 금액이 곧 당기순이익이다. 이 당기순이익은 다음과 같은 분개를 통하여 이익잉여금으로 대체되고 재무상태표의 자본에 포함된다.

일 자	차 변		대 변	
12월 31일	집합손익	3,500,000	이익잉여금	3,500,000

(5) 재무제표의 작성

마감분개를 통해 장부의 마감까지 마친 이후에는 재무상태표와 포괄손익계산서를 작성하게 된다. 앞서 언급한 것처럼 자산, 부채, 자본 항목은 재무상태표로, 수익, 비용 항목은 포괄손익계산서로 나누어 재무제표를 작성하게 된다.

먼저 포괄손익계산서를 작성하면 다음의 표와 같다.

포괄손익계산서
2010년 1월 1일부터 2010년 12월 31일까지

(주)중앙컴퓨터A/S (단위 : 원)

수익 : 용역매출		5,500,000
비용 : 임 차 료	600,000	
급 여	1,000,000	
소모품비	150,000	
보 험 료	250,000	(2,000,000)
당기순이익		3,500,000
기타포괄손익		0
총포괄이익		3,500,000

다음으로 재무상태표를 작성하면 다음의 표와 같다.

재무상태표
2010년 12월 31일 현재

(주)중앙컴퓨터A/S (단위 : 원)

자산		부채	
현 금	8,200,000	차 입 금	3,000,000
매출채권	500,000	부채총계	3,000,000
소 모 품	50,000	자본	
선급보험료	250,000	자 본 금	2,500,000
		이익잉여금	3,500,000
		자본총계	6,000,000
자산총계	9,000,000	부채와 자본총계	9,000,000

재무상태표를 보면 이익잉여금 ₩3,500,000이 기록된 것을 볼 수 있다. 이 금액은 포괄손익계산서의 당기순이익에 해당하는 금액으로서 앞에서 수행한 마감분개를 통해 당기순이익(집합손익)이 재무상태표의 이익잉여금으로 반영된 것이다.

이렇게 장부가 마감되고 재무제표가 모두 작성이 되면 한 회계연도에 대한 모든 회계기록이 종료되며, 다음 회계연도에는 새로운 장부에 새로운 회계거래가 기록됨으로써 다시 회계순환과정이 시작되는 것이다.

회계정보 활용하기

회계(會計)는 경제활동을 일정한 계산 방법으로 기록하고 보고하는 것이다. 회계의 목표는 합리적인 의사결정에 유용한 정보를 제공하고, 이를 통해 자원의 효율적인 배분에 기여하는 데 있다. 회계는 자본주의 체제의 사회적 인프라이기도 하다.

인류의 경제활동과 함께 시작된 것이 부기이고, 회계다. 현대 회계는 루카 파치올리(Luca Pacioli)가 1494년 《산술, 기하, 비율 및 비례 총람》에서 '베니스식 부기법'을 소개하면서 시작됐다. 기본원리가 오늘날의 복식부기와 같다. 당시 이탈리아 상인은 장부의 앞면에 십자가를 표시했다. 이는 성실하고 정직한 기장을 종교와 결부시켜 장부 기장을 성스럽고 중요한 일로 간주했기 때문이다. 파치올리는 기업인은 회계와 장부를 질서정연하게 기록하고 유지하는 방법을 알아야 성공할 수 있다고 주장했다. 복식부기가 유럽에 전파되고, 보편화되면서 자본주의 탄생을 초래했다. 독일의 문호 괴테는 복식부기를 "인간의 지혜가 낳은 가장 위대한 발명 가운데 하나"라고 칭송한 바 있다.

우리는 회계정보를 통해 기업의 재무상태, 경영성과, 현금흐름 등을 알 수 있다. 회계정보는 과거에 발생한 거래나 사건의 회계처리를 통해 도출된 것인데, 과거 기록에서 산출한 정보로 미래를 전망한다. 과거 수치가 현재와 미래를 보여주기 때문이다. 의사결정자는 미래의 위험과 불확실성을 염두에 두고 합리적인 의사결정을 함으로써 한정된 자원을 효율적으로 배분하려고 한다. 자원의 효율적 배분은 일정한 투입물로 최대의 산출물을 얻음으로써 가치를 창출하게 되는 것이다. 의사결정에 이용될 수 있는 정보의 원천은 재무정보뿐만 아니라 뉴스, 통계, 정부 정책 등 다양하다. 그중에서 질적으로 우수하고, 양적으로 많은 정보를 가지고 있는 것이 회계정보라고 입증된 바 있다. 예를 든다면, 재무상태표는 특정시점에서 기업이 보유하고 있는 재산(자산)과 동 재산을 취득하기 위하여 투입된 자금이 남의 돈(부채)과 자기 돈(자기자본) 각각 얼마로 구성되어 있는지를 나타내는 회계장부이다.

기업 규모가 커지고, 거래가 복잡해지면서 주주, 채권자, 대출 금융회사, 조세 채권을 가진 국가 등 다양한 이해관계자들은 기업 상황을 점점 알기 어려워졌다. 그러다 보니 경영자와 이해관계자 간에 정보 비대칭성 등으로 도덕적 해이나 역선택의 문제가 발생하기도 한다. 충분한 재무정보가 적시에 생산되고 공시돼 시장 실패를 방지해야 하는 이유이기도 하다. 최근 경영 환경이 속도, 방향, 크기를 예측할 수 없을 정도로 변화하고 있다. 변화에 대응하는 지식경영의 핵심은 과거 및 현재 환경과 실제 경험의 기록 및 이들의 분석과 활용으로부터 출발한다. 다양한 의사결정 과정에서 회계정보의 중요성을 인식하고 더욱 적극적으로 활용할 필요가 있다.

(한국경제신문 한경에세이 [다산회계법인] 이기화, 일부수정, 2017.8.2)

잠깐! 주요한 한마디

이익잉여금(retained earnings)은 기업의 자산이 아니다! 결코 자산이 될 수 없다! 이는 포괄손익계산서와 재무상태표를 연결시키는 중추적인 역할을 담당하고 있다. 이익잉여금을 증가시키는 주된 원천은 당기순이익이며, 감소시키는 주된 원천은 당기순손실과 배당이라 할 수 있다. 즉, 이익잉여금은 기업의 영업활동, 재무활동 그리고 투자활동 등의 이익창출활동에 의해 내부에 축적된 이익이다. 따라서 이를 유보이익이라고 부르는데, 배당의 형식으로 주주에게 배분되거나, 혹은 사내에 유보시킨 후 결손보전 및 사업확장 등으로 사용된다. 사내유보는 기업의 계속적인 성장을 위해 사업확장자금을 조달하거나 건전한 재무구조를 유지하기 위해 필요하다. 이익잉여금은 크게 법정적립금(예 : 이익준비금)과 임의적립금, 그리고 미처분이익잉여금으로 구성된다.

일반적으로 기업의 수익성을 평가할 때 당기순이익을 주로 이용한다. 그러나 지속적으로 꾸준한 당기순이익을 내는 기업이 들쭉날쭉한 당기순이익을 내는 기업보다 더 후한 평가를 받게 된다. 이런 측면에서 볼 때 기업의 영업이익은 영업활동에 따른 성과이기에 순이익에 비해 지속적인 속성을 지니고 있다. 이러한 이유로 재무분석가들이 기업분석을 할 때 당기순이익보다 영업이익에 관심을 갖게 된다.

한번 짚고 넘어가자!

복식부기제도(Double Entry Bookkeeping System)란 하나의 거래가 발생하면 회계 장부에 두 번(double) 적는(enter) 장부(book) 기록(keeping) 제도(system)를 말한다. 이때 재무제표(F/S_s)의 항목별 증감 정보를 요약하고 정리하는 단위를 계정(accounts)이라고 하며, 이와 같은 개별 계정을 집합하여 놓은 장부를 원장 혹은 총계정원장(G/L : general ledger)이라고 한다.

아래에서는 복식부기의 원리인 회계등식과 회계정보의 산출과정을 그림으로 검토하기로 한다.

〈복식부기제도의 기본원리 : 회계등식〉

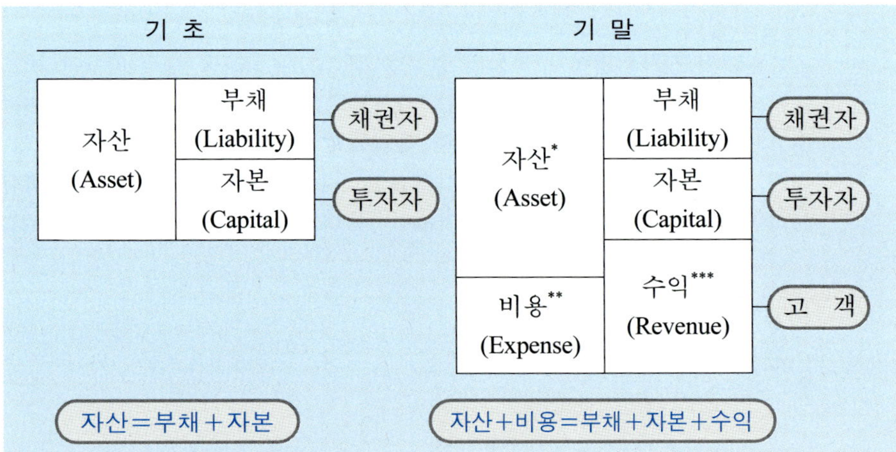

* 자산이란 미래의 경제적 효익을 의미한다.
** 비용이란 수익을 얻기 위해 희생한 가치를 의미한다.
*** 수익이란 경제적 효익을 제공한 대가로 받은 보상을 의미한다.

〈회계처리과정〉

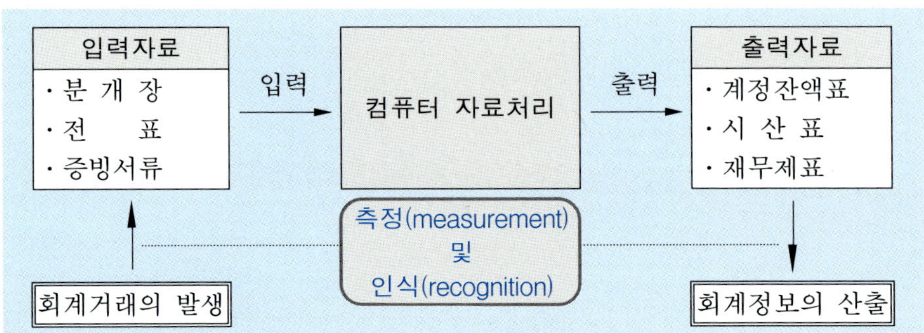

영어로 토의해 보기(Discussion Questions)

[DISCUSSION 1]

The following numbers appeared in the annual report of J.C. Penney, the retailer, for fiscal year ending January 27, 20×7 (in millions of dollars) :

	Fiscal 20×7	*Fiscal 20×6*
Total Assets	17,102	16,202
Total Stockholders' equity	5,884	5,615
Total Revenues	21,419	21,082
Net Income	838	1,057
Common Share Issues	383	462
Common Dividends	434	392
Preferred Dividends	40	40
Common Stock Repurchases	301	435
Retirement of Preferred Stock	27	18

For fiscal 20×7, calculate

(a) Total Liabilities.

(b) Total Expenses.

(c) Comprehensive Income.

ANSWER

This exercise tests some basic accounting relations.

(a) Total Liabilities = Total Assets − Stockholders' Equity
= 17,102 − 5,884
= 11,218

(b) Total Expenses = Total Revenues − Net Income
= 21,419 − 838
= 20,581

(c) Total Equity(end) = Total Equity(beginning) + Net Income + Other Comprehensive Income − Net Payout to Common Shareholders − Net Payout to Preferred Shareholders

5,884 = 5,615 + 838 + ? − (434 + 301 − 383) − (40 + 27)

Other Comprehensive Income = ? = (150)

∴ Comprehensive Income = Net Income + Other Comprehensive Income
= 838 − (150)
= 688

The net payout to common is cash dividends + stock purchases − share issues. The preferred stock retirement and preferred dividends must be subtracted as the shareholders' equity numbers are for all shareholders (common plus preferred), not the common only. The other comprehensive income was unrealized gains on securities and currency translation adjustments.

[DISCUSSION 2]

Frances Sabatier asked a local bank for a $50,000 loan to expand her small company. The bank asked Frances to submit a financial statement of the business to supplement the loan application. Frances prepared the following balance sheet.

FS COMPANY
Balance Sheet
June 30, 2012

Assets	
Cash and investments	$9,000
Inventory	30,000
Equipment	46,000
Personal residence (monthly payments, $2,800)	300,000
Remaining assets	20,000
Total assets	$405,000
Liabilities	
Short-term debt to suppliers	$62,000
Long-term debt on equipment	38,000
Total debt	100,000
Stockholders' Equity	305,000
Total liabilities and stockholders' equity	$405,000

Required :

The balance sheet has several flaws. However, there is at least one major deficiency. Identify it and explain its significance.

ANSWER

The major deficiency in this balance sheet is the inclusion of the owner's personal residence as a business asset. Under the separate-entity assumption, each business must be accounted for as an individual organization, separate and apart from its owners.

The improper inclusion of this asset as part of Frances Sabatier's business overstates total assets by $300,000 ; total assets should be $105,000 rather than $405,000, and stockholders' equity should be only $5,000, rather than $305,000. Thus, the correct financial leverage ratio (based on the year-end balance sheet) is very high: 21.0($105,000/$5,000) versus 1.33 ($405,000/$305,000). Frances Sabatier's business is far riskier than suggested by this balance sheet.

CHAPTER

4 재무제표간의 상호연관성

회계는 기업의 언어(business language)라고 자주 불린다. 회계관련 영역에서 접하는 다양한 용어들은 재무관리, 마케팅, 그리고 여러 경영관련 영역에서도 통상적으로 접하게 된다. 기업의 재무관련 담당자들과 얘기를 나누다보면, 채권, 채무, 분개, 원장, 감가상각, 소유주지분, 재고자산, 기업이익, 재무상태, 현금흐름, 영업성과 등과 관련하여, 수박 겉핥기식으로나마 지식을 습득할 수 있는 기회를 갖게 되는데, 회계에서 이러한 용어들은 각각 나름대로 깊은 뿌리를 가지고 있다.

본장에서는 특히, 회계담당자가 사용하고 있는 많은 용어들 중에서 재무제표와 관련된 단어들, 예를 들면 기업이익, 재무상태, 그리고 현금흐름 등이 실제적으로 상호간에 어떻게 작용되고 있는지를 포괄적으로 살펴보고자 한다. 우선, 기업 내부 및 외부의 이해관계자가 의사소통을 할 때 사용하는 기업의 언어인 회계정보가 기업활동에 있어서 어떻게 측정되고 전달되는지 다음의 [그림 4-1]에서와 같이 나타낼 수 있다. 즉, 재무제표간의 상호연관성을 나타내고 있다.

회계정보는 기업의 활동을 측정하여 요약한 보고서로서 이를 필요로 하는 외부 이해관계자인 주주와 채권자에게 전달되고, 기업 내의 경영자와 중간관리자가 중요한 의사결정을 할 때에도 활용되고 있다. 물론 고객도 기업이 어떻게 운영되고 있고, 현재 어떠한 상태에 있는지 관심을 갖고 회계정보에 귀를 기울이고 있어야 한다.

그림 4-1 회계정보의 측정 및 전달

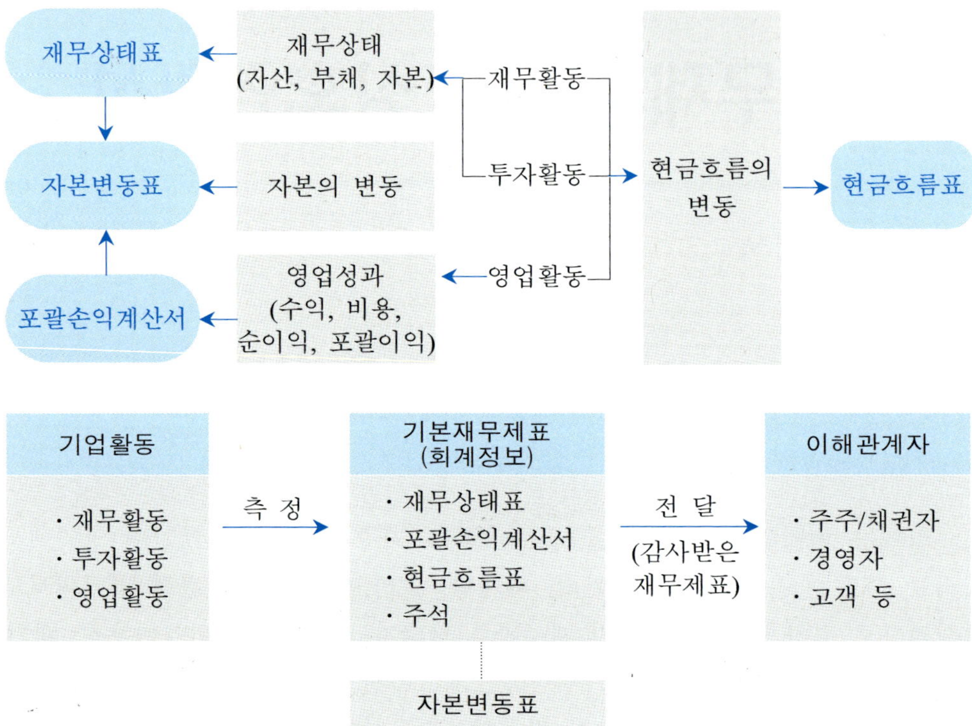

1. 기업의 이익과 재무상태 그리고 현금흐름의 분석이란?

포괄손익계산서는 주로 기업의 경영성과를 보고한다. 매출을 높이고 비용을 통제함으로써 이익을 창출하는 기업경영자의 능력은 결국 손익계산서에서 나타난다. 충분한 이익창출은 기업의 생존을 위한 필수적인 요소이며, 기업경영에 있어서 가장 중요한 사항이다. 즉, 이익창출은 단순히 경영자의 기업경영에 대한 능력의 결과라기보다는 장기적인 관점에서 능력의 출발점이라 할 수 있다.

기업이 이익을 창출하고 경영의 어려움을 극복하기 위해서는 기업의 재무상태를 효율적으로 통제할 수 있어야 한다. 다시 말해 경영자는 기업의 매출액 및 각종 비용과 관련하여 적정한 선에서 상대적으로 자산과 부채의 크기를 유지할 수 있어야 한다. 특히, 경영자는 부채의 결제일이 도래할 때 채무불이행(default)이 초래되지 않도록 현금의 부족을 사전에 방지해야 한다. 종업원들이 받는 일정량의 급여도 어려울 때에 대비하여 사전에 철저한 준비가 필요하다.

이와 같이 기업경영자는 3가지의 주요 과업을 가지고 있다. 충분한 이익창출과 기업의 자산 및 부채 관리, 그리고 필요시 현금부족을 충당하는 자금조달능력이 바로 그것이다. 이익 그 자체로는 현금창출을 보장할 수 없을 뿐만 아니라, 많은 이익창출이 기업의 생존도 보장할 수 없다. 또한 기업경영자는 수익을 창출하는 매출액과 비용에 의해 야기되는 재무상태의 변화를 감지하지 않고서는 기업의 이익을 제대로 관리할 수 없다. 때때로 이익창출은 일시적으로는 현금창출에 기여하기보다 오히려 원활한 현금흐름을 저해하는 요인이 될 수도 있기 때문이다.

기업경영자는 경영성과를 평가하기 위해 기본적으로 포괄손익계산서를 이용한다. 이익창출과 관련된 다양한 문제들을 극복하기 위해 포괄손익계산서를 활용한다는 것이다. 예를 들어, 매출액이 해당 기간의 목표달성에 기여했는지? 어떤 이유로 매출액은 전년도에 비해 증가되었는지? 어떤 비용항목이 갑자기 증가했는지? 이와 같은 질문들은 실무적으로 많이 제기될 수 있는 사항들이며 이익분석과 관련된 질문사항은 기업의 생존에 절대적으로 필요하다. 그렇다고 이와 같은 사항들을 기업경영자가 모두 해결할 수 있는 일도 아니다.

이익분석 이외에도, 기업경영자는 재무상태와 현금흐름을 분석할 수 있어야 한다. 대기업인 경우, 현금흐름과 재무상태에 대한 책임은 일반적으로 이익창출에 대한 책임과는 독립적으로 운영되고 있다. 재무총괄임원(CFO : Chief Financial Officer)이 회사의 재정운영의 방향 및 재무상태와 현금흐름에 대한 전반적인 책임을 지며, 그 밖에 각 부서의 관리자가 매출액과 비용에 대한 책임을 진다. 일반적으로 대기업에서는 대표이사와 이사회가 CFO에게 큰 청사진을 요구하고 있는데, 이익창출, 재무상태, 그리고 현금흐름이 바로 그것이다.

반면, 중소기업에서는 사장 혹은 부서 관리자가 재무상태 및 현금흐름과 관련하여, 직접적으로 혹은 총체적으로 관여하고 있다. 이와 관련하여 책임질 만한 적절한 위임자가 없기 때문이다.

2. 재무제표 공시는 정보이용자에게 어떤 이점을 제공할까?

불행하게도 재무제표를 통하여 기업경영자들과 기업의 이해관계자들에게 정보를 제공하는 방법은 이익창출이 재무상태와 어떻게 관련되어 있으며, 얼마만큼의 현금흐름을 발생시키고 있는지 쉽게 제시해 주지 못하고 있다. 이 때문에 기업의 포괄손익계산서와 재무상태표 사이의 주요한 상호작용을 이해해야 한다. 왜냐하면 각 재무보고서마다 독특한 특성을 전달하고 있지만, 상호 연결고리를 표면적으로 제공하지 못하고 있기 때문이다. 이런 점에서 재무제표에서 제공되는 정보를 먼저 이해하고 분석하는 능력은 매우 중요하다 할 수 있겠다.

기업의 주요 재무보고서인 포괄손익계산서와 재무상태표의 각 보고서마다 자체적으로 재무보고를 위한 표준이 있다. 그러나 두 보고서 사이에 상호작용의 효과가 존재한다는 뚜렷한 실마리는 없다. 단지, 정보이용자가 포괄손익계산서와 재무상태표 사이에 연결고리를 이해하고 있으며, 올바른 상호 비교를 할 수 있다는 전제하에서 정보가 제공되고 있는 것이다. 포괄손익계산서와 재무상태표 이외에 추가적으로, 기업외부에 정보를 공시함으로써 재무보고서에 반드시 포함되어야 하는 보고서가 있다. 현금흐름표(cash flow statement)가 바로 그것이다. 기업경영자뿐만 아니라 채권자와 투자자는 한 회계연도 동안에 현금에 대한 유입과 유출을 통해 재무상태의 변동원인을 파악할 수 있는 현금흐름표를 필요로 한다.

그렇다면 기업의 현금흐름표가 어떻게 작성되는지 살펴볼 필요가 있다. 제2장에서 간략하게 제시된 현금흐름의 요약은 현금흐름표를 작성하기 위한 정확한 형식과 체계를 갖추지 못하고 있다. 현금흐름표의 형식은 다음의 〈표 4-1〉에서 소개되었다. 여기에서의 주요 논점은 현금흐름표 자체의 개념뿐만 아니라, 3개의 재무제표 모두가 상호연관성으로 인하여 서로 얽혀 있다는 사실이다.

〈표 4-1〉 주요 재무제표간의 상호 연결고리의 예시

포괄손익계산서

매 출 액(sales revenue)	$10,400,000
매 출 원 가	6,760,000
매출총이익(gross margin)	$3,640,000
영 업 비 용	2,080,000
감가상각비④	260,000
영 업 이 익(operating earnings)	$1,300,000
이 자 비 용	103,000
법인세차감전이익(earnings before income tax)	$1,197,000
법인세비용	478,800
당기순이익(net income)	**$718,200**
기타포괄손익	0
총포괄이익	$718,200
주당순이익(earnings per share)	$3.59

재무상태표

	기 말	기 초		기 말	기 초
• 유동자산			유동부채		
현금	$565,807	$750,000	매입채무합계⑤	$640,000	$535,000
매출채권①	1,000,000	825,000	매입채무_재고자산	520,000	450,000
재고자산②	1,690,000	1,250,000	매입채무_영업비용	120,000	85,000
선급비용③	160,000	185,000	미지급비용합계⑥	257,167	197,500
합 계	$3,415,807	$3,010,000	미지급영업비용	240,000	185,000
			미지급이자비용	17,167	12,500
			미지급법인세⑦	23,940	36,000
			단기차입금⑨	625,000	600,000 (← 재무활동 관련)
			단기부채 합계	$1,546,107	$1,368,500
• 비유동자산			장기지급어음⑩	$750,000	$600,000
유형자산			자본		
기계장치 등⑧ (← 투자활동 관련)	$3,000,000	$2,250,000	자본금⑪		
감가상각누계액	(800,000)	(540,000)	(기초 : 195,000주, 기말 : 200,000주)	$775,000	$725,000
	$2,200,000	$1,710,000	이익잉여금 (← 당기순이익)	2,544,700	2,026,500
			자본합계	$3,319,700	$2,751,500
자산총계	$5,615,807	$4,720,000	부채와 자본총계	$5,615,807	$4,720,000

〈표 4-1〉 주요 재무제표간의 상호 연결고리의 예시 —계속—

현금흐름표

영업활동 현금흐름		$540,807
당기순이익		$718,200
매출채권의 증가①	($175,000)	
재고자산의 증가②	(440,000)	
선급비용의 감소③	25,000	
감가상각비④	260,000	
매입채무의 증가⑤	105,000	
미지급비용의 증가⑥	59,667	
미지급법인세의 감소⑦	(12,060)	
당기순이익에 현금흐름의 조정		($177,393)
투자활동 현금흐름		(750,000)
공장, 기계장치의 구입⑧	(750,000)	
재무활동 현금흐름		$25,000
단기자금조달⑨	$25,000	
장기자금조달⑩	150,000	
주식발행⑪	50,000	
주주에게 배당금지급(추가자료)	(200,000)	
현금의 증감		($184,193)
기초의 현금		$750,000
기말의 현금		$565,807

3. 재무제표간의 상호연관성을 이해하자!

〈표 4-1〉을 다시 참조해 보기로 하자. 기업의 재무상태표와 손익계산서는 이미 제3장에서 제시되었고, 현금흐름표는 본장에서 처음으로 제시되었다. 현금흐름의 중요성은 앞에서 이미 설명했지만 여기에서는 단지 현금흐름을 요약한 것이지, 실제 실무에서 사용하고 있는 현금흐름표는 아니다.

〈표 4-1〉은 주요 재무제표간에 일반적인 연결고리의 흐름을 나타내고 있다.

예를 들어 매출액과 비용은 매출채권으로부터 미지급법인세에 이르기까지, 재무상태표계정의 변화를 야기시킨다. 이러한 계정들은 현금흐름에 영향을 준다. 또한 매입채무와 미지급비용은 각각 2가지로 나누어졌는데, 이는 각 계정별로 별개의 2가지 원천이 있기 때문이다.[1)]

3가지의 주요 재무제표는 여러 각도에서 해석될 수 있다. 이들 사이의 연결고리는 주요 고속도로를 연결하는 해당 도로의 지도에 비유할 수 있다. 즉, 각 보고서가 서로 어느 정도 밀접한지를 알 수 있다. 분명한 것은 여기에 나타난 것처럼 각 재무보고서간의 연관성은 기업경영자, 채권자, 투자자 등 정보이용자에게 결코 보고되지 않는다. 각 정보이용자들은 이들의 연결고리를 이해하고 있어야 한다. 〈표 4-1〉에 나타난 상호간의 연결고리의 도해는 재무제표를 이해하는 데에 매우 도움이 될 것이다.

언뜻 보기에 〈표 4-1〉은 무시무시할 정도로 난해하게 보일 것이다. 대부분의 일반보고서와는 다르게, 아주 깊게 각각을 훑어보는 것보다 오히려 전체를 한꺼번에 이해하는 것이 필요하다. 이것은 어떤 의미에서는 장기판이나 바둑판을 보는 것과 같다. 물론 재무제표의 전체의 형태와 상황을 분석하기 전에, 각 보고서의 상호연관성을 먼저 이해하는 것이 중요하다.

다음 장부터는 이와 같은 연결고리를 이해하기 위해 필요한 내용을 구체적으로 설명하고자 한다. 예를 들어 손익계산서상의 매출액과 재무상태표상의 매출채권의 연관성을 살펴보고, 한 회계연도 동안에 기업이 소유한 매출채권의 증가가 이익창출에 기여하는 현금흐름에 어떠한 영향을 주는지 분석한다.

4. 재무제표 주석을 이해하자 : 회계정책의 요약 및 설명

기업의 회계보고서는 해당 기업과 관련된 자산, 부채, 소유주지분, 수익성 그리고 현금흐름 등 여러 가지 유용한 정보를 제공해 준다. 그러나 이러한 정보가 정보이용자들에게 전달되는 과정에 있어서 회계보고서는 그 자체적으로 많은 제약을 지니고 있다. 회계정보이용자들은 기업의 재무상태 및 영업성과 그리고 현금흐름의 정보를 합리적으로 이해하기 위해 회계보고서상에서 나타나고

1) 구체적인 계정과목간의 상호 연결고리에 관해서는 제5장에서부터 설명된다.

있는 그 자체보다 더 많은 정보를 획득하여 면밀히 분석하고 있어야 한다.

감사받은 기업의 재무제표에는 반드시 일련의 주석(footnotes)이 수반되도록 하고 있다.[2] IFRS의 도입으로 재무제표의 본문은 간략하게 되지만 이를 보충설명하는 주석의 양은 크게 증가하고 있다. IFRS에서는 K-GAAP에서 요구하지 않았던 기업의 위험(예 : 환위험, 이자율위험, 유동성위험 등)에 관한 정책, 환율 등의 변동이 당기순이익에 미치는 민감도 분석 등 유용한 정보가 주석에 제시되도록 요구하고 있다.

주석에서는 기업의 주요 회계정책을 설명하고 있으며, 재무상태표나 손익계산서 그리고 현금흐름표에서 포함하고 있지 않은 다양한 정보를 제공하고 있다. 따라서 주석 및 주기사항(parenthetical explanation)도 재무제표의 구성요소로 보는 것이 일반적이다. 주석은 재무제표에 기업의 재무상태나 영업성과가 적정하게 나타날 수 있도록 하기 위해 반드시 필요하다. 즉, 재무제표에 부착되는 주석은 실질적으로 연차보고서의 필수 불가결한 사항이라 할 수 있다. 따라서 정보이용자는 재무제표 본문과 주석을 연계하여 세부적으로 분석해야 한다.

본장에서는 재무제표상의 이러한 주석사항에 대한 중요한 통찰력을 제공하고자 한다. 먼저 주기와 주석에 대한 개념을 정리하기로 하자.

주석 및 주기

- 주석(註釋, footnotes) : 재무제표 해당 과목에 숫자나 기호를 붙이고, 난외 또는 별지에 회계처리 방침이나 회계처리 내역을 필수 보충적으로 상세히 기재하는 방법을 말한다.
- 주기(註記, parenthetical notes) : 재무제표 해당 과목 다음에 괄호를 만들고, 그 안에 강조사항이나 회계적 사실에 대한 부연사항을 자구 혹은 숫자로 기재하는 방법을 말한다.

(1) 기본재무제표를 요약해 보자

일반적으로 연차보고서의 주요 내용은 포괄손익계산서, 재무상태표, 현금흐

2) 회계수치는 항상 완전한 의미를 제공하지 않는다. 이러한 면에서 회계는 과학이라 할 수 없다. 오히려 다양한 예외사항과 복잡성을 포함하는 규칙의 집합체라 할 수 있다. 따라서 주석사항은 주요 재무제표의 하나로 반드시 제공되어야 한다.

름표 등에서 제시되고 있는데, IFRS에서는 기본재무제표에 자본변동표와 주석을 포함시키고 있다. 기본재무제표의 주요 내용을 정리해 보자.

1) 포괄손익계산서

포괄손익계산서(I/S : income statement)는 일정기간 동안 기업의 성과, 즉 수익성에 대한 정보를 제공해 주는 재무보고서를 말한다. 구체적으로 한 회계연도 동안의 매출액과 비용에 관한 보고서이다. 다시 말해, 기업의 이익창출 활동에 관한 요약표이다. 물론 여기에는 한 회계연도 동안 기업의 수익과 비용의 차이인 당기순이익뿐만 아니라 유형자산의 재평가 및 금융자산의 공정가치 변동으로 발생하는 기타포괄손익도 포함된다.

특히, 상장기업인 경우에는 포괄손익계산서에 주당순이익(EPS)을 기록해야 한다. 그러나 비상장기업인 경우에는 이를 반드시 기록할 필요는 없지만 이는 해당 기업의 주주들에게 유용한 정보원이 될 수 있다.

2) 재무상태표

재무상태표(statement of financial condition)는 일정시점에 기업이 보유하고 있는 자산, 부채, 자본의 구성상태를 나타내는 재무보고서를 말한다. 이는 기업의 재무상태를 나타내고 있는데, 포괄손익계산서 기간의 마지막 날[3] 현재 시점에서 기업의 자산과 부채 그리고 자본에 대한 요약표를 말한다. 재무상태표를 이해하기 위해서는 기업이 사용하고 있는 기본적 자산항목의 내용에 대한 차이를 이해하고 있어야 한다(예 : 재고자산과 유형자산의 차이).

또한 영업부채[주로 외상매입금(매입채무) 및 미지급이자비용 등]와 이자를 부담해야 하는 채무(빚)에 대한 차이를 이해하고 있어야 한다. 뿐만 아니라 소유주지분과 관련된 두 가지 항목의 차이, 즉 기업에 최초로 투자된 납입자본과 이익 중에서 주주들에게 지급되지 않은 이익잉여금 간의 차이를 분명히 알고 있어야만 재무상태표를 쉽게 이해할 수 있다.

3) 현금흐름표

현금흐름표(cash flow statement)는 일정기간 동안 기업의 현금흐름 변동내역을

---

3) 포괄손익계산서 기간의 마지막 날을 기준으로 결산이 수행되기 때문에 이날을 '결산일'이라고 부른다.

나타내는 재무보고서를 말한다. 현금흐름표에서는 현금에 영향을 미치는 주요 활동을 영업활동, 투자활동, 재무활동으로 구분하고 있다. 이익은 기업의 현금을 창출한다. 그러나 한 회계연도 동안에 '영업활동 현금흐름'은 그 해당 연도 동안의 당기순이익과 일치하지는 않는다. 기업의 현금흐름은 아주 중요한 수치로서 현금흐름표에서는 3가지 기업활동을 통해 회계연도 동안에 창출된 유용한 현금을 어디에 사용했는지를 말해주고 있다. 이러한 현금흐름표는 기업의 재무전략에 많이 활용되고 있다.

요약하면, 기업의 재무제표는 경영성과를 나타내기 위하여, 건전한 재무상태를 나타내기 위하여, 그리고 유용한 현금흐름을 나타내기 위하여 각각 기업의 필수 불가결한 재무내역을 담고 있다. 따라서 위와 같은 재무보고서들은 기업의 주위에서 항상 맴돌고 있다.

또한 '일반적으로 인정된 회계원칙'(GAAP)에서는 엄격하게 요구하고 있지 않지만, 대기업 혹은 소기업 할 것 없이 대부분의 상장기업에 2년간 혹은 3년간의 비교재무제표(comparative financial statements)를 공시하도록 하고 있다. 이는 전년도와 전전년도의 기업성과에 대한 상호 비교를 쉽게 하도록 하기 위함이다.

모든 기업이 공시한 회계보고서를 규제하고 있는 증권관리(거래)위원회(SEC : securities & exchange commission)에서는 이와 같은 비교재무제표의 공시를 요구하고 있다. 동시에 각 기업들이 제공하는 재무보고서의 신뢰성을 제고하기 위해 회계법인의 감사보고서를 요구하고 있다.[4)]

4) 자본변동표

자본변동표(statement of changes in equity)는 일정기간 동안 재무상태표에 표시되어 있는 자본의 변동내역을 상세히 보여주는 재무보고서를 말한다. 자본은 주주들과의 자본거래로 인해 변동하기도 하고 영업활동의 결과에 따라 발생하는 당기순손익으로 인해 변동한다.

회사가 최초로 설립되어 주식을 발행하면 발행가액에 해당하는 현금 등을 납입하게 되는데, 이를 납입자본이라 한다. 이때 액면가액에 해당하는 금액을 자

4) 미국에서는 이렇게 큰 대형회계법인을 빅4(big 4)라고 부른다. 그러나 오래되지는 않았지만, 그들이 합병되기 전까지는 빅8(big 8)라고 불렀다. 우리나라에서도 삼일회계법인은 big 4인 pricewaterhouse Coopers와, 안진회계법인은 Deloitte와, 삼정회계법인은 KPMG와, 한영회계법인은 Ernst & Young과 업무제휴를 통해 각종 업무를 수행하고 있다.

본금으로 분류하고, 그 차이를 자본잉여금으로 분류한다. 자본변동표는 이 납입자본을 포함하여 이익잉여금 및 기타자본요소(자본조정, 기타포괄손익누계액 등)가 어떻게 변화했는지 기초잔액, 당기변동, 기말잔액의 순으로 자본변동에 대한 포괄적인 정보를 제공한다.

(2) 왜 주석이 필요할까?

기업의 전형적인 연차보고서에는 기본적인 재무제표 이외에 또 다른 내용이 포함되어 있다. 사실 주석(footnotes)이 없는 재무제표는 불완전하다고 할 수 있으며, 정보이용자들을 오도시킬 수 있다. 따라서 주석은 재무제표에 필수적 보충사항이라 할 수 있다. 이런 의미에서 IFRS에서는 주석을 기본재무제표에 포함시키고 있다.

기업의 최고경영자들은 재무제표와 이에 수반되는 주석사항을 완성하는 데에 있어 책임이 뒤따른다는 사실을 결코 잊어서는 안 된다. 주석은 반드시 필요하며, 재무제표와 결코 분리할 수 없는 사항으로 일반적으로 재무제표에서는 다음과 같은 내용을 기술하고 있다.

> 재무제표에 수반되는 주석은 표시된 항목을 구체적으로 설명하거나 중요한 회계정책을 요약한 필수 불가결한 사항이다.

다음에 논의될 회계감사보고서(auditor's report)에서는 재무제표뿐만 아니라 주석까지 포함시키고 있다. 요약하면 주석은 재무제표의 충분 공시(adequate disclosure)를 위한 필수적인 사항이다. 따라서 기업에서 회계보고서를 잘 꾸민다는 얘기는 이와 같은 충분 공시를 잘 반영했다는 의미이다. 이에 따라 기업의 재무적인 사건에 대해, 정당하게 관심을 갖고 있는 모든 정보이용자들은 그들이 필요로 하는 적절한 회계정보를 제공받게 된다. 또한 이로 인해 그들의 권익이 보호되며, 합리적인 투자의사결정을 하는 데에 있어 도움이 되는 것이다. 한편, 부속명세서(supporting schedules)는 재무제표 계정과목 중에서 정보이용자에게 도움은 되지만 필수적인 정보가 아닌 항목에 대해 세부내역을 기술한 보충적 보고서를 말한다. 예를 들어, 재무제표 항목들의 상세내역을 나타내는 제조원가명세서가 있다.

(3) 주석사항의 종류를 찾아라!

주석사항에는 크게 두 종류가 있다. 첫째로는, 기업이 사용하고 있는 주요 회계처리방법이 무엇인지를 알려주고, 이를 간략하게 설명하는 것이다. 예를 들어 기업의 매출원가와 기말재고자산가액을 결정하기 위해 사용되는 특별한 회계처리방법이 무엇인지를 알아낼 수 있다. 기업에서는 매출액을 포함하여 많은 비용계정들을 사용할 때, '일반적으로 인정된 회계원칙'(GAAP)에서 허용된 것들 중에서 하나를 선택할 수 있다. 회계처리방법에 대한 기업의 선택은 주석사항으로 분명히 언급해 두어야 한다.

그러나 아래 Caterpillar(주)의 재무제표에서 발췌된 주석의 내용을 보면 그 내용이 전문적이어서 회계전문용어에 익숙해야 이해하기 쉽다. 재고자산회계(inventory accounting method)와 관련하여 Caterpillar(주)의 연차보고서에서 명시된 주석사항의 예를 살펴보면 다음과 같다.[5)]

> 재고자산은 주로 후입선출법(LIFO : last-in, first-out)에 의해 평가된다. LIFO기준에 의한 재고자산의 가치는 2008년말과 2009년말 현재의 현행원가로 총재고자산의 약 85%를 나타내고 있으며, 2007년말의 현행원가로는 총재고자산의 90%를 차지하고 있다.
>
> 만약 선입선출법(FIFO : first-in, first-out)을 사용했다면, 2007년과 2008년 그리고 2009년말에 보고된 재고자산의 가치는 각각 $2,103(백만), $2,123(백만), $2,067(백만)만큼 증가했을 것이다.

위의 주석사항에서는 해당 회계연도의 기말 현재 Caterpillar(주) 재무상태표에 기록된 재고자산금액의 경우, 만약 그 기업이 다른 회계처리방법을 선택하여 사용했다면 약 $2,000(백만)만큼 높았을 것임을 말해주고 있다.

주석사항에서는 감가상각비 계산방법에 대하여 기업이 어떤 방법을 선택했는지를 알려주고 있다.[6)] 그 밖에 공통적으로 쓰고 있는 주석사항으로는 재무제표의 연결(consolidation)에 관한 내용이다. 많은 대기업의 경우에는, 모기업(parent

5) SEC의 2009년 10-K Caterpillar(주)의 전자파일을 참조할 것.
6) 다양한 감가상각비 계산방법은 제9장에서 구체적으로 다루어진다.

company)의 통제하에 그룹들이 많은 기업을 거느리고 있다. 이때 각 기업의 재무제표는 하나의 통합된 연결재무제표로 함께 묶여진다. 따라서 큰 그룹이 마치 하나의 실체인 것처럼 회계처리되는데, 이때 기업 상호간의 내부거래는 제거된다. 국제회계기준(IFRS)에서는 연결재무제표를 기본재무제표로 작성하도록 요구하고 있다. 그러나 종속기업이 없는 기업은 연결재무제표와 개별재무제표가 동일하다.

주석사항의 두 번째 종류로는, 재무제표의 본문에 들어갈 수 없는 추가적인 보충공시를 제공해 주는 사항들이다. 예를 들면 만기일, 이자율, 담보(collateral) 혹은 유가증권에 대한 상세 조항, 그리고 그 밖의 장기채무에 관한 세부내용 등은 주석사항에 기재된다. 장기성 운용리스하에서 요구되는 연간 리스료 및 리스자산의 소유권에 대한 위험과 효익이 실질적으로 다른 기업에 이전되었는지의 여부의 경우에도 주석에서 제공된다.[7]

또한 주식매입선택권(stock options)과 종업원지주제도(employee stock ownership plans)에 대한 상세한 내용, 그리고 주당순이익에 대한 잠재적인 희석효과도 주석사항에서 제시되고 있는 것이다.[8] 진행중인 주요 소송사건의 결과에 따라 변동될 충당부채 및 회사에 반하는 그 밖의 다른 법적 조치내용 등도 주석사항에 기재되고 있다. 종업원의 미래 퇴직에 대한 시기 및 퇴직급여수준 등에 영향을 받는 퇴직연금채무와 퇴직한 종업원에 대한 '퇴직 후 건강 및 의료비용'을 지급할 의무사항도 여기 주석사항에서 공시된다. 이와 같이 미래의 추정 불확실성의 원천은 주석에서 공시된다.

연차보고서를 준비할 때 기업에서는 공시될 모든 항목들의 체크리스트를 만들어 한번 점검해 본 후 주석에 기재할 필요가 있다. 물론 이러한 작업은 결코 쉬운 일이 아니다. 정보이용자들에게 복잡하게 오도될 가능성이 있는 정보를 주석사항에서 간략하게 설명해 주어야 하기 때문에 더욱 그렇다. 특히 기업은

7) 일반적으로 리스는 리스자산의 소유에 따르는 위험과 효익이 누구에게 귀속되느냐에 따라 금융리스와 운용리스로 구분된다. 우리나라 리스처리준칙에서는 리스자산의 소유에 따른 위험과 효익이 실질적으로 리스이용자에게 이전된 경우에는 이를 금융리스로 분류하고, 그렇지 않을 경우에는 운용리스로 분류하도록 규정하고 있다.

8) 주식매입선택권은 회사의 설립과 경영, 그리고 기술혁신에 기여한 임직원에게 미래의 일정시점에, 미리 정한 일정한 가격으로 자사의 주식을 매입할 수 있는 권리를 제공해 주는 제도이다. 종업원지주제도란 회사가 종업원에게 자사의 주식을 사거나 혹은 보유하도록 편의를 제공하여 종업원을 주주로 만드는 제도이다.

정보이용자들이 기업위험을 평가하는 데 유용한 정보가 되는 자본의 성격 및 구조 등 자본관리(capital management)와 관련하여 주석에 공시해야 한다. IFRS에서는 중요한 회계정책의 요약과 그 밖의 설명으로 구성된 주석의 기능을 크게 강조하고 있다.

(4) 주석사항을 기재할 때 경영자의 재량권이란?

기업경영자는 주석사항의 여러 항목들을 점검하기 위해 조직의 최고재무담당(CFO : chief financial officer), 법률상담가, 그리고 외부의 회계감사인과 같은 전문인들에게 의지하게 마련이다. 일단 주석사항에 요구되는 각 항목들이 점검되면 어떤 내용들이 제시되어야 하는지, 이에 대한 주요 의사결정이 이루어진다. 이때 기업경영자는 '얼마나 사실대로 기록해야 하며 얼마나 상세하게 공시해야 하는지'에 대해 재량권과 신축성을 가지고 있다.

분명히 기업경영자는 회사 전체의 모든 정보를 누설할 필요는 없다. 즉, 기업이 누리고 있는 경쟁력우위를 손상시킬 만한 정보까지는 굳이 누설하려고 하지 않는다. 다시 말해 경쟁하고 있는 다른 기업들을 굳이 도와줄 필요가 없다는 것이다. 다만 정보를 제공받을 권리가 있는 기업의 주주와 채권자에게 필요한 주요 정보를 제공함으로써 그들의 경제적 의사결정에 도움을 줄 수 있어야 한다.

(5) 주석은 재무제표상에 표시된 관련항목과 상호연결되어야!

일반적으로 정보이용자의 주의를 환기시킬 하나의 주요 포인트는 주석의 명료성(readability)에 관한 내용이다. 이에 대해 너무 과민하게 반응할 필요가 없다고 생각될지 모르지만 결코 그렇지는 않다. 많은 투자자들과 증권분석가들은 주석사항의 빽빽함(dense fog)을 불평하곤 한다. 주석사항의 기재를 고의적으로 애매모호하게 하여, 우스꽝스럽게 보일 수도 있다. 주석사항은 분명히 어떤 규칙을 따라야 한다. 재무제표상에 표시된 관련항목과 상호연결(cross-referenced)하는 방식으로 작성되어야 한다. IFRS에서 요구하는 정보이지만 재무제표에 표시되지 않은 정보는 주석으로 공시한다. IFRS에서는 회계보고서 이용자가 쉽게 이해할 수 있도록 목적적합한 정보를 제공하도록 요구하고 있다.

주석의 문장구조는 너무 법률적이며, 빈번하게 글자 한 자 한 자의 자구에 구애를 받을 정도로 되어 있어 거북하게 보이며, 기술적인 용어들이 주석사항에 많이 포함될 수 있다. 또한 여기에는 소송사건이나 혹은 기업에서 큰 손실을 입힌 벤처사업 등과 관련된 예민한 사항들에 대하여 산만한 문체가 비교적 많이 퍼져 있는 것이 사실이다. 다시 말해, 주석사항에는 사실 그대로 공시하지 않는 정보들이 실제로 존재할 수 있다는 것이다.

주주들이나 채권자들은 기업경영자가 기업에 흠이 되는 일들을 드러내거나 혹은 그들이 실수로 한 의사결정을 자백하기를 기대하지 말아야 한다. 그러나 분명한 것은 기업경영과 관련하여, 경영자의 솔직 담백함은 확실히 기업의 이미지를 개선시키며 기업에 결코 어떠한 손해도 입히지 않는다. 대다수의 기업들은 연차회계보고서의 공시내용과 연결된 주석사항이 명료하고 목적적합하게 기록되도록 많은 노력을 기울이고 있다. 경쟁에서 살아남기 위해 노력하는 기업의 재무제표 중 가장 좋은 모형은 미국의 Berkshire Hathaway(주)의 주석사항을 들 수 있다.[9] 사실 주주들은 연차그룹회의에서 기업의 이사들과 최고경영자에게 많은 질문을 할 수 있지만 기업경영자들은 재무보고서의 주석사항에서 이와 같은 중요한 질문들과 관련된 내용을 회피할 가능성이 존재한다.

요약하면, 채권자들과 투자자들은 아주 형편없게 쓰인 주석사항으로 인하여 의사결정을 할 때 혼란스러운 경우가 있다. 그러나 그들에게는 오직 하나의 선택밖에 없다. 그것은 주석사항이 성가시고 불필요한 내용들로 보인다 할지라도 이를 잘 분석해야 한다는 것이다. 일반적으로 어떤 특정 주석사항에 대해 추가적인 분석을 기울여야 할 정도로 그렇게 중요한 사항인지, 정보이용자들은 이를 구별할 수 있어야 한다. 따라서 IFRS에서는 주석을 재무상태표 및 포괄손익계산서 등의 각 재무제표와 동등한 중요성을 갖는 것으로 간주하고 있다.

9) Berkshire Hathaway(주)의 회장인 Warren Buffett과 대주주는 그들의 회계보고서에 대단한 자부심을 갖고 있는 것으로 알려지고 있다. 그 보고서는 투명하고 목적적합하며 유용한 많은 정보를 제공하고 있으며, 아주 흥미진진하게 구체적으로 기재되어 있다고 할 수 있다. Warren Buffett은 가치 있는 주식(가치주)을 발굴해 매입하고 이를 장기간 보유하는 것으로 유명하다.

영어로 토의해 보기(Discussion Questions)

[DISCUSSION 1]

Consultants talk of "economic profit," or "economic value added." What is it? Can it be observed?

ANSWER

The concept of "economic profit" refers to value added by an investment over the opportunity cost of the investment. But it cannot be observed, without measurement, and measurement involves choices of accounting rules (which may or may not capture economic profit). All measures of "economic profit" are accounting measures. Economic profit or economic value added can, however, be estimated ex ante(before the fact) with residual earnings techniques.

[DISCUSSION 2]

Consider the following statement as it relates to the accrual basis of economic measurement : "Net income is an opinion ; cash is a fact." What do you think this means?

ANSWER

"*Net income is an opinion ; cash is a fact.*" The guidelines of accrual accounting result in many estimates being used in revenue and expense recognition. In this sense, the net income reported for a specific period using this measurement basis is an opinion because both the revenues and expenses that determine net income can be affected by judgment calls.

Because both revenue and expense recognition under accrual accounting are totally unrelated to when cash is received and paid, this measurement basis takes the focus off cash flows. Net income (an opinion) is <u>not</u> the same thing as cash generated through operations (a fact). Cash is objective in that it can be measured, and everyone who counts it can agree to the amount. Two different accountants will not agree on net income, however, unless they use exactly the same estimates and judgments(unlikely!).

PART II

주요 계정과목별 회계정보의 연관성

CHAPTER

5 매출액과 매출채권의 연관성

유동자산인 매출채권(accounts receivable)은 기업이 영업활동을 하면서 제품을 판매(sales)한 후 아직 현금을 회수하지 못한 부분이다.[1] 즉, 이는 신용판매 후 나타나는 계정과목을 말한다. 매출채권은 외상으로 제품을 판매한 경우에는 외상매출금계정을, 어음을 받았을 경우에는 받을어음계정을 사용한다. 제품판매시 총판매금액(=판매가격×판매수량)은 회계에서는 매출액(sales revenue)계정으로 기록된다. 또한 이 계정과목은 해당 기간 동안에 이루어진 모든 판매를 포함한다.

재정적으로 어려움이 있는 고객에게 신용을 연장시켜줄지의 여부는 기업으로서 아주 중요한 의사결정사항이다. 신용을 연장시켜준다는 것은 기업에는 현금흐름의 증가를 어렵게 만드는 결과를 초래하기 때문이다. 매출채권의 잔액은 제품을 판매한 후 현금회수가 지체된 금액이라 할 수 있다. 즉, 매출액 중에서 아직 현금으로 회수하지 못한 부분이다.

본장에서는 제품판매시에 나타나는 매출액이 언제(when) 수익으로 인식되며, 얼마로(how much) 측정하여 기록되는지를 살펴보고자 한다. 또한 이러한 매출액과 매출채권의 상호연관성을 재무제표를 통해 살펴보기로 한다.

---

1) 상거래에서 발생하는 외상매출금이나 받을어음(진성어음) 등은 매출채권이라 하며, 상거래 이외의 거래에서 발생하는 미수금이나 대여금 및 선급금 등은 비매출채권이라 한다. 이러한 매출채권 및 비매출채권을 통틀어서 '수취채권'이라고 한다. 수취채권은 제3자로부터 현금을 받을 계약상 권리로 대표적 금융자산 중 하나이다.

〈수익의 인식〉*

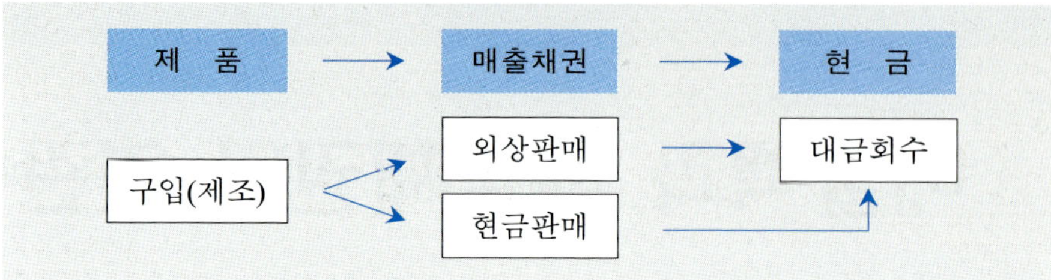

* 수익의 인식은 연속적인 수익획득과정 중에서 결정적인 사건(critical event)이 발생된 시기에 인식한다. 따라서 수익인식의 원칙으로는 ① 수익획득과정이 거의 완료되거나, ② 그 금액에 대한 합리적 추정이 가능하거나, ③ 미래에 대한 불확실성이 상당히 감소된 시점에서 인식한다. ⇒ 일반적으로 이는 판매(인도)시기임.

〈수익의 측정〉

현금판매 ➡ 현금수입액
외상판매 ➡ 외상매출금(매출채권)
다른 재화로 받는 경우 ➡ 해당 자산의 현금등가액

1. 재무제표상에서 일련의 연관성을 찾아라!

다음의 〈표 5-1〉을 참조해 보자. 이는 기본적으로 앞장의 표에서 발췌된 내용으로 기업의 주요 재무제표를 하나로 모은 전반적인 재무흐름의 도해이다. 본 장에서는 이들간의 상호연관성에 초점을 둘 수 있는 여러 항목들 중 우선 하나를 골라 설명하고자 한다. 따라서 〈표 5-1〉에서는 포괄손익계산서상의 매출액과 재무상태표상의 매출채권에 초점을 두고, 이들의 연관성을 제시하고 있다.

그러나 기업의 손익계산서와 재무상태표는 제시되고 있지만, 한 회계기간 동안의 현금흐름표는 제시되지 않고 있다. 재무상태표계정의 변화와 현금흐름표간의 기본적인 상호 연결관계는 제4장 〈표 4-1〉에서 이미 설명하였다. 현금흐름표는 제Ⅲ부에서 구체적으로 설명하기로 한다. 또한 기업의 자산과 부채 그리고 자본 계정에 초점을 두기 위해 재무상태표에서 각 항목별로 총계만 표시되었다. 이는 포괄손익계산서계정과 짝이 맞는 재무상태표계정간의 연결고리를 설명할 때 이해하기 쉽도록 하기 위함이다.

〈표 5-1〉 매출액과 매출채권

한 회계기간 동안의 포괄손익계산서

매 출 액(sales revenue)	$10,400,000
매 출 원 가	6,760,000
매출총이익(gross margin)	$3,640,000
영 업 비 용	2,080,000
감가상각비	260,000
영 업 이 익(operating earnings)	$1,300,000
이 자 비 용	103,000
법인세차감전이익(earnings before income tax)	$1,197,000
법인세비용	478,800
당기순이익(net income)	$718,200
기타포괄손익	0
총포괄이익	$718,200
주당순이익(earnings per share)	$3.59

5주 동안의 매출채권 :
5/52×$10,400,000=$1,000,000

회계기간말의 재무상태표

자 산	
현 금	$565,807
매 출 채 권	1,000,000
재 고 자 산	1,690,000
선 급 비 용	160,000
유 형 자 산	3,000,000
감가상각누계액－기계장치 등	(800,000)
자산총계	**$5,615,807**
부채와 자본	
매입채무_재고자산	$520,000
매입채무_영업비용	120,000
미지급영업비용	240,000
미지급이자비용	17,167
미지급법인세	23,940
단기차입금	625,000
장기지급어음	750,000
자본금(200,000주)	775,000
이익잉여금	2,544,700
부채와 자본총계	**$5,615,807**

2. 매출액과 매출채권은 어떤 연관성이 있을까?

본 예제에서의 해당 기업은 한 회계기간 동안에 $10,400,000의 매출액을 달성했다. 이는 1주일에 $200,000(=$10,400,000/52주)만큼을 달성한 것으로 결코 적은 금액이 아니다. 회계에서는 판매시에 총판매금액(=판매가×판매수량)은 매출액계정으로 기록된다. 이 계정과목은 해당 기간 동안에 이루어진 모든 판매를 포함한다. 이 계정과목의 잔액은 회계연도에 이루어진 모든 판매액의 합계를 말한다. 즉, 모든 판매와 관련된 금액(예 : 매출에누리와 환입, 매출할인 등)을 고려한 순액(net)을 말한다.

본 예제의 기업은 모든 판매가 외상으로 이루어지고 있다. 즉, 제품판매 후 일정기간이 지나서야 현금을 받는다. 즉, 오직 신용만을 기준으로 제품을 판매하고 있다는 것이다. 물론, 일반 슈퍼마켓과 같은 조그마한 회사는 일체 현금으로만 거래를 하는 경우도 있다. 외상매출로 인해 기업에 부여되는 금액은 일단은 외상매출금(매출채권 : A/R ; accounts receivable)이라는 계정과목으로 기록된다. 그러고 난 후, 고객으로부터 실제로 현금을 수취할 때에 비로소 재무상태표상의 현금계정의 잔액이 증가되며 외상매출금(매출채권)이라는 계정과목의 잔액은 감소되는 것이다.

고객에게 신용을 연장시켜준다는 것은 현금흐름의 증가를 더디게 만드는 결과를 초래하게 한다. 그러나 대부분의 신용매출은 회계연도 말에 현금으로 전환된다. 본 예제에서는 지난해에 이루어진 매출로부터 외상매출금의 기초잔액은 모두 현금으로 전환되었다. 그러나 통상적으로, 해당 연도 후반기에 이루어진 매출액은 연말까지 현금으로 전환되지 않는다. 이와 같이 아직 현금화되지 않은 매출액의 총잔액이 기말외상매출금(매출채권)의 잔액이 되는 것이다.

어떤 제품구매자들은 기업이 제공하는 현금지급에 대한 할인율, 즉 매출할인(현금할인 : cash discount)[2)]을 제공받기 위해 신속하게 외상매출금을 현금으로 지급한다. 이와 같은 할인조건은 판매가격을 낮추어 매출액이 줄어들지만, 현금유입을 신속하게 하기 때문에 기업의 유동성을 높여준다. 반면, 보통의 구매자들은 기업에 대금결제를 위해 5주 정도를 가지며, 이와 같은 할인율의 혜택을 무시한

2) 현금할인은 구매자로 하여금 외상매입대금을 빨리 지급할 수 있도록 유도하기 위해 제공되는 제도이다. 예를 들어, 2/10, n/30의 형태로 표시하는 경우, 외상기간은 30일이지만 10일 내에 외상매입대금을 지급한다면 매출액의 2%를 할인해 주겠다는 의미이다.

다. 어떤 구매자들은 기업에서 제공하는 할인율 제도와 함께 기업의 조기 현금 회수 노력에도 불구하고, 대금결제를 위해 10주 이상을 필요로 하기도 한다. 그러나 이때에도 기업은 지연되는 대금결제를 수용하곤 하는데, 많은 매출액을 달성해야 하기 때문이다.

요약하면, 기업은 대금결제를 아주 신속하게 하거나, 혹은 보통으로 하거나, 아니면 매우 늦게 하는 구매자들의 다양한 층을 가지고 있다. 만약, 모든 구매자들의 평균 신용기간이 5주라고 가정해 보자. 다시 말해, 연간매출액에 대해 5주 동안 현금수입이 이루어지지 않는다고 가정하자. 이는 제품의 각 구매자들이 현금지급을 위해 5주가 필요하다는 의미가 아니라, 기업이 매출채권을 현금으로 회수하는 데 평균적으로 5주가 걸린다고 해석하는 편이 낫다. 그러므로 연매출액과 기말매출채권의 관계는 다음과 같이 표시될 수 있다.

5/52×연매출액 $10,400,000=기말매출채권 $1,000,000

따라서 〈표 5-1〉에서는 매출채권의 기말잔액이 $1,000,000임을 보여주고 있다. 여기에서의 주요 요지는 매출채권평균회수기간이 기말매출채권 크기를 결정한다는 사실이다. 즉, 매출채권평균회수기간이 길면 길수록, 기말매출채권의 크기가 더 커지는 것이다.

다른 각도에서, 이에 관한 주요 요점을 접근하기로 하자. 우선, 기업의 매출채권평균회수기간을 모른다고 가정하자. 그러나 주요 재무제표의 재무정보로부터 매출채권평균회수기간이 계산될 수 있다. 이를 계산하기 위한 첫 단계는 다음과 같은 매출채권회전율을 계산해야 한다.

매출액($10,400,000)/매출채권($1,000,000)=매출채권회전율(10.4)

위에서 보는 바와 같이, 이 수치는 매출액이 외상매출금의 10.4배임을 나타내고 있다. 이 수치를 1년인 52주와 대비하면 다음과 같이 매출채권평균회수기간이 계산된다.

52주/매출채권회전율(10.4)=매출채권평균회수기간(5주)

시간은 누구에게나 중요한 요소이다. 실질적으로, 기업경영자와 채권자 그리고 투자자에게 주요 관심거리는 매출채권이 평균적으로 현금으로 전환될 때 얼마만큼의 시간이 소요되는지의 문제이다. 이를 위해 현실적으로 매우 유용하게 쓸 수 있는 정보가 바로 여기에 나타난 매출채권평균회수기간이다. 특히, 현금으로 전환되는 시점을 주별로 혹은 일별로 알기 위해 매출채권평균회수기간을 사용하면 아주 의미 있는 정보가 될 수 있다.

아마도 사람들은 기업의 매출채권이 현금으로 전환될 때 평균적으로 5주가 소요된다면 너무 길다고 생각할지도 모른다. 여기에서 정확하게 지적할 수 있는 키포인트가 있다. 이것이 과연 무엇일까? 경영책임을 맡은 기업경영자는 매출채권평균회수기간의 연장 또는 단축 여부를 결정해야 한다. 기업경영자는 신용기간을 단축할 수 있으며, 대금지급을 늦게 하는 구매자를 통제함으로써 대금회수를 빠르게 할 수도 있기 때문이다.

여기에서는 마케팅전략과 소비자와 관련된 신용정책에 대해 논의하지 않겠다. 이는 회계학의 영역에서 벗어난 이슈이기 때문이다. 그러나 한 가지 주요한 내용을 짚고 넘어가 보자. 가령, 매출액의 감소 없이 기업의 매출채권평균회수기간이 5주가 아닌 4주라고 가정해 보자. 이와 같이, 매출채권평균회수기간이 4주인 또 다른 시나리오에서는 기업의 기말매출채권은 5주로 계산된 것과 비교하면, $200,000(=$1,000,000/5)만큼 더 적을 것이다.[3] 이 액수는 주별평균매출액[=연매출액($10,400,000)/52주]을 의미하고 있다. 즉, 기업에서는 해당 연도 동안에 $200,000만큼의 현금을 더 많이 회수하게 된다. 다른 말로 표현하면, 이와 같은 $200,000의 추가적인 현금회수는 결국, 이 금액만큼 기업에 자금조달의 부담을 덜어주게 된다. 만약 연이자율이 8%라고 한다면, 기업은 $16,000(=$200,000×8%)만큼의 이자비용을 법인세차감전에 물지 않게 되는 것이다. 동시에 해당 기업의 주주들은 $200,000만큼 다른 곳에 투자할 수 있게 될 것이다.

여기에서의 주요한 논점은 자본은 비용과 연관성이 있다는 것이다. 예를 들어, 매출채권이 많다는 의미는 기업이 과잉자금조달이나 혹은 과잉주주지분을 사용할 수 있다는 것이다. 이는 해당 기업의 자본의 운용이 효율적이지 못하다는 의미를 내포하고 있다. 매출채권의 회수가 지체되거나, 혹은 신용기간을 더

3) 52/x(매출채권회전율)=4
그러므로 x=13 ∴ $10,400,000/Y(매출채권)=13
그러므로 Y=$800,000, ∴ 매출채권감소액=$1,000,000−$800,000=$200,000

늘려주는 기업정책으로의 전환은 매출채권의 증가를 촉진시킨다고 할 수 있다. 기업경영자는 추가적 자본유입으로 무엇보다도 기업의 안정성에 초점을 두어야 하며, 이것이 여의치 않다면 적은 현금잔액을 가지고서도 향후 어려움이 없도록 구체적인 자금조달 및 투자방안을 마련해야 한다.

본 예제에서 기업경영자는 무엇보다도 연간매출액의 평균신용기간 5주에 해당되는 금액이 기말매출채권의 크기임을 알고 매출채권의 크기가 기업의 신용매출조건과 현금회수정책에 일치되는지의 여부를 결정해야 한다. 아마도 5주라는 기간이 너무 길거나 혹은 짧다고 판단되면, 다른 방안을 모색할 수 있을 것이다. 만약 채권자나 투자자라면, 기업경영자가 신축성 있는 매출채권평균회수기간을 원하고 있는지, 이에 대해 주의 깊게 관찰해야 한다. 기업의 매출채권평균회수기간의 변화는 신용정책의 주요한 변화를 동시에 함축하고 있기 때문이다.

영어로 토의해 보기(Discussion Questions)

[DISCUSSION 1]

Simon Corporation uses the accrual basis of accounting. Simon recognizes revenue at the time it delivers products or provides a service. The entity engages in the following activities during August :

1. Collects $5,000 from customers for the sale of merchandise in the month of August.
2. Collects $10,000 from customers for the sale of merchandise in the month of July.
3. Collects $4,000 from customers for merchandise to be delivered in September.

Required :

a. Calculate the amount of revenue Simon should recognize in August.

b. Calculate the amount of revenue Simon should recognize in August if the company were on a cash basis.

ANSWER

a. accrual basis accounting revenue = revenue earned in the period.

sale of merchandise in August(1)	$5,000

b. cash basis revenue = revenue received in the form of cash during the period.

sale of merchandise in August(1)	$5,000
collection of cash on account(2)	10,000
collection of pre-paid cash(3)	4,000
Total	$19,000

[DISCUSSION 2]

The Fowks Company reported sales of $200,000 for the year ended December 31, 20×5. Sales were reported on the accrual basis. The accounts receivable at December 31, 20×4, were $25,000, and at December 31, 20×5, the receivables were $12,000.

Required :

Calculate the amount Fowks collected from customers for 20×5.

ANSWER

Sales + accounts receivable(12/31/×4) − accounts receivable(12/31/×5)
= cash collections from customers for 20×5.
∴ $200,000 + $25,000 − $12,000 = $213,000

CHAPTER

6 매출원가와 재고자산의 연관성

기업의 재고자산이란 단순히 생산 및 판매, 그리고 재판매를 위해 사용할 수 있는 제품의 재고량이라 할 수 있다.[1] 소매상 혹은 도매상과 같은 상품매매회사는 상품이라는 재고자산을 가지고 있으며 기본적으로 판매된 상품만큼, 다시 판매하기 위해 해당 상품을 구매한다. 그러나 제조회사는 여러 종류의 재고자산을 가지고 있다. 최종제품을 생산하기 위해 제조과정에서 필요한 원재료, 생산은 이미 시작했지만 아직도 진행과정에 있는 재공품, 반제품 그리고 생산이 완료되어 판매를 기다리고 있는 최종제품 등이 바로 그것이다.

기업경영자는 현재 시점에서 재고자산의 수량뿐만 아니라, 최초의 제품원가를 정확하게 파악하고 있어야 한다. 영업과정에서 재고자산의 계속적인 보유 및 관리는 재무상태표와 손익계산서에 영향을 주기 때문에 기업의 중요한 과업이라 할 수 있다. 먼저, 재고자산은 재무상태표 항목으로서 항상 판매가능한 유동자산이다. 또한 판매된 재고자산의 원가(매출원가)는 손익계산서 비용항목으로서 판매를 통해 획득한 매출수익과 연관된다.

재고자산회계의 주요 목적은 제품원가와 관련된 매출수익을 적절하게 대응시키기 위함이다. 이 작업은 재고자산의 취득원가가 변하지 않는다면 아주 쉬운

1) 유동자산은 당좌자산과 재고자산으로 분류할 수 있는데, 당좌자산은 판매과정을 거치지 않고 현금화할 수 있는 자산을 말하며, 재고자산은 판매과정을 거침으로써 현금화할 수 있는 자산을 말한다.

일이 되겠지만, 현재 보유하고 있는 재고자산의 수량은 다른 가격으로 구매될 수 있기 때문에 재고자산의 원가계산은 상당히 복잡하다고 할 수 있다. 본장에서는 매출원가와 재고자산의 상호연관성에 그 초점을 두고자 한다. 여기에서는 재고자산과 이에 수반되는 매출원가를 논의하기 위해 상품매매회사를 중심으로 설명하고자 한다.[2] 기본적인 회계등식(즉, 자산=부채+자본)처럼, 재고자산과 제품원가를 기록하기 위한 기본등식은 다음과 같다.

기초재고수량(BI)+당기매입수량(P)－당기판매수량(CGS)=기말재고수량(EI)

어떤 재고자산을 팔 것인지, 혹은 어떤 재고자산을 지금 보유하고 있어야 할지 등을 결정하기 위한 방법은 원가흐름의 가정(cost-flow assumptions)에 따라 달라진다. 만약 재고자산의 원가가 시간의 흐름에 따라 변하지 않을 경우에는 어떤 제품을 보유하거나 판매하든, 회계차원에서 전혀 문제가 될 수 없다. 그러나 제품의 종류는 다양하며 제품의 원가는 수시로 변한다. 따라서 이와 같은 제품원가의 변화에 따르는 회계상의 제반 이슈를 해결할 수 있는 여러 방법을 논의하고자 한다.

1. 매출원가와 재고자산은 어떤 연관성이 있을까?

우선 다음의 〈표 6-1〉을 참고해 보자. 이 표의 형식에 대해서는 이미 앞 장에서 설명을 했기 때문에 여기에서는 생략하기로 한다. 본장에서는 포괄손익계산서상의 매출원가(CGS : cost of goods sold)와 재무상태표상의 재고자산의 연계성에 그 초점을 두고자 한다. 본 예제에서의 해당 기업은 제품을 판매하는 상기업이라는 사실에 관심을 기울일 필요가 있다. 왜냐하면 상기업과 제조기업의 회계산출 과정은 다음과 같이 다소 차이가 있기 때문이다.

2) 재고자산 및 매출원가에 대한 기본적인 원리는 제조회사의 경우에도 똑같이 적용된다.

〈상기업과 제조기업의 비교〉

분 류	상기업	제조기업
의 의	제품재고 ⇨ 판매 후 수익실현(돈)	제품 생산/제조 ⇨ 제품재고 ⇨ 판매 후 수익실현(돈)
특 징	제품재고 판매활동만 있음	원재료/재공품/제품재고 생산활동 후에 판매

〈상기업 재무제표(F/S_s)의 특성〉

분 류	기업활동	재무상태표	포괄손익계산서
Revenue (수익)	제품의 판매 →	→	매 출
Cost (원가)	제품의 구입 →	재고자산 : 보유시 (미소멸원가 ; unexpired cost) →	매출원가 : 판매시 (소멸원가 ; expired cost) 매출총이익
	판매활동 관리활동 →	→	판매비와관리비 당기순이익

매출원가란 한 회계기간 동안에 구매자에게 판매된 제품과 관련된 비용을 말한다. 매출로부터 얻어진 매출수익은 매출액이라는 계정에 기록되며, 이는 손익계산서상에서 매출원가계정의 바로 위에 기록된다. 매출원가는 손익계산서상에서 가장 큰 비용이며, 일반적으로 한 회계기간 동안에 발생하는 영업비용의 약 3배를 상회하는 수준으로 높게 나타난다.

손익계산서상에서 매출액에서 매출원가를 차감하면 매출총이익(gross margin ; gross profit)이 나타난다. 일반적으로 '총'(gross)이라는 단어는 아직 어떠한 비용도 차감되지 않았다는 것을 강조하기 위해 사용되고 있다. 단지, 판매된 상품의 비용만이 차감되어 이익이 계산된다. 기업의 매출총이익은 한 회계기간 동안 영업활동의 마지막 분류단계인 이익(당기순이익)을 산출하기 위한 출발점이라 할 수 있다. 다시 말해, 첫 단계는 충분한 매출총이익을 창출하기 위해 제품을 판매한다. 그리하여 모든 비용들이 충당되고, 결국은 나머지가 당기순이익으로서 남게 된다. 후술될 다음의 각 장에서는 기업의 이러한 제 비용들을 논의하고자 한다.

〈표 6-1〉에서 보는 바와 같이, 본 예제에서의 기업은 매출액에 비례하여

〈표 6-1〉 매출원가와 재고자산

한 회계기간 동안의 포괄손익계산서

매 출 액(sales revenue)	$10,400,000
매 출 원 가	6,760,000
매출총이익(gross margin)	$3,640,000
영 업 비 용	2,080,000
감가상각비	260,000
영 업 이 익(operating earnings)	$1,300,000
이 자 비 용	103,000
법인세차감전이익(earnings before income tax)	$1,197,000
법인세비용	478,800
당기순이익(net income)	$718,200
기타포괄손익	0
총포괄이익	$718,200
주당순이익(earnings per share)	$3.59

회전기간 13주 기말재고자산 :
13/52 × $6,760,000 = $1,690,000

회계기간말의 재무상태표

자 산	
현 금	$565,807
매 출 채 권	1,000,000
재 고 자 산	1,690,000
선 급 비 용	160,000
유 형 자 산	3,000,000
감가상각누계액－기계장치 등	(800,000)
자산총계	**$5,615,807**
부채와 자본	
매입채무_재고자산	$520,000
매입채무_영업비용	120,000
미지급영업비용	240,000
미지급이자비용	17,167
미지급법인세	23,940
단기차입금	625,000
장기지급어음	750,000
자본금(200,000주)	775,000
이익잉여금	2,544,700
부채와 자본총계	**$5,615,807**

35%의 매출총이익률을 기록하고 있다. 즉, 매출총이익이 매출액의 35%를 차지하고 있다.

매출총이익($3,640,000)/매출액($10,400,000)=35%(매출총이익률)

기업은 35%의 매출총이익률의 수치보다 더 높은 제품을 팔기도 하고, 혹은 더 낮은 제품을 팔기도 하면서, 다양한 제품들을 판매한다. 전체적으로 볼 때 본 기업의 한 기간에 판매된 제품의 경우, 평균매출총이익률은 35%이다. 이 수치는 기업전반에 걸쳐 꽤 전형적인 수치이다. 일반적으로 매출총이익률이 50%를 초과하는 경우나 혹은 20% 미만인 경우는 아주 드물며, 대부분 기업의 매출총이익률은 이 두 수치의 중간 정도에 있다.

기업들은 즉시 팔 수 있는 제품의 재고를 필요로 하는데, 이를 재고자산(inventory)[3]이라 부른다. 기업에서 재고자산의 잔액이 항상 없을 정도로 제품을 판매한다면, 이것은 경이적인 현상이라고 할 수 있다. 현실적으로 볼 때 이러한 상황은 거의 불가능하다. 〈표 6-1〉에서 볼 때 매출액과 재고자산 간의 관계보다는 매출원가와 재고자산 간의 연결고리를 파악할 수 있다. 또한 재고자산은 재무상태표에 판매가격으로 기록되는 것이 아니라 매출원가처럼 취득원가로 표시된다.

재고자산계정에는 구매된 취득원가와 제조원가가 모두 포함된다. 취득원가(acquisition cost)는 제품이 소비자에게 판매될 때까지 재고자산계정에 남아 있게 된다. 그러나 판매시에 제품의 원가는 재고자산계정으로부터 사라지게 되며, 매출원가계정으로 회계처리된다. 만약 제품을 판매할 수 없게 진부화되었거나 혹은 도난을 당한 경우라면, 이는 감모손실로 매출원가나 그 밖의 다른 비용으로 회계처리된다.

본 예제에서 기업의 기말재고자산의 잔액은 $1,690,000로 이는 다음 연도의 판매를 위해 대기하고 있는 제품의 취득원가를 나타낸다. 또한 포괄손익계산서상의 매출액으로부터 차감된 $6,760,000은 한 해 동안에 팔린 제품의 원가(매출

3) 재고자산은 제조기업이나 혹은 상기업의 정상적인 영업활동과정에서 판매나 소비를 위해 보유하고 있는 제품을 말한다. 적절한 재고자산을 유지하는 것은 매우 중요한 과업으로 이는 기업의 포괄손익계산서와 재무상태표에 막대한 영향을 미친다.

원가)를 나타낸다. 이렇게 팔린 제품들은 그 어떤 것도 재무상태표상의 기말재고자산에는 포함되어 있지 않다.

판매되는 제품들 중에서 어떤 것들은 단기간에 제조되며, 어떤 것은 장기간에 걸쳐 제조된다. 일단 공정과정이 끝나면 제품은 보관창고로 이동되어 소비자가 구매할 때까지 보관된다. 어떤 제품은 생산라인의 끝에서 없어실 정도로 아주 빠르게 판매된다. 또 어떤 제품들은 판매되기 전까지, 보관창고에서 오랜 기간 동안 그대로 방치되는 경우도 있다. 이와 같이 대부분의 기업들은 재고자산의 일부에 대해서는 단기재고기간을, 또 일부에 대해서는 장기재고기간을 허용하고 있다.

본 예제에서는 기업의 모든 제품과 관련하여, 재고자산평균회전기간은 13주(3달 정도)이다. 이는 재고자산이 현금화되는 데 소요되는 기간을 나타낸다. 이러한 시간적인 공백은 생산공정과정과 창고보관을 위한 기간을 포함하고 있기 때문이다.[4] 내부적으로 제조업자는 반제품(work-in-process : 제조공정에 있는 제품) 재고자산을 완제품(finished goods : 소비자에게 판매되기 위해 대기된 제품) 재고자산과 분리하고 있다. 그러나 외부에 보고되는 재무상태표에는 〈표 6-1〉에서 보는 바와 같이, 통합된 하나의 재고자산계정을 설정하여 표시한다.

본 예제에서 재고자산평균회전기간이 13주라고 한다면, 기업의 기말재고자산 원가는 다음과 같이 계산된다.

13/52×한 해 동안의 매출원가($6,760,000)=기말재고자산($1,690,000)

〈표 6-1〉에서 나타난 것처럼, 기업의 기말재고자산잔액이 $1,690,000이라는 사실에 주목하자. 여기에서 주요한 키포인트는 재고자산평균회전기간이 연간매출원가와 관련이 있는 재고자산의 크기를 결정한다는 사실이다. 즉, 제품의 제조기간과 보관기간이 길면 길수록 기업의 기말재고자산의 크기가 커진다. 일반적으로 경영자는 가능한 한 적은 재고자산을 유지하면서 기업을 경영하는 것을 선호한다. 그렇다고 소비자가 제품구매를 원할 때, 재고자산의 부족으로 인해 매출

4) 예를 들어, 제품이 제조될 때까지의 3달, 그리고 그 후 보관창고에서 2달 대기 등, 혹은 이와 반대로 생각할 수도 있다. 또한 제조공정에 있는 제품으로는 반제품과 재공품이 있는데, 반제품은 저장과 판매가 가능하나 재공품은 저장과 판매가 불가능하다는 차이점이 있다.

액이 감소되는 것을 원하지는 않는다. 이와 같이 기업경영자는 일정수준의 재고자산이 유지되도록 생산을 원활하게 하면서 동시에 재고투자금액을 최소화하는 데 노력을 기울일 필요가 있다.

그러나 이제부터는 기업의 재고자산평균회전기간을 모른다고 가정해 보자. 이때 재무제표로부터 필요한 정보를 이용하여, 재고자산평균회전기간을 산출할 수 있다. 이를 위한 첫 번째 단계는 다음과 같이 재고자산회전율을 계산하는 것이다. 이는 재고자산의 효율성을 나타내는 지표로서 이 비율이 높을수록 재고자산이 효율적으로 관리되고 있다는 것을 시사한다.

매출원가($6,760,000)/기말재고자산($1,690,000) = 4.0(재고자산회전율)

이 비율은 1년인 52주와 대비함으로써 다음과 같이 재고자산이 현금화되는 데 소요되는 기간을 나타내는 재고자산평균회전기간을 산출할 수 있다.

52주/재고자산회전율(4.0) = 13주(재고자산평균회전기간)

시간은 기업에 매우 중요한 요소이다. 소비자에게 있어서도 매출채권과 관련하여 매출채권평균회수기간 또한 마찬가지로 해석될 수 있다. 여기에서 기업경영자뿐만 아니라, 기업의 채권자와 투자자에게 더욱 중요한 사항은 소비자에게 제품이 팔리기 전에 얼마 동안 재고자산을 보유하고 있어야 적정한지의 문제이다. 이러한 기간을 결정하는 데에 있어(주별 단위 혹은 일별 단위) 재고자산회전율은 매우 중요한 의미를 갖고 있다.

그렇다면 13주라는 수치는 긴 기간일까? 만약 길다면, 기업의 재고자산평균회전기간을 좀더 단축할 수는 없을까? 이와 같은 질문들은 기업경영자나 채권자 혹은 투자자들이 고민할 가치가 있는 주요한 사항들이다. 만약 재고자산평균회전기간이 필요 이상으로 길다면 너무 많은 현금이 재고자산에 묶여 있게 된다. 이러한 경우에는 기업의 현금흐름이 양호하지 못할 수도 있다. 왜냐하면 은행에 있어야 할 현금이 재고자산으로 인하여 너무 많이 묶여 있기 때문이다.

다시 요점을 정리해 보자. 예를 들어, 재고자산관리가 잘 되는 어떤 기업의 재고자산평균회전기간이 13주에서 10주로 변화되었다고 가정해 보자. 아마도 이

사실은 최소한 엄청난 재고관리경영의 혁신이라고 볼 수 있다. JIT(just-in-time)와 같은 신 재고자산관리기법은 재고자산의 유동성을 높임으로써 이와 같은 재고관리향상을 보증할 수 있다. 만약 기업이 재고자산평균회전기간을 10주로 단축시켰다면, 기업의 기말재고자산잔액은 다음과 같이 산출된다.

주별 매출원가[$130,000(=$6,760,000/52)]×10주=기말재고자산($1,300,000)

이러한 시나리오에서는 13주에 비해 기말재고자산액이 $390,000만큼 줄어든다($1,690,000 대비 $1,300,000). 이제 기업은 재고자산의 처분으로 말미암아 $390,000만큼의 현금을 더 보유할 수 있게 되는 것이다.

그러나 단지 3주를 단축한 10주의 재고자산평균회전기간으로 그에 상응한 매출액을 증가시킨다는 것은 그리 쉽지 않을 것이다. 왜냐하면 어떤 제품들의 경우에는 소비자에게 즉각적인 인도가 이루어질 수 없기 때문이다. 또한 만약 전반적으로 재고자산이 적다면 재고부족사건(stock-outs)이 발생할 수 있다. 특히 판매사원은 제품을 구매하려는 소비자에게 제때에 상품을 인도하지 못한다면 그 어느 것보다 심적으로 부담되며 좌절될 수 있다. 따라서 적정수준의 재고자산을 보유함으로써 발생하는 비용과, 판매에 대비해 재고를 갖지 못함으로써 감소된 이익이 항상 서로 균형을 유지하도록 효율적으로 관리할 필요가 있다.

종합적으로 정리하면, 기업경영자와 채권자 그리고 투자자들은 기업의 재고자산평균회전기간이 너무 긴지 혹은 짧은지를 항상 주의 깊게 살펴보아야 한다. 만약 너무 길다면 기업의 재고자산관리에 비효율성이 발생하고 있을 가능성이 크다는 의미이다. 그러나 너무 짧다면 적은 재고자산으로 일정액의 매출액을 달성할 수 있다는 것을 의미한다. 그러나 이것 또한 기업이 이익을 얻을 수 있는 기회를 잃을 수도 있다는 의미도 된다. 따라서 해당 기업의 과거추세분석 및 경쟁적 위치에 있는 다른 기업의 재고자산평균회전기간과 산업평균의 상호 비교 등은 적정수준의 재고자산회전기간에 대한 표준지표 설정에 유의한 정보를 제공할 것이다.[5)]

5) 미국의 무역관련협회(national trade associations and organizations)에서는 재고자산의 정보와 그 밖의 주요 재무정보를 회원이나 이미 발표된 학술지로부터 낮은 비용으로 입수하고 있다. 따라서 기업의 거래은행뿐만 아니라 자금담당자는 통상적으로 재고자산의 전형적인 효율적 관리를 위해 이러한 재무자료들을 적절하게 이용할 필요가 있다.

2. 회계처리방법의 선택이 중요할까?

소비자에게 판매된 제품의 원가는 보편적으로 매출액의 40%에서 60% 정도로 기업에 가장 큰 부담이 되는 비용이다. 대다수의 기업들은 제품 대신 서비스를 판매하고 있다. 그 예로서 항공회사, 전화회사, 디즈니월드, 대형극장 등이 있다. 이와 같은 서비스 회사들은 극장에서 팝콘을 파는 것처럼, 서비스를 제공하여 판매수익을 올린다.

포괄손익계산서상의 매출총이익과 그 밖의 모든 이익은 매출원가를 측정하는 회계처리방법에 따라 확연히 달라진다. 이에 따라 기업경영자들은 어떤 방법으로 이익을 측정해야 하는지, 이에 대한 모험을 한다 해도 지나친 말이 아니다. 우선 매출액으로부터 얼마나 큰 금액이 차감되어 당기순이익이 산출되는지를 이해해야 한다. 특히, 기업의 최고경영자는 매출원가를 기록하기 위해 어떤 회계처리방법이 필요한지 결정해야 한다. 왜냐하면 이 결정은 기업의 재무상태표에 주요한 영향을 미치며, 특히 재고자산계정에 직접적으로 영향을 주기 때문이다.

매출원가를 결정하는 데에 있어서 주로 3가지의 주요한 회계처리방법이 널리 사용된다. 이 방법들은 자체적으로 이론적인 근거를 지니고 있는데, '일반적으로 인정된 회계원칙'(GAAP)에서도 원가흐름에 근거한 이 방법들의 해석과 실무적용을 수용하고 있다. 통상적으로, 소비자에게 판매된 제품의 원가는 해당 회계기간 동안에 매출총이익을 측정하기 위해 판매로 인한 매출액에 서로 대응되어야 한다. 어떤 특정 기간 동안에 제품의 매출원가와 서로 다른 기간 동안에 판매로 인한 매출액을 서로 분석하는 것은 이치에 맞지 않기 때문이다.

사실 기업경영자와 회계담당자는 회계기간 동안에 제품의 매출원가를 어떻게 결정해야 하는지, 서로 의견이 항상 일치하는 것은 아니다. 따라서 본 단원에서는 회계처리방법의 문제점을 파악하고, 매출총이익과 기말재고금액을 중심으로 3가지 방법간의 차이를 비교분석하기로 한다. 예를 들어, 어떤 기업이 회계연도 기간 동안에 4,000개의 제품을 판매했다고 가정하자. 이 기업이 판매를 위해 제품을 생산하는 제조회사이든, 아니면 제품을 구입해서 판매하는 소매상이든 아무 상관이 없다. 이 기업은 전년도로부터 이월된 1,000개의 제품을 가지고 첫해에 영업을 시작했다.

일반적으로, 기업들은 제품이 품절이 되거나 통제 불가능한 상황에 처해지지 않는 한 그들이 보유하고 있는 재고자산이 영(無)이 되지 않도록 항상 노력한다. 따라서 이 회사는 해당 연도 동안에 제품이 팔릴 때마다, 해당 제품을 대체시키고 있다. 즉, 판매된 4,000개의 제품을 대체했으며, 그해 동안에 재고자산의 크기를 늘리거나 줄이지도 않았다. 결국 회계연도 말에는 처음에 시작했던 것과 똑같이, 1,000개의 기말재고자산을 보유하고 있다.

이 회사는 회계연도 기간에 각각 한꺼번에 1,000개씩 4번의 제품구입이 이루어졌다. 물론, 이때 구입된 제품원가의 크기는 매우 다양하다. 반드시 똑같은 금액으로 제품을 구입할 수 없기 때문이다. 요약하면, 회계연도 초에 1,000개의 제품을 가지고 있었고, 기중에 제품 4,000개를 구입하고 4,000개의 제품을 판매했으며, 결국 기말에는 1,000개의 재고자산을 보유하고 있다.

만약 해당 제품의 원가가 시간의 흐름에 따라 변하지 않을 경우에는 회계차원에서 아무런 문제가 없지만, 제품의 원가는 수시로 변하며 제품의 매입단가가 매입시점마다 다르다. 따라서 재고자산의 원가는 기업이 채택하는 원가흐름의 가정(cost flow assumptions)에 따라 달라지게 된다. 일반적으로 인정되고 있는 원가흐름의 가정에 따라 다음과 같은 회계처리방법 등을 들 수 있다.[6]

① 가중평균원가법(weighted average cost method)
② 후입선출법(LIFO : last-in, first-out method)
③ 선입선출법(FIFO : first-in, first-out method)

〈표 6-2〉에서는 예시를 통해 원가에 대한 흐름도를 제시하고 있다. 여기에서 보는 바와 같이, 제품의 원가는 자주 변하고 있다는 것을 알 수 있다. 기업이 제품을 계속적으로 구입할 때마다 $5,000씩의 비용(구입원가)이 추가적으로 들었다. 한 가지를 짚고 넘어가자! 여기에는 판매된 4,000개의 제품과 판매되지 않고 현재 남아 있는 1,000개의 제품이 있는데, 판매된 제품의 매출원가를 산정하기 위해 회계기말에 총원가인 $550,000을 어떤 방식으로 나눌 수 있을까?

아마도 $550,000의 총원가는 전체 제품 5,000개로 배분되거나, 혹은 회계기간 동안에 판매된 제품 4,000개에 대한 매출원가와, 아직 판매되지 않고 기말재고로 남아 있는 제품 1,000개에 대해 원가배분이 이루어져야 한다고 생각할 수

6) 기본적인 3가지 방법 이외에도, 각 제품원가와 함께 재고자산을 구별하는 가장 이상적인 방법인 개별법(specific identification method)을 들 수 있는데, 이는 번거롭고 추가적인 비용이 들기 때문에 실무에서 잘 사용되지 않는다.

〈표 6-2〉 매출원가와 기말재고금액의 예시

제 품	양(개수)	원 가
기초재고자산	1,000	$100,000
첫 번째 구입	1,000	105,000
두 번째 구입	1,000	110,000
세 번째 구입	1,000	115,000
네 번째 구입	1,000	120,000
총 계	5,000	$550,000
회계기간에 판매된 제품	4,000	**
기말재고자산	1,000	**

** 〈표 6-3〉, 〈표 6-4〉, 〈표 6-5〉에서는 3가지 원가흐름의 가정에 따른 각 회계처리방법을 제시하였다.

있다. 물론 기말재고는 다시 판매됨으로써 다음 해의 매출을 증가시킨다.

해당 연도에 판매된 제품 4,000개의 매출에 대해 전체 제품 5,000개에 해당되는 $550,000을 모두 비용처리하지 않는다. 만약 당신이 이 기업의 최고경영자라고 한다면, 총원가인 $550,000을 어떻게 배분할 것인가? 기업경영자는 많은 때에 이런 상황을 단순히 지켜만 보다가, 재무담당전문인의 의견을 수용해 버리는 경향이 많다. 그러나 한 가지 분명한 것은 기업경영자는 이러한 상황을 정확히 분석하고, 무엇이 가장 좋은 방법인지를 심사숙고하여 최종적인 의사결정을 내릴 수 있어야 한다. 그러나 한번 채택한 원가흐름의 가정은 정당한 사유가 없는 한 체계적이고 계속적으로 적용해야 한다.

통상적으로 거론되는 경영의사결정에서처럼 이에 관해 다음과 같은 기본적인 질문에 부딪치게 된다. “또 다른 방안들은 무엇이 있을까?” “각 방안에 대한 결과는 무엇일까” “어떤 방안이 기업의 이익목표와 경영전략면에서 가장 우수하다고 할 수 있을까?” 만약 당신이 기업경영자로서 다른 임원들과 함께 논의한다면, 그들과 똑같은 의사결정을 내릴 수 있을까? 이와 같은 질문과 관련하여 3가지 원가흐름의 가정으로 나누어 살펴보기로 하자.

(1) 가중평균원가법이란?

가중평균원가법(weighted average cost method)에서는 동일 재고자산 혹은 이와

〈표 6-3〉 가중평균원가법

제 품	양(개수)	원 가
기초재고자산	1,000	$100,000
첫 번째 구입	1,000	105,000
두 번째 구입	1,000	110,000
세 번째 구입	1,000	115,000
네 번째 구입	1,000	120,000
총 계	5,000(판매가능수량)	$550,000 (판매가능원가)
회계기간에 판매된 제품	4,000	440,000* (매출원가)
기말재고자산	1,000	$110,000**(기말재고)

* 4,000×$110#=$440,000

** 1,000×$110=$110,000

\# $550,000/5,000=$110

유사한 재고자산을 평균원가로 산정하여 평가하는 방법이다. 전부는 아니겠지만, 대부분의 기업경영자는 직관적으로 가중평균원가법 선택을 선호할지도 모른다. 이 방법은 위의 〈표 6-3〉에 제시되어 있다.

가중평균원가법의 기본적인 논리는 제품의 5분의 4가 판매되었기 때문에, 총원가의 5분의 4가 매출원가로 비용처리되어야 하며, 나머지인 5분의 1은 기말재고자산가액으로 배분되어야 한다는 논리이다. 즉, 이에 대한 논리는 다음과 같다. 매출총이익은 전체 회계기간 동안에 측정되고 있기 때문에 제품이 판매되었든 혹은 기말에 재고로 남아 있든 모든 원가는 한꺼번에 고려되어야 하며 각 제품의 수량과 원가는 서로 공유되어야 한다는 것이다. 구체적으로, 여기에서 제품단위당 평균원가는 $110(=$550,000/5,000)이다. 여기에서 매출원가를 산출하기 위해서는 이 평균원가에 판매된 제품 수인 4,000을 곱하는 것이다(즉, 매출원가=4,000×$110=$440,000). 또한 기말재고액은 $110,000이 된다(1,000×$110=$110,000).7)

가중평균원가법은 직관적으로 볼 때 가장 관심을 끌 수 있으며, 이는 상식적으로도 가장 논리적이고 이치에 맞다고 할 수 있다. 따라서 이 방법은 우리나

7) 좀더 구체적으로 설명하면 평균원가법은 재고자산을 실지재고조사법으로 기록하는 경우에는 가중평균원가법(weighted average cost method)이 되고, 계속기록법으로 기록하는 경우에는 이동평균원가법(moving average cost method)이 된다. 이동평균원가법에서는 재고자산을 새로 구입할 때마다 새로운 제품단위당 이동평균원가를 계산하여 판매시점마다 매출원가를 계산하고 매 시점마다 재고를 계산해나간다. 따라서 이동평균원가법에 의한 기말재고금액이 가중평균원가법에 의한 기말재고금액보다 다소 높다.

라 기업의 회계실무에서 가장 보편적으로 사용되고 있다.

(2) 후입선출법(LIFO)이란?

후입선출법(LIFO : last-in, first-out method)에서는 나중에 구입된 재고자산이 먼저 판매된다는 가정하에서 재고자산을 평가한다.[8] 본 예제에서는 제품 4,000개가 판매되었기 때문에 해당 회계연도에 구입한 4번의 제품군을 모두 선택하게 된다. 따라서 매출원가를 산출하기 위해, 4번 구입한 모든 제품군의 총제품원가를 비용처리한다. 〈표 6-4〉에 제시된 것처럼 4번의 제품구입과정에서의 총원가는 $450,000이다. 여기에서 후입(last-in)이라는 단어는 '가장 최근의' 혹은 '가장 최근의 구입'이라는 의미이다. 또한 선출(first-out)이라는 단어는 또 다른 제품그룹의 원가를 배분하기 전에 가장 최근에 구입한 제품그룹의 원가를 먼저 비용처리한다는 의미이다.

후입선출법(LIFO)에 대한 주요한 배경이론은 기업이 판매한 제품은 계속적으로 대체되며, 가장 최근의 제품원가가 판매되는 제품의 현행원가에 가장 근접한다는 것이다. 즉, 기말재고자산은 가장 오래된 구입가격으로 평가되며, 매출원

〈표 6-4〉 후입선출법(LIFO)

제 품	양(개수)	원 가
기초재고자산	1,000	$100,000
첫 번째 구입	1,000	105,000
두 번째 구입	1,000	110,000
세 번째 구입	1,000	115,000
네 번째 구입	1,000	120,000
총 계	5,000	$550,000
회계기간에 판매된 제품	4,000	450,000* (매출원가)
기말재고자산	1,000	$100,000**(기말재고)

* $120,000 + $115,000 + $110,000 + $105,000 = $450,000

** $550,000 − $450,000 = $100,000

8) 한국채택국제회계기준(K-IFRS)에서는 후입선출법(LIFO)이 재고자산의 흐름을 충실하게 표현하고 있지 못하기 때문에 이의 사용을 허용하고 있지 않다. 그러나 본 교재에서는 재고자산에 대한 원가배분방법의 이론적인 중요성 때문에 이를 설명하고자 한다.

가는 가장 최근의 구입가격을 반영하고 있다. 일반적으로, 가격상승시에 제품의 구입원가는 최근 연도일수록 증가하게 된다. 따라서 LIFO에서의 매출원가는 가장 높은 구입원가를 가진 제품군을 반영하는 것이다. 따라서 물가가 상승하는 경우 후입선출법(LIFO)에 의한 기업의 매출원가가 최대화되며, 기말재고는 최소화된다.

〈표 6-4〉에서 보는 바와 같이, 기초재고자산의 원가 $100,000이 기말재고자산의 원가로 산정되었다. 물론 기말 현재, 실제 남아 있는 재고자산들은 당해 연도 초의 제품들이 아닌 경우가 많다. 현실적으로 재고자산의 흐름은 가장 최근에 구입한 제품을 가장 먼저 판매하는 흐름을 갖지 않기 때문이다. 일반적으로는 가장 먼저 구입한 제품을 우선적으로 판매한다. 따라서 LIFO는 재고자산의 원가흐름이 실제적인 실물흐름을 무시하고 있는 셈이다. 이와 같이 LIFO는 해당 연도 동안의 매출원가를 산정하기 위해 가장 최근의 제품의 구입가격을 반영함으로써 기업의 재무상태를 왜곡할 가능성이 있다.

그 결과, LIFO를 기준으로 하여 산정된 기말재고자산은 가장 최근의 제품군을 판매한 후에 남은 제품의 잔여원가를 의미한다. 즉, LIFO에 의한 기말재고자산은 가장 오래된 제품의 구입가격($100,000)을 반영하고 있다. 본 예제의 경우처럼 물가가 꾸준히 상승할 경우, LIFO의 선택은 기업의 매출원가가 최대화되며, 동시에 기업의 이익(혹은 매출총이익)은 최소화된다. 그러나 이로 인한 또 하나의 효과는 재무상태표상에 기록되는 재고자산이 가장 오래된 것이기 때문에 기말재고자산이 가장 낮게 기록된다는 것이다.[9)]

LIFO는 제품의 원가가 해마다 꾸준히 상승할 경우, 예측가능한 효과를 기대할 수 있다. 즉, 기업의 매출원가는 커지며, 재고자산의 원가는 오래된 재고자산 가액을 기준으로 반영되기에 낮아지게 된다. 그러나 이것은 여러 시나리오 중에서 단지 한 가지임을 이해해야 한다. 어떤 제품의 제조원가는 세월이 지남에 따라 실질적으로 감소되는 경우도 있다. 또한 어떤 제품은 매우 짧은 수명주기를 가지고 있다. 즉, 신제품은 구제품을 짧은 기간에 자주 대체할 수 있다는 것이다. 그러나 만약 제품의 원가가 안정적이어서 시간이 지남에 따라 많은 변화가 없다면, 회계처리방법의 선택은 재무적 측면에서 사실 큰 차이가 없을 것이다.

9) 기업회계기준에서는 재고자산의 과소계상, 즉 재무상태표가액의 과소계상을 위해 LIFO를 적용하는 경우, 재고자산의 재무상태표가액과 순실현가능가액의 차이와 그 내용을 주석으로 공시하도록 규정하고 있다.

(3) 선입선출법(FIFO)이란?

후입선출법(LIFO)에서는 매출원가를 산정하기 위해 구입한 제품에 대해 순차적이 아닌 거꾸로 하여 제품원가를 반영하였다. 이에 비해, 선입선출법(FIFO : first-in, first-out method)에서는 매출원가를 산정하기 위해 구입한 제품의 순서대로 제품원가를 반영한다. 즉, 선입선출법은 먼저 구입된(first-in) 재고자산이 먼저 판매된다(first-out)는 가정하에 재고자산을 평가한다.

본 예제에서 FIFO방법을 사용한다면 해당 연도 동안에 판매된 제품 4,000개의 제품 총원가를 산정하기 위해 기초재고군을 먼저 선택하고, 그 다음으로는 두 번째로 구입된 제품군, 그리고 세 번째, 네 번째로 구입된 제품군의 순으로 선택하는 것이다. 즉, 매출원가의 산정을 위해 처음 구입된 제품군부터 순차적으로 비용처리된다. 다음의 〈표 6-5〉에 나타난 것처럼 FIFO방법에서는 이렇게 선택된 제품군의 총원가는 $430,000이다. 따라서 가장 최근에 구입된 제품군의 원가가 기말재고의 원가($120,000)로 남게 되는 것이다.

선입선출법(FIFO)을 사용하는 이유는 대부분의 경우, 제품의 실질적인 물적 흐름을 충실하게 반영하여 먼저 구입한 것을 먼저 판매하는 순서를 따르고 있기 때문이다. 본 예제에서처럼, 물가가 상승하는 인플레이션이 발생할 때 FIFO방법은 매출원가를 최소화하기 때문에 기업의 이익을 최대한으로 늘릴 수 있다. 또한 기말재고자산이 가장 최근의 현행원가의 근사치로 기록되며, 이는 곧 재무상태

〈표 6-5〉 선입선출법(FIFO)

제 품	양(개수)	원 가
기초재고자산	1,000	$100,000
첫 번째 구입	1,000	105,000
두 번째 구입	1,000	110,000
세 번째 구입	1,000	115,000
네 번째 구입	1,000	120,000
총 계	5,000	$550,000
회계기간에 판매된 제품	4,000	430,000* (매출원가)
기말재고자산	1,000	$120,000**(기말재고)

* $100,000+$105,000+$110,000+$115,000=$430,000

** $550,000−$430,000=$120,000

표상에 높은 기말재고금액으로 남아 있게 된다.

그러나 무엇보다도 FIFO를 선택하는 가장 큰 이유는 후술되겠지만 제품원가의 일정률을 인상하여 판매가격을 결정할 때 FIFO방법을 사용할 경우 매출총이익률이 높아진다는 것이다. 그러나 FIFO방법은 보수주의(conservatism)에 입각한 회계처리를 할 수 없고, 법인세비용을 최소화할 수도 없으며, 이에 따라 현금보유액이 일시적이나마 낮아지게 된다. 위에서 설명한 3가지 회계처리방법의 차이점을 살펴보기로 하자.

3. 그렇다면, 어떤 회계처리방법을 선택해야 하나?

당신이 기업의 최고경영자라고 가정하자. 회계기말에 당신은 기업이 판매한 각 제품의 이익성과를 검토하고 있다. 해당 연도 기간에 판매된 4,000개 제품의 매출액은 $645,000이다. 그 회계연도에 판매된 제품에 대해 얼마만큼의 매출총이익(gross margin)을 달성했을까? 이에 대한 해답은 기업이 선택한 회계처리방법에 따라 분명히 달라지게 된다.

원가흐름의 가정에 근거한 각 회계처리방법에 따른 매출총이익은 다음과 같이 계산된다.

(1) 가중평균원가법

매 출	$645,000
매출원가(〈표 6-3〉을 참조할 것)	440,000
매출총이익	$205,000

(2) LIFO방법

매 출	$645,000
매출원가(〈표 6-4〉를 참조할 것)	450,000
매출총이익	$195,000

(3) FIFO방법

매 출	$645,000
매출원가(〈표 6-5〉를 참조할 것)	430,000
매출총이익	$215,000

위에서 보는 것처럼, 어떤 회계처리방법을 사용해도 제품단위당 판매가격에 근거한 매출액은 똑같다. 기업은 제품의 판매가격을 결정한 후 4,000개의 제품을 판매했고 그해 $645,000의 매출을 달성했다. 단지, 여기에서는 각 회계처리방법에 따라 해당 제품의 매출원가만이 달라질 뿐이다. 따라서 여기에서 각 회계처리방법의 장단점이 논의될 수 있다. 그러나 가장 적절한 회계처리방법은 판매가격에 대한 정책과 경영전략에 있어서 일관성을 유지하는 방법이라 할 수 있다. 다시 말해, 매출원가를 산정하기 위하여 어떤 회계처리방법이 가장 적절한 방법인지를 결정하기 전에 기업의 판매가격에 대한 전략을 세우는 것이 무엇보다 중요하다.

기업에서 제품에 대한 판매가격은 다음과 같이 결정된다고 가정하자. 우선, 기업은 제품의 제조비용 혹은 구매비용을 들여 영업을 시작한다. 각 제품단위당 원가를 반영한 후 판매가격을 정하고 한 제품군에서 제품이 모두 판매될 때까지 이 판매가격을 유지한다. 그러고 난 후, 다음 제품군으로 이 과정을 반복하여 적용한다.

물론 제품원가 이외에 내적·외적 환경적 요소들이 판매가격에 영향을 준다. 판매가격에 대한 보이지 않는 대내외 경제적 환경 속에서 대다수의 기업들은 제품에 대한 목표판매가격을 설정한다. 비록 이것은 최종판매가격을 설정하는 데에 있어서 단지 출발선이 되는 일련의 기준에 불과하지만, 이에 따라 기업들은 가격경쟁력 확보를 위해 최종판매가격을 높이기도 하고, 낮추기도 하는 것이다.

본 예제에서 해당 제품에 대하여, 기업에서 원가흐름에 근거한 FIFO방법을 사용하고 있다고 다시 가정해 보자. 또한 판매가격을 정하기 위해 제품원가에 대해 50% 인상한 가격으로 제품을 판매하고 있다고 하자. 따라서 그 제품에 대한 해당 연도의 매출액은 다음과 같이 결정되었다.

(4) 판매가격 : 제품원가의 50%를 인상하여 결정한다면?

\$100,000×150%=	\$150,000
\$105,000×150%=	\$157,500
\$110,000×150%=	\$165,000
\$115,000×150%=	\$172,500
총매출액	\$645,000

만약 기업이 이와 같은 방법으로 판매가격을 정한다면, 이익 및 매출원가를 산정하기 위해 해당 기업에서는 분명히 FIFO방법을 선호할 것이다. 여기에서 매출총이익률은 정확하게 매출액의 3분의 1, 즉 33%이다(즉, \$215,000 / \$645,000 = 1/3). 이에 반해 평균원가법과 LIFO방법을 사용할 경우, 매출총이익률은 FIFO방법을 사용할 때의 3분의 1보다도 더 작다.

그러나 어떠한 방법으로 판매가격이 정해지든 간에 대부분의 기업에서는 LIFO방법의 채택을 선호하는 경향이 있다. LIFO방법을 사용하는 근본적인 이유는 인플레이션시에 가장 낮은 이익이 산출되며, 기말재고자산가액이 가장 낮게 산정됨으로써 기업이 보수주의(conservatism)에 입각한 회계처리를 할 수 있기 때문이다. 즉, 대부분의 기업에서는 예상한 것보다 약간 낮은 이익과 자산이 기록되는 것을 좋아하며, 이를 과도하게 많게 기록함으로써 비난받는 것을 좋아하지 않기 때문이다. 그러나 우리나라 대부분의 기업들은 후입선출법(LIFO)을 거의 사용하지 않는 것으로 조사되고 있다.

기업에서 LIFO방법을 사용하는 또 다른 이유는 물론 종업원들이나 기업경영자들은 결코 선호하지 않겠지만, 이익분배 혹은 이익을 기준으로 하는 보너스 지급액을 최소화할 수 있다는 것이다. 또 하나의 이유가 있다면, 노사문제와 관련된 단체협약 및 임금협상 기간 동안에 기업의 이익을 감출 수 있는 수단으로 사용 가능하기 때문이다. 아마도 기업에서는 더 많은 이익이 창출되어야 한다는 당위성을 나타내고 싶을 수 있다. 이를 통해 제품의 판매가격을 높일 수 있는 근거가 마련되며, 필요시 종업원을 해고시킬 만한 분명한 이유를 제시할 수도 있기 때문이다. 주요한 또 다른 이유는 단순히 과세소득(taxable income)을 최소화하기 위함이다. 이와 같이 LIFO는 법인세비용 감소의 목적을 위해서도 사용된다. 본 예제에서는 LIFO방법은 FIFO방법과 비교해 볼 때 \$20,000(=\$215,000-\$195,000) 만큼 이익이 축소되었다.

현금흐름(cash flow)도 매우 주요한 변수이다. 기업은 매우 긴축적인 현금흐름 상태에 있다면, 가능한 한 지속적으로 많은 현금액을 보유하려고 할 것이다. 그러므로 법인세비용의 지급을 늦추기 위해 LIFO를 선택하고자 하는 것이다. 비록 현금을 쌓아두지는 못한다 할지라도, 기업은 LIFO를 사용하여 일시적인 법인세이연효과를 누리며 동시에 투자이익률을 얻을 수 있다. 만약 장래에 인플레이션이 지속적으로 일어날 것으로 예측된다면, 기업에서는 LIFO방법을 통해 법인세를 될 수 있는 한 늦게 납부할 수 있을 것이며, 동시에 적은 금액으로 납부할 수도 있다.[10)]

4. 재고자산과 관련된 기타 주요 이슈는?

본절에서는 재고자산 및 매출원가와 관련하여 2가지의 이슈를 간략하게 설명하고자 한다. 첫째는 LIFO청산(LIFO liquidation)이며, 둘째는 저가법(LCM : lower of cost or market)이다.

첫 번째 주제인 LIFO청산은 LIFO방법 중에서 아주 특별한 경우에 해당된다. 두 번째 주제인 저가법은 특정 회계처리방법의 사용여부에 관계없이 모든 기업들에 공통적으로 적용된다.

(1) LIFO청산(LIFO liquidation)이란?

후입선출청산(LIFO liquidation)이란 후입선출법을 사용할 때 기초재고의 일부가 매출원가에 포함되어 오히려 매출원가가 낮아지는 현상을 말한다. 후입선출청산이 발생하면 매출원가가 낮아지기 때문에 다른 재고자산평가방법에 비해 왜곡된 정보가 제공된다. 따라서 후입선출법(LIFO)의 사용에 대한 의사결정을 할 때, 기업경영자는 제품수명주기의 끝 시점에 어떤 변화가 일어날 수 있을지 미

10) 그러나 컴퓨터칩처럼, 실질적으로 재고자산의 원가가 떨어지는 제품을 취급하는 기업들은 선입선출법(FIFO)을 유지함으로써 낮은 법인세비용을 납부하고자 노력할 것이다.

리 생각해 보아야 한다. 왜냐하면, 마지막 연도에 기초재고자산의 층이 없어짐으로써 LIFO청산이익(재고이익 혹은 장부상 이익)이 발생할 수 있기 때문이다.

이와 같은 LIFO청산을 설명하기 위해, 본 예제에서 LIFO방법을 나타내고 있는 〈표 6-4〉를 다시 한 번 참조해 보자. 미래 5년 동안을 조명해 보니 제품이 수명주기의 말에 이르렀고, 그 해당 연도 초에 제품의 생산이 중단된다고 가정해 보자. 현재 기업은 1,000개의 재고자산을 유지하고 있다. 이때, 기업은 현재 장부에 $100,000로 기록되어 있는 마지막 남은 1,000개의 재고제품을 팔고자 할 것이다. 해마다 기업에서는 판매된 제품을 대체하며 이 대체된 제품의 원가는 매출원가로 비용처리된다. 그러나 현재 재고자산은 대체된 제품이 없어 오랜 기간 동안에 걸쳐 장부에 기록된 그대로 $100,000만큼 남아 있다. 그러나 가장 최근에 구입한 제품군 1,000개(구입원가 : $220)에 대해서는 $220,000(제품원가가 오랜 세월에 걸쳐 지속적으로 증가하고 있기 때문에 단위당 $220으로 구입함)만큼의 구입원가가 발생했다고 가정해 보자.

이제 기업에서는 남은 제품 2,000개 모두를 팔아 재고를 청산하려고 한다. 현재 제품생산이 중단되고 있기 때문에, 판매가격도 상당히 떨어져야 하며 가장 최근의 제품군의 구입원가인 $220,000만큼을 팔아 매출액을 올려야 한다. LIFO방법에 의하면 가장 최근에 구입한 제품의 원가가 매출원가로 비용처리된다.

자! 이제 남은 제품 2,000개 중 1,000개의 제품을 판매한다고 하자. 가장 최근에 구입한 제품군 1,000개의 원가가 $220,000이기 때문에 1,000개의 제품판매(편의상 제품단위당 판매가격을 $220이라고 함)에 대한 매출총이익은 $0(=$220,000−$220,000)이 될 것이다. 이제 재고를 청산하기 위해 다시 마지막으로 남아 있는 1,000개의 기초재고자산을 판매해야 한다. 이때 제품의 원가는 가장 오래된 5년 전의 기초재고자산의 제품원가인 $100,000이다. 이와 같은 상황에서의 마지막 남은 1,000개의 제품판매는 $120,000(=$220,000−$100,000)의 매출총이익을 얻게 된다. 이와 같이, 단위당 원가가 매우 낮은 기초재고층이 강제적으로 소진되어 다시는 발생할 수 없는 단 한 번의 효과를 LIFO청산이익(LIFO liquidation gain, inventory profit, paper profit)이라고 부른다. 즉, 제품의 생산 중단으로 인해, 오히려 이익이 과대계상되어 $120,000만큼의 과세소득이 증가하게 된 것이다.

그러나 기업의 해당 제품이 수명주기 말에 이르렀을 때, 혹은 제품의 재고를 궁극적으로 청산하고자 할 때, 추가적으로 제품을 구입하여 재고를 청산한다면 FIFO방법이나 평균원가법하에서 계산되는 기업의 매출총이익은 오히려 감소한다. 따라서 기업경영자는 제품수명주기 말에 발생할 수 있는 LIFO청산에 대해 기본적으로 이해하고 있어야 한다.

LIFO청산과 관련하여 실무적으로 설명한다면, 기업경영자는 단순히 LIFO청산이익을 얻기 위해서 제품의 수명주기 말까지는 결코 기다릴 필요가 없다. 대신, 기업경영자는 의도적으로 재고수준을 정상적 이하로 떨어지도록 하면서, LIFO청산이 아닌 LIFO방법을 사용함으로써 동일한 효과를 얻을 수 있다. 그렇다면, 어떻게 할 수 있을까? 회계연도 말에 가까워질수록, 재고자산의 수량을 정상수준 밑으로 떨어뜨리기 위해, 기업경영자는 새로운 재고자산의 구입을 보류하는 것이다. 재고자산의 크기는 여러 이유로 인해, 정상수준 이하로 떨어질 수 있다. 예를 들면, 오랜 기간의 노동파업은 재고자산의 수준을 상당히 감소시킬 수 있다. 이유가 어떠하든, 재고자산이 회계연도 초기에 가지고 있던 재고수준 이하일 때에는, LIFO기준하에서 오래되어 단위당 원가가 매우 낮은 재고원가층에서 판매가 이루어질 수밖에 없기 때문에 결국 LIFO청산이익이 발생되는 것이다.

따라서 전술한 대로, 국제회계기준(IFRS)에서는 이와 같은 이유로 LIFO방법은 다른 방법에 비해 재무제표에 나타나는 재무상태와 영업성과를 왜곡시킬 가능성이 크기 때문에 LIFO에 의한 재고자산의 평가를 허용하지 않는다.

요약하면, 제품원가가 오랜 세월에 걸쳐 지속적으로 증가추세로 움직이고 있는 경우, LIFO방법을 사용하고 있는 기업은 이와 같은 LIFO청산으로 인하여 어떤 유보된 장부상 이익을 갖게 될 가능성이 높다고 할 수 있다. LIFO방법을 이용함으로써 재고자산의 부분적인 청산으로 기업이 이익을 조작하는 것을 실질적으로 금지할 수는 없다. 다만 LIFO청산이익의 금액이 상당히 크다면, 그 속성상 다시는 발생하지 않지만 이는 재무제표의 주석사항에 공시될 필요가 있다. 그렇지 않다면, 최소한 해당 연도 기간의 손익계산서상에 별도의 계정으로 공시되어야 할 것이다.

(2) 저가법(LCM) 및 공정가치회계란?

기업에서는 지금까지 논의된 어떠한 회계처리방법(평균원가법, FIFO, LIFO 등)을 사용하든지, 매 회계기간말에는 모든 재고자산의 공정가치를 장부상에 기록된 재고자산의 취득원가와 함께 비교해야 한다. 즉 재고자산의 공정가치(즉, 제품이 판매될 수 있는 가격, 혹은 대체될 수 있는 가격)와 취득원가를 비교함으로써,

재고자산은 그중에서 낮은 가격으로 평가된다. 이를 '저가법'(LCM : lower of cost or market)이라고 부른다.

저가법에 있어서 공정가치란 영업과정상 예상되는 판매가격에서 예상되는 판매부대비용을 차감한 금액인 순실현가능가액(net realizable value)을 말한다. 따라서 재고자산의 장부금액은 다음과 같이 계상된다.

장부금액 = min[(순실현가능가액(공정가치), 취득원가] × 재고수량

IFRS에 의거, 저가법에 따르면 재고자산의 공정가치가 하락하는 경우에는 재고자산평가손실을 인정하고 발생한 기간에 비용으로 인식하도록 하고 있다. 또한 저가기준 재고자산평가는 원칙적으로 종목별 기준을 적용할 것을 요구하고 있다.

이와 같이 회계학에서 고수하고 있는 기본원칙 중의 하나는 취득원가를 기준으로 하는 역사적 원가주의이지만 일부 특수한 경우에 한하여 예외를 인정하고 있는데, 저가법이 여기에 해당된다고 볼 수 있다. 기말에 재고자산의 평가에 이용되는 저가법의 목적은 제품의 판매가격에 대한 어떠한 손실이 있을지라도 이를 인식하고, 또한 제품의 공정가치가 원가 이하로 떨어지는 것을 목적적합하게 인식하기 위함이다. 현재 IFRS에 따라 목적적합성을 중시하는 공정가치회계가 확대·적용되고 있다. 이에 따라 신뢰성 있게 공정가치를 측정할 수 있는 분야, 예를 들어 금융상품인 경우에는 공정가치회계가 원칙이며, 유형자산에 대해서도 취득원가와 공정가치 중에서 선택적으로 적용할 수 있도록 하고 있다.

생각해 보기 : 재고자산의 수량결정방법 및 원가흐름의 가정

(1) 재고자산의 수량결정방법

① 계속기록법(perpetual inventory method) :
입출고시마다 수량을 계속적으로 기록한다.
⇒ 따라서 〔장부상 재고수량=기말재고수량〕이 된다.

> 〔기초재고수량+당기매입수량〕−판매된 수량=기말재고수량
> (기초재고액) (당기매입액) (매출원가) (기말재고액)
>
> ⇒ 항시, 장부상으로 항상 기말재고수량을 파악할 수 있으며, 정확하고 적시성 있는 정보를 제공한다.

② 실지재고조사법(periodic inventory method) :
입출고시마다 수량을 기록하지 않는다.
⇒ 따라서 〔정기적인 기말실사를 통해 파악된 재고수량=기말재고수량〕이 된다.

> 〔기초재고수량+당기매입수량〕−기말재고수량=판매된 수량
> (기초재고액) (당기매입액) (기말재고액) (매출원가)
>
> ⇒ 기말에 실지재고조사결과, 측정된 재고량이 기말재고액으로 기록되며, 매출원가는 기말에 계산하여 산출된다.

③ 수정계속기록법(modified perpetual inventory method) :
계속기록법과 실지재고조사법을 병행하지만, 기본적으로는 실지재고조사법에 의해 기록을 하면서 계속적으로 재고자산의 수량증감만을 상세히 기록한다. 따라서 재고의 수량만을 기록하기 때문에, 일반적으로 복식부기형식을 따르지 않고 메모기입으로 이루어진다.

재고자산의 적절한 관리를 위해서는 각 방법의 결점 때문에 두 방법을 절충하는 것이 보다 나은 방법이라고 할 수 있다. 요즈음 전산회계시스템 도입으로 계속기록법을 사용하는 기업들이 늘어나고 있는 추세이다.

(2) 원가흐름의 가정에 근거한 재고자산 가격결정방법

① 선입선출법(FIFO : first-in, first-out method) :
먼저 구입된 재고자산이 먼저 판매된 것으로 가정한다. 수익과 비용이 적절히 대응되지 않는 문제점이 있지만 원가흐름이 물적흐름을 충실히 반영한다.

② 후입선출법(LIFO : last-in, first-out method) :
나중에 구입된 재고자산이 먼저 판매된 것으로 가정한다. 법인세 절감효과를 기대할 수 있으며 LIFO청산이 발생할 수 있기에 이익조작이 가능하다(IFRS에서 허용하지 않는 재고자산평가방법임).

③ 이동평균원가법(moving average cost method) : 계속기록법
재고자산 구입이 이루어질 때마다 가중평균단가를 산정하여 계속기록법으로 기록한다.
→ 매출시 적용한다.

④ 가중평균원가법(weighted average cost method) : 실지재고조사법
일정기간 동안 판매가능상품 총액(=기초재고액+당기매입액)을 판매가능상품 수량으로 나눈 후 단위당 가중평균원가를 산정하고 실지재고조사를 통해 기말재고금액을 구한 후
→ 매출원가를 산정한다.

$$\text{가중평균원가} = \frac{(\text{기초재고}+\text{당기매입}):\text{금액}}{(\text{기초재고}+\text{당기매입}):\text{수량}}$$

따라서 물가상승시에 기말재고금액의 크기를 기준으로 가격결정방법간에 상호비교를 하면, 다음과 같은 순서가 된다는 것을 쉽게 알 수 있다. 물론, 가격하락시에는 이와 반대현상이 나타난다.

FIFO>평균원가법(가중평균원가법, 이동평균원가법)>LIFO

재고자산평가방법에 따라 세금이 들썩이나?

정유 · 가스업체는 2011년도에 IFRS를 도입함에 따라 재고자산평가방법을 후입선출법에서 선입선출법이나 총평균원가법으로 바꾸어야 하는 처지에 있다. 하지만 유가상승으로 당기순이익이 증가하면서 급격하게 늘어나는 세 부담 때문에 골머리를 썩고 있다.

후입선출법(LIFO)은 최근에 구입한 재고자산이 가장 먼저 팔린다는 가정하에 매출원가를 계산하는 방법으로 K-IFRS는 자산왜곡가능성 등의 이유로 인정하지 않고 있다. 이에 따라 정유사 등은 과거에 구입한 재고자산이 가장 먼저 팔린다고 가정해 매출원가를 계산하는 선입선출법이나 재고자산 금액에 기중에 취득한 재고자산 금액을 합하고 이를 총수량으로 나누는 총평균원가법을 사용해야 한다.

이 같은 방법들은 유가가 상승곡선을 그리는 상황에서 예전에 싸게 사들인 원유 가격을 적용하게 될 경우 그 마진차이에 비례하여 법인세 부담이 늘어나는 맹점이 발생한다. 이런 이유로 정부는 K-IFRS가 후입선출법을 인정하지 않지만 세법은 여전히 후입선출법을 인정해 회계상 재고자산처리방법이 달라지더라도 세무조정을 통해 세금부담에 변동이 없도록 숨통을 열어 놨다. 하지만 업계에서는 기업회계와 별도로 세무조정을 위한 장부를 만들어야 하는 어려움이 있는 만큼 기업들의 부담을 줄여주기 위해 과세이연이나 분할납부를 허용해야 한다고 목소리를 높이고 있다.

(조세일보 일부수정, 2011.7.21)

잠깐! 한 가지를 더 생각해 보자!

기업의 회계담당자는 기말시점에 운송중인 미착상품의 목록을 작성하여 자기회사의 재고자산에 포함시켜야 할지, 아니면 거래회사의 재고자산에 포함시켜야 할지 이에 대한 분석이 필요한 경우가 있다. 이는 결국 소유권이전 시점에 따라 결정되는데, 상품운송과 관련된 운반비는 다음과 같은 상품의 매매계약 조건에 따라 달라지게 된다.

(1) 선적지 인도기준 (F.O.B. Shipping point)

운송중인 상품(merchandise in transit)의 경우, 판매자는 선적과 동시에 책임(상품의 소유권)이 매입자에게 이전된다. 따라서 미착상품은 매입자의 재고자산에 포함시킨다. 또한 운임은 매입자가 부담하게 되는데, 이러한 매입운임(transportation-in)은 매입상품의 취득원가에 포함시켜야 한다.

(2) 도착지 인도기준 (F.O.B. Destination)

운송중인 상품(merchandise in transit)의 경우, 상품의 소유권이 도착지에서 판매자로부터 매입자에게 이전된다. 따라서 미착상품은 판매자의 재고자산에 포함시킨다. 이때 판매자가 운임을 부담하게 되는데, 이 경우에 판매비는 매출원가가 아닌 판매운임(transportation-out)으로 분류된다.

소유권이전 시점에 따른 상품매매계약기준

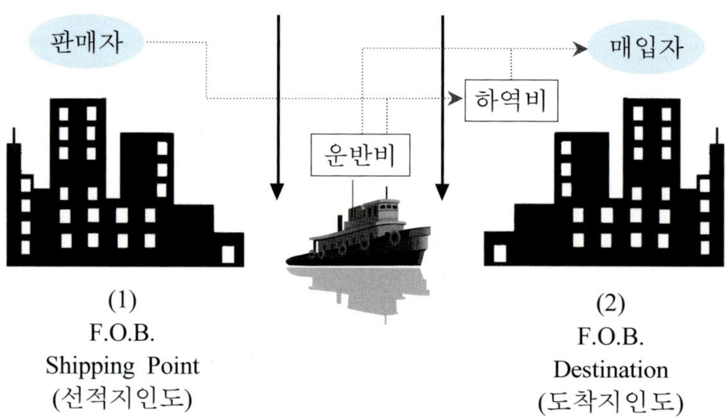

영어로 토의해 보기(Discussion Questions)

[DISCUSSION 1]

J.C. Penney Company, Inc. is a major retailer with department stores in all 50 states. The dominant portion of the company's business consists of providing merchandise and services to consumers through department stores that include catalog departments. In a recent annual report, J.C. Penney reported cost of goods sold of $10,969 million, ending inventory for the current year of $3,062 million, and ending inventory for the previous year of $2,969 million.

Required :

Is it possible to develop a reasonable estimate of the merchandise purchases for the year? If so, prepare the estimate ; if not, explain why?

ANSWER

Computation : Simply rearrange the basic inventory model (BI + P − EI = COGS) :

Cost of goods sold	$10,969 million
+ Ending inventory	3,062 million
− Beginning inventory	(2,969) million
Purchases	$11,062 million

[DISCUSSION 2]

A firm that uses LIFO accounting for inventory in times of rising inventory costs will always report lower profit margins than if it used FIFO. Is this correct?

ANSWER

No, this is not always correct. If inventories are constant, income and margins will be the same under LIFO and FIFO. If inventories decline, LIFO liquidation will yield higher income and profit margins.

[DISCUSSION 3]

The following information pertains to the inventory records of Gene's Pool Supply :

Date	Purchases (Units)	Cost per Unit	Total Cost
June 1	2,400	$100	$240,000
June 20	3,600	120	432,000
June 27	1,500	130	195,000
Total Goods Available for Sale	7,500		$867,000

The company's only sale occurred on June 30 when it sold 5,925 units. Inventory at the end of June was 1,575 units.

Required :

Compute the cost of the inventory at June 30 and the cost of goods sold for the month of June under each of the following cost flow assumptions :

(a) FIFO

(b) LIFO

(c) Total weighted average cost method

ANSWER

(a) Periodic Ending Inventory : FIFO

Date	Units	×	Cost per Unit	=	Cost in Ending Inventory
June 27	1,500	×	$130	=	$195,000
June 27	75	×	$120	=	9,000
Total	1,575				$204,000

∴ Goods Available for Sale $867,000
−Ending Inventory 204,000
=Cost of Goods Sold $663,000

(b) Periodic Ending Inventory : LIFO

Date	Units	×	Cost per Unit	=	Cost in Ending Inventory
June 1	1,575	×	$100	=	$157,500
Total	1,575				$157,500

∴ Goods Available for Sale $867,000
−Ending Inventory 157,500
=Cost of Goods Sold $709,500

(c) Periodic Ending Inventory : Total Weighted Average

Goods Available for Sale/Total Units = Total Weighted Average Cost per Unit.
$867,000/7,500 units = $115.60 per Unit.

Number of Units × Total Weighted Average Cost per Unit = Cost of Ending Inventory
1,575 × $115.60 = $182,070

∴ Goods Available for Sale	$867,000
− Ending Inventory	182,070
= Cost of Goods Sold	$684,930

[DISCUSSION **4**]

Benny Blades Company and Emeril Behar Company both began their operations on January 2, 20×5. Both companies experienced exactly the same reality during 20×5 : They purchased exactly the same number of units of merchandise inventory during the year at exactly the same cost, and they sold exactly the same number of inventory units at exactly the same selling price during the year. They also purchased exactly the same type and amount of property, plant, and equipment and paid exactly the same amount for those purchases. At the end of 20×5, the two companies prepared income statements for the year. Blades reported net income of $92,000 and Behar reported net income of $55,000.

Required :

List and discuss all items you can think of that might have caused the reported net income for the two companies to be different.

ANSWER

Assuming there are no errors in the accounting in either company, it would depend on the accounting policies implemented and followed by each company. Differences could result from cash versus accrual accounting, depreciation methods such as straight-line vs. accelerated, and/or inventory valuation methods such as FIFO vs. LIFO, or weighted average methods.

CHAPTER

7 재고자산과 매입채무의 연관성

전술한 대로 재고자산은 기업이 영업활동을 할 때 판매를 목적으로 보유하고 있는 자산이다. 기업에서는 재고자산을 판매하여 매출수익을 얻고 이익을 창출한다. 본장에서는 재무상태표상의 재고자산(inventory)계정과 부채 중의 하나인 매입채무(외상매입금 : accounts payable)계정의 상호연관성에 초점을 맞추어 설명하고자 한다. 앞장에서는 포괄손익계산서계정과 재무상태표계정 간의 연결성을 강조했지만, 여기에서는 재무상태표계정 간의 연결고리를 살피고 있다는 사실에 주목하자. 따라서 본장에서 설명되고 있는 연결고리는 상대적으로 사뭇 다른 느낌을 받을 수 있다.

다시 말해 매출액이나 비용이 자산에 어떤 영향을 미치고 있는지에 초점을 맞추기보다는, 재고자산이 관련된 부채에 어떻게 영향을 주고 있는지를 알아보는 것이다. [그림 7-1]에서는 제품의 신용판매시에 나타나는 매출채권(외상매출금)과 제품구매시에 나타나는 매입채무(외상매입금)와 관련된 재고자산의 흐름을 나타내고 있다.

그림 7-1 재고자산(제품)의 구매와 신용판매

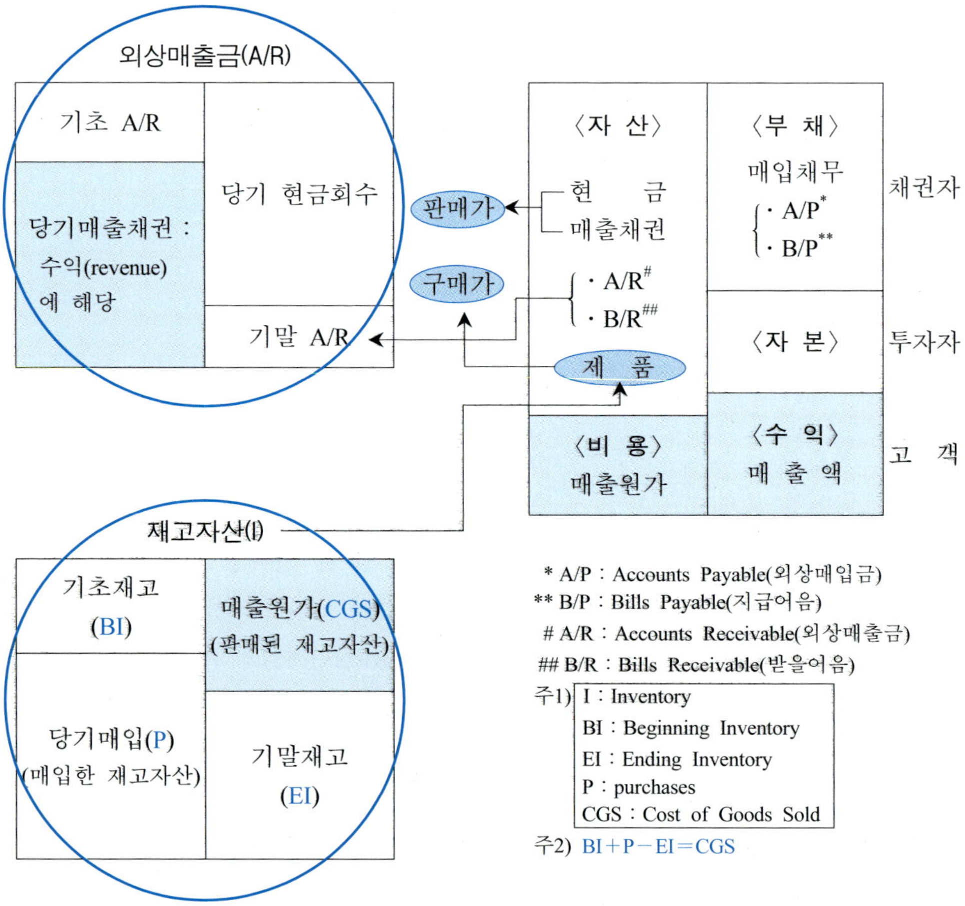

1. 재고자산은 항상 외상으로 구입될까?

다음의 〈표 7-1〉을 참조해 보자. 본 예제에서의 해당 기업은 제품을 직접 만들어 판매하는 제조회사이다. 우선 이 기업에서는 생산공정에 필요한 원자재를 구입한다. 이러한 구매활동은 주로 신용으로 이루어지고 있다. 즉, 이 기업에서는 이러한 구입품에 대해 구입 즉시 현금을 지급하지 않는다. 또한 그 밖의 다른 생산에 필요한 원료도 신용으로 구매한다.

〈표 7-1〉 재고자산과 외상매입금(매입채무)

한 회계기간 동안의 포괄손익계산서	
매 출 액(sales revenue)	$10,400,000
매 출 원 가	6,760,000
매출총이익(gross margin)	$3,640,000
영 업 비 용	2,080,000
감가상각비	260,000
영 업 이 익(operating earnings)	$1,300,000
이 자 비 용	103,000
법인세차감전이익(earnings before income tax)	$1,197,000
법인세비용	478,800
당기순이익(net income)	$718,200
기타포괄손익	0
총포괄이익	$718,200
주당순이익(earnings per share)	$3.59

회계기간말의 재무상태표	
자 산	
현 금	$565,807
매 출 채 권	1,000,000
재 고 자 산	1,690,000
선 급 비 용	160,000
유 형 자 산	3,000,000
감가상각누계액－기계장치 등	(800,000)
자산총계	**$5,615,807**
부채와 자본	
매입채무_재고자산	$520,000
매입채무_영업비용	120,000
미지급영업비용	240,000
미지급이자비용	17,167
미지급법인세	23,940
단기차입금	625,000
장기지급어음	750,000
자본금(200,000주)	775,000
이익잉여금	2,544,700
부채와 자본총계	**$5,615,807**

4주 동안의 제조활동과 관련된 매입채무 :
4/13×$1,690,000＝$520,000

즉, 구매한 원자재에 대해 그 즉시로 현금을 지급하는 것이 아니고, 얼마 동안 시간적인 여유를 갖는다. 그 밖의 생산이나 제조를 위한 원료들도 마찬가지로 현금을 지급하기 전에 상당한 시간을 갖는다.[1] 〈표 7-1〉에서 보는 바와 같이, 다양한 제조 및 생산 활동과 관련된 구매제품은 부채계정인 매입채무_재고자산[2] (accounts payable_inventory)으로 표시된다. 물론, 기업의 다양한 판매 및 영업 활동과 관련하여 부채계정인 매입채무_영업비용(accounts payables_operating expenses)이 발생하게 된다.

기업의 재고자산보유기간은 일반적으로 구매시 신용기간보다 상당히 길다고 할 수 있다. 다시 말해, 외상매입금(매입채무)은 재고자산(제품)이 판매되는 기간보다 더 빠른 기간 내에 지급된다는 것이다. 본 예제에서 제품의 생산공정에서부터 소비자에게 판매될 때까지의 기업의 재고자산평균회전기간은 제6장에서 설명한 대로, 평균 13주라는 것은 이미 알고 있는 사실이다. 그러나 본 기업의 외상매입금은 아래에서 보는 바와 같이 평균적으로 4주 후에 지급되고 있다는 걸 알 수 있다.

어떤 제품은 구매시 판매인이 제공하는 '빠른 지급에 대한 혜택'(prompt payment discounts), 즉 매입할인을 받기 위해 아주 신속하게 지급된다. 대부분의 기업에서는 많은 청구서를 지급하기 위해서 보통 6주 이상이 걸리지만 기업의 영업정책과 구매경험을 바탕으로 평균신용기간을 산출할 수 있다. 본 예제에서는 제품구매와 관련된 매입채무를 지급하기 위해 평균적으로 4주가 걸리는 것으로 나타난다.

왜냐하면 이를 구체적으로 적용하면, 재무상태표상의 '외상매입금(매입채무)_재고자산'의 기말잔액은 다음과 같이 산출되기 때문이다.

4/13×기말재고자산($1,690,000)='기말매입채무_재고자산'($520,000)

---

1) 재고자산과 관련하여 상품매매기업이 보유하는 자산을 상품이라고 부른다. 반면, 제조기업의 재고자산은 완성품을 만들기 위한 원재료, 생산공정중에 있는 재공품, 그리고 완성된 제품 등으로 분류된다.

2) 매입채무란 일반적 상거래에서 재화 및 용역을 외상으로 거래할 때 발생하는 유동부채를 말한다. 이 중에서 어떠한 증서도 없이 순수한 외상으로 거래하여 구입하는 경우를 외상매입금계정으로 구분하며, 어음을 지급하고 외상으로 거래하여 구입하는 경우를 지급어음계정으로 별도구분한다.

요약하면, 기말매입채무 잔액은 기말재고자산 잔액의 4/13에 해당하는 크기이다. 즉, 기업은 재고자산을 보유하는 13주 기간의 처음 4주 동안의 시간을 무임승차(free ride)하는 것이나 다름없다. 왜냐하면 신용(외상)으로 구입한 제품에 대해 현금을 지급하기 전에, 처음 4주 동안 시간적인 여유가 있기 때문이다. 그러나 재고자산평균회수기간 중에서 남은 9주 동안에는 차입이나 유상증자 등을 통해 자금을 조달할 필요가 있다.

사람들은 세상에는 공짜점심(free lunch)이 없다는 말을 꺼내기 좋아한다. 그러나 본 예제에서와 같이, 신용으로 구매한 제품에 대해 4주 동안 현금지급을 연기할 수 있다는 것을 상기해 보면 그 말이 항상 옳다고는 볼 수 없다. 그러나 일반적으로, 고객에게 신용기간을 연장해 주고 있는 판매인은 고객으로부터 현금을 조금 늦게 받는 것을 보상받기 위해, 사실은 제품의 판매가격을 약간 높일 수 있다. 이는 소액이지만 결국 숨은 이자비용을 고객이 고스란히 지급하고 있는 셈이다.

영어로 토의해 보기(Discussion Questions)

[DISCUSSION 1]

A firm should always purchase inventory and supplies on interest-free credit rather than paying cash. Correct?

ANSWER

Not necessarily. If the supplier charges a higher price for the goods to compensate him for financing the credit, buying on credit may not be favorable. The operating liability leverage created by buying on credit will be favorable if the return earned on the inventory is greater than the implicit cost the supplier charges for the credit.

[DISCUSSION 2]

A firm using LIFO accounting for inventory is likely to have a lower inventory turnover ratio than one using FIFO. Is this correct?

ANSWER

No, this is not correct. LIFO yields lower inventory values (if inventory costs are rising) so a higher inventory turnover.

CHAPTER

8 영업비용과 선급비용의 연관성

일반적으로 원가(cost)와 비용(expense)이라는 단어는 가끔씩 서로 번갈아가며 사용되고 있다. 그러나 여기에 감추어진 의미는 사뭇 다르다. 회계의 관점에서 볼 때, 어떤 한 자산항목의 원가는 기업이 그 해당 항목을 취득할 때 지급되는 부분이다. 반면, 비용은 기업이 영업활동과정에서 창출해야 하는 매출액에 대응하여 소멸된 자산항목의 원가를 말한다. 이때 어떤 한 자산항목이란 비용으로 되기 이전의 취득원가 그 자체라 할 수 있다. 다시 말해, 원가는 소멸원가와 미소멸원가로 구분할 수 있는데 미소멸원가는 자산으로 남아 있고 소멸원가는 수익창출과정에서 매출원가 및 비용이나 혹은 손실로 사라지게 된다.

본장에서는 기업의 영업비용을 재조명함으로써 영업비용을 회계장부에 기록할 수 있는 또 다른 방법을 설명하고자 한다. 즉, 기업경영을 함에 있어 반드시 수반되는 영업비용이 재무상태표의 특정 항목에 어떤 영향을 주고 있는지 구체적으로 살펴본다.

1. 영업비용은 비용으로 기록하기 전에 지급될 수 있을까?

우선 〈표 8-1〉을 참조해 보자. 여기에서는 포괄손익계산서상의 영업비용(operating expenses)과 재무상태표상의 선급비용(prepaid expenses)의 상호연관성에 초점을 두고 있다. 즉, 영업비용이 기업의 특정 자산인 선급비용에 어떠한 영향을 미치고 있는지를 파악하고자 한다. 본장에서는 어떤 부류의 영업비용은 회계보고서에 기록하기도 전에 지급된다는 것을 설명하고 있다.

여기에서는 자산계정인 선급비용을 그 예로 들고 있다. 선급비용의 좋은 예로는 선급보험료를 들 수 있다. 일반적으로 보험료는 6개월 혹은 1년간의 간격으로 부담하게 되며, 이는 통상적으로 보험회사에 미리 지급된다. 재산세의 경우에도 이 금액을 부담하는 모든 달에 걸쳐 배분된다. 이와 같이 미리 지급된 현금지출은 어떤 유보자금계정(holding account)인 선급비용으로 기록된다. 그러고 난 후, 이 금액은 점진적으로 기간에 걸쳐 영업비용으로 비용화되어 간다. 다시 말해, 미래의 기간에 효익이나 권리를 연기하거나 혹은 유예하면서 비용화된다는 것이다. 이러한 목적으로 사용되는 계정을 선급비용(prepaid expenses)이라 부른다. 이 비용은 미래에 각 월별로 공정하게 배분된다. 매달마다 선급비용계정에서 그 일부분이 실제비용으로 회계처리되며, 그 비용이 영업비용계정으로 기록되는 것이다.

과거의 경험과 영업활동의 속성을 기준으로, 기업에서는 선급비용이 연간 영업비용과 비교하여, 평균적으로 얼마만큼의 크기가 되는지를 알 수 있다. 본 예제에서는 기업의 선급비용 잔액은 연간 영업비용 잔액의 4/52(=1년중 4주가 차지하는 비율)를 나타내고 있다. 이와 같이 재무상태표상의 기말선급비용 잔액은 다음과 같이 산출된다.

4/52×한 해 동안의 영업비용($2,080,000)=기말선급비용($160,000)

〈표 8-1〉을 다시 한 번 주의 깊게 관찰해 보자. 기업의 기말선급비용 잔액은 외상매출금(매출채권) 잔액이나 혹은 재고자산 잔액보다 상당히 적다. 이와 같은 현상은 대부분의 기업에서 나타날 수 있는 전형적인 형태라 할 수 있다. 사전에 지급된 영업비용은 미리 지급했다는 사실을 인식하기 위해, 또 적당한 시기까지 비용발생의 인식을 늦추기 위해 선급비용으로 기록된다. 이에 따라 각 기간마다 기간별 수익이 정확하게 측정된다. 다시 말해, 선급비용의 기록을 위한 재무상태표와 포괄손익계산서 작성의 정당한 논리가 성립된다는 것이다.

현금으로 미리 지급한 영업비용에 대해, 그 즉시 모두 비용처리를 하는 것

〈표 8-1〉 영업비용과 선급비용

한 회계기간 동안의 포괄손익계산서

매 출 액(sales revenue)	$10,400,000
매 출 원 가	6,760,000
매출총이익(gross margin)	$3,640,000
영 업 비 용	2,080,000
감가상각비	260,000
영 업 이 익(operating earnings)	$1,300,000
이 자 비 용	103,000
법인세차감전이익(earnings before income tax)	$1,197,000
법인세비용	478,800
당기순이익(net income)	$718,200
기타포괄손익	0
총포괄이익	$718,200
주당순이익(earnings per share)	$3.59

영업비용 중 4주 동안의 선급비용 :
4/52×$2,080,000=$160,000

회계기간말의 재무상태표

자 산	
현 금	$565,807
매 출 채 권	1,000,000
재 고 자 산	1,690,000
선 급 비 용	160,000
유 형 자 산	3,000,000
감가상각누계액－기계장치 등	(800,000)
자산총계	**$5,615,807**
부채와 자본	
매입채무_재고자산	$520,000
매입채무_영업비용	120,000
미지급영업비용	240,000
미지급이자비용	17,167
미지급법인세	23,940
단기차입금	625,000
장기지급어음	750,000
자본금(200,000주)	775,000
이익잉여금	2,544,700
부채와 자본총계	**$5,615,807**

은 시기상조이다. 수익과 관련하여 현재의 기간에 낮은 비용을 인식하고, 다음의 기간까지 비용발생의 인식을 늦추는 효과를 얻을 수 있기 때문이다. 이와 같은 선급비용은 수익과 비용의 대응원리에 따라 적정한 비용을 계상하여 당기의 이익을 정확하게 산출하기 위해 사용된다. '일반적으로 인정된 회계원칙'(GAAP)에 따르면 이미 지급된 영업비용은 선급비용계정인 자산으로 기록할 수도 있고 발생즉시 모두 비용처리할 수도 있다. 두 가지 방법 중 하나를 선택하여 일단 기록한 후 회계기말시점에 수정(정리)분개를 통해 조정할 수 있기 때문이다. 물론, 영업비용을 미리 지급하는 것은 기업의 현금을 감소시키는 일이다. 왜냐하면 비용은 다음 연도에도 발생되지만 현금유출은 현재의 기간에 일어나기 때문이다.[1] 아래에서는 회계정보가 발생주의회계에 근거하여 산출되기 때문에 기말시점에 반드시 필요한 수정분개과정에서 조정해야 하는 이연항목에 대해 살펴보기로 하자.

2. 이연항목(deferrals) 회계처리 : 선급비용, 선수수익

이연항목은 현금을 선급한 비용이거나 혹은 현금을 선수한 수익으로서 현금을 지급하거나 수취할 때 기록되는 항목이다. 즉, 현금수입 및 현금지출이 먼저 있고 그 후에 수익 및 비용이 발생한다.[2]

(1) 회계처리 유형의 도해 예시 : P형(선수수익)

예를 들어, 수익발생시점(②)보다 현금이 먼저 유입된 경우(P형 ① 시점)에 선수수익이 발생하며, 이는 부채항목이 된다.

1) 회계기말에 조정할 수 있는 구체적인 사항은 제13장 '영업활동 현금흐름'에서 자세히 설명하기로 한다.

2) 미지급비용 혹은 미수수익 등의 발생항목(accruals)의 회계처리는 제10장에서 '도해 예시'를 통해 살펴보기로 한다.

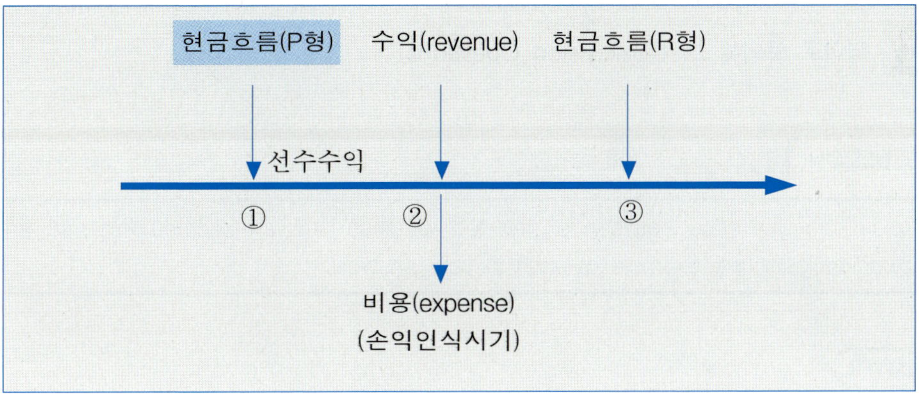

(2) 현금흐름의 시기가 손익인식의 시기보다 앞서는 경우 : P형(선수수익, 선급비용)

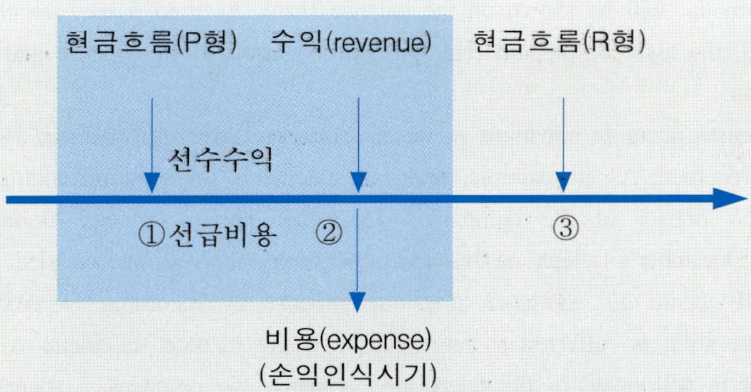

구 분	형 태	① 시점에서		② 시점에서
수 익	선수형(pre-received)	부채(선수수익)	➡	이미 벌어놓은 것을 수익(revenue)으로 인식
비 용	선급형(pre-paid)	자산(선급비용)	➡	소진된 것을 비용(expense)으로 인식

영어로 토의해 보기(Discussion Questions)

[DISCUSSION 1]

Explain the difference between a deferred expense and an accrued expense and include at least one example of each in your answer.

ANSWER

Deferred expenses result when expenses are paid for and recorded before they are incurred. In this case, the item represents a future benefit to the company, and therefore, it should be recognized as an asset. For instance, assume a company pays for 3 months' rent in advance on December 1. Financial statements as of December 31 should show 1 month's worth of rent as an expense because one month of rent value was consumed in operating the business. The remaining 2 months' worth of rent will provide future benefit—an asset called prepaid rent reflecting this amount will be shown on the balance sheet. As time passes and the rent paid in advance is used, the asset of prepaid rent will be converted to an expense and shown on the income statement.

Accrued expenses occur in situations in which expenses have been incurred but have not yet been paid and recorded. As an example, financial statements for a period ending December 31 must reflect the impact of the company's December phone service. Assume that as of December 31, December's telephone bill has not been received or recorded. Therefore the company should accrue *an estimated* telephone expense by recording December's *estimated* telephone service so it is reflected as an expense on the income statement. Also, to indicate that the amount is still owed to the telephone company, the company's balance sheet should show a corresponding liability.

[DISCUSSION 2]

If Collins Corporation paid $1,500 on January 31 for rent for February, March, and April, should it debit rent expense? If not, what type of account should it debit? Why?

ANSWER

Paying rent in advance. If Collins company paid rent for February, March, and April on January 31, it would record the $1,500 ($500 per month) as Prepaid Rent, an asset (and a decrease in the asset, Cash). Collins Company would recognize a decrease in the asset Prepaid Rent of $500 at the end of each month, with a corresponding increase in its Rent Expense account. At the end of February, March, and April, the increases in Rent Expense will be a deferral adjustment (cash paid in advance) required by the matching principle to match the rent expense with the period benefited.

CHAPTER

9 유형자산과 감가상각의 연관성

회계제도의 취득원가주의와 수익·비용 대응원리(matching principles)를 기준으로 기업에서는 유형자산에 대해 감가상각(depreciation)[1]을 실시한다. 감가상각을 쉽게 설명하기 위해 다음의 예제를 들어보기로 하자.

어느 날 어떤 기업에서 10년 동안 가동할 수 있는 기계장치를 구입했다고 가정하자. 이 기계장치는 10년의 수명기간(내용연수)에 걸쳐 필요한 제품을 생산한다. 즉, 기업에서는 이 기계장치를 통해 해마다 매출액을 창출할 것이다. 이때 회계의 수익·비용 대응원리에서는 기계장치를 구입한 그 해당 연도에 기계장치의 취득원가를 전부 비용으로 기록하지 않음으로써 10년 동안에 걸쳐 기업의 영업성과가 왜곡되지 않도록 한다. 왜냐하면 구입시점에서 기계의 취득원가를 비용으로 처리하게 되면, 첫 연도의 이익이 과소평가되며, 그 후의 연도에 이익이 과대평가되기 때문이다. 다시 말해 기계의 구입시점에서 취득원가를 비용으로 계상하지 않고 자산으로 간주하여 10년에 걸쳐 연차적으로 조금씩 비용처리를 하는 것이다.

1) 유형자산의 감가상각에 있어서 토지, 건설중인 자산이나 미착고정자산 등은 감가상각 대상이 되지 않는다. 일반적으로 공장설비자산, 구축물 등 유형자산의 상각일 경우에는 감가상각(depreciation)이라 하고, 탐사평가자산과 관련된 천연자원 등의 상각은 감모상각(depletion), 무형자산의 상각은 상각(amortization)이라는 용어를 구별하여 사용한다. 그러나 국제회계기준(IFRS)에서는 이들을 구별하지 않고 '감가상각'이라는 용어를 사용하고 있다.

그 후 기계장치는 점차 사용됨으로써 시간이 흐름에 따라 최초의 취득원가가 조금씩 매 회계기간 동안에 비용으로 배분되는 것이다. 이와 같이 해당 기계장치로 인해 창출되는 기업의 매출액이 그 기계장치를 구입할 때 지급한 취득원가의 일부분과 상호 대응되도록 하는 것이다. 즉, 자산의 취득원가를 수명기간(내용연수)에 걸쳐 체계적이고 합리적으로 배분한다.

여기에 숨어 있는 기본원리는 무엇일까? 여기에는 여러 복잡한 요인들이 존재하고 있다. 무엇보다도 기업에서는 매해 감가상각비를 결정하기 위한 기준이 무엇인지를 먼저 파악해야 한다. 다음으로는 해당 자산이 수명기간에 비례하여 해마다 사용되고 있는지를 판단해야 한다. 왜냐하면 어떤 해는 다른 해에 비해 상대적으로 더 많이 혹은 덜 사용할 수 있기 때문이다. 또 하나 중요한 요인으로는 해당 자산에 대해 적용될 감가상각방법에 있어서 조세의 함축적인 의미(tax implication)가 포함되어 있다. 본장에서는 유형자산의 감가상각과 관련된 사항을 중심으로 설명하기로 한다.

1. 비용의 인식을 이해하자!

이제 발생주의회계(accrual basis of accounting)의 기본적인 개념을 다시 이해하도록 하자. 기업경영을 위한 현금지출은 반드시 지출이 이루어지는 같은 기간 내에 비용으로 기록되는 것은 아니다. 왜냐하면 기업에서는 현금을 받은 기간에 수익으로 인식하고, 이러한 수익을 발생시키기 위해 현금을 지급한 기간에 비용으로 인식하는 현금주의회계(cash basis of accounting)를 사용하지 않기 때문이다.

재무회계에서는 포괄손익계산서에서 비용을 인식할 때 주로 정확한 시점과 연관되어 있다. 이는 비용을 매출액과 짝짓게 하기 위함이다. 예를 들어, 제품의 판매에 따라 매출액(수익)이 발생되고 매출원가가 비용으로 인식된다. 그러나 비용과 매출액 간에 단순히 간접적으로만 연관성이 있을 경우, 비용은 올바른 대응기간에 걸쳐 체계적인 배분절차를 기준으로 인식되어야 한다. 아래에서는 비용이 어떻게 인식되는지 간략히 소개하고자 한다.

(1) 매출액과 비용을 짝짓기(직접대응)

매출원가, 판매수수료 그리고 특정 매출을 올리는 데 관련된 모든 비용은 매출액과 같은 기간 내에 기록된다. 이는 놀랄 만한 일은 아니다. 의심할 여지 없이 매출과 관련된 모든 직접비용은 해당 기간의 매출액과 함께 짝짓기를 해야 하기 때문이다. 즉 비용은 발생된 원가와 특정 수익항목의 가득을 위해 직접적인 연관성을 기준으로 특정 기간의 수익에 대응하여 포괄손익계산서에 인식한다.

(2) 올바른 기간에 비용을 짝짓기(기간대응 혹은 간접대응)

기업의 많은 비용들은 특정 매출과 함께 항상 직접적인 연관성만이 있는 것은 아니다. 예를 들어 여기에는 종업원 급여, 창고임차료, 컴퓨터관리비용, 소송비용과 같은 법적 비용, 회계감사비용, 차입금에 대한 이자비용 등과 같은 간접비용을 들 수 있다. 기업의 간접비용은 직접비용만큼 주요한 요소이지만 간접비용은 특정 매출과 함께 짝짓기할 만한 뚜렷한 목적이나 방법이 없다. 따라서 간접비용은 기업에 어떤 경제적 효익이 여러 회계기간에 걸쳐 발생할 것으로 기대되는 기간에 인식된다.

비용을 인식한다는 것은 자산의 감소나 부채의 증가를 동반하게 된다. 제6장에서는 제조되었거나 구입된 제품의 원가를 유지하기 위해, 그 해당 제품이 판매될 때까지 원가가 소멸되지 않고 따라다니는 재고자산계정에 대해 설명하였다. 그러나 제품이 판매된 그 시점에서 해당 제품의 원가는 소멸되어 비용으로 인식된다. 또한 영업비용의 인식을 적절한 기간까지 지체하거나 연기하는 선급비용계정에 대해서도 이미 설명하였다.

이제부터는 유형자산의 취득원가는 내용연수(useful life)에 걸쳐서 배분된다는 것을 논의하고자 한다. 이와 같이 수익·비용의 적절한 대응을 위해 내용연수에 걸쳐 유형자산의 원가가 체계적이고 합리적으로 배분되는 과정을 감가상각(depreciation)이라 부른다.

2. 감가상각비 : 비용계정과 동일한 속성일까?

〈표 9-1〉을 참조하자. 본 예제에서의 해당 기업은 현재 생산설비를 포함하여 제조용 유형자산을 임차하고 있다. 이 기업은 장기리스 조건으로 임차된 매우 정교한 기계장치를 사용하고 있다. 물론 많은 제조업체에서는 이를 리스하기보다는 생산을 위해 소유하는 편이다. 그러나 이때 필요한 제품을 제조하기 위해 리스한 기계장치의 리스료는 제조원가에 포함된다. 제품의 제조원가는 제품이 팔릴 때까지 재고자산계정에 남게 되며, 제품이 판매된 그 시점에서는 매출원가로 회계처리된다.

한편, 이와는 대조적으로 해당 기업은 비제조용 유형자산, 예를 들면 창고 및 사무용품 가구, 구축물, 차량운반구 그리고 영업용 자동차 등을 소유하고 있다. 일반적으로 기업에서는 이러한 자산들을 구입하여 여러 해 동안 사용한 후 궁극적으로는 나중에 처분하려 한다. 기업이 소유한 유형자산(property, plant & equipment)은 보통 재무상태표상에서 하나의 포괄적인 계정으로 묶인다. 유형자산은 설비자산 혹은 고정자산으로 부르는데, 판매목적이 아닌 영업활동에 사용되는 장기성자산이다. 유형자산의 자세한 명세는 재무제표의 주석에서 발견될 수 있는데 본 예제에서는 유형자산의 금액은 $3,000,000으로 보고되었다(〈표 9-1〉을 참조할 것). 이 금액이 바로 유형자산의 취득원가(acquisition cost)로 기업이 해당 유형자산을 구입한 시점에서 지급한 금액을 말한다.

제3장에서는 항목별 기준 재무상태표를 살펴보았다. 제3장에서 쓰고 있는 계정과목이 〈표 9-1〉에서 쓰고 있는 계정과 약간 다르다는 것을 알 수 있다. 이와 같이 실무관습에 따라 보고되는 계정과목은 기업에 따라 약간씩 달라질 수 있다. 일반적으로 기업의 유형자산은 다년간 장기적으로 사용된다. 그러나 궁극적으로는 활용가치가 없어지면서 점점 닳아지게 된다. 간단하게 말하자면, 기업에서는 이러한 자산들을 계속적으로 유지·관리할 수 없으며, 유형자산은 제한적인 유한한 수명을 가지고 있다. 예를 들면, 종류에 따라 다르지만 차량운반구는 대략 200,000마일 혹은 300,000마일을 쓰고 난 후 이를 대체하는 것이 일반적이다.

이와 같은 차량운반구의 취득원가는 내용연수(useful life)에 걸쳐 배분된다. 그렇다면 정확히 몇 년이나 될까? 이는 기업마다 유형자산에 대한 내용연수를 추정할 때 그들 나름대로의 잣대와 경험을 가지고 있다. 이론적으로는 기업에서

〈표 9-1〉 **감가상각비 및 감가상각누계액**

한 회계기간 동안의 포괄손익계산서

매 출 액(sales revenue)	$10,400,000
매 출 원 가	6,760,000
매출총이익(gross margin)	$3,640,000
영 업 비 용	2,080,000
감가상각비	260,000
영 업 이 익(operating earnings)	$1,300,000
이 자 비 용	103,000
법인세차감전이익(earnings before income tax)	$1,197,000
법인세비용	478,800
당기순이익(net income)	$718,200
기타포괄손익	0
총포괄이익	$718,200
주당순이익(earnings per share)	$3.59

회계기간말의 재무상태표

자 산		
현 금		$565,807
매 출 채 권		1,000,000
재 고 자 산		1,690,000
선 급 비 용		160,000
유 형 자 산	3,000,000	
감가상각누계액－기계장치 등	(800,000)	2,200,000
자산총계		**$5,615,807**
부채와 자본		
매입채무_재고자산		$520,000
매입채무_영업비용		120,000
미지급영업비용		240,000
미지급이자비용		17,167
미지급법인세		23,940
단기차입금		625,000
장기지급어음		750,000
자본금(200,000주)		775,000
이익잉여금		2,544,700
부채와 자본총계		**$5,615,807**

유형자산의 감가상각비

'감가상각비'를 직접 차감하는 대신 '감가상각누계액'을 자산 계정에서 차감

토지를 제외한 유형자산을 얼마 동안 사용할지, 이에 대한 추정기간을 마련하여 이 기간에 걸쳐 유형자산의 원가를 체계적이고 합리적인 방법으로 배분해야 한다. 그러나 회계실무에서 이와 같은 추정치가 그리 중요하다고 보지 않는 이유는 대부분의 기업들이 법인세법에 관심이 많기 때문이다. 즉 세법에서 감가상각비를 결정하기 위한 유형자산의 내용연수를 제공하고 있기 때문이다. 이와 같은 유형자산의 감가상각비는 법인세법이 좌지우지할 수 있는 하나의 영역으로 감가상각비는 현금유출을 동반하지 않는 비용이다.

토지를 제외한 모든 종류의 유형자산은 대부분 기간이 경과하거나 사용함으로써 경제적 가치가 감소하기 때문에 취득원가가 감가상각되도록, 최소한의 내용연수가 주어지고 있다. 토지는 닳아 없어지지 않으며 영구히 지속보존된다는 근거 때문에 감가상각 대상이 되지 않는다. 물론 토지의 일정 구획에 대한 시장가치는 시간에 따라 변동될 수 있다. 예를 들어, 토지는 홍수나 지진에 의해 파손될 수도 있기 때문이다.

감가상각과 관련하여 미국의 MACRS[2]에서 "가속(accelerated)"이라는 단어가 있는데, 이 정의를 두 가지의 의미로 해석하고 있다. 첫 번째로 세법에서는 유형자산의 감가상각은 실질적인 사용연수보다 더 적은 내용연수 동안에 걸쳐 상각되는 것을 허용하고 있다. 예를 들면, 자동차나 소형트럭은 5년에 걸쳐 상각될 수 있지만 이와 같은 유형자산은 도심지의 영업택시를 제외하면 실질적으로 5년 이상 사용할 수 있다. 미국의 경우, 1993년 이후에 세워진 빌딩은 39년에 걸쳐 상각된다. 그러나 대부분의 빌딩은 이보다 훨씬 오래 지탱하고 있다. 세법을 제정할 때, 국회에서 유형자산의 실질적인 사용연수보다 더 짧은 기간 내에 감가상각을 허용하는 것은 국가경제정책상 바람직하다고 생각하기 때문에 이같이 결정한 것으로 판단된다.

두 번째로, "가속(accelerated)"이라는 의미는 '앞쪽에 무게를 싣다(front-loaded)'는 의미도 지니고 있다. 즉, 유형자산의 원가는 내용연수의 후반기보다 초반기에 더 많이 상각된다는 것이다. 실무에서 가장 많이 사용되는 정액법(straight-line method)에서처럼 일정한 수준, 즉 매년 동일한 금액의 감가상각비를 계상하는 것이

2) 이는 1986년 미국연방정부의 세제개혁의 결과로 태동했는데, 간략하게 수정가속상각제도(MACRS : modified accelerated cost recovery system)라고 부른다. 짧은 내용연수, 혹은 가속화된 내용연수는 '수정가속상각제도'라고 불리는 소득세법 규정에서 발견되는데, MACRS에서는 회수기간에 따라 자산의 등급이 결정된다.

아니라 가속상각법(accelerated depreciation ; 체감잔액법)에서는 초기 연도의 감가상각비는 더 크고, 후기 연도로 갈수록 감가상각비는 적어지고 있다.

따라서 가속상각법(체감잔액법)은 유형자산을 사용하는 초기에 감가상각비가 높게 계상되어 기업의 과세소득(taxable income)을 감소시킨다. 이러한 효과는 이론적으로나 실무적으로 볼 때 반드시 가장 좋은 방법이라고 보지 않는다. 대표적으로는 정률법, 이중체감잔액법, 연수합계법이 있는데, 이중체감잔액법을 제외하고 세법에서 인정하는 실무에서 널리 쓰이고 있는 방법이다. 기업에서는 매 회계기간말에 각 유형자산에 대한 감가상각방법 및 계획을 재검토하고, 취득원가를 토대로 매년 감가상각비가 얼마인지를 기록해야 한다. 일단 유형자산의 총원가가 모두 상각되면 그 이상의 감가상각은 이루어지지 않는다. 여기에서의 주요한 포인트는 기업에서 해당 유형자산을 향후 몇 년 더 사용한다 할지라도, 그 이상의 감가상각은 하지 않는다는 것이다.

본 예제에서는 〈표 9-1〉에 나타난 바와 같이, 이 기업이 가지고 있는 가장 최근 연도의 감가상각비는 $260,000이다. 기업의 창고와 사무실 빌딩은 정액법에 의해 상각이 이루어진 반면에, 그 밖의 유형자산인 기계장치 등은 가속상각법에 의해 상각되었다. 매해의 감가상각비는 그 밖의 다른 비용에 비해 상당히 임의적이라 할 수 있다. 그럴 수밖에 없는 이유는 자산에 대한 내용연수의 추정이 임의적이기 때문이다. 예를 들어, 사무실 빌딩이나 대형 진열장 등과 같은 유형자산은 추정내용연수로 인해 감가상각비 산정에 임의성이 있기 때문에 다소 문제점을 지니고 있다. 무엇보다도 기업에서는 추정내용연수 결정요소에 대한 경험이 가장 좋은 안내지침이 되겠지만 문제점을 안고 있는 것은 사실이다.

내용연수를 추정함에 있어 근본적인 문제점이 있다면, 재무제표이용자는 보수적인 내용연수 추정치를 채택함으로써 나타나는 경제적 영향을 주의 깊게 살펴보아야 한다. 만약, 기업에서 추정한 내용연수가 해당 유형자산의 경제적 내용연수보다 짧다면 해당 자산의 감가상각비는 너무 빨리 장부에 기록된다는 것이다. 물론, 실무적으로는 유형자산의 내용연수 추정치가 실제 경제적 내용연수(수명기간)보다 더 짧다는 것이 일반적인 경향이다. 따라서 유사한 자산에 대한 기업의 경험에 비추어 유형자산의 내용연수를 추정해야 한다.

회계담당자는 세법의 혜택을 바라보면서 항상 보수적인 감가상각방법을 채택하기를 원한다. 즉 재무보고를 위하여 경제적 효익에 따른 감가상각비를 계상하기보다는 대부분의 기업에서는 세법에서 규정하는 내용을 그대로 따른다. 요약하면, 재무보고를 위해 세법의 규정을 그대로 준용하고 있다. 이것이 과연 좋은 회계처리방법이라 할 수 있을까? 결코 그렇지 않다. 이는 회계정보의 유용성 측면에서 볼 때 올바른 회계처리방법이라 할 수 없다. 그러나 한 가지 분명한 것은 기업에서는 법인세이연효과를 누릴 수 있는 가속상각법을 상당히 선호하고 있다는 사실이다.

3. 감가상각누계액을 이해하자!

매 회계기간마다 배분된 감가상각비는 즉각적으로 해당 자산계정의 감소로 기록되지는 않는다. 그럼에도 불구하고 해당 자산에 대한 가치감소로 기록하는 것이 보는 관점에 따라 정당하게 보일 수 있다. 왜냐하면 감가상각의 총체적인 요지는 시간이 지나감에 따라 해당 자산이 낡아지는 것을 비용으로 배분하여 인식(recognition)하는 것이기 때문이다. 그렇다면 왜 해당 기간 동안에 자산계정의 감소로 즉시 기록되지 않는 것일까?

회계라는 세상의 표준관습에서는 연간 감가상각비를 한꺼번에 묶어서 새로운 계정과목과 함께 이를 누적적으로 계산하고 있기 때문이다. 이때 나타나는 새로운 계정과목을 감가상각누계액(accumulated depreciation)이라고 부른다. 이 계정과목은 이름 자체에서 나타나는 것처럼, 매 회계기간에 기록된 감가상각비를 누적한 금액이다.

〈표 9-1〉에서 보면 가장 최근 연도 감가상각누계액의 기말잔액은 $800,000임을 알 수 있다. 감가상각누계액과 해당 유형자산의 취득원가인 $3,000,000을 비교해 보면, 기업의 자산은 상대적으로 오래되지 않았음을 알 수 있다. 왜냐하면 가장 최근 회계연도의 감가상각비는 $260,000로 기록되어 있으며, 이 금액은 정액법을 기준으로 보았을 때 3년 동안에 걸쳐 산출되는 매년 감가상각비($800,000/3=$266,667)보다 약간 적게 기록되었음을 알 수 있다. 즉 현재 유형자산은 취득 후 3년 정도밖에 지나지 않았다.

어떤 경우이든 감가상각누계액의 잔액은 유형자산의 최초 취득원가에서 차감된다. 현재 유형자산의 경우 취득원가($3,000,000)에서 감가상각누계액($800,000)을 차감한 후의 금액 $2,200,000이 표시되어 있다. 이 금액은 아직 감가상각이 이루어지지 않은 유형자산에 대한 남아 있는 취득원가이다. 이를 유형자산의 장부가액(book value)이라 부른다. 따라서 유형자산의 장부가액은 아직 상각되지 않은 미래의 감가상각비를 의미한다. 물론 기업에서는 유형자산이 완전히 감가상각되기 전에 이를 처분(매각)할 수 있다.

회계실무와 IFRS에서는 아래와 같이 유형자산에 대해 간접법으로 감가상각을 보고하고 있다. 즉 유형자산의 취득원가와 현재까지의 감가상각누계액을 모두 제공함으로써 현시점에서의 유형자산 장부금액을 알 수 있도록 하고 있다.

(차) 감가상각비	×××	(대) 감가상각누계액-유형자산	×××

감가상각과 관련하여 눈여겨볼 사항들이 있다!

감가상각(depreciation)이란 단어는 일반적으로, 많은 사람들에게 상당히 혼동을 일으키게 한다. 대다수의 사람들은 이를 자산가치의 손실로 보거나 혹은 개인승용차의 경우처럼 자산에 대한 시장가치의 감소로 간주하는 경향이 있다. 이러한 해석은 완전히 틀린 것은 아니지만, 회계에서 말하는 감가상각의 정의는 자산의 평가개념이 아닌 원가배분(cost allocation)의 개념에서 이해해야 한다. 즉, 기업에서는 자산의 취득원가를 일정한 방법에 의해 배분시킴으로써 자산의 재무상태표 금액을 감소시키고 그 금액을 당기의 비용으로 회계처리한다. 이를 감가상각이라고 한다.

기업에서 기계장치를 구입했을 때, 이를 한꺼번에 비용처리하지 않고 구입한 시점에서 자산으로 간주하여 회계처리한다고 가정하자. 이때 시간의 흐름에 따라 사용되는 이 기계장치의 최초 취득원가를 해마다 조금씩 비용으로 배분할 수 있다. 이렇게 구입한 기계장치로 인해 생성된 제품의 판매는 매해마다 수익을 창출시키며 이 수익은 기계장치의 원가와 대응된다.

이와 같은 감가상각비(depreciation)를 계산하기 위해서는 몇 가지 복잡한 요소들이 도사리고 있다. 우선, 해마다 감가상각의 기준으로 사용될 기준가액(depreciable amount ; 감가상각대상금액)을 결정하는 일이다. 다음으로는, 자산이 가지고 있는 추정내용연수(estimated useful life)에 따라 해마다 그 자산이 비례적으로 사용되고 있는지를 파악하는 일이다. 어떤 해에는 다른 해에 비해 적게, 혹은 더 많이 사용되고 있는지 모른다. 또한 추정잔존가치(estimated residual value)를 결정해야 한다. 잔존가치는 유형자산의 종료시점에서 해당 유형자산을 처분할 때 수취할 수 있는 추정금액을 말한다. 마지막으로, 감가상각방법을 결정해야 하며, 특히 각 감가상각방법에 대한 이익 및 조세의 함축적인 의미를 이해하고 있어야 한다.

4. 유형자산의 장부가액과 손상차손을 이해하자!

일반적으로 공정가치(현행원가)는 기업이 소유하고 있는 자산과 동일하거나 유사한 자산을 현시점에서 재취득한다고 할 때 지급해야 하는 거래당사자간의 시장가격을 말한다. 기업의 유형자산에 대한 장부가액은 오랜 세월이 지난 후에 동일한 자산의 현행원가에 비해 상대적으로 매우 낮을 수 있다. 그러나 일반적으로는 오래되어 더 이상 못 쓰게 된 유형자산에는 적용되지 않으며, 그렇다고 해도 동일한 새로운 자산으로 대체하지 않는 것이 보통이다. 경제생활에 있어 인플레이션은 항상 존재하게 마련이다. 따라서 만약의 경우 감가상각되어 온 기업의 유형자산을 새로운 동일한 유형자산으로 대체해야만 한다면, 기업은 최초에 구입할 때의 취득금액보다 당연히 더 높은 가격을 지불해야만 할 것이다.

재무상태표에 기록된 유형자산의 최초 취득원가는 해당 자산의 현행원가를 의미하는 것은 아니다. 오히려 최초 취득원가는 그 자산을 사용하는 연도에 걸쳐 매출을 통해 회수되어야만 하는 그 자산에 투자된 자본금이라 할 수 있다. 즉, 감가상각회계(depreciation accounting)는 원가회수기준에 의한 방법이지, 자산가치기준에 의한 평가방법이 아니다. 통상적으로 유형자산에 대한 회계처리에서는 공정가치의 변화를 기록하지 않는다.

유형자산의 투자는 기업이 미래에 창출할 수 있는 매출액의 원천이다. 이에 따라 이익을 얻기 위해 해마다 해당 자산의 원가와 매출액을 대응시키고 있다. 감가상각회계는 신뢰성 있는 역사적 원가주의(historical cost basis)에 따라 이루어지는 주요 항목이다. 가끔씩 유형자산에 대하여 현행원가를 기록하지 않는 것은 재무회계의 큰 결점이라고 비판을 받아오고 있다. 그러나 그건 결코 옳다고 볼 수 없다. 왜냐하면 기업에서 유형자산의 용도는 기본적으로 영업활동에 사용되는 것이지 판매되는 것이 아니기 때문이다.

공정가치(현행원가)와 관련하여 다음 사항을 생각해 보기로 하자. 사실 공정가치의 개념은 폭넓게 사용되고 있다. 기업은 회계기간말에 자산손상을 시사하는 징후(indication of impairment)가 있는지를 검토해야 한다. 자산손상의 징후가 있을 때에는 회수가능액을 측정하고 장부금액과 비교하면서 손상검사(impairment test)를 실시한다. 이때 자산의 회수가능액이 장부금액보다 낮으면 손상되었다고 보고 손상차손(impairment losses)을 인식하는데, 구체적으로 다음과 같이 측정된다.

손상차손＝자산의 장부금액－회수가능액(recoverable amount)

여기에서 회수가능액은 처분부대원가를 차감한 순공정가치(net fair value)와 향후 자산에서 창출될 것으로 기대되는 미래현금인 사용가치(value in use) 중에서 큰 금액을 말한다.

자! 이제 다음으로 넘어가기로 하자. 기업경영자는 특히, 보험과 관련된 유형자산의 공정가치에 대해 주의를 기울여야 한다는 것이다. 유형자산은 화재, 홍수, 도난, 태풍 등으로 인해 파괴되거나 손상될 수 있다. 따라서 기업경영자는 유형자산과 관련하여 보험가입에 많은 관심을 가질 것이며, 보험회사도 이 사실을 잘 알고 있다. 그럼에도 불구하고 기업은 재무보고 목적상 공정가치(현행원가)를 반영하기 위해 취득원가로 기록된 유형자산의 가치를 변경하여 보고할 필요는 없다. 이는 재무제표 작성을 위한 기본지침인 '일반적으로 인정된 회계원칙'(GAAP)을 위반하는 셈이 되기 때문이다.

예를 들어 기업의 외부용 재무보고서에 비유동자산인 영업용 유형자산을 기록하고 공정가치(현행원가)를 기준으로 감가상각비를 계산하기 위하여, 현행원가의 도입을 끈질기게 주장하는 학자들도 있다. 물론, 감가상각비가 역사적원가를 근거로 산출된다는 이유로, 가끔은 재무회계가 비판을 받고 있지만 아직까지 이러한 비판을 아주 심각하게 받아들이고 있지 않는 현실이다.[3)]

5. 유형자산의 취득 후 지출 : 자본적 지출일까 수익적 지출일까?

회계의 기본적인 원리에 의하면, 기업이 사용하고 있는 장기성 유형자산의 원가는 자산을 사용하는 기간에 걸쳐 합리적으로 배분되어야 한다. 이는 유형자산의 총원가를 구입된 연도에 자산으로 처리하고 기간별로 비용처리가 되어야

3) 어느 날 국회에서 높은 공정가치(현행원가)로 유형자산을 상세히 기록하게 함으로써, 현행원가를 기준으로 하는 감가상각방법을 수용하도록 법인세법의 개정을 다룰 수도 있다. 하지만 이러한 가능성은 희박하다고 하겠다. 반면에 법인세법에서는 유형자산에 대한 그 어떤 변경도 가능하다. 예를 들면, 국회에서 조세목적상 내용연수 등의 회계추정의 변경을 시도한다 해도, 그리 놀랄 만한 일이 아니라는 점이다. 하지만 분명한 것은 지금까지는 유형자산의 감가상각에 대한 역사적 원가기준을 아직까지 포기하지 않았다는 사실이다.

할 것을 요구하는 '일반적으로 인정된 회계원칙'(GAAP)에 부합되는 내용이라 할 수 있다. 이렇게 유형자산을 내용연수에 걸쳐 해당 자산의 원가를 배분하는 과정을 감가상각(depreciation)이라 부른다. 즉, 유형자산의 용역잠재력 감소를 인식하여 가치감소분을 비용으로 인식하는 것을 말한다. 이미 설명한 감가상각누계액(accumulated depreciation)계정은 해당 자산의 차감계정(혹은 상쇄계정 ; contra account)으로 재무상태표상에 있는 유형자산의 잔액으로부터 차감된다. 따라서 유형자산의 장부가치(book value)는 해당 자산의 취득원가(취득금액)에서 장기 영업활동의 원천인 유형자산에 대한 감가상각누계액을 차감한 금액이 된다.

기업의 '영업활동 현금흐름'을 산출하기 위하여 감가상각비는 당기순이익의 주요 조정사항들 중의 하나임을 이해해야 한다. 부분적으로는 매년마다 매출액이 결국 유형자산에 투자된 자본의 일부를 회수하고 있는 셈이다. 쉽게 얘기하자면, 감가상각비는 은행의 저축예금계정에서 해마다 필요한 현금을 인출하여 이자가 없는 당좌예금계정에 입금시키는 것에 비유할 수 있다. 유형자산은 기업의 장기성 설비투자자산항목이다. 영업활동과정에서 이를 사용하는 동안에 오랜 세월을 거쳐, 기업은 매출액을 통해 이들 유형자산에 투자된 자본금을 회수해야 한다. 기업은 유형자산을 취득가격보다 더 많은 금액을 받고 미래의 어느 시점에서 판매할 목적으로 보유하지는 않는다. 만약 영업활동과정에서 판매할 목적으로 보유하고 있다면 유형자산이 아니라 재고자산이다. 유형자산의 내용연수 말기에는 그냥 폐기되거나, 혹은 잔존가액(salvage value ; scrap value)으로 처분(매각)된다.[4)]

일반적으로 기계장치, 차량운반구 등은 사용되는 기간 동안에 자산가치가 오르지는 않는다. 그러나 토지는 감가상각이 적용될 수 없는 별개의 항목으로 감가상각 대상항목이 되지 않는다. 그러나 건물의 원가는 시간이 흐름에 따라 시장가치가 증대된다 할지라도, 건물은 감가상각 대상이 된다.[5)]

기업에서 새로운 몇 개의 차량운반구를 구입했다고 가정하자. 판매상(딜러)이 건네준 해당 자산에 대한 총 송장가격의 원가는 자본화(capitalization)된다. 즉,

---

4) 현실적으로 토지와 빌딩(land and buildings)계정은 이를 그대로 적용하기가 곤란하다. 실제로는 내용연수가 만료된 시점에서 해당 유형자산의 처분가액이 상당히 큰 경우가 많기 때문이다.

5) 사실, 건물의 경우에는 그 시장가치가 증대된다면 감가상각의 대상이 아니라고 주장할 수도 있다. 그러나 GAAP에서는 어떤 상황에서도, 건물의 경우에는 감가상각을 할 것을 요구하고 있다. 이것은 반드시 숙지해야 할 한 가지 주요 사항이라 할 수 있다.

장기성 유형자산인 차량운반구계정의 증가로 장부에 기록된다. 이를 위해 지급한 유형자산 취득시 부대비용도 원가에 가산되어 자본화된다. 즉, 구매자가 지급한 해당 자산의 총 송장가격과 취득부대비용은 취득원가에 가산되어 자본화된다는 것이다.

또한 유형자산은 취득 후 사용하는 과정에서 수리 및 개선 등을 위한 지출이 발생한다. 이처럼 유형자산을 취득한 후의 지출을 어떻게 회계처리할 것인가? 일반적으로, 관련된 지출이 내용연수의 증가, 생산능력의 증가, 품질의 개선 등으로 해당 자산의 미래경제적 효익을 증가시켰다고 간주하여 자본화하고 있으며(자본적 지출 : capital expenditures), 유형자산의 수선 및 유지를 위한 일반수선비는 발생한 기간의 비용으로 인식한다(수익적 지출 : revenue expenditures).

기업에서 새로운 차량운반구인 트럭을 구입한 후에 회사의 상호, 주소, 전화번호 등을 트럭 위에 치장한다고 가정하자. 현재 트럭에 특별한 선반고리 및 적절한 장치가 설치되어 있다. 회계이론에 따르면, 이와 같은 추가적인 비용은 자본화되어 유형자산의 취득원가에 포함되어야 한다. 사실, 이러한 추가적인 비용은 트럭 매입액의 직접적인 부분은 아니기에 매입액으로부터 별도로 분리하여 기간비용으로 간주할 수 있다. 그럼에도 불구하고 이 추가적인 비용은 자본화되어야 하는데, 그 이유는 트럭 위에 추가적인 비용을 투자함으로써 해당 자산의 미래 효익(용역잠재력)을 증대시키기 때문이다.

보통 장기성 영업자산을 구입할 때 추가적인 부대비용이 발생된다. 이는 자산의 원가에 포함되어야 하지만, 사실은 그렇게 회계처리하지 않는 것이 보통이다. 일반적으로 회계실무에서는 매입원가나 매입과 관련한 직접원가만이 자본화되고 있다. 그 외에 유형자산에 대한 어떤 추가적인 원가도 내용연수에 걸쳐 감가상각되지 않고, 즉각적으로 비용처리된다. 즉, 회계실무에서는 자산의 구입시 추가적인 비용은 보편적으로 기업의 유형자산에 기록되지 않는다. 또한 유형자산의 취득 이후에 발생한 추가적 지출의 효과가 당기에 소멸된다면, 그 지출은 발생한 그 회계연도 동안의 비용으로 처리되고 있다(수익적 지출). 이렇게 하는 주된 이유는 기업이 법인세혜택을 위해 그 비용이 발생한 해당 연도 현재의 과세소득이 최소화되도록, 추가적인 지출을 비용으로 즉각 인식하고 있기 때문이다. 이러한 비용을 자본화하지 않는 또 다른 이유는 단순히 실무상의 편의에 기인할 수 있다. 기업에서 유형자산의 원가에 이러한 지출금액을 포함시키는 것보다 오히려 비용으로 처리하는 편이 훨씬 편리하기 때문이다.

대부분의 기업들은 자본화의 최소제한금액(minimum limits)을 정하여, 그 이하의 유형자산의 추가적 지출은 자본화시키지 않고, 당기에 직접 비용처리를 하고 있다. 이것이 현재 실제적으로 수용하고 있는 회계관습이다.[6] 회계감사인은 기업이 해마다 일관성 있는 정책을 유지하고 있는 한 이러한 회계관습을 허용하고 있다. 단지, 여기에서 중요한 사항은 비용의 중요성(materiality)에 관한 내용이다. 이러한 기간비용이 회계연도 동안에 총체적으로 매우 높게 책정되어 있다면, 회계감사인이나 혹은 국세청(IRS 혹은 NTS)에서는 아마도 이러한 회계관습을 인정하지 않을지도 모른다.

좀더 구체적으로 설명하기 위하여 다음 사항을 살펴보기로 하자. 기업에서는 회계연도에 새로운 유형자산을 구입했다. 회계기간 동안에 취득부대비용을 포함한 송장가격의 총액은 $1,400,000이었다. 이때 $1,400,000의 금액은 자본화된다. 즉, 기업은 이 금액을 재무상태표상 유형자산의 계정에 기록한다. 그렇지 않으면, 회계감사인은 가능한 한 어떠한 방법으로든, 이를 수용하지 않을 것이다. 또한 국세청으로부터 기업은 조세회피(tax evasion)라는 명목 때문에 비난을 면치 못할 수도 있을 것이다.[7]

새로운 유형자산의 취득시 직접원가에 추가하여, 기업에서는 유형자산을 취득한 이후에 해당 연도 동안 자산과 연관된 추가적인 비용으로 $120,000을 지출했으며, $20,000만큼의 비용을 또 추가로 지출했다고 다시 가정해 보자. 기업은 이들 총계인 $140,000을 자본화할 수도 있고 이를 비용처리할 수도 있다. 즉, 유형자산 취득 후 추가지출이 자산의 미래효익을 증가시키는 지출이면 자본적 지출로, 지출의 효과가 당기에 소멸되는 지출이면 수익적 지출로 회계처리한다. 그러나 이전 연도에 장부에 기록했던 방법대로 항상 일관성을 유지해야 한다. 이를 단순화하기 위해, 유형자산은 정액법(straight-line method)으로 7년의 내용연수에 걸쳐 감가상각되고 있다고 가정하자. 이때 유형자산의 취득원가만을 자본화하는 경우와 추가지출시 모든 비용을 자본화하는 경우의 효과는 다음과 같이 비교할 수 있다.

6) 우리나라의 법인세법에서는 유형자산에 대한 300만원 미만의 지출은 소액수선비로 비용처리하도록 하고 있다. 또한 거래단위별 100만원 이하의 감가상각자산의 경우 사업연도의 손금으로 계상한 경우에는 손금에 산입한다.

7) 일반적으로 세금회피는 중죄(felony)에 해당되는 항목 중 하나이다.

(1) 유형자산 취득 후 추가지출시 취득원가만이 자본화될 경우의 연간 비용

1차연도 : $200,000(=감가상각비 : $1,400,000/7년)
+당기비용[=$140,000(=$120,000+$20,000)]=$340,000
2차~7차연도 : $1,400,000/7개년=$200,000

(2) 유형자산 취득 후 추가지출시 모든 비용이 자본화될 경우의 연간 비용

1차~7차연도 : $1,540,000(=$1,400,000+$120,000+$20,000)/7년
=감가상각비 : $220,000

만약 기업이 위에서 제시한 첫 번째의 방안을 선택한다면, 첫 회계연도의 비용은 $120,000(=$340,000−$220,000)만큼 높아진다. 그러나 연간 감가상각비는 그 다음의 6년 동안은 매년 $20,000(=$220,000−$200,000)만큼씩 낮아질 것이다. 즉, 기업이 자산취득 후 모든 추가비용을 자본화하길 원한다면, 매년 똑같은 금액인 $220,000으로 비용처리될 것이다. 그러나 7년의 회계연도 기간 동안에 걸친 총비용은 어떤 방법을 사용하든 똑같아진다. 단지, 해마다 귀속되는 비용과 이익의 크기가 조금씩 달라질 뿐이다.

6. 왜 기업실무에서는 가속상각법의 사용을 선호할까?

법인세법에서는 기업이 소유한 유형자산을 실제 사용할 수 있는 수명기간인 경제적 내용연수보다 더 짧은 기간에 걸쳐 감가상각할 수 있도록 허용하고 있다. 이는 국내기업의 생산성을 증진시키기 위하여, 우수한 기술자원에 자본투자(capital investment)를 장려하는 정부의 세심한 경제정책의 하나로 볼 수 있다. 우리나라에서는 특별상각기간을 신청할 수 있도록 하여 더 짧은 기간에 걸쳐 감

가상각할 수 있도록 제도적인 장치가 마련되어 있다.

전술한 대로 가속상각법(예 : 정률법, 이중체감잔액법, 연수합계법)의 감가상각비는 사용초기에 급속 상각되기에 상대적으로 높다. 따라서 세금지급액은 유형자산을 사용하는 초기 연도에 더 낮아지게 된다. 이에 따라 기업은 조업능력을 확장시키고 생산력을 증진시키기 위해 새로운 유형자산에 재투자할 수 있는 많은 현금흐름을 소유할 수 있게 된다. 이와 같은 가속상각법의 기본 철학은 법인세법상에서 나타나고 있다. 유형자산의 감가상각과 관련하여 법인세법에서는 기업의 장기성 영업용 유형자산의 내용연수를 규정화하고 있다. 재무제표상에서 감가상각비의 기록을 위해 대부분의 기업에서는 법인세법에서 인정된 가장 짧은 내용연수를 선택하는 편이다.

특이사항으로 미국의 연방소득세법에서는 기업이 수정가속상각제도(MACRS)의 명세표보다 더 긴 내용연수를 채택하는 것을 허용하고 있다. 이렇게 긴 내용연수조차도, 기업의 유형자산의 실제 수명기간인 내용연수에 대한 현실적인 실제 추정기간보다 더 짧다는 것이다. 또한 MACRS에서는 해마다 같은 수준의 감가상각비를 계상하는 정액법(straight-line method) 대신에 초기에 많이 감가상각을 할 수 있는 방법을 폭넓게 허용하고 있다. 재고자산의 원가가 계속 상승하는 경우, 보고이익이 줄어들어 법인세가 적은 LIFO방법의 경우처럼, 유형자산에 대한 가속상각법의 사용이 법인세 때문이 아니라면, 과연 대다수의 많은 기업들이 이 방법을 사용할지 의문이다.

재무제표이용자들은 기업의 유형자산이 실질적으로 낡고 닳음으로 인한 자산의 가치감소가 아닌, 회계마인드의 관점에 따라 과도하게 감가상각될 수 있다는 것을 분명히 이해하고 있어야 한다. 이 경우에는 재무상태표상에서 해당 유형자산의 장부가치(=취득원가−감가상각누계액)는 과소계상될 수 있다. 즉, 유형자산은 너무 빨리 상각되며 장부가치는 원래 보존해야 할 가치보다 빨리 축소될 수 있다는 것이다.

요약하면, 기업실무에서는 유형자산의 감가상각비를 기록하기 위해 다음과 같은 두 가지의 기본적인 방안을 가지고 있다.

① 법인세규정과 가속상각법(accelerated depreciation) 적용 : 기업의 유형자산에 대해 가장 짧은 내용연수를 사용하며, 법인세법에서 허용하는 범위 내에서 초기에 감가상각을 많이 한다. 초기에 많은 수익이 창출되고 점차 감소될 경우에 이 방법의 사용이 적절하다.

② 정액법(straight-line depreciation) 적용 : 기업의 유형자산에 대해 보다 현실적인 내용연수를 채택함으로써 이 기간에 걸쳐 매해 똑같은 금액으로 감가상각을 한다. 유형자산의 사용으로 창출되는 수익이 매기 일정할 경우에 이 방법의 사용이 적절하다. 계산이 간단하기 때문에 실무에서 많이 사용된다.

또 다른 예를 들어보자. 기업에서 1차 연도말에 새로운 기계장치의 구입을 위해 $120,000을 지급한다고 가정하자. MACRS하에서 이 해당 자산의 내용연수는 7년의 등급으로 분류되어 있지만, 해당 기업에서는 실제 내용연수로 추정되는 12년을 선택하여 사용하고 있다고 하자.

다음의 [그림 9-1]에서는 MACRS에서 허용된 감가상각방법 중에서 내용연수 7년의 가속상각법(accelerated depreciation method)에 의해 산출된 연간 감가상각비와 내용연수 12년의 정액법에 의해 산출되는 일정액($10,000)의 연간 감가상각비를 상호 비교하고 있다.[8] 여기에서, 기계장치는 실제로 추정된 내용연수 12년 동안 계속 사용되고 있는 것으로 가정하자. 따라서 이 자산을 사용하는 매해마다 기업의 영업활동에 부가가치를 증대시키고 있으며, 어떤 해에 증대된 부가가치는 다른 해에 증대된 가치보다 더 클 수도 있다. 그러나 어떤 특정 기계장치의 사용으로 얼마만큼의 매출액을 달성했는지, 이를 정확하게 산출한다는 것은 실질적으로 불가능하다. 이러한 상황에서 만약 기업이 감가상각방법으로 내용연수 7년의 가속상각법을 선택한다면, 그 기계장치를 계속 사용하는 마지막 5년 동안에는 비용처리를 해야 할 어떠한 감가상각비도 존재하지 않는다. 이를 어떻게 생각해야 할까? 따라서 IFRS에서는 신규취득한 유형자산에 대한 감가상각방법

8) 소득세법에 따르면, 유형자산의 취득연도에는 반년 동안의 감가상각비가 조정될 수 있도록 되어 있다. 구체적으로, 우리나라에서는 기중에 취득한 유형자산의 감가상각은 취득연도에 사용기간이 6월을 초과하면 1년분을 모두 상각하고, 사용기간이 6월 이하인 경우에는 1년분 중 6/12에 해당된 부분을 상각하도록 허용하고 있다. 물론 일단위, 주단위, 월단위 감가상각에 대한 회계처리도 인정하고 있다.

그림 9-1 감가상각방법의 비교(가속상각법 대비 정액법)

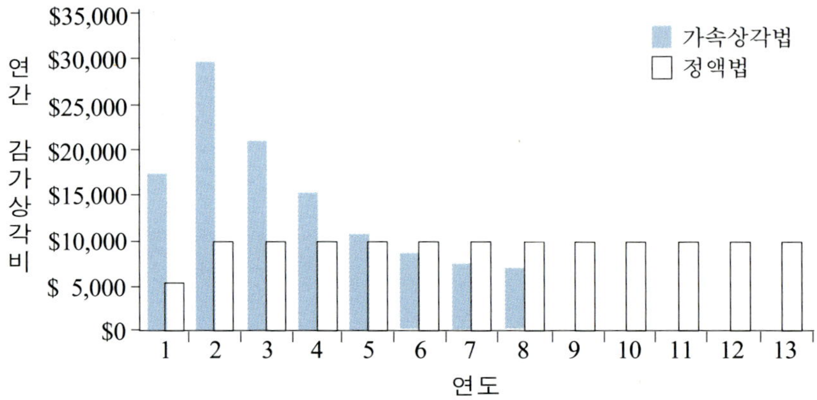

은 기존 유형자산에 대한 감가상각방법과 일치시켜 일관성 있게 적용할 것을 요구하고 있다.

가속상각법은 확실한 세금혜택의 효과를 가지고 있다 할지라도, 동시에 해당 기업에 불이익도 초래할 수 있다. 분명한 한 가지는 가속상각법의 사용으로 인해 특정시점에 기업의 장기성 유형자산의 장부가치(book value)가 더 낮아진다는 사실이다. 기업이 자금을 조달할 때 자금대여자는 해당 기업의 재무상태표에 보고된 자산항목의 크기를 참조하게 된다. 가속상각법을 사용함으로써 야기된 해당 자산의 낮은 장부가치로 인해 기업이 자금을 조달할 수 있는 부채조달 능력(debt capacity)이 떨어질 수도 있다는 것이다.

강조하고 싶은 한마디

기업경영자와 투자자는 과거의 여러 해를 놓고 볼 때, 해당 기업에서 과연 경영성과를 증진시킬 수 있는 성장성 잠재력을 가지고 있는지의 여부에 매우 관심이 많다. 이상적으로 말한다면, 만약 포괄손익계산서상에 기업이익이 늘어났다면, 이 증가액은 실제적인 원인 - 즉, 높은 매출액, 매출총이익률의 증대, 영업능력의 효율성 등에 기인했다고 볼 것이다.

그러나 가공된 기업이익의 증대는 재무제표이용자들에게 정보왜곡과 함께 상당한 오해를 불러일으킬 수 있다. 또한 기업이익흐름의 추세는 연간 감가상각비가 갑자기 줄어버릴 경우, 이익흐름의 방향을 파악하기란 참으로 어렵다. 이런 점에서 볼 때 정액법에 의한 감가상각은 분명한 한 가지의 장점을 지니고 있다고 하겠다. 동일한 유형자산에 대해 매년도의 감가상각비가 항상 일정액으로 유지되어 이익흐름의 예측가능성이 높아질 수 있다는 것이다.

반면에 정액법은 비현실적인 가정에 기초하고 있다는 것도 무시할 수 없는 사실이다. 첫째, 일반적으로 자산의 생산성은 초기에는 높고 후기로 갈수록 낮아지는 경향이 있는데도 자산의 경제적 유용성이 매년 동일하다고 가정했다. 둘째, 자산의 수선유지비도 시간이 지남에 따라 증가하는데도 매년 동일하다고 가정하고 있다. 이러한 맥락에서 볼 때 감가상각방법 중에서 가속상각법(체감잔액법)은 정액법이 지니고 있는 한계점을 상당히 완화시키는 측면이 있다.

분명히 이해해야 할 한 가지!

〈표 9-1〉에서 감가상각누계액의 잔액인 $800,000은 유형자산이 사용된 모든 연도에 기록된 감가상각비의 합계로서 해당 유형자산의 차감계정이라는 사실이다. 이는 단순히 가장 최근에 기록된 해당 연도의 감가상각비의 합계가 결코 아니다. 그러나 현 상태에서는 전년도 혹은 전전년도에 얼마만큼의 감가상각비가 기록되었는지에 대해서는 알 수가 없다. 다만, 현 시점에서 재무상태표상에 유형자산의 취득금액 및 감가상각누계액을 포함하여 유형자산의 장부금액을 나타낸다.

분명히 이해해야 할 또 한 가지!

유형자산은 재무상태표일로부터 1년 후에 현금화할 수 있는 고정설비자산으로서 비유동자산의 각 항목별로 특징을 살펴보면 다음과 같이 나타낼 수 있다.

물리적 실체유무		현재의 용도		의도된 사용기간 (취득시점에서의 사용의도)		분 류
있 음	➡	정상적 영업활동과정에서 사용 및 생산에 투하 (토지, 건물 등)	➡	1년 이상	➡	유형자산 (tangible assets) ⇒가치의 상각
없 음	➡	• 독자적으로 식별가능한 비화폐성 자산 (산업재산권, 개발비 등) • 식별불가능 무형자산 (영업권)	➡	1년 이상	➡	무형자산 (intangible assets) ⇒권리의 상각
있 음	➡	장기적 투자수익창출목적(상각후원가측정금융자산, 관계기업투자주식 등)	➡	1년 이상	➡	투자자산 (long-term investments)

그러나 유형자산 분류기준의 예외로서 분류기준을 충족하지만 유형자산으로 분류하지 않는 자산으로는 공구기구(예 : 망치, 드라이버 등) 및 사무용 비품(예 : 주전자, 양재기, 컵 등)을 들 수 있다. 이들은 재고자산 중 소모품(저장품)으로 분류될 수 있는데, 그 이유는 그 금액이 중요하지 않기 때문이다.

반면에 분류기준을 충족시키지 못하지만 유형자산으로 분류되는 자산이 있다. 예를 들어, 유형자산으로 전환과정에 있는 자산으로서 취득에 장기간이 소요되는 현재 건설중인 유형자산은 지출이 이루어지기 시작하면 건설중인자산(construction in progress)으로 기록했다가 사용을 시작한 시점부터 해당 유형자산으로 대체한다. 실무에서 건설중인자산을 유형자산으로 분류하는 근본적인 이유는 "확대재생산을 위한 투자활동"으로 유인하기 위함이다.

영어로 토의해 보기(Discussion Questions)

[DISCUSSION 1]

A firm reported net property, plant, and equipment (PPE) of $873 million at the beginning of the year and $923 million at the end of the year. Depreciation on the PPE was $131 million for the year. There were no disposals of PPE. How much new investment in PPE was there during the year?

ANSWER

$$\text{PPE(ending)} = \text{PPE(beginning)} + \text{Investment} - \text{Depreciation}$$

$$\therefore \text{ New Investment } = \text{Changes in PPE} + \text{Depreciation}$$

$$= \$50 + 131 = \$181 \text{ million}$$

[DISCUSSION 2]

For each of the following long-lived assets, indicate its nature and related cost allocation concept. Use the following symbols :

Nature		Cost Allocation Concept	
L	Land	DR	Depreciation
B	Building	DP	Depletion
E	Equipment	A	Amortization
NR	Natural resource	NO	No cost allocation
I	Intangible	O	Other
O	Other		

Assets	Nature	Cost Allocation Concept
(1) Copyright	______	______
(2) Land held for use	______	______
(3) Warehouse	______	______
(4) Oil well	______	______
(5) New engine for old machine	______	______
(6) Operating license	______	______
(7) Land held for sale	______	______
(8) Delivery vans	______	______
(9) Timber tract	______	______
(10) Production plant	______	______

ANSWER

Assets	Nature	Cost Allocation Concept
(1) Copyright	I	A
(2) Land held for use	L	NO
(3) Warehouse	B	DR
(4) Oil well	NR	DP
(5) New engine for old machine	E	DR
(6) Operating license	I	A
(7) Land held for sale	O(investment)	NO
(8) Delivery vans	E	DR
(9) Timber tract	NR	DP
(10) Production plant	B	DR

[DISCUSSION 3]

Evaluate the following statement and write a brief response : "The depreciation process is an accounting process designed to value fixed assets on the balance sheet."

ANSWER

The statement presented is an improper view of the depreciation process in accounting. In accounting, depreciation of long-lived assets is an attempt to allocate the cost of the asset to the period(s) in which it helps to produce revenues and properly match revenues and expenses. Accounting depreciation does not attempt to value the asset on the balance sheet.

[DISCUSSION 4]

Pam and Cam are twins. Each of them has her own company. Three years ago, on the same day, they each purchased copiers for use by their companies. The machines were identical in every way and cost exactly the same amount($28,000). The machines had the same estimated useful life (five years) and the same estimated residual value($3,000). The only difference was the depreciation method chosen. Nails by Pam chose to depreciate its copier using the straight-line method, while Cam's Sportswear chose an accelerated depreciation method.

Due to technological developments in copy machines, at the end of two years, Pam decided to sell her old machine and buy a new one. Cam decided to do the same thing. In fact, they each received exactly the same amount when they sold their machines($16,500). Later, while they were having lunch together, Cam mentioned that when she sold her copier, she had a gain of $6,420 on the sale. Pam kept quiet but was confused because she knew she had sold her copier for exactly the same amount as Cam, yet the sale of her copier had resulted in a loss of $1,500.

Required :

Explain how Pam could have had a loss of $1,500 on the sale of her copier, while Cam had a sizable gain.

ANSWER

There is nothing improper about the gain or loss resulting from the sale of these two copiers. The explanation can be found in the way the two women chose to compute depreciation on their copiers. Cam chose an accelerated depreciation method, whereas Pam chose straight-line method. This means that in the early years of asset service Cam was recognizing more depreciation expense on her copier than Pam was on hers. For this reason, the book value of Cam's copier was lower when the asset was sold. This situation resulted in a gain on the sale for Cam and a loss on the sale for Pam. Note that when we consider the entire period of time the women owned the copy machines, they both had exactly the same amount of change in net income due to owning and selling the copiers.

CHAPTER 10

영업비용과 미지급영업비용 및 이자비용과 미지급이자비용의 연관성

재무회계에서는 주로 기업의 경영활동과 관련하여 과거의 재무성과를 다루고 있다. 회계담당자는 재무와 관련된 업무를 수행할 때, 기업에 영향을 줄 수 있는 각 회계사건을 면밀히 분석해야 한다. 이는 외부에 보고해야 하는 재무제표를 준비하기 위해서도 반드시 필요하다. 이와 같이 회계담당자는 계속적으로 일어나고 있는 경제적인 사건을 측정하여 재무제표에 기록함으로써 기업의 재무상태와 영업성과를 주기적으로 파악한다.

기업에서는 모든 경제적 사건을 기록하기 위해 고안된 회계정보생산시스템을 통해 정보를 생산하여 정보이용자에게 충분한 정보를 공시한다. 이때 재무사건의 모든 거래가 오류 없이 기록되기 위해서 복식부기(double-entry bookkeeping)라는 회계제도가 사용된다.[1] 이 복식부기제도를 사용함으로써 회계연도 동안에 일어나는 무수한 회계거래들이 불과 몇 쪽의 재무제표로 요약되는 것이다. 본장에서는 재무상태표상의 부채항목인 미지급이자비용(미지급영업비용)과 포괄손익계

1) 복식부기제도(double-entry bookkeeping system)란 회계거래가 발생할 때 이를 기록해야 하는데 이때 필요한 규칙을 말한다. '복식부기제도'를 이해하기 위해서는 다음과 같은 회계의 기본등식(회계등식 혹은 재무상태표등식)을 알고 있어야 한다.

자산(Assets) = 부채(Liabilities) + 자본(Stockholders' equity)

자산은 다음과 같이 표현할 수 있다.

자산 = 지분 = 채권자지분(부채) + 소유주지분(자본)

산서상의 비용항목인 이자비용(영업비용)이 서로 어떤 연관성이 있는지를 동시에 설명하고자 한다.

1. 실제 현금지급하기도 전에 회계장부에 기록할 수 있을까?

날마다 발생되는 영업비용은 실제 지출될 때 장부에 기록되며, 이로 인해 비용이 증가되고 현금은 감소한다. 그러나 특정의 영업비용은 지급되기 전에 기록되어야 하는데 본 단원에서는 이 부분에 초점을 두고자 한다.[2] 포괄손익계산서상의 영업비용과 재무상태표상의 미지급영업비용(부채) 간의 연관성을 살펴보기 위해, 그리고 포괄손익계산서상의 이자비용과 재무상태표상의 미지급이자비용 간의 연관성을 살펴보기 위해 다음의 〈표 10-1〉을 참조하기로 하자. 이 두 가지의 연결고리는 기본적으로 같은 맥락에서 이해할 수 있기 때문이다.

영업활동과정에서 판매자로부터 받은 송장(혹은 대금청구서)을 수주일 후까지 현금지급을 하지 않았다 하더라도, 기업에서는 수익인식시점에 대응하여 이를 비용으로 인식한다. 본장에서는 회계기말에 기업이 미지급비용항목을 잘 살펴야 한다는 것을 강조하고 있다. 왜냐하면 기업에서는 이러한 비용항목의 지급을 위해 그 어떤 청구서를 받지 않았다 할지라도, 이는 시간이 흐름에 따라 계속적으로 누적되기 때문이다.

예를 들어 보자. 기업은 판매실적에 따라 영업사원에게 판매수당을 지급한다고 하자. 판매수당은 보통 매월말에 계산되어 다음 달에 지급되기 때문에 회계연도 말에는 마지막 달에 벌어들인 총판매수당이 실제로 지급되지 않는다. 이 비용을 기록하기 위해 기업에서는 미지급영업비용(accrued operating expenses)이라고 부르는 부채계정으로 회계처리한다. 이는 신용구매로 발생하는 외상매입금(매입채무) 같은 부채계정과는 다른 속성을 지니고 있다.

회계담당자는 시간의 흐름에 따라 어떤 비용들이 계속적으로 누적되고 있는지, 이에 따라 회계연도 말에 미지급된 금액이 얼마인지 적절한 계산을 해야 한다. 기업에서는 외부상인이나 물품공급자들로부터 이러한 비용들의 청구서를

2) 이러한 영업비용은 기업을 경영함에 있어 서로 다른 특정의 비용들을 함께 묶는다는 점에서, '잡동사니 그릇'에 비유된다. 그러나 본 예제에서 영업비용계정에는 이자비용과 법인세비용 등이 포함되지 않으며, 포괄손익계산서상에 별도의 비용항목으로 표시되어 있다.

〈표 10-1〉 미지급영업비용과 이자비용

한 회계기간 동안의 포괄손익계산서

매 출 액(sales revenue)	$10,400,000
매 출 원 가	6,760,000
매출총이익(gross margin)	$3,640,000
영 업 비 용	2,080,000
감가상각비	260,000
영 업 이 익(operating earnings)	$1,300,000
이 자 비 용	103,000
법인세차감전이익(earnings before income tax)	$1,197,000
법인세비용	478,800
당기순이익(net income)	$718,200
기타포괄손익	0
총포괄이익	$718,200
주당순이익(earnings per share)	$3.59

6주 동안의 미지급영업비용
6/52×$2,080,000=$240,000

회계기간말의 재무상태표

자 산		
현 금		$565,807
매 출 채 권		1,000,000
재 고 자 산		1,690,000
선 급 비 용		160,000
유 형 자 산	3,000,000	
감가상각누계액－기계장치 등	(800,000)	2,200,000
자산총계		**$5,615,807**
부채와 자본		
매입채무_재고자산		$520,000
매입채무_영업비용		120,000
미지급영업비용		240,000
미지급이자비용		17,167
미지급법인세		23,940
단기차입금		625,000
장기지급어음		750,000
자본금(200,000주)		775,000
이익잉여금		2,544,700
부채와 자본총계		**$5,615,807**

장·단기 지급어음의
기말 미지급이자비용

받는 것은 아니다. 따라서 회계부서에서는 어떤 특정한 영업비용이 발생되고 있는지 항상 주의 깊게 살펴보아야 한다. 미지급판매수당 이외에도 일반적으로 기업에서는 회계연도 말에 기록해야 할 여러 가지 미지급비용(예 : 급여, 공과금, 재산세 등)들을 가지고 있다. 이와 관련된 주요 항목들의 예시는 다음과 같다. 즉, 기중에 비용이 발생하였지만 아직 지급하지 않아 장부에 기록되지 않은 비용을 말한다.

① 종업원에게 아직 지급하지 못한 급여의 일부 및 누적된 휴가비용
② 아직 청구되지 않은 전화 및 전기사용료, 그리고 각종 공과금
③ 단기간 사용하기 위해 자금을 빌렸으나, 회계연도 말까지 아직 만기가 되지 않은 차입금에 대한 이자비용
④ 아직 세금청구서가 도착하지 않은 매년 지급해야 하는 재산세
⑤ 완성된 제품을 판매할 때 인식해야 하는 제품보증비용

미지급비용에 대한 기록을 누적시키지 않을 경우, 기업의 연차회계보고서에 심각한 문제를 야기시킨다. 이로 인해 기말 재무상태표상에 부채가 과소계상되며, 비용 또한 그 기간에 과소계상된다. 따라서 기업은 어떤 비용이 시간의 흐름에 따라 누적되고 있는지를 구별하여 회계기말에 이러한 부채 금액을 전부 기록해야 한다. 본 예제에서는 영업비용을 지급하기 전에 기업이 부채로 가지고 있는 미지급영업비용의 평균보유기간(average gestation period)은 6주가 된다. 따라서 회계기간말의 미지급영업비용은 재무상태표상에 다음과 같이 표시된다.

6/52×그해의 영업비용($2,080,000)=기말 미지급영업비용($240,000)

미지급영업비용의 기말잔액은 $240,000임을 〈표 10-1〉에서 찾아볼 수 있다. 그렇다면 6주라는 기간은 전형적으로 기업에 낮은 수치일까? 아니면 높은 수치일까? 분명 그 어느 쪽도 아니다. 각 기업마다 다소 다를 수 있다. 또한 〈표 10-1〉에서 보는 바와 같이 재고자산과 관련된 외상매입금(매입채무)에서 발생하는 영업비용보다 오히려 재고자산 이외에서 발생하는 미지급영업비용이 더 크다는 것도 사뭇 놀랄 만한 일은 아니다.

외상매입금(매입채무)에 대해서 얘기하자면, 많은 기업들은 외부보고용 재무상태표상에 미지급영업비용을 외상매입금(매입채무)과 합하여 하나의 부채계정으로 기록하기도 한다. 이 두 계정과목의 공통점은 이자비용과 관련이 없는 계정과목이라는 사실이다. 이들은 기업의 영업활동과정에서 나타나며, 제품을 제조하거나 혹은 구매할 때 나타나는 계정과목이다. 이러한 이유 때문에 이들은 자생적 부채(spontaneous liabilities)라고도 부른다. 즉, 자금을 빌릴 때가 아닌 기업이 영업활동을 할 때 그 자리에서 즉시 자동적으로 조성되는 자생적인 자금조달원 계정이다. 따라서 이들을 하나의 통합계정으로 묶어 표기하는 것은 '일반적으로 인정된 회계원칙'(GAAP)에 부합된다.

〈표 10-1〉에서 보는 바와 같이, '기말 매입채무_영업비용'의 잔액($120,000)과 미지급영업비용의 잔액($240,000)의 합은 $360,000이다. 즉, 기업에서는 해당 회계기간 동안에 이 금액만큼 영업비용을 위한 현금지급의 부담이 경감되었다는 의미이다. 물론 다음 해에 이 금액만큼 현금을 지출해야 하겠지만, 일단 당기에는 현금지출이라는 부담에서 해방된다. 그러나 외상매입금(매입채무)과 미지급비용의 크기는 기업의 현금흐름에 아주 심각한 영향을 준다. 두 계정들의 어떠한 변화도 기업경영자와 투자자 그리고 채권자에게 중요한 항목인 현금흐름에 막대한 영향을 준다는 것이다.

2. 이자비용이 발생하다!

실무적으로 모든 기업에서는 외상매입금(매입채무)계정과 미지급비용계정을 가지고 있다. 또한 대부분의 기업들은 거래은행으로부터 자금을 차입하거나 유상증자나 사채발행 등 그 밖의 다른 원천으로부터 자금을 조달하고 있다. 어음이나 혹은 이와 비슷한 증서를 통해 자금을 차입하기도 하는데, 이때 나타나는 계정과목이 부채계정인 지급어음(notes payable)이다. 이러한 지급어음은 재무상태표상에서 이자비용을 물지 않는 부채계정과 함께 기록되는 것이 아니라 별도의 단기차입금계정으로 기록되는 것이 일반적이다.

일반적으로 지급어음은 진성어음이라고도 하는데, 이는 일반적인 상거래에서 나타나는 어음상의 채무를 말한다. 반면 약속어음을 발행하여 금융기관에 제공하고 자금을 차입하는 경우가 있는데, 이를 단기어음차입금(short-term loan notes payable)이라고 한다. 이는 진성어음과 구별하기 위해 융통어음이라고 부른다. 반면 현금을 단기간 차입한 경우 만기에 상환해야 할 채무를 단기차입금이라고 한다. 물론 차입금에 대한 이자는 지급되어야 한다. 반면에 외상매입금(매입채무)에 대해서는 그 금액을 지불하는 데 많은 시간이 지체되었거나, 혹은 채권자가 벌금으로 물리지 않는 한 실무적으로 이자를 지급하지 않는다.

이자비용은 기업이 차입금을 조달하여 사용함으로써 누적적으로 발생되는 빚이라 할 수 있다. 기업에서는 돈을 빌릴 때마다 자금대여자에게 되갚을 빚이 늘어간다. 이러한 차입금에 대한 이자비용의 비율을 이자율(interest rate)이라 부르며 이는 퍼센트(%)로 표시된다. 여기서 퍼센트는 백분율을 말하는데, 예를 들어 1년 동안에 $100,000을 빌린 후 $10,000을 이자비용으로 지급한다면 연이자율은 다음과 같이 계산된다.

이자비용($10,000)/차입금($100,000) = 연이자율(10%)

이자율은 자금대여기간이 1년보다 길거나 혹은 짧더라도 1년을 기준으로 하는 연이자율로 표시된다. 또한 이자비용은 포괄손익계산서상에 항상 별도의 비용으로 보고된다. 이는 이자비용의 규모 때문이 아니라 별도공시가 요구되는 이자비용의 속성 때문이다. 이러한 이자비용은 영업비용과는 달리 금융원가(finance costs)라 부르는데 기업이 어떤 방법으로 자금조달을 하느냐에 따라 그 크기가 달라진다. 일반적으로 자금조달의 기본적인 선택은 빚(debt)과 지분(equity)을 놓고 결정하게 된다. IFRS에서는 금융원가에 대해 구체적인 정의를 하지 않았지만 이자비용 및 자본조달과 관련된 제반비용을 의미한다고 할 수 있다.

이자비용과 관련하여 아마도 많은 사람들은 반문할지도 모른다. 그렇다면 언제부터 이자를 갚아야 할까? 이것은 상황에 따라 달라진다. 단기지급어음(1년 혹은 이내)에 대한 이자는 통상적으로 어음의 만기일에 한꺼번에 지급된다. 대여기간의 마지막 날인 만기일에 원금과 이자를 한꺼번에 지급해야 한다. 장기지급어음(일반적으로 1년 이상)의 경우에는 통상적으로 이자는 월별로 지급된다. 물론 단기지급어음이든 장기지급어음이든 어떤 경우에도 이자비용을 지급할 때 시간적인 지체가 있을 수 있다. 그럼에도 불구하고 이자비용은 자금을 융통하고 있는 전체 기간 동안에 걸쳐 계산된다.

결산시점인 회계연도 말에는 아직 지급되지 않은 이자비용이 결국 누적계산되어 미지급이자비용(accrued interest payable)이라는 부채계정에 기록된다(본 예제에서는 $17,167임). 이는 이자만 비용으로 별도기록된다는 것 이외에는 전술한 미지급영업비용계정과 같은 맥락으로 이해하면 된다. 외부보고용 회계보고서에서는 이러한 미지급이자비용은 다른 부채계정 속에 묻혀버릴 때가 있다.[3]

'일반적으로 인정된 회계원칙'(GAAP : generally accepted accounting principles)에서는 회계연도 말까지 지급되지 않은 비용의 경우, 부채항목인 미지급비용(accrued expense)으로 기록할 것을 요구하고 있다. 여기에서 주의 깊게 짚고 넘어갈 내용이 있다. 지급되지 않은 비용의 인식은 현금흐름을 결코 감소시키지 않는다는 점이다. 단지, 이러한 미지급비용이 실질적으로 지급되는 시점에서 기업의 현금흐름이 감소될 뿐이다. 아래에서는 회계정보가 발생주의회계에 근거하여 산출되기 때문에 회계기말에 반드시 필요한 수정(정리)분개과정에서 조정해야 하는 발생항목에 대해 살펴보았다.

3. 발생항목(accruals) 회계처리 : 미지급비용, 미수수익

발생항목은 기중에 발생한 비용이거나 혹은 발생한 수익으로서 아직 미지급되어서 장부에 기록되지 않은 비용 혹은 아직 현금을 받지 않아서 장부에 기록되지 않은 수익이다. 즉, 수익 및 비용이 발생하였지만 현금수입 및 현금지출이 아직 없다.

(1) 회계처리 유형의 도해 예시 : R형(미수수익)

예를 들어, 수익발생시점(②)보다 현금이 나중에 유입되는 경우(R형 ③ 시점)에 미수수익이 발생하며, 이는 자산항목이 된다.

---

3) 이자비용계정에는 대여금청구절차비용(loan application and processing fees)과 같은 그 밖의 다른 차입비용을 포함시키는 것이 더 적절할 수 있다. 여기에는 소위 말하는, 자금대여자가 요구하는 직접비용 그리고 법적 소송비용 등과 같은 그 밖의 부수적인 비용이 이에 속한다. 그러나 이러한 부대비용을 이자비용계정에 기록했는지, 혹은 다른 비용계정에 기록했는지, 기업의 외부보고용 재무제표에서 이를 구별하는 것은 그리 쉬운 일이 아니다.

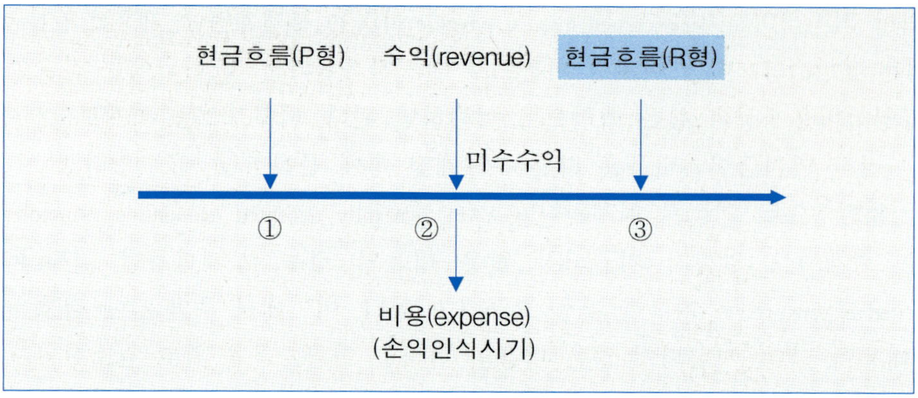

(2) **현금흐름의 시기가 손익인식시기보다 늦을 경우 : R형(미수수익, 미지급비용)**

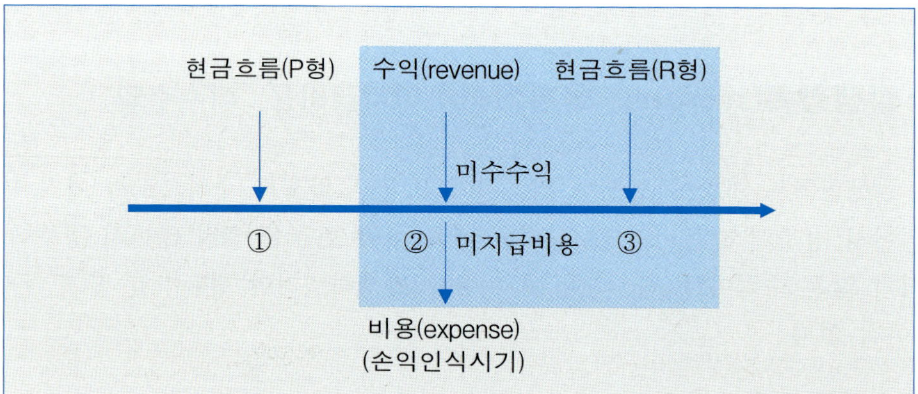

구 분	형 태	② 시점에서		③ 시점에서
수 익	미수형(accrued)	자산(미수수익)	➡	미수분이 들어오면 현금유입
비 용	미지급형(accrued)	부채(미지급비용)	➡	미지급분이 나가면 현금지출

영어로 토의해 보기(Discussion Questions)

[DISCUSSION 1]

Using the three-step process illustrated in the chapter, (1) identify the type of adjustment that is required for each of the following transactions (a) through (c) for Morgan Marketing Company, (2) determine the amount of the adjustment, and (3) record the adjusting entry necessary at year-end December 31, 20×1.

(a) Estimated electricity usage at $360 for December to be paid in January 20×2.

(b) Owed wages to 10 employees who each worked four days at $150 per day at the end of December. The company will pay employees at the end of the first week of January 20×2.

(c) On September 1, 20×1, loaned $5,000 to an officer who will repay the loan principal and interest in one year at an annual interest rate of 14 percent.

ANSWER

(a)
1. Type – Accrued expense
2. Amount – $360 given
3. Adjusting entry –

Utilities expense (+E, −SE)	360	
Utilities payable (+L)		360

(b)
1. Type – Accrued expense
2. Amount – 10 employees × $150 per day × 4 days = $6,000 incurred
3. Adjusting entry –

Wages expense (+E, −SE)	6,000	
Wages payable (+L)		6,000

(c)
1. Type – Accrued revenue
2. Amount – $5,000 × .14 × 4/12 = $233 (rounded) interest earned
3. Adjusting entry –

Interest receivable (+A)	233	
Interest revenue (+R, +SE)		233

[DISCUSSION 2]

Explain why accruals and deferrals are necessary under accrual basis accounting but not under cash basis accounting. In your answer, include an explanation of accruals and deferrals as they apply to both revenues and expenses.

ANSWER

Cash basis accounting has very simple guidelines for recognizing revenues and expenses – if cash is received or disbursed as a result of producing, selling, or delivering goods or services, a revenue or expense should be recognized. This leaves very little question as to the period in which to recognize the item.

Accrual accounting attempts to recognize revenues in the income statement period they are earned and realizable, and the method attempts to match those expenses that help generate the revenue to the same income statement period. This involves more complexity as to the period in which to recognize the items. This complexity is the basis for the two types of adjustments, accruals and deferrals.

Accruals are adjustments made to recognize revenues or expenses that should be included on the income statement of the current period but have not yet been recorded because the associated cash has not been received or paid. Accrued revenues reflect amounts earned for which there is an enforceable claim but no cash has been received. Accrued expenses are those that have been incurred during the period but have not yet been recognized or paid.

Deferrals are postponements of the recognition of revenues or expenses even though they have already been paid for and recorded. Deferred revenues are created when cash is received before it is earned and represent a liability of the company. Deferred expenses are created when cash is paid before an expense has been incurred and remain until the expense has been incurred. Therefore, examples of these may vary.

CHAPTER 11

법인세비용과 미지급법인세의 연관성

기업경영자는 영업실적이 좋은 해에는 기업이 벌어들인 이익에 대하여 많은 세금(포괄손익계산서상의 법인세비용)을 납부하게 될 것을 예상한다. 즉, 기업이 영업활동을 통해 이익을 얻게 되면 국가에 세금을 납부해야 한다. 이때 기업에서 당장 세금을 내지 않고 세금납부를 나중으로 이연시킨다 할지라도, 회계에서는 수익·비용의 대응원리에 따라 이 세금을 비용처리해야 한다.

세금은 반드시 현금납부를 요구한다고 볼 수 없는 일종의 비용으로도 볼 수 있다. 어떤 때에는 현재 시점에 비용으로 기록된다 할지라도 당장에 현금을 납부하지 않고 미래의 오랜 기간에 걸쳐 이연시킬 수 있기 때문이다. 구체적으로 말하자면, 올해 회계연도 내에 납부해야만 하는 어떤 세금은 납세신고서를 수령할 때까지, 혹은 회계연도 종료 후라 할지라도 몇 달 동안 실질적으로 지급되지 않는다. 그러나 이러한 세금은 아직 현금납부를 하지 않았어도 기업의 비용으로 회계처리된다.

본장에서는 이와 관련하여 포괄손익계산서상의 법인세비용(income tax expense)과 재무상태표상의 미지급법인세(income taxes payable) 사이의 상호연관성을 살펴보고자 한다. 미지급법인세란 법인세의 미지급액뿐만 아니라 주민세, 농어촌특별세, 재산세 등의 미지급액까지를 포함한다. 즉, 기업의 결산시 당해 사업연도의 과세소득과 세율을 이용하여 납부해야 할 세액을 계산한 금액에서 기중에 이미 납부한 세액을 차감한 부분이 미지급법인세의 과목으로 기록된다.

1. 기업이 벌어들인 이익에 과세하다!

다음의 〈표 11-1〉을 참조하도록 하자. 한 해 동안 벌어들인 기업회계상의 회계이익인 법인세비용차감전이익(EBT : earnings before taxes)을 기준으로 한 기업의 법인세비용은 회계기말에 즉시 납부되는 것은 아니다. 법인세 산출의 근거가 되는 과세소득(taxable income)은 세법에 의거하여 산출되는 반면, 회계이익(법인세차감전이익 혹은 당기순이익)은 일반적으로 인정된 회계원칙에 의거하여 산출된다. 이와 같은 이유 때문에 과세소득은 포괄손익계산서상의 회계이익과 차이가 있다. 따라서 납부해야 하는 세금은 법인세비용이 아니라 과세소득과 세율에 의해 결정되는 세액이다. 현재 남아 있는 미지급법인세 잔액은 조세당국에 가까운 장래에 지급된다. 이러한 미지급 부분은 지급될 때까지 미지급법인세계정에 그대로 남아 있게 된다.

본 예제에서 기업의 법적 실체는 주식회사이다. 법적인 눈으로 볼 경우 독립적인 별개의 실체인 주식회사는 여러 가지 이점을 가지고 있지만 한편으로는 이익을 추구하는 영리기업으로서 벌어들인 이익에 대해 많은 법인세가 과세된다는 측면에서 심각한 부담을 동시에 지니고 있다고 할 수 있다.

좀더 기술적으로 말하자면, 본 예제의 기업은 규모면에서 동일 산업의 평균 혹은 그 이하 정도의 기업이라 하자. 예를 들어, 미국의 연방법하에서는 'S'corp 주식회사, 파트너십, 유한회사 등은 소기업처럼 일반적으로 세금을 내지 않는 법인들이다. 이러한 기업은 법인세혜택을 많이 받고 있지만, 그 대신 사회에 봉사하고 공헌하는 회사이다. 매 해마다 이들 기업의 모든 과세소득은 소유하고 있는 지분을 기준으로 개인소득세를 납부하는 주주에게 이전된다. 이는 기업이익에 대한 이중과세(double taxation)를 될 수 있는 한 피하기 위함이다. 만약 그렇게 하지 않으면, 기업에 대해 우선적으로 과세되며, 당기순이익을 기준으로 결정되는 현금배당의 범위까지 주주에게 또 한 번 과세되기 때문이다. 따라서 우리나라의 경우, 법인세에 과세하되 주주에게 개인소득세 과세시 배당세액공제를 통하여 이중과세를 어느 정도 조정하고 있다.

여기에서 강조하고자 하는 첫 번째 요지는 모든 기업은 무엇보다도 법인세를 납부할 정도로 최소한의 과세소득을 벌어야 한다는 것이다. 기업이 법인세를 부담하지 않기 위한 가장 단순한 방법으로는 영업을 하지 않아 돈을 벌지 않거나 혹은 회계처리를 엉터리로 하여 적자를 기록하는 것이다. 그러나 이런 식으

〈표 11-1〉 **법인세비용과 미지급법인세**

한 회계기간 동안의 포괄손익계산서

매 출 액(sales revenue)	$10,400,000
매 출 원 가	6,760,000
매출총이익(gross margin)	$3,640,000
영 업 비 용	2,080,000
감가상각비	260,000
영 업 이 익(operating earnings)	$1,300,000
이 자 비 용	103,000
법인세차감전이익(earnings before income tax)	$1,197,000
법인세비용	478,800
당기순이익(net income)	$718,200
기타포괄손익	0
총포괄이익	$718,200
주당순이익(earnings per share)	$3.59

회계기간말의 재무상태표

자 산		
현 금		$565,807
매 출 채 권		1,000,000
재 고 자 산		1,690,000
선 급 비 용		160,000
유 형 자 산	3,000,000	
감가상각누계액－기계장치 등	(800,000)	2,200,000
자산총계		**$5,615,807**
부채와 자본		
매입채무_재고자산		$520,000
매입채무_영업비용		120,000
미지급영업비용		240,000
미지급이자비용		17,167
미지급법인세		23,940
단기차입금		625,000
장기지급어음		750,000
자본금(200,000주)		775,000
이익잉여금		2,544,700
부채와 자본총계		**$5,615,807**

5%의 미지급법인세

로 충분한 돈을 벌기를 원하지 않는 기업이 과연 존재할까? 따라서 기업이 벌어들인 만큼 이에 따르는 세금부담은 반드시 갖고 있어야 한다. 즉, 기업이 일단 영업활동을 통해 이익을 창출할 수 있는 단계에 들면 법인세 납부를 두려워할 필요가 없다.

두 번째 요지는 지방세법뿐만 아니라 국세법인 법인세법에는 기업이 법인세비용을 감소시킨다든지, 아니면 세금납부를 연기할 수 있도록 허용하는 세법의 허점이 존재하고 있다는 것이다. 더구나 그러한 선택권이 기업에 다양하게 주어져 있다.[1] 대부분의 기업에서는 법인세를 산출할 때, 이를 최소화하는 절세방법을 알려줄 수 있는 전문공인회계사를 고용하고 있다. 어느 해든지 기업은 해당 연도의 법인세를 최소화할 수 있는 세법의 다양한 규정으로 여러 가지 혜택을 받을 수 있기 때문이다. 그렇지 않으면, 해당 연도가 아닌 다음 회계연도에 법인세가 납부되도록 연기할 수도 있다.

이를 위한 간단한 예를 들어보자. 기업에서 과세소득(taxable income)에 대해 40%의 세율을 적용하여 법인세를 납부한다고 가정해 보자. 포괄손익계산서를 작성하기 위한 회계처리방법이 연간 법인세를 결정하기 위하여 세법에서 사용된 방법과 동일한 경우, 본 예제에서 기업의 법인세비용차감전이익(EBT : earnings before income tax)은 〈표 11-1〉에 나타난 대로 $1,197,000이다. 이 금액을 기준으로 과세소득을 산정하고 정부에 세금을 납부해야 한다. 예를 들어 40%의 세율을 적용하면, 해당 회계연도 한 해 동안의 법인세비용을 다음과 같이 간단하게 산출할 수 있다(단, 여기서는 법인세차감전이익과 과세소득은 동일하다고 가정한다).

과세소득($1,197,000)×세율(40%) = 법인세비용($478,800)

본 예제에서는 기업의 당해 연도 법인세비용으로 위에서 산출된 금액 $478,800이 표시되어 있다. 그렇다면, 40%의 세율은 어떻게 결정될까? 예를 들어, 미국의 경우 현재 과세소득 $1,197,000에 대한 중앙정부 법인세율은 34%이다. 가장 높게 적용되는 법인세율은 35%이지만 대다수의 주에서는 5%에서 6%

1) 이 사실을 이해하기에는 조금 난해할 수도 있다. 회계기준에 따라 산출된 회계이익을 회계기준과 세법의 규정이 다른 사항만을 조정하여 과세소득을 산출한다. 이를 세무조정이라고 하는데, 법인세비용과 실제 법인세납부액의 차이를 초래하게 하는 원인은 다양한 형태로 나타날 수 있다.

의 차이를 두고 법인세율을 적용한다. 물론 법인세를 부과하는 것은 단순한 일이 아니다. 그러나 40%의 세율은 현실적인 수치이다. 중앙정부 법인세법에서는 모든 기업이 회계연도 기간 동안에 분할납입으로 회계연도 말까지 모든 연간법인세비용이 납부되어야 한다고 규정하고 있다. 그러나 실질적으로는 총연간법인세비용이 상대적으로 적은 일부 세금에 대해서는 아무런 제재조치도 없기 때문에, 해당 연도의 연말까지 납부되지 않는다.

본 예제에서는 한 해 동안 법인세비용의 95%를 지급했다는 것을 알 수 있다. 즉, 기말에 이 기업은 국세청에 연간세금의 5%를 납부하지 않아 그만큼의 빚을 지고 있는 셈이다. 이 미지급된 부분은 〈표 11-1〉에서 보는 것처럼, 미지급법인세계정에 기록된다. 따라서 부채계정인 미지급법인세의 기말잔액은 아래와 같이 산출된다.

5%×한 해 동안의 법인세비용($478,800) = 미지급법인세($23,940)

법인세법은 매년 폭넓게 개정되고 있다. 물론 세금정책은 매년 경제상황을 고려하여 여건을 개선하고자 수립되고 있지만 국회에서 과도하게 땜질식으로 운영하고 있기 때문이다. 아마도 세법규정을 정기적으로 조절한다고 할까? 다시 말해 오래된 세법의 허점을 없애고 새로운 세법의 허점을 다시 만들고 있는 꼴이다. 세율은 시간의 흐름에 따라 자주 변화한다. 이러한 이유들 때문에 매년말에 실질적으로 얼마만큼의 법인세가 납부되고 있지 않은지 이를 정확히 추정하기가 매우 어렵다. 일반적으로 기업의 가장 최근 회계연도 말의 법인세비용 중에서 아직 납부되지 않은 부분은 보통 연간세금의 5% 이상으로 알려지고 있다.

짧은 기교 한마디 : 회계이익과 과세소득

기업은 연간 과세소득에 영향을 주기 위해 어떤 특정의 회계처리방법을 선택할 수 있다. 이 경우 포괄손익계산서상의 매출액과 비용을 기록하기 위해 사용하는 일반적인 회계처리방법보다 더 보수적인 회계처리방법을 채택하는 것이 일반적이다. 그 이유는 기업이 법인세비용의 자금을 다음 해로 연기하고자 하기 때문이다. 재고자산의 원가배분방법인 LIFO방법이 그 예다.

이와 같은 상황에서 '일반적으로 인정된 회계원칙'(GAAP)에서는 포괄손익계산서상의 법인세비용은 포괄손익계산서에 기록된 법인세비용차감전이익(EBT)과 일맥상통해야 한다고 규정하고 있다. 통상적으로 해당 연도의 과세소득이 이와 비교하여 다소 적은 경우가 많다. 즉, 포괄손익계산서상에 기록된 법인세비용은 그해에 실질적으로 납부되는 법인세보다 조금 높게 기록되고 있다.

세법상의 산출세액(실질적으로 납부된 법인세)이 기업회계상 법인세비용보다 적기 때문에 미래에 그 차이만큼의 법인세를 많이 납부해야 한다. 그러므로 이는 재무상태표상의 이연법인세부채(deferred tax liabilities)로 기록된다. 한편, 세법상의 산출세액이 기업회계상의 법인세비용보다 더 클 경우, 미래에는 그 차이만큼 법인세를 적게 납부해야 하기 때문에 이는 재무상태표상의 이연법인세자산(deferred tax assets)으로 기록된다. 이렇게 일시적인 차이[2]의 결과로 기록되는 법인세 관련 자산과 부채를 통틀어서 이연법인세(deferred income tax)라고 한다. 이와 같이 기업회계기준과 세법 간의 차이로 인해, 법인세비용과 법인세부담액인 산출세액의 차이로 인해 좀더 일찍 세금을 납부하기도 하고, 좀더 늦게 납부하기도 한다. 이에 따라 이연법인세자산 및 이연법인세부채가 발생하는 것이다.

2) 기업회계상 장부금액(book value)과 세무상 세무기준액(tax base)의 차이로 인하여, 기업회계상 재무보고 목적으로 산출된 특정 회계연도의 회계이익(법인세비용차감전이익 혹은 당기순이익)과 세무상 세무신고 목적으로 산출된 과세소득 간에 차이가 발생하게 된다. 이를 일시적 차이(temporary difference)라고 부른다. 이런 일시적 차이는 미래의 회계연도에 반드시 반대의 결과가 나타남으로써 전체적인 효과는 동일하다. 따라서 일시적 차이를 시점차이(timing difference)라고도 한다. 반면에 영구적 차이(permanent difference)는 특정 회계연도에만 영향을 주기 때문에 미래기간에 그 효과가 상쇄되지 않는다.

영어로 토의해 보기(Discussion Questions)

[DISCUSSION 1]

What is meant by saying that debt provides a tax shield?
When can a firm lose the tax benefit of debt?

ANSWER

Interest is deductible for taxes so issuing debt shields the firm from taxes.

A firm losses the tax benefit of debt when it cannot reduce taxable income with interest on debt. This can happen if a firm has losses in operations (and thus has no income to reduce with the interest deduction). In the U.S. this situation is unlikely because firms can carry losses forward or backward against future or past income.

[DISCUSSION 2]

Why might a deferred tax liability not be considered a liability for credit scoring?

ANSWER

If a deferred tax liability is unlikely to be paid, it is not truly a debt obligation that has to be serviced. If a firm is growing (so that investments that result in the liability grow), the deferred tax liability is continually “rolled over” never paid.

CHAPTER 12

당기순이익과 이익잉여금의 연관성 : 주당순이익(EPS)

이익잉여금은 기업이 존재하고 있는 동안 기업활동을 통해 축적된 이익을 주주들에게 배당금으로 지급할 수 있는 항목으로 납입자본으로 대체시키지 않고 기업내부에 유보하고 있는 부분이다. 이러한 이익잉여금은 재무상태표상의 부채나 자본의 다른 항목들처럼 자산의 청구권의 관점에서 설명할 수 있다. 기업에서 이익잉여금을 만들어보려는 공동자금은 결코 존재하지 않으며, 오랜 기간에 걸쳐 매해 기업이 벌어들인 당기순이익에 의해 증가된 이익잉여금은 주로 유형자산에 투자된다. 이러한 이익잉여금의 변동에 대한 중요한 정보는 자본변동표를 통해 제공하고 있으며, 자본변동표는 기본재무제표[1]의 하나로 취급된다.

기업회계기준서에서는 단순히 기업의 총이익 혹은 당기순이익에만 초점을 두기보다는 보통주 1주당 이익의 크기를 측정하여, 이에 대한 공시를 요구하고 있다. 즉, 주당순이익(EPS : earnings per share)을 공시하여 투자의사결정을 위한 중요한 지표를 제공하고 있다. 그 밖에도 중단영업실적에 대한 주당순이익도 계산하여 그 산출근거를 주석으로 기재하도록 규정하고 있다.

기업의 성과를 분석하기 위한 여러 가지 수단이 있지만 이 중에서 재무제표

1) 제3장에서 설명한 대로 한국채택국제회계기준(K-IFRS)에서는 재무상태표, 포괄손익계산서, 현금흐름표, 자본변동표, 주석을 기본재무제표로 규정하고 있다. 과거의 이익잉여금처분계산서는 자본 중에서 이월이익잉여금의 변동내역만을 나타낼 뿐이다. 따라서 자본의 변동내역에 대해 포괄적이고 체계적인 정보를 제공할 수 있는 자본변동표가 새로 도입되었다.

상의 비율분석을 빼놓을 수 없다. 이때의 비율은 재무제표상에서 하나의 계량적인 크기와 또 다른 계량적인 크기 사이에 수리적인 관계로 표시된다. 보편적으로 기업의 재무제표분석은 유동성(liquidity), 수익성(profitability) 그리고 지불능력(solvency)의 안정성(stability), 그리고 성장성(growth) 등의 비율을 기준으로 분석되고 있다.

본장에서는 그중에서 수익성 비율분석[2]에 사용되고 있는 주당순이익(EPS)을 당기순이익과 이익잉여금의 연관성 측면에서 설명하고자 한다.

1. 재무상태표에 당기순이익을 기록할 수 있을까?

〈표 12-1〉에서는 포괄손익계산서상의 당기순이익(net income)과 재무상태표상의 이익잉여금(retained earnings) 간의 연관성을 나타내고 있다. 여기에서는 기업에서 창출한 수익이 재무상태표계정인 이익잉여금을 증가시킨다는 것과, 또 주당순이익(EPS)과 어떤 연관성이 있는지를 설명하고자 한다.

예를 들어, 기업이 $2,000만의 총자산과 $700만의 총부채(예 : 무이자부 단기지급어음과 이자부 장기지급어음)를 가지고 있으며, 최초의 자기자본인 투자금액이 $400만이었다고 가정해 보자. 회계학적인 자산은 어느 날 갑자기 하늘로부터 떨어지지 않는다. 이 경우 나머지 자본 $900만은 기업이 영업활동으로 벌어들인 이익 중에서 아직 배분하지 않은 축적된 유보이익(이익잉여금)임에 틀림없다.

기업에는 독립적인 소유주지분계정이 존재한다. 하나는 소유주가 직접 투자하여 불입한 납입자본이며, 또 하나는 이익잉여금이다. 납입자본은 법정자본금과 자본잉여금의 합계액을 말한다. 기업회계기준서에서는 자본을 크게 이와 같은 납입자본과 이익잉여금, 그리고 기타자본요소로 분류하고 있다. 기타자본요소는 기타포괄손익누계액과 자본조정항목을 포함한다.

---

2) 수익성 비율분석에서는 기업의 영업활동에 관한 성공여부를 측정한다. 이를 위한 분석의 도구로서는 매출액순이익률(profit margin ratio, return on sales), 총자산이익률(return on asset ratio), 주가수익률(price-earnings ratio), 주당순이익(earnings per share) 등이 있다. 그 밖에 유동성 비율분석, 활동성(효율성) 비율분석, 안정성 비율분석, 성장성 비율분석이 있는데, 이에 대한 구체적인 내용은 제18장에서 설명된다.

〈표 12-1〉 당기순이익과 이익잉여금 : 주당순이익(EPS)

한 회계기간 동안의 포괄손익계산서

매 출 액(sales revenue)	$10,400,000
매 출 원 가	6,760,000
매출총이익(gross margin)	$3,640,000
영 업 비 용	2,080,000
감가상각비	260,000
영 업 이 익(operating earnings)	$1,300,000
이 자 비 용	103,000
법인세차감전이익(earnings before income tax)	$1,197,000
법인세비용	478,800
당기순이익(net income)	$718,200
기타포괄손익	0
총포괄이익	$718,200
주당순이익(earnings per share)	$3.59

당기순이익은 이익잉여금을 증가시킨다

회계기간말의 재무상태표

자 산		
현 금		$565,807
매 출 채 권		1,000,000
재 고 자 산		1,690,000
선 급 비 용		160,000
유 형 자 산	3,000,000	
감가상각누계액－기계장치 등	(800,000)	2,200,000
자산총계		**$5,615,807**
부채와 자본		
매입채무_재고자산		$520,000
매입채무_영업비용		120,000
미지급영업비용		240,000
미지급이자비용		17,167
미지급법인세		23,940
단기차입금		625,000
장기지급어음		750,000
자본금(200,000주)		775,000
이익잉여금		2,544,700
부채와 자본총계		**$5,615,807**

당기순이익($718,200)을 보통주식수 200,000주로 나눈 값 (EPS＝$3.59)

〈표 12-1〉의 포괄손익계산서에서는 기업이 한 해 동안 $718,200만큼의 당기순이익을 벌었다는 것을 나타내고 있다. 이 금액이 바로 재무상태표상의 소유주지분계정인 이익잉여금의 증가로 나타난다. 연간 당기순이익의 발생은 이익잉여금계정의 증가로 회계처리하고, 당기순손실 및 소유주(주주)에게 이익배분(예 : 배당금 지급 등)은 이익잉여금계정의 감소로 회계처리한다.

따라서 회계연도 기간 동안에 기업에서 벌어들인 이익으로 주주에게 $100,000만큼 현금배당을 실시했다면 이익잉여금은 해당 연도에 $718,000이 아닌 $618,000만큼만 증가하게 된다. 회계기말 현재 기업의 이익잉여금은 $2,544,700로서 기업이 여러 해 동안에 쌓아온 영업활동의 누적적인 결과물이라 하겠다. 이와 같이 상대적으로 많은 기말이익잉여금이 있는 것으로 보아, 여러 해 동안에 걸쳐 많은 이익을 창출하여 사내에 유보했다는 것을 알 수 있다.

그럼에도 불구하고 재무상태표만을 통해 이 기업이 과거에 한 해 혹은 여러 해에 걸쳐 손실을 입었는지, 혹은 현금배당을 언제 지급하고 있는지 등을 구별하기란 쉽지 않다. 만약 여러 해에 걸친 기업의 순손실이 순이익보다 더 크다면 기업의 이익잉여금은 부(−)의 잔액을 갖게 된다. 이러한 손실을 누적결손금(accumulative deficit)이라 부른다.

이익잉여금은 재무제표상에서 가장 오해를 불러일으킬 수 있는 계정일 수 있다. 대다수의 사람들은 실무 경험이 많은 기업경영자들까지도 이익잉여금은 자산계정이라고 하고, 심지어는 잉여현금계정이라고 말하기도 한다. 그러나 분명한 것은 이익잉여금은 자산도 아니며 더군다나 현금은 더욱 아니다. 본 예제에서 재무상태표상의 $565,807의 기말현금잔액은 〈표 12-1〉에 나타난 대로 현금계정에 별도로 기록된다.

이익잉여금을 증가시키는 주된 원천은 당기순이익이며 감소시키는 주된 원천은 당기순손실과 배당이라 할 수 있다. 이러한 이익잉여금은 포괄손익계산서와 재무상태표를 연결시키는 주요 항목이 된다. 그러나 이익잉여금 잔액 자체는 실질적으로 그렇게 중요한 의미를 지니고 있다고 보기는 힘들다. 예를 들어 보자. 기업은 때로는 모든 자산을 처분하여 빚을 갚으며, 주주들에게는 그들이 납입한 투자액(납입자본)을 돌려줄 수 있다. 이와 같이 이익잉여금에 해당되는 잔액을 초과하여 청산시점에 납입자본의 일부를 현금배당금으로 배분(청산배당)할 수도 있다. 물론 기업이 계속 정상적인 영업을 하기 위해 이와 같은 일은 결코 일어나서는 안 될 것이다.

2. 주당순이익(EPS)이란 무엇일까?

기업의 이익실적은 이전 기간과 비교하여 얼마나 증감이 이루어졌는지에 초점을 두어야 하며, 이는 회계정보이용자들의 큰 관심사이다. 포괄손익계산서상에 표시되는 당기순이익은 한 회계기간 동안 기업의 전반적인 이익측정치라 할 수 있다. 이와 관련된 주당순이익(EPS : earnings per share)은 기업의 보통주주 각각에게 귀속되는 1주당 순이익이 얼마인지를 나타내는 성과지표이다. 즉, 한 기간 동안에 기업의 영업활동성과를 나타내는 지표로서 보통주식 1주당 순이익이 얼마인지를 나타내며, 투자자들이 투자의사결정에 가장 많이 이용하는 지표이다.

다시 본서의 예제로 돌아가자. 어떤 사람이 기업의 보통주 10,000주를 소유하고 있다고 가정하자. 수년 전에 그 기업이 처음으로 설립될 때 그 사람은 $30,000을 투자했다. 즉, 현재 그 사람은 최초주주인 셈이다. 그 사람이 처음에 투자했을 때의 1주당 구입원가는 $3.0(=$30,000/10,000주)이었다. 그 후 기업은 사업을 확장하면서 추가적으로 새로운 투자자들에게 주식을 발행하기 시작했다. 그러나 그 후에 투자한 투자자들은 1주를 사기 위해 이전보다 더 많은 비용을 지불해야 했다.

이 사실은 〈표 12-1〉에서 확인할 수 있다. 재무상태표상의 $775,000의 자본금 잔액을 현재 200,000주의 유통주식수로 나누면 대략 1주당 $4.00이 산출된다. 나중에 투자한 투자자들은 아마도 $10.00 혹은 $15.00 혹은 이보다 더 높은 비용을 지불하면서 투자했을 것이다. 이 경우, 최초 주주인 그 사람은 지분의 5%(=10,000주/200,000주)를 소유하고 있다고 해서(왜냐하면, 총 200,000주에서 10,000주를 투자했기 때문임) 단순하게 적극적인 외부투자자라고 말할 수는 없다. 다만, 기업의 이익으로부터 배분되는 배당의 5%를 수령할 수 있는 권리가 있으며, 주주권리행사를 함에 있어서 5%의 의결권으로 기업의 경영활동을 통제할 수 있다. 물론 기업의 주주로서 기업의 연차재무보고서를 제공받을 것이다. 또한 두말할 나위 없이 해당 주주는 기업의 영업성과에 아주 관심이 많을 것이며, 연간순이익 $718,200 중에서 5%인 $35,910을 자기의 지분으로 볼 수 있다. 이는 당기순이익을 하나의 파이로 간주했을 때 해당 주주에게 돌아갈 수 있는 지분이다. 또한 당기순이익을 유통주식수로 나눈 아래의 주당순이익(EPS)을 근거로 처음에 투자했던 그 사람에게 돌아갈 수 있는 지분 $35,910(=$3.59×10,000주)을 파악할 수 있다.

본 예제에서 해당 연도의 EPS(주당순이익)는 다음과 같이 산출된다.

보통주에 귀속되는 당기순이익($718,200) / 유통보통주식수(200,000) = 주당순이익($3.59)

이러한 주당순이익은 유상증자 등으로 발행주식수에 변화가 생겼다면 기간별로 혹은 기업별로 주당순이익을 비교하는 것이 의미가 있다. 그러나 발행주식수에 변화가 없다면 당기순이익의 비교만으로도 충분하다.

미국의 경우 '일반적으로 인정된 회계원칙'(GAAP)에서는 잘 구축된 증권시장(예 : 뉴욕증권거래소 ; NYSE : New York Stock Exchange 혹은 NASDAQ : National Association of Securities Dealers Automated Quotations Systems와 같은 증권시장)에서 주식이 거래되는 상장기업과, 이와 같은 장소에서 거래될 수 없는 비상장기업을 따로 구별하고 있다.[3] IFRS에서는 상장기업만이 포괄손익계산서상에 EPS를 표시하고 그 산출근거를 주석에 공시하도록 규정하고 있다. 즉, 비상장기업은 그들이 원한다면 자율적으로 공시하되 반드시 공시할 필요는 없다. 이에 따라 대부분의 비상장기업은 EPS를 공시하지 않고 있다.

EPS는 기업의 순이익이 주식시장에서 어느 정도 평가를 받는지를 알기 위해 현재 주식의 시장가격(market price)과 비교된다.[4] 이 비율은 주가수익률(PER)이라고 하는데, 시장에서 주식가격이 순이익의 몇 배만큼으로 형성되어 있는지를 나타내는 지표이다. 비상장주식이나 개인기업의 주식은 실제로 시장이 존재하지 않지만, 그 기업의 주주들도 매매를 위해 주식의 가치를 산정하기 위해 EPS를 사용할 수 있다. 예를 들면, A가 B의 주식 1,000주를 사겠다는 의사표시를 했다고 가정하자. 아마도 B는 현재 $4.21인 주당순이익의 10배(대략 $42)로 그의 주식을 팔려고 할지도 모른다. 물론 A는 이 가격을 기꺼이 지불하려고 하지 않을 수 있지만 B는 그 가격을 요구할 수 있다는 것이다.

---

3) 우리나라의 경우 잘 구축된 시장에서 거래되는 유가증권이라 함은 코스피시장(KOSPI)에 상장되어 있거나 혹은 코스닥시장(KOSDAQ)에 상장되어 거래되는 유가증권을 의미한다. 특히 코스닥은 미국의 나스닥처럼 중소벤처기업을 위한 시장이다. 그 이외에 코넥스(KONEX)시장이 있는데, 이는 코스닥 상장요건을 만족시키지 못하지만 우수한 기술력 및 경쟁력을 보유한 중소벤처기업을 위한 전용증권시장이다.

4) EPS와 현재 1주당 주가(price)의 비율, 즉 주가수익률(PER : PE Ratio)은 제18장에서 구체적으로 논의하기로 한다.

영어로 토의해 보기(Discussion Question)

[DISCUSSION]

> It is sometimes said that firms prefer to make stock repurchases rather than pay dividends because stock repurchases yield a higher EPS. Do they?
> If share repurchases increase EPS more than dividends, do share repurchases also create more value than dividends?

ANSWER

Yes. Dividends reduce future EPS : with fewer assets in the firm, earnings are lower but shares outstanding do not change. A stock repurchase for the same amount as the dividend reduces future earnings by the same amount as the dividend, but also reduces shares outstanding. But firms should not prefer stock purchases for these reasons because the change in EPS does not amount to a change in value. See the next question. Shareholders may prefer stock repurchases if capital gains are taxed at a lower rate than dividend income.

Dividends reduce the price of a firm (and the per-share price). But shareholder wealth is not changed (at least before the taxes they might have to pay on the dividends) because they have the dividend in hand to compensate them for the drop in the share price. In a stock repurchase, total value drops by the amount of the share repurchase, as with the dividend. Shareholders who tender shares in the repurchase are just as well off (as with a dividend) because they get the cash value of their shares. The wealth of shareholders who did not participate in the repurchase is also not affected.

PART Ⅲ

현금흐름표의 이해

CHAPTER

13 영업활동 현금흐름

기업의 영업활동 실적을 기록하기 위해 널리 사용되는 보고서로는 포괄손익계산서 이외에 현금흐름표(statement of cash flows)가 있다. 그러나 현금흐름표상의 현금흐름은 동일한 회계거래에 대해 서로 다른 회계처리로 인해 발생하는 영향이 제거되기 때문에 영업성과에 대한 기업간 비교가능성이 제고된다. 특히 현금흐름표는 현금의 유입과 유출을 통한 현금흐름의 변동원인, 즉 현금에 대한 사용(uses)과 원천(sources)에 그 초점을 두고 있다. 현금흐름표는 다른 재무제표와 같이 사용하는 경우 기업의 유동성(liquidity)에 대한 정보를 제공하며, 지급의무에 대한 만기가 도달했을 때 현재의 지급의무에 대처할 수 있는 기업의 지급능력에 대한 정보를 제공하고 있다.

현금흐름표는 기업이 어디에서 어떻게 현금을 조달했으며, 재무제표에서 나타내고 있는 회계기간에 현금을 어떻게 사용했는지를 나타낸다. 반면 현금흐름표에 나타나는 현금의 유입 및 유출에 관한 정보는 발생시점을 명확하게 알 수 없기 때문에 미래의 현금흐름을 평가하기에는 어려움이 따른다. 따라서 미래의 현금흐름을 예측하고 평가하기 위해서는 발생주의에 근거하여 작성된 포괄손익계산서 혹은 재무상태표와 현금흐름표를 함께 검토해야 한다.

현금흐름표의 특징은 회계기간 동안의 영업활동을 통한 수익과 비용을 나타내는 포괄손익계산서와 흡사한 점이 있다. 그러나 한 시점에서 기업의 재무상태를 나타내는 재무상태표(statement of financial condition)와는 그 내용이 사뭇 다르다. 현금흐름표는 기업의 3가지 주요 활동별로 구분하여 표시되는데, '영업활동 현금흐름'(cash flow from operating activities)과 '투자활동 현금흐름'(cash flow from investing activities), 그리고 '재무활동 현금흐름'(cash flow from financing activities)이 바로 그것이다. 각 활동별로 그 내용을 구체적으로 예시하면 다음과 같다.

(1) 영업활동의 예시

- 기업의 수익창출활동을 말한다. 즉 제품의 생산 및 재화와 용역의 제조(구입) 및 판매와 관련된 모든 활동을 말한다. 투자활동을 통해 조달된 생산설비 및 원재료를 가지고 제품을 만들어내며 만들어진 제품은 소비자시장에 판매된다.
- 고객은 기업이 판매한 제품을 통해 자신의 욕구를 충족시키고, 그 대가로 기업에 돈을 제공한다. 기업은 고객에게 제품을 판매하고 받은 대가로 이익을 계산하고, 자금공급자인 채권자에게는 이자를 지급하며, 투자자에게는 배당금의 형태로 지급한다.[1)]

(2) 투자활동의 예시

- 기업경영자는 조달된 자금을 이용하여 필요한 유형자산을 취득한다.
- 현금성자산에 속하지 않는 투자자산 및 금융자산을 취득하거나 처분한다.
- 대여활동을 통해 대여금을 회수하거나 대여한다.
- 이자를 수취하거나 배당금을 수취한다.[2)]

1) 이자지급 혹은 배당금지급은 재무활동 현금흐름으로도 분류가능함.
2) 이자수취 혹은 배당금수취는 투자활동 현금흐름으로도 분류가능함.

(3) 재무활동의 예시

- 기업경영자는 경영활동을 수행하기 위해 필요한 자금을 자본시장을 통해서 조달한다.
- 자본시장으로부터의 자금조달은 다양한 수단에 의해서 이루어질 수 있으며, 일반적으로 주식발행이나 혹은 사채발행 그리고 은행 등 금융기관으로부터 현금의 차입을 통해 이루어진다.
- 자기주식을 취득하거나 차입금을 상환한다.

법인세는 통상적으로 영업활동 현금흐름으로 분류하지만, 투자활동이나 재무활동에 명백하게 관련되는 경우에는 투자활동 현금흐름 혹은 재무활동 현금흐름으로 분류한다. 본장에서는 포괄손익계산서와 재무상태표 이외에, 기업이 보고하는 주요 재무보고서인 현금흐름표(cash flow statement)[3]에 대해 설명하고자 한다. 특히 현금흐름표의 첫 번째 구성내역인 기업이익을 창출하는 '영업활동 현금흐름'에 그 초점을 두고 있다.

1. 왜 '회계이익'과 '영업활동 현금흐름'은 다를까?

잠시 다른 주제로 본문의 내용을 바꿔보기로 하자. 본서의 각 장에서는 매출액과 비용이 영업자산과 부채에 어떻게 연결되고 있는지를 설명하였다. 쉽게 말하면, 포괄손익계산서상의 매출액과 비용이 어떻게 재무상태표상의 자산과 부채의 변화를 초래하고 있는지 살펴보았다. 매출액이나 비용이 어떻게 재무상태표상의 자산이나 부채에 영향을 미치는지를 이해하지 않고서는 재무상태표마저도 쉽게 이해할 수 없기 때문이다.

제2장에서는 현금흐름을 간략하게 설명했다. 그러나 기업의 공식적인 현금흐름표는 다음의 〈표 13-1〉에 나타나 있다. 현금흐름표를 주의 깊게 살펴보자.

3) 현금흐름표는 1994년에 국제적인 추세에 발맞추어 '재무상태변동표'(statement of changes in financial position)와 대체된 재무제표이다. 재무상태변동표에서는 운전자본(working capital)의 변화에 관한 정보를 제공하였다. 이때 운전자본이란 유동자산에서 유동부채를 차감한 금액을 말한다. 기업은 영업활동을 위해 많은 현금이 필요하지만 너무나 과다하게 현금을 보유하게 되면 투자이익을 상실하게 되는 기회비용이 발생한다.

〈표 13-1〉 영업활동 현금흐름

재무상태표

자산	기말	기초	변화
현금	**$565,807**	**$750,000**	−$184,193
매출채권	1,000,000	825,000	$175,000
재고자산	1,690,000	1,250,000	$440,000
선급비용	160,000	185,000	−$25,000
당좌자산 합계	$3,415,807	$3,010,000	
토지, 빌딩, 기계장치 등	$3,000,000	$2,250,000	$750,000
감가상각누계액	(800,000)	(540,000)	−$260,000
자산총계	**$5,615,807**	**$4,720,000**	

부채와 자본	기말	기초	변화
유동부채			
매입채무-재고자산	$520,000	$450,000	
매입채무-영업비용	120,000	85,000	
매입채무 합계	$640,000	$535,000	$105,000
미지급영업비용	240,000	185,000	
미지급이자비용	17,167	12,500	
미지급비용 합계	257,167	197,500	$59,667
미지급법인세	23,940	36,000	−$12,060
단기차입금	625,000	600,000	$25,000
유동부채 합계	$1,546,107	$1,368,500	
장기지급어음	$750,000	$600,000	$150,000
부채총계	**$2,296,107**	**$1,968,500**	
자본금	$775,000	$725,000	$50,000
이익잉여금	2,544,700	2,026,500	$518,200
자본총계	**$3,319,700**	**$2,751,500**	
부채와 자본총계	**$5,615,807**	**$4,720,000**	

포괄손익계산서로부터

현금흐름표

영업활동 현금흐름		
당기순이익		$718,200
매출채권의 증가	−$175,000	
재고자산의 증가	−440,000	
선급비용의 감소	25,000	
감가상각비	260,000	
매입채무의 증가	105,000	
미지급비용의 증가	59,667	
미지급법인세의 감소	−12,060	
당기순이익에 현금흐름의 조정		**−177,393**
영업활동 현금흐름		$540,807
투자활동 현금흐름		
공장 및 기계장치의 구입		−$750,000
재무활동 현금흐름		
단기자금조달	$25,000	
장기자금조달	150,000	
주식발행	50,000	
주주에게 배당금지급	−200,000	$25,000
회계기간중 현금흐름의 증감		−$184,193
		(=$565,807−$750,000)

현금계정 잔액의 변화가 감소했음

처음이기 때문에 현금흐름표의 첫 번째 구성내역인 영업활동 현금흐름을 이해하기가 조금 힘들지 모르겠지만, 본장을 학습한 후에는 다음 장에서 논의될 현금흐름표상의 투자활동 및 재무활동 현금흐름의 구성내역을 이해하기가 한결 쉬울 것이다. 〈표 13-1〉에서는 자산과 부채, 그리고 소유주지분의 변화에 대한 내용이 포함된 기업의 비교재무상태표(comparative statement of financial position)를 동시에 제시하고 있다. 이러한 증감내역은 현금흐름표에 직접적으로 연결된다. 다만, 본장에서는 전술한 대로 현금흐름표의 첫 번째 구성내역인 영업활동 현금흐름에 그 초점을 두고자 한다.

많은 사람들은 다음과 같은 의문을 가질 수 있다. "왜 한 회계기간 동안 기업의 영업활동을 통해 창출된 회계이익은 기업이 가지고 있는 현금과 똑같지 않을까?" 본 예제에서의 기업은 한 해 동안 $718,200의 당기순이익을 벌어들였다. 그렇다면 기업은 왜 이와 똑같은 금액으로 현금을 보유하고 있지 않을까? 매우 궁금한 사항이 아닐 수 없다. 현금흐름표에서 첫 번째로 보고되는 영업활동 현금흐름(cash flow from operating activities)이 바로 이와 같은 질문에 대한 답을 제공한다.

〈표 13-1〉에서 보는 것처럼 현금흐름표상의 첫 번째 구성내역의 마지막 줄에서 '영업활동 현금흐름'을 발견할 수 있을 것이다.[4] $540,807의 '영업활동 현금흐름'이 $718,200의 당기순이익과 비교할 때 똑같지 않다는 것을 현금흐름표에서 쉽게 발견할 수 있을 것이다.

기업경영자는 다음과 같은 이중의 의무를 지니고 있다. 첫째는 기업의 이익을 창출하는 것이며, 둘째는 벌어들인 이익을 가능한 한 빨리 현금으로 전환하는 일이다. 현금으로 전환되는 시간이 길면 길수록 화폐의 시간가치(time value of money) 때문에 기업가치는 감소된다. 즉, 기업경영자는 포괄손익계산서에 보고된 당기순이익과 해당 연도 동안에 '영업활동 현금흐름'의 차액을 줄이는 것이 바람직하다. 이런 점에서 투자자와 채권자는 항상 '영업활동 현금흐름'에 관심을 기울이고 있어야 하며 이 금액을 통제하고 증가시킬 수 있는 기업경영자의 자질을 눈여겨볼 필요가 있다.

일반적으로 영업활동 현금흐름과 기업의 당기순이익을 동시에 비교분석하면 이익의 질(quality of income)을 간접적으로 평가하는 데 유용하게 사용할 수 있다. 특히 영업활동 현금흐름이 당기순이익을 초과할수록 이익에 대한 신뢰도가

4) '영업활동'이란 단어는 기업의 수익을 창출하는 행위(profit-making activities)로서 매출액과 비용에 대한 회계의 전문용어이다. 영업활동 현금흐름은 기업의 주된 수익창출활동의 결과로서 일반적으로 포괄손익계산서 항목과 관련하여 당기순이익의 결정에 영향을 미치는 모든 거래에서 발생한다.

높아지게 된다. 따라서 현금흐름표를 통해 이익의 질을 평가할 수 있다. 즉, 영업활동 현금흐름과 당기순이익 간의 비율이 1보다 클 경우 '이익의 질'이 높다는 징후로 볼 수 있다. 다시 말해, 영업활동 현금흐름 대비 당기순이익의 비율이 높을수록 회계기간의 당기순이익에서 현금거래가 차지하는 비중이 커진다는 것을 의미한다.

$$\text{이익의 질} = \frac{\text{영업활동 현금흐름}}{\text{당기순이익}}$$

한 회계기간 동안 발생주의에 따라 산출된 기업의 당기순이익으로부터 영업활동 현금흐름으로 전환시키기 위해서는, 본 예제에서는 7개 항목의 조정사항이 반드시 필요하다. 각 항목들은 영업활동 관련 자산과 부채 중의 하나와 연관되어 있으며(즉, 자산과 부채는 매출액과 비용에 직접 관련됨), 해당 연도 동안에 이들의 변화에 따라 현금흐름의 크기가 결정되기 때문이다. 다음에서는 기업의 현금흐름표에 나타나 있는 순서대로 이러한 조정사항들을 하나씩 검토하기로 한다.

2. '영업활동 현금흐름'을 결정하기 위한 영업활동 관련 자산과 부채의 조정사항을 살펴보자!

(1) 매출채권(외상매출금)

회계기말 현재 기업에서는 아직 현금으로 회수하지 않은 $1,000,000을 가지고 있다. 이 금액은 순이익을 결정하기 위한 요소인 매출액에 포함되어 있다. 이 금액이 기말매출채권 잔액이지만 기업은 소비자로부터 이 금액을 아직 현금으로 회수하지 못하고 있다. 따라서 이 금액이 기업의 자산인 매출채권이라는 계정과목으로 기록된다.

한편 기업의 입장에서 쉽게 풀어보면 기초매출채권의 잔액인 $825,000과 아직 회수하지 못한 기말매출채권의 잔액인 $1,000,000의 차이는 매출채권의 증가액 $175,000이다. 매출채권이 증가했다는 것은 매출된 금액(매출액)보다 적은 금액의 현금이 수취되었다는 의미이다. 즉, 현금흐름은 $175,000만큼의 부(−)의 영향을 받게 된다. 이것이 현금흐름표상에서의 첫 번째 조정사항이다(〈표 13-1〉을 참조). 요약하면, 매출채권의 증가는 그 증가액만큼 '영업활동 현금흐름'을 감소시킨다.

(2) 재고자산

회계연도 동안에 기업의 재고자산이 상대적으로 많이 증가된 사실($1,250,000 → $1,690,000)에 주목하자. 이것은 현명한 영업전략이 될 수 있지만 그렇지 않을 수도 있다. 아마도 보다 높은 소비자의 구매요구를 맞추기 위해 많은 재고자산이 필요하겠지만 그렇지 않을 수도 있다는 것이다. 어떤 경우이든 $440,000만큼 재고자산의 증가는 기업의 '영업활동 현금흐름'에 부정적인 영향을 미친다. 이것을 쉽게 이해할 수 있도록 다음과 같이 설명하고자 한다.

기업에서는 해당 연도 동안에 팔린 모든 제품의 비용을 인식한다. 이것은 매출액을 산출하기 위해 매출원가(cost of goods sold)로 기록된다. 현재 기업은 재고자산을 쌓아놓기 위해 추가적으로 $440,000을 소비했다. 이는 재고자산을 늘리기 위해 $440,000만큼의 현금을 지급한 것과 비슷한 상황이다. 이것이 현금흐름표상에서의 두 번째 조정사항이다. 요약하면, 재고자산의 증가는 그 증가액만큼 '영업활동 현금흐름'을 감소시킨다.

지금까지 현금흐름은 $615,000만큼 감소되었다. 즉, 매출채권의 증가로 인하여 감소된 금액 $175,000과, 재고자산의 증가로 인하여 감소된 금액 $440,000을 합한 금액이다. 이와는 대조적으로 다음에서 나타나는 항목들은 '영업활동 현금흐름'에 정(+)의 효과로 조정된다.

(3) 선급비용

회계연도 동안에 기업에서는 다음 연도에 혜택이 주어지는 $160,000만큼의 영업비용을 미리 지불했다. 따라서 이는 당해 연도의 영업비용으로 처리되지 않고 선급비용으로 처리된다(본 예제에서는 기말선급비용 잔액을 참조할 것). 즉, 기업은 그해의 영업비용으로 $160,000을 미리 지출했다. 동시에 그 기업은 그해의 기초잔액으로 $185,000의 선급비용을 가지고 있다. 다시 말해 지난해 말에 영업비용을 처리하면서 $185,000의 선급비용을 지난해에 사전에 지급하였다. 따라서 선급비용의 기초잔액과 기말잔액을 고려한다면, 이 기업은 $25,000만큼의 현금이 남아 있는 것과 같다.

즉, 전기에 비해 당기에 감소한 선급비용 금액인 $25,000은 현금흐름에 정(+)의 효과를 가져오는 것이다. 왜냐하면, 선급비용 감소분인 $25,000만큼 당기에 비용처리되었으나 현금으로 지급된 것은 아니기 때문이다. 이것이 현금흐름표상에서의 세 번째 조정사항이다. 요약하면, 선급비용의 감소는 그 감소액만큼 '영업활동 현금흐름'을 증가시킨다.

(4) 감가상각비

회계연도 동안에 이 기업은 $260,000(=$800,000−$540,000)의 감가상각비가 계상되었다. 이는 그 금액만큼의 현금을 지급한 것이 아니고, 그 금액만큼 해당 유형자산의 원가를 배분(원가가 하락)했다는 의미가 된다. 이러한 가치하락(write-down)의 금액은 감가상각누계액계정의 증가로 기록되는데 이는 유형자산(property, plant & equipment asset)계정으로부터 차감되는 평가계정(contra account 혹은 offset account)이라 부른다.

매해마다 유형자산은 사용되는 중에 마모 및 파손 등의 이유로 부분적으로 장부가치가 하락하게 된다. 기업에서는 영업에 사용하기 위해 유형자산을 처음 구입할 때 현금을 지급한다. 그러나 이렇게 구입한 유형자산이 사용되면서 감가상각이 될 때에는 실제로 현금이 지출되는 것은 아니다. 감가상각비는 당기순이익에는 반영되었지만 현금을 수반하지 않는 비현금성 비용이다. 따라서 감가상각비는 해당 연도에 현금지출이 되지 않기 때문에, 그 금액만큼 '영업활동 현금흐름'을 증가시킨다. 이것이 현금흐름표상에서의 네 번째 조정사항이다.

당기순이익에다 감가상각비를 다시 더해주는 것은 또 다른 방법으로 설명할 수 있다. 좀더 간편하게 논의하기 위해 매출액 전부가 회계연도 동안에 현금으로 회수되었다고 가정해 보자. 이때 구매자로부터 받은 현금은 기업이 회계연도 동안에 유형자산을 사용함으로 인해 발생되는 감가상각비가 포함되어 있는 것이다. 따라서 매해마다 기업은 유형자산에 대한 감가상각비를 현금으로 회복하게 되는 셈이다. 요약하면 본 예제에서의 기업은 유형자산에 투자한 금액 중 $260,000의 금액만큼을 현금으로 회복했다고 할 수 있다. 즉, 이 금액이 현금흐름의 원천이 되고 있는 것이다.

(5) 매입채무(외상매입금)

본 예제에서 두 종류의 매입채무 기말잔액은 회계연도 기간 동안에 재고자산과 관련된 제조비용과 영업비용이 아직 완전히 지급되지 않았다는 것을 나타내고 있다. 이들 부채계정을 통해서 기업에서는 기말매입채무 $640,000의 금액만큼 현금지급이 경감되었다는 것을 알 수 있다(〈표 13-1〉을 참조할 것). 즉, 이 금액만큼 현금지출을 피할 수 있었다. 또 다른 측면을 한번 생각해 보자. 기업은 그해 초에 $535,000의 금액만큼 기초매입채무 잔액을 가지고 있었다. 매입채무가 증가했다는 것은 그 증가액만큼의 현금을 지급하지 않았다는 것이다. 따라서 전기말에 비해서 당기말에 증가한 매입채무 금액(=$640,000−$535,000)은 증가액 $105,000만큼 '영업활동 현금흐름'을 증가시킨다. 이것이 현금흐름표상에서의 다섯 번째 조정사항이다.

(6) 미지급비용

영업활동과 관련된 부채인 미지급비용은 실질적으로 외상매입금(매입채무)의 경우와 똑같이 생각할 수 있다. 이 기업에서는 회계연도 동안에, 두 부채계정의 기말잔액 합계인 $257,167만큼의 비용을 아직 현금으로 지급하지 않았다. 그러나 기초잔액의 합계인 $197,500만큼의 비용은 이미 지급되었다고 할 수 있다.

미지급비용이 증가했다는 것은 그 증가액만큼 현금을 지급하지 않았다는 것이다. 따라서 전기말에 비해서 당기말에 증가한 미지급비용 금액(=$257,167−$197,500)은 증가액 $59,667만큼 '영업활동 현금흐름'을 증가시킨다. 이것이 현금흐름표상에서의 여섯 번째 조정사항이다.

(7) 미지급법인세

회계연도 초에 기업은 전년도 과세소득에 대한 기초잔액 $36,000만큼의 세금을 과세당국에 아직 납부하지 않았었다. 그러나 그해 초기에 이 금액은 지급되었고 회계기말에 다시 이 기업에서는 기말잔액 $23,940만큼 납부할 법인세비용이 남아 있다고 할 수 있다. 즉, 이 금액은 아직 지급되지 않고 있는 것이다.

미지급법인세가 감소했다는 것은 그 감소액만큼 현금을 지급했다는 의미이다. 따라서 법인세와 관련한 순효과(net effect)는 기업이 세무당국에 그 회계연도에 납부한 법인세보다 $12,060(=$36,000−$23,940)의 금액만큼 더 납부했다는 것이다. 이와 같이 미지급법인세의 감소는 그 감소액만큼 '영업활동 현금흐름'을 감소시킨다. 이것이 현금흐름표상의 일곱 번째 조정사항이다.

따라서 기업의 당기순이익에 대한 현금흐름의 조정사항을 살펴보면 다음과 같이 요약할 수 있다.

- 영업활동 관련 자산의 증가는 '영업활동 현금흐름'을 감소시키며, 영업활동 관련 자산의 감소는 '영업활동 현금흐름'을 증가시킨다. 즉, 현금흐름과 관련하여 역효과(reverse effect)가 존재한다.
- 영업활동 관련 부채의 증가는 '영업활동 현금흐름'을 증가시키며, 영업활동 관련 부채의 감소는 '영업활동 현금흐름'을 감소시킨다. 즉, 현금흐름과 관련하여 정(+)의 효과가 존재한다.
- 감가상각비와 같은 현금유출이 없는 비용은 영업활동 현금흐름을 증가시킨다. 즉 현금흐름과 관련하여 정(+)의 효과가 존재한다. 감가상각비 이외에도 재고자산평가손실, 재해손실 등이 있다.

〈표 13-1〉에서는 당기순이익에 대해 위에서 설명한 7가지 항목들의 영향을 조정하여 결합된 순효과가 $177,393만큼의 현금감소로 나타나 있다. 즉, 기업의 영업활동 관련 자산 및 부채의 변화로 인하여 '영업활동 현금흐름'이 $177,393만큼 감소되었다. 그러나 해당 기업에서는 여전히 해당 회계연도 동안에 $540,807만큼 정(+)의 '영업활동 현금흐름'을 나타내고 있다. 이와 같이 현금흐름의 원천은 기업경영에 있어 매우 중요한 요소로 작용한다.

3. '현금흐름'이 함축하는 의미는 무엇일까?

기업경영과 관련된 많은 신문과 잡지 등의 정기간행물에서 현금흐름이라는 용어를 많이 사용하고 있다는 것은 부인할 수 없는 사실이다. 그만큼 중요하다는 의미이다. 회계학에서 현금이란 유동성이 높아 사실상 통화로 사용할 수 있는 타인발행수표 등의 통화대용증권과 당좌예금과 보통예금 등의 요구불예금을 포함하고 있다. 특히 유동성이 매우 높은 만기일이 3개월 이내에 도달하는 단기투자자산인 현금성자산을 포함한다.

현금흐름을 자주 명시하는 WSJ(Wall Street Journal)을 읽을 때면, 어떤 때는 리포터(reporter)가 무슨 의미로 기술했는지 이해하기 어려울 때가 있다. 리포터들은 신문지상에서 현금흐름에 관한 개념을 정확히 제공하지 못하는 경우가 있기 때문이다. 그들이 말하는 현금흐름은 본장에서 논의된 현금흐름(즉, '영업활동 현금흐름')의 의미가 아닌데도 불구하고 대부분의 리포터들은 현금흐름을 당기순이익에다 감가상각비와 그 밖의 현금이 지출되지 않은 비현금성 비용(any other noncash expenses)을 단순히 합한 것으로 정의하고 있다. 물론 본 예제에서는 당기순이익에 감가상각비를 더하여 $978,200(=$718,200+$260,000)의 현금흐름이 산출되었다. 그러나 여기 예제에서는 통상의 현금이 아닌 '영업활동 현금흐름'(본 예제에서는 $540,807)에 초점을 두고 있다.

이와 같이 리포터들은 일반적인 현금흐름의 정의를 내릴 경우, '영업활동 현금흐름'을 계산하기 위해 한 기간의 당기순이익에 대한 필요한 조정사항들을 회피하면서 빠른 지름길을 찾기 때문이다. 물론 그들의 모두 다는 아니다. 그러나 오랜 세월 동안 재무와 투자 부문에 관련된 많은 사람들까지도 이와 똑같은 정의를 내리고 있다. 현금흐름을 산출하기 위해 포괄손익계산서상의 당기순이익에 감가상각비를 단순하게 다시 더해주고 있다는 것이다.

물론 현금흐름을 이해하려고 할 때 그 출발점에서 당기순이익에 감가상각비를 더해야 한다는 논리를 굳이 반대하는 것은 아니다. 다만, 자유롭게 어떤 방법으로든 현금흐름을 설명할 수 있다 해도 그들만이 쓰고 있는 정의가 더욱 의미 있어야 한다. 무엇보다 기업의 '영업활동 현금흐름'은 발생주의에 근거한 포괄손익계산서와 함께 활용함으로써 정보이용자들이 미래현금흐름을 예측하고 평가할 수 있다. 현금흐름표에서는 기업의 유동성과 재무탄력성에 대한 정보를 제공하고 있고, 특히 부채와 배당금에 대한 지급능력을 나타내며, 현금흐름은 기업의 당기순이익에 비해 신뢰성과 객관성이 높은 지표라 할 수 있다.

이 시점에서 현금흐름에 관한 얘기는 잠시 접어두기로 하고 매출액과 비용에 서로 얽힌 영업활동 관련 자산과 부채의 변화에 의해 영향을 받는, '영업활동 현금흐름'을 더 이상 논의하지 않기로 한다. 본장에서는 '영업활동 현금흐름'이 무엇인지를 설명했지만, 일반적으로 누구나 쉽게 인정할 수 있는 현금흐름에 관한 명확한 정의는 다양한 시각에서 조명될 필요가 있다.

여기서 강조하고 싶은 한 가지!

국제회계기준(IFRS)에 따라 미국의 회계기준을 전문적으로 만드는 기관인 재무회계위원회(FASB : Financial Accounting Standards Boards)에서는 기업이 '영업활동 현금흐름'을 기록하는 데에 있어서 그 선택권을 부여하고 있다.

먼저 〈표 13-1〉에 나타난 현금흐름표의 '영업활동 현금흐름'을 결정하는 방법을 간접법(indirect method)이라 부른다. 이 간접법에서는 당기순이익에 가감할 항목을 조정하기 위해 영업활동 관련 자산과 부채의 변화를 사용하고 있다. 그 대신 FASB에서는 현금흐름표의 구체적인 단면도를 위해 간접법이 아닌 직접법(direct method)[5]의 사용을 선호하고 있으며, IFRS에서도 '영업활동 현금흐름'은 직접법의 사용을 권장하고 있다. 다만 직접법을 이용하는 경우에는 당기순이익에 가감할 항목을 주석으로 기재하도록 규정하고 있다.

사실 '영업활동 현금흐름'은 어떤 방법을 쓰더라도 똑같이 $540,807이 된다는 사실에 주목할 필요가 있다. 일반적으로 간접법보다 직접법이 더 알기 쉬운 방법이라고 할 수 있다. 왜냐하면 회계의 전문지식이 없더라도 유형별로 그 내용을 쉽게 이해할 수 있기 때문이다. 그러나 FASB에서 분명히 직접법의 사용을 선호하고 있다 하더라도, 대부분의 대기업들은 현금흐름표의 기록을 위해 실무 편의상 간접법을 애용하고 있다는 사실이다. 간접법은 작성하기도 간편하고 직접법에 비해 회사정보의 외부 유출이 억제될 수 있다고 판단하기 때문이다.

물론 IFRS에서는 직접법과 간접법 모두를 사용할 수 있도록 허용하고 있다. 만약 당신이 기업을 경영하는 기업경영자라고 한다면, 어떤 방법을 선호하겠는가?

5) 간접법이란 당기순이익(혹은 당기순손실)에 특정 항목의 영향을 가감하여 '영업활동 현금흐름'을 표시하는 방법을 말한다. 반면에 직접법이란 '영업활동 현금흐름'을 결정할 때 현금을 수반하여 발생한 수익 혹은 비용 항목을 총액으로 나타내되, 현금유입액은 원천별로 표시하고, 현금유출액은 용도별로 구분하여 표시하는 방법을 말한다.

영어로 토의해 보기(Discussion Questions)

[DISCUSSION 1]

A banker asserts, "I avoid lending to companies with negative cash from operations because they are too risky." Is this a sensible lending policy?

ANSWER

No. A banker should decide whether the borrowing firm has the ability to service the debt at the scheduled rate. Current period negative cash flow from operations is one of the factors that the banker needs to consider but it is not the *only* factor. A banker should ask the following questions :

· Can the company turn around its cash flows in future periods? If the company can generate positive cash flow from operations in the future, lending to that company may not be risky.

· Can the bank secure the loan with sufficient collateral in lending to the company? When the amount of available security is sufficient to support the loan, the bank can minimize the risk of loss in case of default.

· Is there any third-party loan guarantee? If the borrower is the subsidiary and the parent presents some financial strength independent of the subsidiary, a guarantee of the parent will reduce the risk of loss.

[DISCUSSION 2]

A recent annual report for PepsiCo contained the following information for the period(dollars) in millions) :

Net income	$5,642
Depreciation and amortization	1,406
Increase in accounts receivable	330
Increase in inventory	186
Increase in prepaid expense	37
Increase in accounts payable	223
Decrease in taxes payable	295
Decrease in other current liabilities	339
Cash dividends paid	1,854
Treasury stock purchased	3,000

Required :

(1) Compute cash flows from operating activities for PepsiCo using the indirect method.

(2) Compute the quality of income ratio.

(3) What were the major reasons that Pepsi's quality of income ratio did not equal 1.0?

ANSWER

(1) Required 1

Cash flows from operating activities – indirect method

Net income	$5,642
Depreciation and amortization	1,406
Increase in accounts receivable	(330)
Increase in inventory	(186)
Increase in prepaid expense	(37)
Increase in accounts payable	223
Decrease in taxes payable	(295)
Decrease in other current liabilities	(339)
Cash flows from operating activities	$6,084

Note : The cash dividends paid and treasury stock purchased are not related to operating activities and do not affect cash flows from operating activities.

(2) Required 2

$$\text{Quality of income ratio} = \frac{\text{Cash flow from operations}}{\text{Net income}} = \frac{\$6,084}{\$5,642} = 1.08$$

(3) Required 3

The reason the quality of income ratio was greater then one was primarily because of large non-cash depreciation charges.

CHAPTER

14 투자활동 및 재무활동 현금흐름

현금흐름표의 주요한 내역은 경제적 사건으로 인한 현금흐름이 '영업활동 현금흐름', '투자활동 현금흐름' 그리고 '재무활동 현금흐름'으로 구분되어 표시되어 있다. 본장에서는 특히 현금흐름표의 두 번째 및 세 번째의 구성내역인 '투자활동 현금흐름'(cash flow from investing activities)과 '재무활동 현금흐름'(cash flow from financing activities)에 그 초점을 두고자 한다. 직접법과 간접법 모두 허용되는 '영업활동 현금흐름'과는 달리 '투자활동 현금흐름'과 '재무활동 현금흐름'은 직접법만 허용된다.

1. 현금의 '조달(유입) 및 사용(유출)'이란 무엇일까?

모든 기업에 있어서 이익은 현금흐름의 주요 원천이다. 즉, 벌어들인 이익은 기업내부의 현금흐름 조달이라 할 수 있다. 다시 말해 회계이익은 기업의 외부자금에 의해 조달된 것이 아니고, 기업내부에 의해서 조달된 돈이다. 본 예제에서 기업의 이익은 한 해 동안의 영업활동을 통해 $540,807만큼의 현금흐름을 창출하고 있음을 보여주고 있다. 또한 이 현금흐름은 같은 회계연도 동안의 기업의 당기순이익($718,200)보다는 상당히 적다는 것을 알 수 있다.

그렇다면 다음과 같은 또 하나의 질문이 나올 수 있다. "기업은 '영업활동

〈표 14-1〉 투자활동 및 재무활동 현금흐름

재무상태표

자산	기말	기초	변화
현금	**$565,807***	**$750,000**	−$184,193
매출채권	1,000,000	825,000	$175,000
재고자산	1,690,000	1,250,000	$440,000
선급비용	160,000	185,000	−$25,000
유동자산 합계	$3,415,807	$3,010,000	
토지, 빌딩, 기계장치 등	$3,000,000	$2,250,000	$750,000
감가상각누계액	(800,000)	(540,000)	−$260,000
자산총계	**$5,615,807**	**$4,720,000**	

부채와 자본	기말	기초	변화
유동부채			
매입채무-재고자산	$520,000	$450,000	
매입채무-영업비용	120,000	85,000	
매입채무 합계	$640,000	$535,000	$105,000
미지급영업비용	240,000	185,000	
미지급이자비용	17,167	12,500	
미지급비용 합계	257,167	197,500	$59,667
미지급법인세	23,940	36,000	−$12,060
단기차입금	625,000	600,000	$25,000
유동부채 합계	$1,546,107	$1,368,500	
장기지급어음	$750,000	$600,000	$150,000
부채총계	**$2,296,107**	**$1,968,500**	
자본금	$775,000	$725,000	$50,000
이익잉여금	2,544,700	2,026,500	$518,200
자본총계	**$3,319,700**	**$2,751,500**	
부채와 자본총계	**$5,615,807**	**$4,720,000**	

포괄손익계산서로부터

현금흐름표

영업활동 현금흐름		
당기순이익		$718,200
매출채권의 증가	−$175,000	
재고자산의 증가	−440,000	
선급비용의 감소	25,000	
감가상각비	260,000	
매입채무의 증가	105,000	
미지급비용의 증가	59,667	
미지급법인세의 감소	−12,060	
당기순이익에 현금흐름의 조정		−177,393
영업활동 현금흐름		$540,807
투자활동 현금흐름		
공장 및 기계장치의 구입		−$750,000
재무활동 현금흐름		
단기자금조달	$25,000	
장기자금조달	150,000	
주식발행	50,000	
주주에게 배당금지급	−200,000	$25,000
회계기간중 현금흐름의 증감		−$184,193
		(=$565,807−$750,000)

$718,200+$2,026,500−배당금지급=$2,544,700
∴ 배당금지급액 $200,000임.

* $750,000+[$540,807−$200,000]−$750,000+[$25,000+$150,000+$50,000]=$565,807

현금흐름'인 $540,807을 가지고, 과연 어떤 업무를 수행한 것일까?" 현금흐름표의 나머지 구성내역인 투자활동 및 재무활동에서 이에 대한 답을 제공하고 있다. 동시에 같은 기간 동안 기업에 추가적인 현금흐름의 또 다른 원천에 대해서도 논의하고자 한다. 본 예제에서 기업은 회계연도 동안 영업활동으로 인해 사용가능한 현금을 $540,807만큼 가지고 있다. 과연 이 금액으로 정확히 무엇을 할 수 있는지 살펴보도록 하자.

하나의 방법은 기업에 단순히 현금흐름의 잔액을 높이고자 하는 것인데, 당좌예금계정에 과도하게 돈이 많이 쌓일 수 있도록 하는 것이다. 그러나 이러한 현금사용방법은 기업이 단기간에 절실하게 현금의 보유를 필요로 하지 않는 한, 결코 올바른 현금사용법은 아니다. 왜냐하면, 기업은 이것으로 빚의 일부를 갚을 수도 있고 주주들에게 현금배당으로 일부를 지급할 수도 있기 때문이다. 사실 본 예제에서의 기업은 주주들에게 회계연도 기간 동안에 $200,000의 현금배당을 지급했다. 따라서 현금배당 후에 이 기업에서 다른 목적으로 쓸 수 있는 유용한 현금흐름은 이제 $340,807[=영업활동 현금흐름($540,807)−현금배당($200,000)]만 남아 있는 셈이다.

또 다른 방법은 '영업활동 현금흐름'을 미래현금흐름 창출을 위한 투자에 사용하는 것이다. 예를 들면, 공장시설을 현대화하기 위해 새로운 유형자산을 구입할 수 있으며, 생산시설을 확장할 수도 있다. 사실 이 기업은 〈표 14-1〉에서 보는 것처럼, 새로운 유형자산의 구입을 위해 $750,000을 지출했다.

이와 같이 현금흐름표에서는 회계기간 동안에 현금의 조달(유입)과 사용(유출)에 관한 정보를 요약하여 기업활동별로 정보이용자들의 의사결정에 유용한 재무적 정보를 제공하고 있다.

2. 투자활동 및 재무활동 현금흐름을 이해하자!

그렇다면, 새로운 유형자산을 구입하기 위해 소요되는 추가적인 현금은 어디에서 조달했을까? 의문이 생긴다. 최초로 이 기업에서는 거래은행에 있는 현금의 기초잔액 $750,000을 가지고 경영을 시작했다. 따라서 유형자산을 구입하기 위해 이 돈을 사용할 수 있었다. 그러나 문제는 이 기업에서 사용가능한 현금의 잔액은 단지 $340,807뿐이다. 이 때문에 이 기간 동안에 기업에서는 장단기차입금 $175,000(=$25,000+$150,000)의 돈을 빌려야 했고, 추가적인 주식발행으로 $50,000만큼의 자금을 조달했다.

이와 같이 외부로부터 자금을 조달한 재원의 합은 $225,000(=$25,000+$150,000+$50,000)이다. 이 금액에다 쓸 수 있는 가용현금잔액 $340,807(=$540,807−$200,000)을 더하면 〈표 14-1〉에서 보는 것처럼 $565,807(=$225,000+$340,807)의 기말현금잔액이 산출된다. 이 내용은 현금흐름표상의 "투자활동 현금흐름"(cash flow from investing activities)과 "재무활동 현금흐름"(cash flow from financing activities)에서 잘 나타나 있다. 투자활동은 자금의 단기대여 및 회수, 투자자산과 유·무형자산의 취득과 처분 활동을 말한다. 반면 재무활동이란 현금의 차입 및 상환, 신주 및 사채 발행이나 자기주식취득과 같이 부채 및 자본 계정에 영향을 미치는 활동이다. 유형자산의 구입은 투자활동에 속한다. 그러나 유형자산을 구입한 이후에 발생하는 지출이 자산의 미래효익을 증가시킬 수 있다면 이러한 지출은 유형자산의 장기적인 속성을 강조하는 의미에서 '자본적 지출'(capital expenditures)[1] 이라고 부른다.

기업경영자와 재무보고서 정보이용자들은 이러한 자본적 지출을 아주 주의 깊게 관찰하는 편이다. 왜냐하면 이와 같은 현금지출은 기업이 미래에 사활을 건 '내기'라고 할 수도 있기 때문이다. 사실상 기업은 경쟁력을 갖추고 또 이를 유지하기 위해서 유형자산이 필요하며, 미래의 성장을 위해 생산설비를 확장하기 위해서도 필요하다. 따라서 기업의 최고경영자들은 이와 같은 자본적 지출과 관련된 의사결정을 신중하게 내려야 한다.

기업의 의사결정에는 항상 위험이 따르게 마련이다. 미래에 일어날 일을 아무도 모르기 때문이다. 그러나 한편으로는 미래를 위하여 투자를 하지 않는다는 사실은 기업에 대한 좋지 않은 부정적 신호를 줄 수 있다. 투자를 하지 않음으로써 기업은 경쟁력이 떨어지며, 좋은 시장점유율을 확보하기가 그리 쉽지 않을 것이기 때문이다. 그러나 과잉투자를 하여 유형자산을 과도하게 구입하는 것은 현금부족으로 오히려 기업경영에 아무런 도움이 되지 않는다.

---

1) 유형자산의 취득 후에 발생하는 지출을 어떻게 회계처리할 것인지에 대해 두 가지의 방법이 있다. 하나는 자본적 지출(capital expenditures ; 자산적 지출)로서 유형자산의 미래효익을 증가시키는 것으로 간주하여 이를 자산계정으로 기록하는 방법이다. 또 하나는 수익적 지출(revenue expenditures ; 비용적 지출)로서 지출의 효과가 본래 용역잠재력을 유지하는 데에 그치는 것으로 간주하여 이를 발생한 기간의 비용으로 기록하는 방법이다.

본 예제에서 기업은 새로운 유형자산을 구입하기 위해 $750,000을 투자했다. 이때 기업은 또 한 번 주요한 재무의사결정을 내려야만 했을 것이다. 즉, 유형자산의 구입을 위해 어디에서 자금을 조달해야 하는지의 문제이다. 이미 설명한 바와 같이 기업은 $340,807만큼까지만 유용하게 현금을 사용할 수 있다. 다시 말해 이 가용현금 잔액 $340,807의 금액은 외부자금조달 없이도 기업내부에서 사용가능한 현금이다. 기업의 연간 매출액이 $10,400,000인데도 불구하고, 사용가능한 현금잔액은 단지 $340,807로 이는 상대적으로 매우 적다고 할 수 있다. 일반적으로, 기업이 얼마만큼의 '영업활동 현금흐름'을 가지고 있어야 하는지, 이에 대한 적정한 현금의 크기를 제시하는 어떤 기준이나 지침은 없다. 단지 $340,807의 금액은 연간 매출액을 기준으로 볼 때 1.7주 정도(=$340,807/($10,400,000÷52)의 매출액으로서, 큰 액수로 간주할 수 있는 금액이 아니라는 것이다.

그렇다면 기업이 필요한 투자활동을 위해 얼마만큼의 안전한 적립금을 필요로 할까? 만약 국내외 경기가 급속도로 하강한다거나, 혹은 매출액이 심각하게 떨어진다면 어떠할까? 매출채권의 일부를 제때에 현금으로 회수하지 못한다면 어떠할까? 현금흐름이 잘 순환될 수 있도록 빠른 속도로 재고자산을 판매하지 못한다면 어떠할까? 종업원의 급여 및 상여금을 줄 수 없을 정도로 충분한 현금을 가지고 있지 않다면 어떠할까? 이와 같은 현금흐름의 여러 가지 잠재된 문제에 대하여 명쾌하게 해답을 제공한다는 것은 쉬운 일이 아니다.

이쯤에서 다소 논리적인 의문을 한번 가져보도록 하자. 그렇다면 기업에서는 현금잔액을 높게 유지하기 위하여, 왜 현금배당을 포기하지 않을까? 그 이유로는 아마도 기업의 주주들은 그들이 투자한 대가로 현금배당을 원할 것이며, 해당 기업의 이사회에서도 기업이미지와 기업가치 증진을 위해 현금배당을 해야 하는 많은 압력과 부담감이 작용할 것이다. 본 예제의 기업에서는 현금배당으로 $200,000을 지급했다. 이는 〈표 14-1〉의 '재무활동 현금흐름'에 잘 나타나 있다. 이러한 현금배당은 '영업활동 현금흐름'에서 직접 차감되어 기록되어야 하지 않을까? 이렇게 되면 현금배당 후에 영업활동으로부터 얼마만큼의 현금이 유용한지 쉽게 알 수 있지 않을까? 이것은 기업의 현금흐름에 대하여 투자자의 상당한 주의를 끌 수 있을 것이다. 그러나 일반적으로 배당금지급은 현금흐름표상에 '재무활동'으로 기록하고 있다.[2)]

요약하면 기업의 현금흐름표는 포괄손익계산서와 재무상태표의 경우처럼 정보이용자에게 많은 주의가 요구되며 정밀하게 음미해볼 가치가 있다. 왜냐하면 많은 이익을 창출하고 있는 대부분의 기업에서도 유동성(liquidity) 문제(즉, 가용할 현금이 거의 없는 경우) 혹은 지급능력(solvency) 문제(즉, 제때에 빚을 갚을 수 있는 능력이 없는 경우)가 대두될 수 있기 때문이다. 즉, 회계이익 자체로서는 이와 같은 유동성문제 혹은 지급능력의 문제를 해결할 수 없다.

따라서 기업에 어떤 위험신호가 존재하고 있는지를 살펴보기 위해서라도 정보이용자는 항상 현금흐름을 주의 깊게 살펴보아야 할 필요성이 있는 것이다. 사실 기업이 지속적으로 많은 이익을 얻고 있을지라도 유동성과 지급능력에 심각한 문제가 생길 때 지급불능이나 도산상태에 이르기도 한다. 이를 흑자도산(insolvency)이라고 부르는데 대부분 기업의 현금흐름에 큰 문제가 있을 때 발생한다.

---

2) 기업에서 재무활동이란 현금의 차입과 상환, 사채발행과 상환, 신주발행, 배당금지급 등과 같이 주로 기업의 자금조달과 직접 관련된다. 그러나 국제회계기준(IFRS)에서는 배당금지급(수취)과 관련하여 활동구분을 영업활동 혹은 재무활동으로 기업이 분류하여 활용할 수 있도록 선택권을 부여하고 있다.

영어로 토의해 보기(Discussion Questions)

[DISCUSSION 1]

Microsoft Corp. reported the following in its third quarter 10-Q report to the Securities and Exchange Commission for fiscal 20×1. Classify each item as an operating, investing, or financing activity. Amounts are in millions.

(a) Cash paid to purchase WebTV	$190
(b) General and administrative expense	104
(c) Sales and marketing expenses	829
(d) Common stock issues	650
(e) Common stock repurchases	1,605
(f) Sales revenue	3,774
(g) Research and development expenditures	597
(h) Income taxes	720
(i) Additions to property and equipment	415
(j) Accounts receivable	1,460

ANSWER

(a) Investing
(b) Operating
(c) Operating ; but advertising might be seen as an investment in a brand-name asset
(d) Financing
(e) Financing
(f) Operating
(g) Investing ; R&D is an expense in the income statement, so the student might be inclined to classify it as an operating activity ; but it is an investment.
(h) Operating
(i) Investing
(j) Operating

[DISCUSSION 2]

Below are the totals from the main three sections of Mary D. Maury and Company's most recent statement of cash flows :

Net cash used by operating activities	($835,000)
Net cash used by investing activities	($1,280,000)
Net cash provided by financing activities	$2,153,000

Required :

a. What do these totals tell you about Maury and Company?

b. What additional information would you want to see before you analyze Maury and Company's ability to generate positive cash flow in the future?

c. Did Maury and Company have a net income or loss for the period? What additional information would you want before trying to predict the company's net income for the next period?

ANSWER

a. In the long run, you expect a company to use the majority of its cash for investing activities. Healthy companies provide the majority of cash from operating activities. For this year, Maury did not generate positive cash flow through its operations. Financing activities provided the cash to support the company's operating and investing activities.

b. None of the financial statements should be viewed as independent of the others. At a very minimum, you would want to see the income statement and comparative balance sheet(s) from which the statement of cash flows was created. It would be important to determine if the fact that operations used cash instead of generating cash was the result of a recurring or nonrecurring situation.

It would also be helpful to see financial statements for more than one period. This period may not represent the company's long-term performance, in which case it would not be a good basis for predictions of future performance. Also, the statement does not address the quality of the investments made during this period – only that the investments were made.

c. There is no way to determine from the information provided in the problem whether Maury had a net income or a net loss. Net income or loss is only a starting point for determining cash generated by operating activities. It is quite possible for a company to have a net loss and still generate cash from operations.

At a minimum, you would want to see the income statement and comparative balance sheet(s) from which the statement of cash flows was created. It would also be helpful to see income statement for more than one period. A single period's information will not provide enough information to predict the company's future performance.

CHAPTER 15

정체기업/성장기업/침체기업의 영업활동 현금흐름

기업에서는 해마다 유형자산에 대한 원가를 배분하여 감가상각비를 기록한다. 또한 유형자산에 대한 배분된 원가, 감가상각비를 해마다 '영업활동 현금흐름'에 다시 반영한다. 이러한 감가상각비는 비현금성 비용으로 현금흐름을 구하기 위해 예측할 수 있는 항목이다. 반면에 영업활동 관련 자산 및 부채의 변화는 기업의 성장이 정체되고 있는지 혹은 지속되고 있는지 혹은 침체되고 있는지에 따라 각각 달라진다. 따라서 이와 같은 3가지 시나리오는 '영업활동 현금흐름'에 현저하게 다른 영향을 미칠 수 있다. 본장에서는 이 3가지의 경우를 토대로 하여, 기업의 영업활동 현금흐름이 어떻게 변화될 수 있는지를 살펴보고자 한다.

예를 들면, 성장기업의 매출채권은 드물게 비정상적으로 빠르게 증가할 수 있다. 이 의미는 무엇일까? 기업이 고객으로부터 제때에 현금을 회수할 수 있도록 더 많은 노력이 필요하다는 의미이다. 혹은 기업이 신용상태가 좋지 못한 고객에게 많은 제품을 판매하고 있다는 의미가 된다. 따라서 매출채권이 이와 같은 방법으로 계속적으로 증가된다면, 아마도 다음 회계연도가 시작되기도 전에 기업의 '영업활동 현금흐름'에 심각한 문제를 가져올 수도 있다.

1. 영업활동 현금흐름에 영향을 주는 항목은 무엇일까?

앞장에서 영업활동 관련 자산 및 부채의 변화가 '영업활동 현금흐름'의 결정에 어떻게 정(+) 혹은 부(−)의 영향을 주는지 이미 설명하였다. 이에 대한 간략한 재정리와 함께 현금흐름표상에 숨어 있는 수수께끼를 풀기 위해 3가지 주요 요소들(즉, 감가상각비, 영업활동 관련 자산 그리고 영업활동 관련 부채)을 다시 살펴보기로 한다.

(1) 감가상각비

기업에서는 한 회계연도 동안 영업활동에 유형자산을 사용(use)함으로써 유형자산에 투자한 자본의 일부를 현금으로 전환하고자 노력한다. 또한 제품을 판매할 때 매출액에서 발생한 비용을 변제받고자 노력한다. 이때 매출총이익이 발생하게 되는데, 이는 판매가격과 제품원가의 차이를 말한다. 회계상의 이익은 매출액이 비용을 초과하는 차액이다. 이 경우 비용 중의 하나가 유형자산에 대한 감가상각비이다. 한 회계연도 기간에 이루어진 매출액의 일부가 그 해당 기간 동안 영업활동과정에서 기업이 사용한 유형자산의 원가로 인해 그 대가를 치르는 셈이다. 그러나 현실적인 의미에서는 유형자산의 사용에 대한 비용을 소비자가 기업에 지불하고 있는지도 모른다. 예를 들면 레스토랑에서 식사를 하고 난 후 식대를 지불할 때, 사실은 탁자나 의자, 그 밖의 식사에 필요한 물품 등의 사용료에 대하여 그 일부를 소비자가 이미 기업에 보상하고 있는 것과 같다.

당기순이익에는 반영되었지만 현금흐름을 수반하지 않는 비현금성 비용 항목에는 감가상각비 이외에 무형자산상각비, 재고자산평가손실, 금융자산평가손실, 재해손실 등이 있다.

(2) 영업활동 관련 자산

당기순이익과 감가상각비가 결코 '영업활동 현금흐름' 결정의 전체를 지배하는 것은 아니다. 기업에 속해 있는 영업활동 관련 자산(예 : 매출채권, 재고자산, 선급비용 등)의 변화도 '영업활동 현금흐름'에 동시에 영향을 미치고 있다.

이러한 영업활동 관련 자산들의 증가로 기업의 현금흐름이 한풀 꺾이게 된다. 매출액을 통한 현금수입의 일부는 이와 같은 자산을 증가시키기 위해 사용되기 때문이다. 반면에 영업활동 관련 자산의 감소는 '영업활동 현금흐름'을 증가시킨다. 실제로 많은 기업에서 이와 같은 자산들의 일부를 처분하기 위해 현금지출이 발생하기 때문이다. 즉 영업활동 관련 자산의 변동은 현금흐름에 영향을 주지만 당기순이익에는 영향을 주지 않는다.

(3) 영업부채

한 회계연도 동안에 영업활동 관련 부채(예 : 매입채무, 미지급비용, 그리고 미지급법인세 등)의 증가는 '영업활동 현금흐름'을 증가시킨다. 사실 기업에서는 그 증가분의 범위까지 현금지출을 연기하고 있는 셈이다. 다시 말해 한 회계기간 동안에 발생한 총비용의 일부는 실제로 지급되지 않고, 부채의 증가와 함께 기록된다. 반면에 영업활동 관련 부채의 감소는 기업의 영업활동 현금흐름을 감소시켜 정반대의 효과를 미친다. 또한 한 회계기간 동안에 발생한 총비용보다 이러한 부채로 인해 실제로는 더 많은 현금을 지출할 수 있다.

기업에서는 매년 해당 자산에 대한 감가상각비를 계상한다. 그리고 '영업활동 현금흐름'을 결정하기 위해 감가상각비를 당기순이익에 다시 가산해 준다. 다시 말해 기업은 매출을 통한 현금수입으로 유형자산에 투자된 원가의 일부를 회복하고 있는 셈이다. 감가상각비가 매년 발생되면서 기업에서는 매년 유형자산에 투자한 자금의 일부가 빠져나가고 있는 셈이다.

감가상각비로 인한 '영업활동 현금흐름'의 증가는 내용연수가 거의 바닥이 난 오래된 유형자산을 다시 대체하기 위해 활용될 수도 있다. 그러나 새로운 유형자산의 구입을 위해 필요한 현금을 충분히 제공하지는 못한다. 즉, 유형자산의 최초 취득원가를 기준으로 한 감가상각비는 높은 현행원가로 인해 새로운 유형자산을 대체하기 위해 충분한 현금을 제공할 수 없다는 것이다.

2. 정체기업의 영업활동 현금흐름 변화 : 매출과 비용이 전년도와 동일하다!

우선 기업의 성장이 정체되고 있는 경우(즉, 성장하지도 않으며, 침체하지도 않는 기업)부터 생각해 보기로 하자. 〈표 15-1〉에서는 이러한 가상의 상황에서, 다음 연도 현금흐름표의 첫 번째 부분인 '영업활동 현금흐름'을 표시하고 있다. 여기에서는 다음 연도의 매출액과 비용이 이제 막 끝난 올해와 동일하다고 한다면, '영업활동 현금흐름'에 과연 어떤 변화가 일어나는지를 설명하고자 하는 데에 그 목적이 있다.

〈표 15-1〉은 다음 연도에 기업의 영업활동 관련 자산과 부채가 변동하지 않는다는 주요한 가정에 기초하여 제시되고 있다. 예를 들어 다음 연도에 기업의 매출액이 올해와 동일하고, 대금회수기간 및 수금패턴이 올해와 동일하다면, 기업의 매출채권이 변화할 아무런 이유가 없다. 마찬가지로 제품의 매출원가가 다음 연도에도 변하지 않는다면 성장이 정체된 기업은 재고자산이 증가하거나 혹은 감소될 아무런 이유가 없는 것이다. 선급비용이나 영업비용도 이와 마찬가지로 해석할 수 있다. 그러므로 〈표 15-1〉에서는 기업의 모든 영업활동 관련 자산과 부채의 변화는 없는 것으로 가정하고 이를 제시하고 있다. 단지 당기순이익에 대한 현금흐름의 조정사항은 단순히 감가상각비를 더해주었을 뿐이다.

이제 다음의 사항들을 고려해 보자. 대부분의 경우 기업의 매출액과 비용은 다음 연도에 조금이라도 변화가 있게 마련이다. 이렇게 말하는 이유는 성장하는

〈표 15-1〉 정체기업의 시나리오

한 해 동안의 영업활동 현금흐름		
영업활동 현금흐름		
당기순이익		$718,200
매출채권의 변화	$0	
재고자산의 변화	0	
선급비용의 변화	0	
감가상각비	260,000	
매입채무의 변화	0	
미지급비용의 변화	0	
미지급법인세의 변화	0	
현금흐름의 조정		260,000
영업활동 현금흐름		$978,200

기업 혹은 침체되는 기업과 관련된 영업활동 현금흐름을 논하기 전에, 이에 대한 주요한 포인트를 제공하기 위함이다. 이와 관련하여 2가지의 주요한 논점을 지적하고자 한다.

첫 번째 주요 논점은 감가상각비 자체의 독특한 속성에 관한 것이다. 〈표 15-1〉에서는 유일하게 감가상각비만 기록되어 있다. 이는 '영업활동 현금흐름'이 당기순이익과 감가상각비의 합이 될 경우에만 적용되는 특별한 경우이다. 왜냐하면 이는 기업의 영업활동에 관련된 자산과 부채의 변화가 전혀 없는 상황이기 때문이다.

두 번째 주요 논점은 감가상각비 이외에 나머지 항목에 나타나 있는 무($0)에 관한 사항이다. 이는 기업의 영업활동 관련 자산과 부채의 변화가 전혀 없다는 것을 나타내고 있다. 무($0)의 변화는 포괄손익계산서계정과 이에 상응하는 재무상태표계정 간에 있어서 기업의 영업관련 재무비율이 일정할 경우에만 발생한다.

예를 들어, 본 예제에서 기업의 매출채권은 연간 매출액의 5주에 해당하는 크기를 가지고 있으며, 재고자산은 연간 매출원가의 13주에 해당되는 크기를 보유하고 있다. 이와 같은 재무수치는 해가 바뀔 때에 항상 변화할 수 있지만, 본 예제에서는 일정하다고 가정하는 것이다. 그러나 성장이 정체된 상태의 시나리오에서도 기업은 연간 매출액에 대해 기업의 매출채권이 증가할 경우, 매출채권의 평균회수기간은 5주 대신 6주까지 하락할 수도 있다. 이 매출채권의 증가액은 영업활동 현금흐름의 감소로 이어진다. 매출액과 비용이 다음 연도에 일정하더라도, 정체기업의 영업활동에 관련된 자산과 부채의 크기는 변할 수 있다. 왜냐하면 소비자에게 연장된 평균신용기간이 변하고, 기업의 재고자산평균회전기간(보유기간)도 변할 수 있으며, 매입채무에 대한 평균신용기간 등도 변할 가능성이 있기 때문이다.

이와 같이 성장이 정체된 상태의 시나리오에서 기업의 '영업활동 현금흐름'은 매 회계기간 동안에 당기순이익과 감가상각비의 합계만큼의 현금흐름을 제공하고 있다. 그러나 아래에서 논의될 성장하거나 혹은 침체되고 있는 기업의 경우에는 '영업활동 현금흐름'과 관련하여 전혀 다른 결과를 가져온다.

3. 성장기업의 영업활동 현금흐름 변화 : 기업성장에 따른 희생일까?

대부분의 경우, 기업의 주요 경영전략은 기업성장에 초점을 두고 있다. 물론 기업성장의 주된 목표는 이익을 극대화시키며, 주주의 부를 높이는 데에 있다. 그러나 효율적인 기업경영을 하지 않고서는 비용이 매출액에 비해 상대적으로 높게 발생하여 사실상 이익이 증가하기 쉽지 않다. 특히 어려운 경제상황에서는

〈표 15-2〉 성장기업의 시나리오

포괄손익계산서

	올해	다음 연도 증가액
매출액	$10,400,000	$2,000,000
매출원가	6,760,000	1,300,000
매출총이익	$3,640,000	$700,000
영업비용	2,080,000	400,000
감가상각비	260,000	50,000
영업이익	$1,300,000	$250,000
이자비용	103,000	24,000
법인세차감전이익	$1,197,000	$226,000
법인세비용	478,800	90,400
당기순이익	**$718,200**	$135,600
기타포괄손익	$0	$0
총포괄손익	$718,200	$0

재무상태표

자산	다음 연도 증가액
현금	$793,474
매출채권	192,308
재고자산	325,000
선급비용	30,769
감가상각누계액	(310,000)
총계	$1,031,551
부채와 자본	**다음 연도 증가액**
매입채무_재고자산	$100,000
매입채무_영업비용	23,077
매입채무총액	$123,077
미지급영업비용	46,154
미지급이자비용	4,000
미지급비용총액	$50,154
미지급법인세	4,520
이익잉여금	**$853,800**(=$718,200+$135,600)
총계	$1,031,551

현금흐름표*

영업활동 현금흐름		
당기순이익		$853,800
매출채권의 증가	−192,308	
재고자산의 증가	−325,000	
선급비용의 증가	−30,769	
감가상각비	310,000	
매입채무의 증가	123,077	
미지급비용의 증가	50,154	
미지급법인세의 증가	4,520	
당기순이익에 대한 현금흐름의 조정액		−$60,326
영업활동 현금흐름		$793,474

*주의
현금흐름표상에서 '투자활동 및 재무활동 현금흐름'은 여기에서는 제시되지 않았다. 재무상태표계정의 변화는 다음 연도에 기업의 투자활동 및 재무활동과 관련된 항목이 없다고 가정한다. 즉 성장기업은 영업활동 이외에 투자활동이나 재무활동을 하지 않았다.

투자한 금액만이라도 잘 관리하여 회수하는 것이 기업에서 할 수 있는 최선책이라 할 수 있다.

〈표 15-2〉에서는 다음 연도 기업의 성장 시나리오를 나타내고 있다. 즉, 이 표에서는 영업활동과 관련하여 기업의 포괄손익계산서항목 및 재무상태표항목의 증가분이 현금흐름표상의 '영업활동 현금흐름'에 어떤 변화를 가져오는지를 나타내고 있다. 또한 해당 기업은 다음 연도에 매출액과 수익 그리고 영업활동 관련 자산 및 부채가 상당히 성장된다는 가정하에 차기 예산을 편성하고 있다. 이와 같은 기업성장이 다음 연도의 '영업활동 현금흐름'에 어떠한 영향을 주는지를 분석해 보자.

〈표 15-2〉의 왼쪽 편에는 회계연도가 막 끝난 해의 포괄손익계산서가 제시되어 있다. 다음 연도 각 항목의 증가액은 두 번째 칸에 주어져 있다. 여기에서는 기업이 어떻게 이와 같은 변화를 예측했는지가 논의의 초점이 아니다. 우선 기업경영자가 실질적인 예측방법을 통해 실현가능한 성장목표를 세웠다고 가정하자. 먼저 매출액과 비용의 증가액이 제시되고 있으며 그 매출액과 비용의 변화에 의해 야기되는 영업활동 관련 자산과 부채의 증가액이 제시되어 있다. 또한 그 영업활동 관련 자산과 부채 항목의 변화가 당기순이익에 어떻게 조정되어 기업의 '영업활동 현금흐름'에 영향을 주고 있는지를 표시하고 있다.

여기에서도 성장기업의 영업활동 관련 자산과 부채의 변화율은 일정하게 유지된다는 가정에 기초하고 있다. 예를 들면, 다음 연도에 기업의 매출원가가 $1,300,000만큼 증가한다고 예측한 사실에 주의하자! 이미 알다시피 이 기업의 재고자산은 연간 매출원가의 13주(=재고자산평균회수기간)에 해당되는 금액이다. 따라서 매출원가의 증가는 재고자산에 투자된 금액을 동시에 증가시킨다(즉, 여기에서는 $1,300,000의 증가분×13/52(재고자산회전율)=$325,000만큼 재고자산이 증가됨).

〈표 15-2〉에서 보는 바와 같이 성장하고 있는 기업의 사나리오에서는 모든 영업활동 관련 자산 및 부채의 변화율은 약 19%로 일정하게 고정되어 있다는 가정을 하고 있다. 또한 이 기업은 다음 연도에 새로운 유형자산을 구입할 계획이기 때문에 다음 연도의 감가상각비가 $50,000만큼 증가된다는 사실에 주의하라. 따라서 내년도의 감가상각비는 $310,000(=$260,000+$50,000)이 된다. 다음 연도의 당기순이익은 전년도보다 $135,600만큼 증가되어 재무상태표상의 이익잉여금이 $853,800(=$718,200+$135,600)으로 된다. 그러나 성장기업의 다음 연도 '영업활동 현금흐름'은 단순하게 당기순이익과 감가상각비의 합(=$853,800+$310,000=

$1,163,800)이 아니다. 결코 이 금액이 될 수 없다.

〈표 15-2〉에서는 다음 연도에 성장기업이 가질 수 있는 '영업활동 현금흐름'이 정체기업의 당기순이익에도 못 미치는 $800,000보다 더 낮은 $793,474로 표시하고 있다. 이렇게 상대적으로 낮은 현금흐름을 갖는 이유는 다음 연도에 오히려 영업활동 관련 자산인 매출채권과 재고자산의 증가로 인한 거대한 현금흐름의 감소에 기인하고 있다. 왜냐하면 이와 같은 매출채권과 재고자산의 증가로 인하여 높은 수준의 매출액에 따른 현금수입이 감소되기 때문이다. 한편, 이렇게 많은 '영업활동 현금흐름'을 감소시키는 자산의 조정액은 영업활동 관련 부채의 증가에 의하여 어느 범위까지는 상쇄된다. 따라서 당기순이익에 대한 기업의 영업활동 관련 자산 및 부채 항목의 영향으로 현금흐름의 차감조정액은 $60,326에 머무르고 있다.

현금흐름을 요약하여 얘기하자면, 기업성장은 다음 연도의 회계이익에 좋은 영향을 주지만, 동시에 다음 연도의 '영업활동 현금흐름'을 줄어들게 한다. 다시 말해 기업성장은 회계이익이 오르는 그 상당액만큼 기업의 현금흐름을 즉각적으로 높여주지 못한다. 정체기업과 성장기업을 서로 비교해 보면 이를 쉽게 이해할 것이다. 여기에서 정체기업의 '영업활동 현금흐름'($978,200)이 성장기업의 현금흐름($793,474)보다 상대적으로 높게 나타나 있다. 즉, 정체기업의 경우에는 성장기업과 비교할 때 한 기간의 회계이익은 낮지만 '영업활동 현금흐름'은 높아진다는 것이다.

기업이 재고자산을 적게 보유하는 등 영업관련 재무비율을 향상시킬 수 있다면, 다음 연도에는 '영업활동 현금흐름'을 빠르게 증가시킬 수 있을 것이다. 그러나 일반적으로는 기업의 성장기에 재무비율을 향상시킨다는 것은 쉽지 않은 일이다. 오히려 기업성장의 부담 때문에 관련된 재무비율이 조금 더 낮게 될지도 모른다. 예를 들어 기업은 성장기에 소비자들에게 제품판매를 촉진시키기 위해 매출채권평균회수기간을 연장시켜 주는 등 아주 유연하게 신용조건을 제공할 수도 있다. 혹은 소비자들에게 유통기간을 개선시키면서 제품 선택의 폭을 넓히기 위해 제품의 크기와 종류를 다양하게 함으로써 매출채권회수기간을 늘릴 수 있다.

〈표 15-2〉에서는 현금흐름의 다른 원천들은 나타나 있지 않다. 다음 연도에 자금을 어떻게 사용할지, 어떻게 조달할지 이에 대한 계획도 전혀 제시되지 않았다. 다시 말해 현금흐름표상에는 재무활동부문이나 투자활동부문은 전혀 나타

나 있지 않다. 예를 들어, 다음 연도에 기업은 유형자산의 처분이나 취득을 위해 얼마를 쓸지, 혹은 얼마를 차입할 것이며 주주들에게 얼마만큼의 배당금을 지급할지 등에 대한 정보를 전혀 제시하지 않고 있다. 다만, 여기에서는 기업의 성장기에 다음 연도 현금흐름 계획을 위해 중요한 출발점인 '영업활동 현금흐름'에 초점을 맞추고 있을 뿐이다.

4. 침체기업의 영업활동 현금흐름 변화 : 기업침체에 따른 기회일까?

"오르막이 있으면 내리막이 있다"는 속담은 기업의 매출액 및 재정적인 흐름과 관련하여 분명히 적용되는 말이다. 궁극적으로 성장의 둔화기나 침체기가 없이 영원히 계속적으로 성장하는 기업은 없다. 물론 월마트(Wal-Mart)나 마이크로소프트(Micorsoft)처럼 아주 현저하게 장기적으로 성장을 지속하고 있는 사례가 있었다. 그러나 맥도날드(McDonald's)나 베니건스(Bennigans)의 경영사례에서 보는 것처럼 건장한 기업도 결국은 한계에 도달할 수 있다. 어떤 산업에서는 기업 나름대로 성장주기를 가지고 있어, 그 산업에 속한 기업의 매출액도 대부분 오르락내리락을 반복하고 있다.

일반적으로 영업이익의 성과, 즉 기업의 영업성과(operating performance)는 대부분 침체기에 타격을 입는다. 이 기간에 기업은 즉각적으로 영업관련비용을 축소시키고 극심한 매출감소에 대응하는 것도 쉽지 않다. 그러나 분명한 것은 매출액이 감소되는 시기라 하더라도 항상 일정하게 발생하는 고정비(fixed costs)로 인해 기업은 경영활동에 큰 부담을 안고 있다. 이러한 고정비를 줄이기 위해서는 대수술이 필요하다. 본장에서는 '영업활동 현금흐름'이 기업의 침체시에 어떠한 영향을 받는지에 초점을 맞추고자 한다.

다음의 〈표 15-3〉에서는 다음 연도 침체기업의 시나리오를 제시하고 있다. 아마도 성장기업의 시나리오와 비교하면 닮은꼴처럼 보이기도 한다. 두 시나리오를 비교해 보면, 성장기업과는 반대로 침체기업에서는 먼저 매출액이 $2,000,000만큼 심각하게 감소되었다는 것을 눈여겨볼 필요가 있다. 동시에 매출원가는 매출액의 감소와 비례적으로 $1,300,000만큼 감소했다. 그러나 침체기업의 그 밖의 비용들은 고정비 성격의 비용이 있기 때문에 매출액과 비례하여 감소하지는 않

〈표 15-3〉 **침체기업의 시나리오**

포괄손익계산서

	올해	다음 연도 감소액
매출액	$10,400,000	−$2,000,000
매출원가	6,760,000	−1,300,000
매출총이익	$3,640,000	−$700,000
영업비용	2,080,000	−150,000
감가상각비	260,000	−25,000
영업이익	$1,300,000	−$525,000
이자비용	103,000	0
법인세차감전이익	$1,197,000	−$525,000
법인세비용	478,800	−210,000
당기순이익	**$718,200**	−$315,000
기타포괄손익	0	0
총포괄이익	$718,200	$0

재무상태표

자산	다음 연도 감소액
현금	$1,030,585
매출채권	−192,308
재고자산	−325,000
선급비용	−11,538
감가상각누계액	(235,000)
총계	$266,738

부채와 자본	다음 연도 감소액
매입채무_재고자산	−$100,000
매입채무_영업비용	−8,654
매입채무총액	−$108,654
미지급영업비용	−17,308
미지급이자비용	0
미지급비용총액	−$17,308
미지급법인세	−10,500
이익잉여금	**403,200**(=$718,200−$315,000)
총계	$266,738

현금흐름표*

영업활동 현금흐름		
당기순이익		$403,200
매출채권의 감소	$192,308	
재고자산의 감소	325,000	
선급비용의 감소	11,538	
감가상각비	235,000	
매입채무의 감소	−108,654	
미지급비용의 감소	−17,308	
미지급법인세의 감소	−10,500	
당기순이익에 대한 현금흐름의 조정액		$627,385
영업활동 현금흐름		$1,030,585

*주의
현금흐름표상에서 '투자활동 및 재무활동 현금흐름'은 여기에서는 제시되지 않았다. 재무상태표계정의 변화는 다음 연도에 기업의 투자활동 및 재무활동과 관련된 항목이 없다고 가정한다. 즉 침체기업은 영업활동 이외에 투자활동이나 재무활동을 하지 않았다.

았다.

당기순이익은 전년도에 비해 $315,000만큼 떨어졌다. 즉, 다음 연도에는 전년도 순이익의 반절로 곤두박질할 것으로 내다보고 있다. 이는 두말할 것 없이 아주 나쁜 뉴스이다. 그러나 **침체기인 경우에도 좋은 뉴스란 기업의 '영업활동 현금흐름'이 오히려 높아진다는 것이다.** 당기순이익은 전년도에 비해 $315,000만큼 떨어졌지만, '영업활동 현금흐름'은 성장기업의 $853,800보다도 높은 $1,000,000을 넘고 있다. 이는 매우 놀랄 만한 일이다.

여기에 나타난 침체기업의 시나리오에서도 영업활동 관련 자산 및 부채의 변화율은 일정하게 유지된다는 것을 가정하고 있다. 예를 들면, 연간 매출액에 대한 매출채권평균회수기간의 비율은 5주로 일정하게 유지하고 있다. 따라서 매출액이 $2,000,000만큼 떨어졌기 때문에, 매출채권 역시 $192,308(=$2,000,000×5/52주)만큼 떨어졌다. 또한 미지급이자비용을 제외한 모든 영업활동 관련 자산과 부채가 감소된 것으로 나타내고 있는데, 그 이유는 이자비용은 다음 연도에도 동일하기 때문이다. 특히 매출채권과 재고자산의 감소로 인하여 현금흐름이 많이 증가했다는 사실에 유념할 필요가 있다.

반면 영업활동 관련 부채의 감소는 '영업활동 현금흐름'에 부(−)의 영향을 준다. 그러나 영업활동 관련 자산의 감소와 감가상각비는 현금흐름에 정(+)의 영향을 주기 때문에, 여기에서는 영업활동 관련 자산의 감소액과 감가상각비의 합이 영업활동 관련 부채의 감소액보다 상당히 크다. 그러므로 전체적으로 볼 때 침체기업의 '영업활동 현금흐름'이 오히려 $1,030,585로 증가되고 있다.

이 기업에서는 증가된 현금으로 무엇을 할지 전략적 의사결정이 필요할 것이다. 아마도 이 기업은 이자부담이 되는 빚을 갚는다거나, 혹은 그들이 발행한 보통주의 일부를 취득하여 소각시킬 수도 있다. 만약 이 기업이 이러한 침체기가 앞으로 계속될 것이라고 예상한다면, 차입금이나 주식발행으로 많은 자금조달을 필요로 하지 않을 것이다. 기업의 매출액이 낮다면 영업활동 관련 자산도 그렇게 많이 필요하지 않으며, 자본금 역시 그렇게 많이 필요하지 않다는 의미가 된다.

오늘날의 글로벌 시대에 기업이 직면하고 있는 커다란 도전은 경쟁력이 있는 기업으로 재도약할 수 있는 경영전략을 수립하는 일이다. 기업의 규모를 축소하거나(즉, 다운사이징 : downsizing), 오랫동안 기업을 위해 일해온 종업원을 해고하는 일 등은 가슴 아픈 일이다. 다운사이징이란 최고경영자가 기업의 규모와 성장을 촉진시키기 위해 해결할 수 있는 여러 방안들 중 일부 사업을 줄이며 포기하는 일련의 경영과정을 말한다. 이것이야말로 최고경영자가 기업의 미래성장을 통한 미래효익을 위해 나아가야 할 기본적인 역할이 아닐까?

5. 당기순손실은 영업활동 현금흐름의 변화에 어떤 영향을 줄까?

본 단원에서는 별로 달갑지 않은 주제를 다루어보기로 하자. 만약 포괄손익계산서상의 당기순이익이 빨간불의 적색신호가 켜져 있다면 기업의 '영업활동 현금흐름'에 어떤 영향을 줄까? 만약 기업이 당기에 이익이 아닌 손실(즉, 당기순손실)을 가졌다면 '영업활동 현금흐름'은 어떻게 변화할까? 물론 이 경우에는 당기에 발생된 비용이 매출액보다 더 크다는 의미이다. 지금까지 논의된 내용으로부터 한 해 동안에 벌어들인 실질적인 현금수입은 매출액의 크기와는 전혀 다르다는 것을 알고 있다. 또한 한 회계기간 동안에 발생되는 비용 때문에 나타나는 현금지출은 그 비용의 크기와도 전혀 다르다는 것도 알고 있다.

기업이 한 해 동안의 당기순손실을 보고할 때 현금흐름표는 추가적인 중요성을 띠게 된다. 해당 회계기간에 인식된 기업의 감가상각비는 $260,000이다. 아마도 감가상각비는 이러한 당기순손실을 상쇄할지도 모른다. 이에 따라 '영업활동 현금흐름'은 정(+)의 값을 가질 수 있으며, 혹은 당기순손실보다는 최소한 적은 부(−)의 값을 가질 수도 있다. 한편, 한 회계기간에 기업의 당기순손실은 감가상각비보다 더 클 수도 있다.

여기에서도 편의상 기업의 모든 영업활동 관련 자산과 부채는 변동하지 않고 일정하게 유지되고 있다고 가정한다. 또한 그 회계기간에 기업은 당기순이익을 낸 것이 아니라 당기순손실을 입었다고 가정하자. 자! 이때 당기순손실을 $260,000이라고 하자. 그렇다면 '영업활동 현금흐름'은 $0(=−$260,000+$260,000)이다. 만약 기업의 손실이 $500,000이라고 하자. 이때 기업의 '영업활동 현금흐름'은—영업활동 관련 자산을 다운사이징할 수 있지 않는 한—$240,000(=−$500,000+$260,000)이 된다.

만약 기업이 한 회계기간에 걸쳐 영업손실을 입었다면 소유하고 있는 영업활동에 관련된 자산을 감소시키기 쉽지 않다. 더구나 기업이 이런 어려운 상황에 처하게 될 때 영업활동에 관련된 부채를 증가시킨다는 것은 더욱더 힘든 일이다. 따라서 채권자들은 해당 기업이 영업손실을 입었다는 것을 알 때 무척 당황하게 되는 것이다.

다시 말해 기업이 이익을 내고 있는데도 불구하고 '영업활동 현금흐름'이 마이너스(−) 값을 지속적으로 가질 때, 기업에서는 어려운 시기가 장기적으로 지속될 수밖에 없다. 기업은 조만간에 마지막 선을 밟을 수도 있다. 즉, 지급불능이나 도산상태 혹은 파산에 이르거나 그 밖의 좋지 않은 상황에 직면할 수도 있다.[1)] 이때 기업의 주주들은 투자한 자본금의 전부 혹은 대부분을 잃게 된다.

1) 지급불능상태란 지급수단의 계속적인 결핍 때문에 이미 금전채무를 지급할 수 없게 된 채무자의 객관적 재산상태를 말한다. 지급불능(default)은 파산원인의 기본적인 요인이다. 설령 채무액을 초과하는 자산을 가지고 있을지라도 금전의 결핍을 초래하면 지급불능상태가 된다. 그러나 도덕상, 기술상, 그리고 기업재무상의 신용에 의하여 금전의 융통을 받아들이는 한, 이는 지급불능상태라고 할 수 없다.

영어로 토의해 보기(Discussion Questions)

[DISCUSSION 1]

What is a growth firm? What features in financial statements would you look for to identify a firm as a growth company?

ANSWER

A growth firm is one that is expected to grow residual earnings. As residual earnings is driven by return on common equity (ROCE) and growth in equity, a growth firm is one that can increase ROCE and/or grow investment that is expected to earn at a ROCE that is greater than the equity cost of capital.

A growth company would have the following features :

- A ROCE greater than the cost of capital
- Increasing residual earnings due to
  - Sales growth (with positive profit margins)
  - Increasing profit margins
  - Increasing asset turnover
  - Growing net investment (earning a ROCE greater than the cost of capital)

A growth company is one that is expected to have these attributes in the future. It is possible that a firm may have had these attributes in the past but is not expected to have them in the future. And it is possible that a firm may not have these features currently (a start-up, for example), but is expected to have them in the future.

[DISCUSSION 2]

A firm reported $405 million in revenue and an increase in net receivables of $32 million. What was the cash generated by the revenues?

ANSWER

Cash = Revenues − Change in net receivables
= $405 − 32
= $373 million

[DISCUSSION 3]

A firm reported wages expense of $335 million and cash paid for wages of $290 million. What was the change in wages payable for the period?

ANSWER

Change in wages payable = wages expense − cash wages
= $335 − $290
= $45 million

PART IV

회계감사 및 이익관리

CHAPTER

16 회계감사 : 재무제표의 신뢰성 제고

1929년에 발생한 미국 주식시장의 대붕괴사건은 기업의 재무보고 공시의 중요성을 실질적으로 조명하는 하나의 계기가 되었다. 그때 파산한 기업들을 조사해 보면 재무제표상에서 상당히 잘못된 계산상의 오류, 혹은 보기 드문 부정과 사기 등이 발견되었다. 이러한 사실들은 회계실무적으로 다양하게 입증되고 있다. 이에 따라 미국의 증권거래위원회(SEC), 한국의 금융위원회(FSC) 등은 정부기관으로서 증권시장의 관리・감독・정책수립의 역할을 수행한다. 상장기업인 경우에는 주주들에게 반드시 회계보고서를 작성하여 공시하도록 요구하고 있다. 회계보고서에는 기업경영자의 책임하에 작성되고 공인회계사(CPA : certified public accountant)에 의해 감사받은 기업의 재무제표를 포함시키고 있다.

이와 같이 기업의 최고경영자는 주주로부터 받은 수탁책임을 다하기 위해 재무제표를 작성하여 주주에게 보고한다. 그러나 회계담당자가 재무제표를 작성하는 과정에서 늘 오류나 부정이 숨어 있을 수 있다. 이 때문에 전문적인 자격을 갖춘 CPA가 GAAP에 따라 제대로 작성되었는지를 확인하는 절차를 거치게 된다. 이때 공인회계사(CPA)는 기업의 재무제표와 관련하여, 심각한 오류를 발견하고 그 오류가 수정될 수 있도록 전문적인 의견을 개진한다. 즉 해당 재무제표의 신뢰성에 초점을 둔다. 다시 말해 재무제표의 정확성을 공증하는 차원은 아니다. 그렇다면, 회계감사를 수행할 때 CPA의 역할은 무엇일까?[1)]

미국의 증권거래위원회(SEC)에서는 회계감사를 수행할 때 특별히 계산의 정확성, 회계처리의 명확성, 회계관습의 일관성 및 지속성 등에 무게를 실도록 하고 있다. 궁극적으로 SEC의 요구사항은 기업회계기준에 따라 적정하게 기업활동의 결과를 표시한 신뢰성 있는 기업의 재무제표이다. 따라서 정보이용자가 왜곡된 정보를 가지고 의사결정하지 않도록 신뢰도가 높고 품질 좋은 기업의 재무제표가 제공되어야 한다. 본장에서는 이와 같은 회계감사(audit)의 영역에서 필요로 하는 주요 내용을 점검해 보도록 하자.

1. 회계감사(audit)란 무엇일까?

회계정보는 현재 기업의 재무상태가 어느 정도인지, 혹은 일정기간 동안 얼마만큼의 이익을 벌었는지에 대한 정보를 담고 있다. 이러한 회계정보를 만들어내는 주체는 기업이다. 이렇게 만들어진 회계정보는 기업 내의 최고경영자나 중간관리자의 의사결정에 활용되기도 하고, 혹은 외부의 정보이용자인 투자자와 채권자에게도 제공되고 있다. 먼저 자본시장에서 회계정보이용자들과 기업 간의 관계를 [그림 16-1]에서 살펴보기로 하자.

외부의 회계정보이용자들은 자본시장을 통해 자금을 제공할 때, 즉 해당 기업의 주식에 투자할 때 가장 수익성 있는 기업을 선택하기 위하여 회계정보를 필요로 한다. 따라서 기업이 외부에 제공하는 회계정보를 산출할 때 자의적으로 만들어낼 가능성이 있기 때문에 같은 내용에 대해서는 어느 기업을 막론하고 유사하게 표현하도록 일종의 기업가치를 측정할 수 있는 척도가 필요하다. 즉, 길이를 잴 때 자[尺]가 필요하듯이, 기업가치를 평가할 때에도 그 척도가 되는 기업회계기준이 필요한 것이다.

그러나 기업이 제공한 회계정보, 즉 재무제표는 기업이 회계기준에 의해서 만들어낸 것으로 그 정보가 왜곡될 수 있기 때문에, 투자자와 채권자는 그 내용을 단순하게 믿고 기업에 돈을 투자하기를 꺼릴 수 있다. 따라서 기업이 제공한 회계정보에 신뢰성을 부여하기 위하여 독립성과 전문성을 지닌 제3자, 즉 공인

1) 만약 기업의 재무제표상에서 회계담당자가 많은 오류를 범한 흔적이 있고, 이로 인해 재무제표상에 심각하게 잘못 표기되었을 때에는 어떻게 해야 할까? 그 담당자는 해고되어야 하는가? 결코 아니다. 사람은 누구나 실수할 수 있다. 여기에서 회계감사인이 하고자 하는 것은 재무제표상의 이러한 오류사실에 대한 의견표명이며, 이것이 바로 기업의 성적표라 할 수 있다.

그림 16-1 회계정보이용자와 기업 간의 상호관계

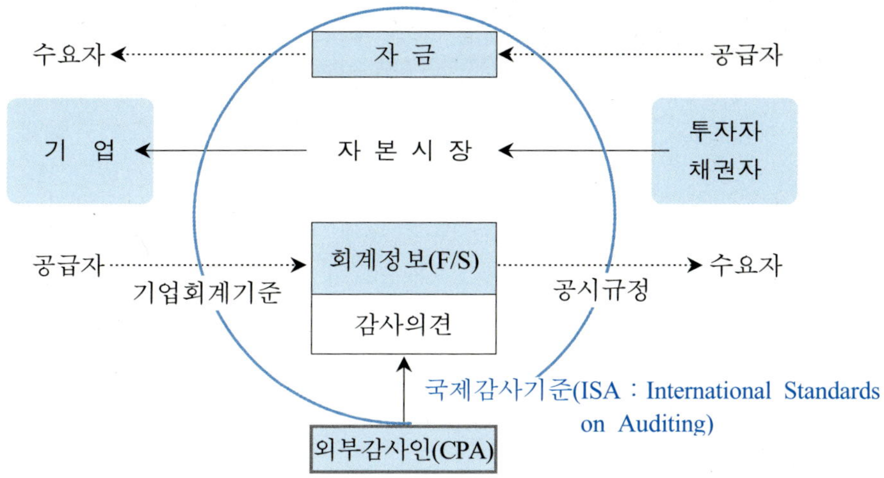

회계사(CPA)가 공증을 하는 외부감사제도가 정착되었다.

조선시대에 암행어사가 지방을 순회하면서 감찰할 경우, 임금이 상징적인 의미로 암행어사에게 자[尺]를 하사했듯이, 공인회계사도 무작정 자기 마음대로 재무제표를 감사(공증)하는 것이 아니라, 일종의 자[尺]에 해당하는 국제감사기준(ISA)을 가지고 회계정보가 제대로 산출되었는지 의견표명을 하게 된다. 이와 관련된 회계분야가 회계감사(會計監査)이다. 이때 공인회계사인 감사인의 의견이 첨부된 회계정보를 감사보고서(auditor's report)라고 한다. 이 보고서는 외부의 정보이용자들이 누구나 쉽게 알아보도록 일정한 양식에 따라 공시규정을 준수하도록 되어 있다. 이러한 감사보고서는 재무제표를 통해 제공되는 회계정보의 신뢰성을 높여준다.

2. 회계감사는 왜 필요할까?

당신이 어떤 기업에 거액을 투자했다고 가정해 보라. 또한 적극적인 투자자가 아니기 때문에 경영 일선에 일체 참여하지 않는다고 하자. 그렇지만 당신은 주식을 소지한 자로서 해당 기업이 현재 어떻게 운영되고 있는지 관심이 클 것이다. 또 앞으로 경영실적에 어떤 먹구름이 끼지나 않는지 살펴보기 위해 그 기업의 재무제표와 주석사항을 주의 깊게 살필 것이다.

여기에서 질문 하나를 던져보고 싶다. 이 기업의 재무제표가 충분한 정보가 공시되고 있는지, 혹은 이익을 측정할 때 '일반적으로 인정된 회계원칙'(GAAP)을 제대로 준수하고 있는지를 과연 어떻게 알 수 있을까? 현재 기업의 재무제표를 있는 그대로 믿을 수 있을까? 정말 재무제표를 신뢰할 수 있을까? 당신이 은행의 자금대여담당자라고 또 가정해 보자. 기업에서는 자금조달을 위한 신청서에 가장 최근의 재무제표를 제출해야 한다. 이때 그 기업에서 재무제표를 작성할 때 회계처리기준을 준수했는지, 혹은 자금을 확실하게 조달할 목적으로, 호감 있게 보일 수 있도록 재무제표를 왜곡하여 조작하지 않았는지 한 번쯤 고려해 볼 사항이 아닌지! 이런 부류의 사건들은 결코 전례 없는 일은 아닐 것이다.

그렇지 않으면 당신은 미국의 뉴욕증권거래소(NYSE : New York Stock Exchange)와 NASDAQ(National Association of Securities Dealers Automated Quotations system)에서 거래되고 있는 주식의 분산투자를 책임지고 있는 투자신탁의 전문관리자라고 가정해 보자. 주식의 시장가치는 재무제표상에 보고된 기업의 당기순이익과 주당순이익에 영향을 받는다. 여기에서 정말 이익이라는 수치를 신뢰할 수 있는지 한 번쯤 반문해 볼 필요가 있지 않을까?

이것이 외부감사인의 감사보고서가 필요한 이유이다. 감사보고서는 재무제표만으로 알 수 없는 새로운 사실을 공시함으로써 정보를 전달하는 기능을 수행한다. 일반적으로 재무제표는 다음과 같은 두 가지 이유로 잘못된 정보를 가질 수 있으며, 동시에 정보이용자를 쉽게 오도할 수도 있다.

(1) 고의가 아닌 실수(honest mistakes)

기업의 회계시스템은 완전할 수 없다. 이에 따라 오류를 쉽게 발견하거나, 이를 교정하는 것이 어렵기 때문에 실수가 발생할 수 있다. 또한 회계제도 및 회계보고서의 작성기준과 요구사항을 기업의 회계담당자들이 충분히 숙지하지 못하기 때문에 이러한 실수가 종종 발생하고 있는 현실이다. 따라서 회계시스템의 내부통제시스템이 강조되고 있다.

(2) 의도적인 부정(deliberate dishonesty)

회계부정은 자본시장경제의 근간을 뒤흔드는 중대범죄이다. 회계법인이 기업의 장부조작을 눈감아주면 금융시장이 전반적으로 무너질 수 있기에 선진국일수록 회계부정에 대한 처벌이 엄하다. 때로는 기업의 종업원들이나 중역들에 의해 기업의 경영성과와 재무상태가 왜곡되어 표시되는 경우도 있다. 이를 위해 회계보고서에 공시되어야만 하는 주요한 정보를 일시적으로 지체하거나 보류하도록 강요받기도 한다. 결과적으로 기업이 허위재무보고(fraudulent financial reporting)를 야기시킴으로써 정보이용자들이 피해를 볼 수 있다.

일관성 없는 회계처리방법과 사기(fraud)는 기업의 재무제표상에서 현존하는 위험요소로 자리 잡고 있다. 항시 내재되어 있는 이와 같은 심각한 문제들을 해결할 수 있는 방법은 회계시스템을 감사(audit)하는 것이다. 기업의 재무제표에 흠이 없는지, 그리고 '일반적으로 인정된 회계원칙'(GAAP)을 고수했는지를 확인하기 위해 발생된 회계거래의 기록을 감사하는 것은 실로 중요한 일이다.

이와 같은 회계감사를 통하여 정보이용자는 기업의 회계보고서를 신뢰할 수 있게 되며, 그 보고서가 관련규칙을 준수했다는 강한 믿음을 갖게 되어 자본시장의 효율성을 높일 수 있게 된다. 회계감사는 공인회계사(CPA)들이 수행하는데, 우리나라는 외감법에 의해 직전연도 말 기준 자산총액이 120억원 이상인 기업 및 상장기업은 의무적으로 외부회계감사를 받아야 한다. 아래에서는 감사인의 역할을 수행하는 공인회계사에 대해 살펴보기로 한다.

3. 공인회계사(CPA)의 역할 및 응시자격은?

우리나라의 경우 금융감독원 공인회계사시험제도 및 관련법령에 따라 응시자격이 주어진다. 공인회계사시험은 자격시험이므로 시험에 응시하고자 하는 자의 국적, 학력, 연령 및 경력에는 제한이 없었다. 2007년 1월 1일부터 「학점이수제도」의 시행으로 「학교 등에서 학점이수 해당 과목별로 회계학 및 세무관련과목 12학점 이상, 경영학과목 9학점 이상, 경제학과목 3학점 이상을 이수한 자 또는 이수한 것으로 학점인정을 받은 자」만이 공인회계사시험에 응시할 수 있다. 「학점이수제도」는 공인회계사 제1차시험[회계학, 세법개론, 경영학, 경제원론, 상법, 영어(토플, 토익, 텝스)]과 제2차시험(재무회계, 원가회계, 회계감사, 세법, 재무관리)에 모두 적용된다. 학점이수제도에 의한 응시자격을 갖추고 있으며 「공인회계사 제1차시험에 합격한 자 또는 제1차시험을 면제받은 자」에 한하여 제2차시험에 응시할 수 있다.2)

공인회계사들은 재무제표의 감사업무 이외에도 많은 업무를 수행한다. 일반적으로 기업에 관한 폭넓은 서비스를 제공한다. 예를 들어 법인세신고이행과 계획, 자금계획, 기업평가, 컴퓨터시스템 및 정보기술개발을 통한 업무관리 그리고 그 밖의 전문분야에서의 컨설팅업무 등을 들 수 있다. 사실 대형 회계법인에서는 회계감사영역이 아닌 다른 영역에서 전체수입의 절반 이상을 차지하는 경우도 발생한다.

공인회계사(CPA)는 오늘날 경제규모의 확대에 따라 기업에 대한 이해관계가 다양해지고 복잡화되어 가는 상황에서, 객관적이고 독립적인 입장에서 이해관계의 조정역할뿐만 아니라 세무업무 및 경영자문업무에 이르기까지 그 업무영역은 광범위하다. 이와 더불어 경제가 발전하고 전문화되면서 업무영역은 앞으로 더욱더 넓어질 전망이다.

또한 국제회계기준(IFRS)의 도입, 자본시장의 개방, 사회간접자본 확충, 일반대기업에서의 수요확대 그리고 해외직접투자의 확대 등에 따라 공인회계사에 대한 수요는 폭발적으로 증대될 것으로 예측하고 있다. 공인회계사는 사회적 지위와 부를 보장받게 되고, 업무상 다양한 사람들을 만나게 되며, 새로운 기업업무를 시도하는 경우가 많기 때문에 대인관계의 폭이 넓고 진취적인 성격의 소유자는 도전해 볼 만한 전문직업이라고 할 수 있다.

---

2) 미국의 경우, 공인회계사의 자격을 얻기 위해서는 일반적으로 세 가지의 주요한 선행조건이 주어진다. 첫째, 상당히 많은 회계학 및 경영학 전공 학점을 이수한 대학 졸업자이어야 한다. 미국공인회계사회(AICPA : American Institute of Certified Public Accountants)에서는 최근까지 전공 학점이수요건을 강화하고 있다. 둘째, CPA 자격시험에 합격해야 한다. 시험은 회계이론, 법인세, 회계감사, 상법 등 모든 분야에서 아주 엄격하게 치러진다. 셋째, 시험 합격 후, 그들이 거주하고 있는 주에서 요구하는 연수과정을 거쳐야 한다. 연수의 시기와 성격에 관련하여, 각 주의 법과 규정이 상이하지만, 일반적으로 연수기간은 최소 1년이 주어지고 있다.

이와 같은 세 가지의 선행조건(교육, 시험, 연수)이 충족되면, 공인회계사로서 개업할 자격증을 거주지의 주로부터 수여받는다. 대부분의 주에서는 개인의 CPA자격증을 갱신하기 위해서 해마다 30시간에서 40시간의 연수교육을 요구하고 있다. 또한 각 주마다 회계관습을 규제하며, 법률 및 규정을 위반하거나, 혹은 CPA를 통제하고 있는 윤리강령을 위반한 자들에 대한 자격증을 취소하고 일시적으로 정지시킬 수 있는 회계업무국(board of accountancy)이 존재하고 있다.

공인회계사 자격증은 누구에게나 인정을 받을 수 있는 전문자격증으로서 선망의 대상이 되기도 한다. 공인회계사의 전문적인 지위는 그들의 노련미와 경험, 그리고 제3자로부터의 독립성 및 전문성에 의존하고 있다. 인증(certified)이라는 단어 속에는 그들만의 지식과 경험이 함축되어 있으며, 공공(public)이라는 단어는 그들의 독립성을 나타내고 있다. 외부 회계감사를 위해서는 무엇보다도 그들의 독립성이 절대적으로 보장되어야만 한다. 공인회계사가 독립적이기 위해서는 우선 숙련되어 있어야 하며, 회계법인 이외의 관련된 어느 조직에도 겸직 종사해서는 안 된다.

공공회계분야에서 일을 해본 경험은 자신의 생애에 걸쳐 다른 직업을 얻을 수 있는 좋은 징검다리의 역할을 할 수 있다. 조직의 회계업무에서부터 시작한 많은 사람들은 재무담당임원(controller, chief accountant) 혹은 재무담당책임자(CFO : Chief Financial Officer)로 업무를 계속 이어가고 있으며, 어떤 이들은 사장이나 최고경영자(CEO : Chief Executive Officer) 혹은 최고업무(운영)책임자(COO : Chief Operating Officer) 혹은 최고정보관리책임자(CIO : Chief Information Officer)가 되기도 한다.

4. 회계감사는 모든 기업의 필수사항일까?

한국증권거래소(한국거래소)에 상장된 유가증권이 거래되는 주식회사의 연차보고서는 유가증권법에 의해 독립적인 회계감사인의 감사를 받아야 한다. 미국의 경우 4개의 대형 국제회계법인(Deloitte, Ernst & Young, PWC, KPMG)인 Big 4는 12,000개 이상의 상장기업을 회계감사하고 있다. 그러나 상장기업 이외에는 회계보고서가 독립적인 회계감사인에 의해 감사를 받도록 요구하지는 않는다.

예를 들어, 국제회계법인인 Copper & Lybrand의 최근 보고서에서 연방법인세 데이터 분석결과에 따르면 주식회사, 조합기업(partnerships), 유한회사(limited liability companies) 등 현재 850만 이상의 기업과, 벤처소기업으로 700만의 기업이 활동하고 있음을 발견했다. 이렇게 많은 기업들이 반드시 회계감사를 받을 필요가 없는데도 불구하고, 대다수의 기업들은 유가증권법에서 규정하고 있지 않지만, 회계감사를 굳이 거절하지는 않고 있다. 금융기관의 경우, 비상장은행이라 할지라도 매년 회계감사를 받는 것이 일반적이다. 물론, 변호사가 회사법 및 유가증권법에 관해 조언을 해주고 있지만, 특별한 상황에 처해질 경우 회계감사가 요구된다. 자금을 차입하거나 새로운 투자자에게 주식을 발행하여 자금을 조달하는 경우, 감사받은 연차회계보고서를 제출하도록 규정한 계약서상에 사인을 비공개적으로 동의하고 있다.

그러나 외감법에 따르면 직전연도 말의 자산총액이 120억원 이상인 회사의 재무제표는 독립적인 감사인에 의한 회계감사를 받아야 한다. 이는 법적으로 요구되고 있는 사안이며 이로 인해 재무제표에 대한 신뢰성(credibility)이 제고되고 있다. 만약 법적으로 요구되지 않을 경우, 그 해당 기업은 회계감사를 받고자 할까? 그렇다면 그에 대한 보상은 무엇일까? 기본적으로 회계감사 그 자체는 회계보고서에 신뢰성을 더해 주기 때문이다. 즉, 감사받은 회계보고서는 감사받지 않은 보고서보다 정보이용자들에게 높은 신뢰도를 제공한다.

CPA에 의한 회계감사는 정보이용자를 왜곡시킬 수 있는 회계보고서에 일종의 보험을 제공해 주는 것과 같다. 따라서 감사인은 회계제도의 원리와 회계기준을 철저히 이해하고, 회계자료를 탐지할 수 있는 전문가이어야 한다. 또한 기업으로부터 독립성을 갖춘 자로서 감사인은 회계보고서상에 나타나 있는 부정과 사기를 일절 묵인하지 말아야 한다.

회계감사는 값싼 싸구려 행위가 아니다. 기업은 감사인에게 회계보고서를 대충 가볍게 한번 훑어달라고 요청할 수는 없다. 감사인들은 회계감사를 실시할 때 권위 있는 지침서인 '일반적으로 인정된 회계감사기준'(GAAS : generally accepted auditing standards)에 의해 구속받는다. 염가부실감사 혹은 회계보고서를 대충 훑어보고 끝내는 싸구려감사 등과 같은 행위가 용납되어서는 안 된다. 따라서 GAAS를 따르지 않는 행위는 행정소송 대상이며, 감사인의 전문성과 독립성 그리고 명성에 큰 상처를 주게 되는 것이다.

회계감사는 기업의 재무제표와 관련하여 감사인이 감사의견을 표명하기 전에 많은 증거자료에 기초하여 행해져야 하며, 기업의 회계기록에 대해 철저한 조사를 해야 하기 때문에 일반적으로 많은 시간을 필요로 한다. 감사기간이 길수록 상대적으로 높은 감사비용이 든다. 회계감사가 법적으로 요구되지 않는다면 기업경영자는 재무제표의 신뢰성 제고 때문에 주어지는 혜택과 높은 감사비용을 상호 비교하여 판단할 필요가 있다. 일반적으로 은행에서는 기업에 자금을 대출해 주는 조건으로 감사보고서를 요구한다. 또한 기업의 내부경영에 관여할 수 없는 주주들은 기업에 투자한 돈을 보호받기 위해 기업의 재무제표가 감사받길 원한다. 이러한 관점에서 본다면, 감사비용은 외부로부터 자본을 유치하기 위해 지급해야 하는 최소비용이라 할 수 있다.

그러나 대부분의 경우에는 외부의 투자자와 채권자가 굳이 감사를 요구하지 않아도 오히려 기업 스스로 내부회계시스템의 기능을 강화하면서 동시에 감사를 받고자 노력한다. 기업에서는 부정(fraud)이나 횡령(embezzlement) 등으로 쉽게 넘어질 수 있는 구조적인 내부문제를 제거하고, 기업의 재무적 안전을 위해 독립적인 감사가 필요함을 알고 있기 때문이다. 종업원 및 자신의 지위를 이용한 기업경영자의 사기나 횡령이 일어날 수 있는 기회는 항상 있게 마련이다. 예를 들면 최고경영자가 거대한 뇌물(kickbacks, bribe)을 받는다든지, 고객과 기업 간에 비밀거래(under-the-table)를 한다든지, 종업원이 물건을 훔친다든지, 혹은 그 밖의 부도덕한 행위 등은 불행히도 항상 우리 주위에서 빈번하게 일어나고 있다. 사실 회계감사는 이와 같은 부정직한 사기나 횡령 등을 폭로할 수 있는 기회를 마련해 주고 있다.[3)]

많은 사람들은 회계감사에 대한 잘못된 선입관과 인식을 갖고 있다. 회계감사의 주요 목적은 이와 같은 사기 및 횡령 등을 탐지하는 것이 결코 아니다. 분명 아니다! 그러나 회계감사인은 가능한 한 모든 부정직한 사기행위를 찾기 위해, 또 이러한 행위를 숨길 수 있는 잘못된 내부통제제도를 발견하기 위해 구체적인 감사절차계획을 수립해야 한다.

회계감사의 주요 목적은 감사인의 윤리적 요구사항을 준수하면서 기업의 재무제표가 '일반적으로 인정된 회계원칙'인 국제회계기준(IFRS)을 고수하고 있는지, 그리고 재무제표(주석사항 포함)가 공정하게 표시되고 있는지, 감사인의 전문적인 감사의견을 감사보고서를 통해 표명하는 것이다. 물론 경영자의 부정행위는 재무제표의 표현충실성에 손상을 입힌다. 따라서 감사인은 재무제표의 회계오류뿐만 아니라 경영진의 부정행위까지도 세심한 주의를 기울여야 한다. 그러나 감사보고서상에서는 실제로 이와 같은 경영진의 부정에 대해 언급할 필요는 없다. 즉, "*우리는 경영진의 부정행위 및 사기 등을 관찰했지만 근거를 발견하지 못했*

3) 우리나라의 경우, 영업정지를 당한 부산계열 저축은행의 불법행위 및 모럴해저드 등을 예로 들 수 있다. 저축은행은 임직원명의로 특수목적회사(SPC)를 만들어서 불법으로 자기사업을 하고 명의인에게 수수료를 주면서 조직적으로 은폐하고 자금세탁을 했다(출처 : 파이낸셜 뉴스, 2011.4.21). 또한 과거 저축은행, STX조선해양, 최근 오스템임플란트, 우리은행 등의 상장사, 금융사 횡령에 이르기까지 기업 내부통제실패 사례가 연이어 터지고 있다. 그 결과, 회계투명성 개선에 대한 논의가 지속적으로 이어지고 있다(출처 : 파이낸셜뉴스, 2022.7.21).

다" 등과 같은 문장은 감사보고서상에 언급할 필요가 없다. 그렇다면 감사보고서상에서 회계감사인이 구체적으로 언급할 사항은 무엇일까?

5. 감사보고서에 표시되는 감사의견의 종류는?

우선 다음 사항을 짚고 넘어가자. 본 단원에서는 기업의 재무보고에 대한 외부감사인의 회계감사(Audit)를 설명하고자 한다. 감사의 종류는 다양하다. 예를 들면, 국세청의 법인세납세(income tax return)에 대한 이행감사(compliance audit), 정부의 전반적인 프로그램에 대한 포괄감사(comprehensive audit), 그리고 내부감사인이 기업의 업무효율성을 감사하는 업무감사(operational audit) 등 그 종류는 다양하다. 우리나라의 경우 외부감사인은 감사보고서를 작성한 후 이사회의 의결을 거쳐 증권선물위원회와 한국공인회계사회에 제출해야 한다.

본 단원에서는 주로 기업의 주주들과 회계보고서를 정당하게 수령할 권리가 있는 외부정보이용자들에게 기업이 공시한 재무제표와 관련하여, 감사인의 회계감사가 그들에게 어떠한 의미를 부여하는지에 대해 집중적으로 논의하고자 한다. 회계보고서를 참조하는 회계정보이용자는 감사가 어떻게 이루어지고 있는지, 혹은 왜 기업이 감사를 받아야만 하는지 그 당위성에 대해서는 큰 관심이 없다. 다만, 그들의 중요한 관심거리는 회계감사의 최종산물인 감사보고서[4]라 할 수 있다. 따라서 감사보고서 대부분의 내용이 간단하게 훑어볼 수 있는 내용이라 할지라도, 그들은 주의 깊게 감사보고서를 검토한다. 대부분의 재무제표이용자들은 감사받은 회계보고서는 본질적으로 안전하다고 단순하게 생각하는 경향이 있다. 아직 감사를 받지 않아 정보이용자들을 왜곡할 수 있는 회계보고서는 거들떠보지도 않는다는 것이다. 즉, 대다수의 정보이용자들은 회계법인이 재무제표와 관련된 감사의견을 제공하기만 한다면, 재무제표와 주석사항은 어떤 면에서도 심각한 문제가 없다고 생각하는 것으로 보인다. 이처럼 감사의견은 과

---

4) 감사보고서는 외부감사인에 의한 감사를 정식으로 받고 그 감사의견을 첨부하여 작성된 보고서이다. 우리나라의 경우, 감사보고서는 기업의 주주총회가 열리기 1주일 전까지 회사에 보고해야 한다. 기업의 정기주주총회는 기업의 결산일로부터 3개월 이내에 개최하고, 그 승인된 재무상태표를 일간신문에 지체 없이 공시하며, 주주총회 종료 후 2주일 이내에 증권선물위원회와 공인회계사회에 제출해야 한다.

연 재무제표의 인가도장(인증)을 의미하는 것일까? 반드시 그렇지가 않다!

오랜 세월 동안 감사인은 감사의견을 차별화하기 위해 많은 노력을 기울여 왔다. 다음과 같은 명언이 있다. "*하나를 보면 열을 안다*". 그러나 의견을 표명한 감사의견과 관련하여 이를 적용하기가 결코 쉽지 않다. 따라서 감사인이 재무제표에 대하여 어떤 종류의 감사의견(auditor's opinion)을 제시했는지 정보이용자들은 감사보고서를 철저히 검토하고 분석해야 한다.

재무제표가 IFRS에 따라 중요성의 관점에서 적정하게 표시되었다고 할 수 있는 가장 좋은 감사의견은 적정의견(unqualified opinion, 혹은 clean opinion)이라고 하며, 이에 대한 사례는 〈표 16-1〉에 제시되어 있다. 기본적으로 적정의견은 기업의 재무제표가 회계기준에 의거하여 중요한 왜곡(불일치)이 없는 경우에 표명

〈표 16-1〉 재무제표에 대한 감사의견 사례

독립적인 감사인의 감사보고서 : 적정의견
우리는 20×1년 12월 31일 현재, 첨부된 XYZ(주)의 재무상태표와 해당 연도 기간의 포괄손익계산서, 자본변동표, 그리고 현금흐름표에 대한 감사를 실시했습니다. 그러나 국제회계기준에 따라 이러한 재무제표를 작성하고 공정하게 표시할 모든 책임은 경영자에게 있습니다. 또한 재무제표를 작성하는 데 필요한 내부통제에 대해서도 책임이 있습니다. 우리의 책임은 수행한 감사에 근거하여 의견을 표명하는 데에 있습니다.
우리는 '일반적으로 인정된 감사기준'에 따라 감사를 실시했습니다. 이 기준은 재무제표가 중요하게 왜곡표시되었는지 여부에 대해, 합리적 확신(reasonable assurance)을 얻기 위해 감사를 계획하고 실시할 것을 요구하고 있습니다. 감사는 재무제표상의 금액과 공시사항을 발췌함으로써 조사를 하였습니다. 감사는 재무제표에 나타난 전반적인 내용을 평가할 뿐만 아니라, 경영자가 도출한 회계추정치 및 적용한 회계정책의 적합성에 대한 시정사항도 포함하고 있습니다. 우리가 입수한 감사증거는 본 감사의견에 대한 합리적 기준을 제공하고 있다고 믿습니다.
우리의 의견으로는, 위에서 언급된 재무제표는 여러 관점에서 볼 때, 20×0년 12월 31일과 20×1년 12월 31일 현재, XYZ(주)의 재무상태 및 해당 연도 기간의 영업성과의 결과와 현금흐름은 '일반적으로 인정된 회계원칙'인 국제회계기준에 따라 중요성의 관점에서 공정하게 표시되어 있습니다.
회계법인의 서명 : ________________ (감사인의 서명) 날짜 : ________________ (감사보고서일) 주소 : ________________ (감사인의 주소)

하는 감사의견이다. 즉, 적정의견의 경우 재무제표는 '일반적으로 인정된 회계원칙'(GAAP)에 따라 적정하게 표시되어 있으며, 주석사항과 그 밖에 재무제표상의 정보는 충분히 공시되어 기업이 회계기준을 잘 준수하고 있음을 감사인이 인정하고 있다는 것이다.[5]

사실 적정의견에서 감사인은 "*우리는 재무제표의 부적정성을 동의하지 않는다*"라고 말한다. 그러나 실제 어법은 다음과 같다. "*우리의 의견으로는, 위에서 언급된 재무제표는 여러 중요성의 관점에서 볼 때, XYZ(주)의 재무상태와 …… 적정하게 표시되어 있다.*" 적정의견에서는 기록된 모든 내용이 회계보고서에 나타난 회계처리방법과 공시내용에 비추어 볼 때 만족할 만하다는 것이다.

적정의견 감사보고서의 세 문단(혹은 네 문단)은 오랜 세월 동안 표준 어법으로 사용되고 있다. 여기에는 몇 가지 분명한 논점이 있다. 그중의 하나는 중요한 왜곡표시가 없는 재무제표를 작성하고 이러한 재무제표를 작성하는 데 필요한 내부통제에 대한 궁극적인 책임은 기업경영자에게 있다는 것이다. 이 내용은 첫 번째 문단에 기술되어 있다. 또한 감사인은 기업의 재무제표가 중요하게 왜곡표시되지 않았다는 의견을 제시하는 데 있어 절대적인 확신이 아닌 합리적인 확신(reasonable assurance)을 하는 것이라는 점을 분명히 짚고 있다. 감사보고서의 표준양식은 꽤 기술적인 전문용어를 사용하고 있어, 정보이용자들로부터 높은 이해력을 요구하고 있다. 동시에 감사보고서에 제시된 용어는 오랜 세월에 걸쳐 감사인에 대한 소송사건의 쇄도로 인하여 기본적으로 많은 변화가 일어나고 있다.

어떤 감사에서는 허위재무제표를 탐지하지 못하는 경우도 있다. 예를 들면 회계법인이 회계감사에서 처음에 적정의견을 제시하였으나, 경영자 부정이나 사기로 인해 아주 심각하게 재무제표가 오도되었거나, 혹은 변호할 수 없을 정도로 적절하지 못한 회계처리방법을 기준으로 재무제표가 작성된 것을 나중에 발견한 경우이다.[6] 그러나 감사종료 후에도 감사인은 자세한 감사기록 및 증거자

---

5) 회계기준에서는 회계처리방법에 대한 폭넓은 선택권을 기업경영자에게 부여하고 있는데, 이에 관한 구체적인 내용은 제17장에서 설명된다.

6) 이와는 다르게 고의적인 부실감사도 존재한다. 예를 들면, 우리나라 산동회계법인이 (주)대우 부실감사로 공중분해된 데 이어, 삼일회계법인도 현대건설 부실감사 의혹이 제기되며 최대의 위기를 맞이한 적이 있다. 삼일회계법인은 지난 1970년대 말부터 현대건설을 감사해오며 매년 "적정의견"을 제시했다. 그러나 감사결과 그동안 현대건설의 재무제표가 기업회계기준에 따라 적정하게 작성되었다며 적정의견을 제시한 삼일회계법인에 부실감사에 따른 법적인 책임문제가 제기되어 눈길을 끌었다.

료를 가지고 있다. 따라서 재무제표가 허위로 조작되거나 혹은 이로 인해 상당히 잘못 왜곡되었을 때 감사인으로부터 적정의견을 받는 사례는 아주 드물다. 그러나 불행히도 어떤 경우에는 적정의견을 받을 수도 있다.[7] 감사 자체가 100% 완벽하다고 할 수 없기 때문이다. 감사의견은 재무제표의 정확성에 대한 의견표명이 아니라 회계기준에 따른 공정성에 대한 의견이기 때문이다.

미국의 경우, 매해 12,000개 이상의 상장기업에 대한 회계감사 중에서 감사인이 그 재무제표에 대해 인증을 해줄 수 없는 일부 기업들이 사실 적정의견을 받는다. 그러나 이 수치는 총감사건수 중 아주 적은 비율이다. 사실 매해마다 이와 같은 감사태만의 실제 수치를 확인하는 것조차 쉽지 않을 것이다. 대기업의 경우, 감사태만으로 인한 감사실패를 극소화하기 위해 감사의견 표명을 위한 최소 감사비용제도를 용인하는 것도 하나의 방안이 될 수 있다. 그러나 냉소적으로 말하자면 회계감사를 하는 실제적인 이유는 채권자나 투자자가 손해를 입었을 때, 그리고 회사의 재무제표가 결함이 많아 왜곡될 만큼 잘못되었을 때, 감사인을 법원에 고소할 수 있는 기회를 주기 위해서일까?

주식투자자나 채권자는 기업의 경영성과가 나빠질 때나 잘못 공시된 재무제표 때문에 기업이 심각한 문제에 봉착되어 대부분 투자한 돈을 잃게 된다. 따라서 그들이 입은 손실을 회복하기 위하여 소송을 제기하게 된다. 이때 돈을 많이 벌고 있다고 생각하는 회계법인이 표적이 될 것이다. 이러한 이유로 감사인들은 고소를 당했을 때 그들의 입지를 견고히 하기 위해 감사보고서에 자기들을 방어할 수 있는 전문어법을 많이 사용하고 있는지도 모른다.

대다수의 재무제표이용자들은 기업경영자가 준비한 재무제표와 주석사항에 대해 감사인이 부정적인 의견을 가지고 있는지의 여부를 단순히 알기를 원한다. 그들은 감사보고서에 기록된 감사의견의 구체적인 어법에 대해서는 별로 신경을 쓰지 않는다. 단지 감사인들이 기업의 재무제표에 대해 찬사를 주고 있는지의 여부에 관심이 있다. 만약 그렇지 않다면 감사인들이 재무제표가 중요성의 관점에서 공정하게 표시되지 않았다는 부적정의견(adverse opinion)을 분명히 표명

7) 우리나라의 경우, 회계법인으로부터 "적정의견"을 받지 못한 기업이 점점 많아지고 있다. 회계법인이 감사를 철저하게 하면서 비적정의견인 "의견거절", "부적정의견", "한정의견"이 속출하고 있기 때문이다. 특히 회사가 자료제출을 거부했거나, 혹은 회사의 계속기업에 대한 존속 여부에 의구심이 간다며 회계법인이 감사의견을 제시하지 않는 "의견거절"도 증가하고 있는 현실이다(출처 : 시사저널이코노미, 2022.3.27).

해 주기를 원하는 것이다.

재무정보이용자가 부적정의견을 어림짐작할 수 있는 가장 간단한 방법은 감사보고서의 마지막 문단에 부적정의견에 대한 근거문단이 있는지를 관찰하는 것이다. 통상적으로 부적정의견과 관련하여 감사인들은 재무정보이용자들이 반드시 알고 있어야 하는 어떤 사건에 관해 추가적인 문단을 사용하기 때문이다. 따라서 추가적인 문단이 있는지의 여부를 항상 체크하고 감사보고서의 부록을 동시에 검토하는 것이 중요하다.

감사보고서상에서 부적정의견에 대한 추가적인 근거문단은 주로 다음과 같은 상황에서 적용된다.

- 재무제표에 기록된 특수관계가 있는 특수관계자거래, 혹은 발견되지 않은 감사증거로 인해 재무제표의 왜곡표시가 중요하고 전반적임, 혹은 기업이 직면한 보기 드문 계속기업에 대한 불확실성 등, 하나 이상의 사건을 감사인이 강조하기를 원할 경우
- 가장 최근의 회계연도와 직전의 회계연도 사이에 회계처리방법을 정당한 이유 없이 변경하여, 최초 재무제표와 비교하여 일관성을 상실했을 경우
- 부채상환의 만기일에 재정적인 어려움으로 거대한 부채의 지불능력의 상실로 인하여 계속기업으로서 존속할 수 있을지 중요한 의구심이 들 경우

채권자들과 투자자들은 위의 상황들을 항상 숙지할 필요가 있으며, 감사인은 감사의견에 이와 같은 사실을 추가적인 문단으로 명확하게 표명해야 한다. 이와 같이 추가적인 근거문단은 정보이용자들에게 유익한 정보를 제공하고 있다.

이와는 대조적으로 감사인은 기업이 사용한 회계처리방법에 문제가 있거나 충분한 공시가 필요한 특정 항목에 정보공시가 부족할 경우, 이와 관련해 예외를 인정해 주는 경우가 있다. 즉, 충분한 감사증거자료를 입수하였고 왜곡표시된 내용이 재무제표에 중요하지만 전반적이지 않을 경우 감사인은 감사보고서의 추가적인 의견문단에 '예외규정'(except for)이 포함된 한정의견(qualified opinion)을 제시한다. 물론 예외를 인정한 추가적인 근거문단에 대한 당위성은 감사보고서에

기록된다. 한정의견을 제시하기 위해 감사인은 기업의 재무제표가 전반적으로 볼 때 정보이용자에게 왜곡되지 않고 있음을 인정해야만 한다. 그럼에도 불구하고 기업의 재무제표가 '일반적으로 인정된 회계원칙'(GAAP)의 준용을 전반적으로 잘못했다면 감사인은 예외를 인정하지 않는 것이 보통이다.

기업은 정당한 사유가 있다면 회계처리방법을 변경할 수 있으며, 감사인의 한정의견을 피하기 위해 공시사항을 임의적으로 적용할 수도 있다. 그러나 우리나라와는 달리 일반적으로 미국의 증권거래위원회(SEC)에서는 한정의견을 거의 수용하지 않는 입장이다. 한정의견은 감사인의 감사범위에 제약이 따른다. 감사인이 수행할 수 있는 감사범위가 부분적으로 제한되기 때문에 재무제표의 회계처리에 대해 여러 증거를 수집할 수 없는 경우가 있다. 따라서 감사의견에 제한이 있을 수밖에 없는 것이다. SEC에서는 이와 같은 상황에서 한정의견은 감사인이 표명할 수 있는 최적의 작품으로 인정하고 있다.

그렇다면 한정의견은 시장에서 얼마나 심각하게 받아들여지고 있는 것일까? 기본적으로 한정의견의 효과는 옥의 티(fly in the ointment)라고나 할까? 한정의견은 재무제표의 왜곡표시가 매우 심각하지는 않더라도 분명히 재무제표상의 주요한 결함을 지적하고 있다. 한정의견은 빨간 깃발의 부정적 효과가 아닌 노란 깃발의 경고효과를 지니고 있다고 할 수 있다. 한정의견을 받았다면 이 회사는 부실이 늘어날 가능성이 크다는 것을 의미한다. 한국거래소(KRX)에 따르면 코스닥시장의 경우, 실제 상장폐지에 따른 코스닥시장의 퇴출공포가 가중되고 있는 현실이다. 코스닥상장회사들의 외부감사인이 감사보고서상에 계속기업의 불확실성에 따른 사유로 한정의견을 채택하기 때문이다.

잠시 생각해 보기 : 감사의견에는 '의견거절'도 있다!

통상적으로 감사인은 비록 기업의 회계처리방법이나 공시기준이 조금 벗어난 경우라 할지라도, 전반적으로는 재무제표의 적정성을 인정한다면 이에 만족한다는 적정의견(unqualified opinion)을 제시하고 있다. 만약 그 벗어난 정도가 심각하여 재무제표가 왜곡표시되어 한정의견(qualified opinion)을 표명할 수 없을 정도라면, 감사인은 부적정의견(adverse opinion)을 제시한다. 그러나 부적정의견은 일반적으로 많은 기업에서 거의 접하지 않는다. 왜냐하면 기업에서도 정보이용자를 오도할 수 있는 재무제표를 고의적으로 왜곡표시하지는 않을 것이며, 모든 정보이용자에게 부적정의견을 접할 수 있도록 무방비로 방치해 두지 않기 때문이다.

반면 감사인은 감사의 범위에 제한이 있어 의견표명이 불가능하거나 혹은 재무제표의 왜곡표시로 인해 기업이 직면한 보기 드문 비정상적인 불확실성이 객관적으로 존재하거나, 혹은 기업이 감사에 협력하지 않아 충분한 감사자료를 입수하지 못할 경우, 의견거절(disclaimer)을 표명해야 한다. 의견거절은 회계법인이 특정 상장회사에 대한 감사에서 의견제공을 거부하는 최악의 사태로, 해당 기업은 상장폐지로 연결되며 금융권에서는 대출금 변제까지 종용받게 된다. 한국거래소(KoRea eXchange : KRX)에 따르면 2010년 5월 이후 현재, 유가증권상장사, 코스닥상장사 등 회계법인들로부터 의견거절을 받고 있는 기업들이 점점 늘어나고 있는 현실이다.[8]

어떤 경우에는 감사인은 그들의 고객과 도저히 만족할 수 없는 심각한 의견의 불일치를 가질 수 있다. 이때 감사인은 계약을 파기할 수도 있다. 이는 자주는 아니더라도 가끔씩 발생한다. 이와 같은 상황에서 감사인은 기업의 최고경영자, 이사회 그리고 감사위원회에 이 사실을 알리고 의견불일치의 속성을 분명히 밝혀야 한다. 또한 왜 감사를 철회해야만 했는지 그 이유를 감사보고서상에 분명히 제시해야 한다. 감사인은 기업내부와 관련된 감사업무 이외에 어떤 경계선을 벗어나는 범위까지 활동하지는 않는다. 특히 상장기업인 경우, 감사인은 그들이 왜 감사계약을 철회했으며, 그들과 기업 간에 풀 수 없는 어떤 의견의 불일치가 있었는지, 그 여부에 대해 증권거래위원회(SEC)에 알려줘야 한다.

8) 일반적으로 감사의견 중에서 한정의견, 부적정의견, 의견거절을 통틀어 '비적정의견'이라고 부른다.

6. 감사실패는 감사인에게 어떤 영향을 줄까?

감사인은 기업의 재무제표가 '일반적으로 인정된 회계원칙'인 국제회계기준(IFRS)에 따라 적정하게 표시되고 있는지의 여부를 진단하는 전문인이다. 이에 따라 감사인으로부터 적정의견을 받았는데도 불구하고, 기업의 재무제표에 흠이 있어 왜곡된 사실을 나중에 발견했다면 다음과 같이 반문할 수 있을 것이다.

"도대체 어떻게 이런 일이 발생할 수 있느냐고?" 어떻게 했기에 기업의 재무제표가 아무런 흠이 없다고(즉, 회사의 건강상태가 정확하게 진단되었다는 의미임) 감사인으로부터 진단을 받을 수 있을까? 그러고 난 후, 어떻게 그 진단결과가 잘못되었다는 것을 나중에 알 수 있을까? 이러한 일은 흔하지 않지만, 만약 일어났을 경우 일반적으로 해당 기업의 주가는 심한 타격을 입게 된다. 더 심각한 경우에는 청산절차의 징후가 포착될 수도 있다. 이때 투자한 돈을 잃어버린 채권자와 투자자는 기업의 최고경영자, 감사인 등 관련된 모든 사람들을 고소하게 된다.

최근에는 이와 관련하여 특히 대형 회계법인이 많은 어려움을 겪고 있다. 소송사건을 집행하기 위해 많은 돈이 지불되고 있으며, 그들의 좋은 이미지가 언론을 통해 먹칠 당하고 있다. 이러한 감사실패(audit failure)는 언론에 좋은 기삿거리를 만들 수 있기 때문에 더욱 그렇다. 감사실패란 감사인이 감사기준이나 관련된 법규를 제대로 준수하지 못한 결과로 잘못된 감사의견을 표명하는 것을 말한다. 넓은 의미에서 감사실패에는 두 가지의 형태가 있다. 하나는 감사인이 회사의 부정을 발견할 수 없는 경영자사기(management fraud)이며, 또 하나는 감사인이 회계의 허위조작사실을 알지만 이를 묵인할 수 있는 분식회계(bad accounting, window dressing)이다.[9)]

첫 번째 경영자사기의 경우, 먼저 기업의 최고경영자는 사악하게도 감사인

9) 사실 경영자사기는 감사위험(audit risk)과 연관된다. 감사위험이란 감사인이 회계감사기준에 따라 감사를 실시했지만 재무제표에 있는 부정과 오류를 발견하지 못할 위험이다. 이에 반해 감사실패는 감사인이 회계감사기준에 따라 감사를 실시하지 않아 발생하기 때문이다. 예를 들어, 수년 전에 기아자동차 및 대우계열사에 대한 부실감사로 인해 중징계를 받았던 많은 회계법인들이 속출함에 따라, 분식회계로 인한 회계대란설이 무섭게 퍼졌다. 이와 관련하여 기업들이 분식회계를 통해 숨겨온 부실 자체를 주주총회 전까지 자발적으로 털어놓을 경우, 행정 및 사법상의 처벌을 면제해 줄 수 있다는 말까지 제기될 정도로 기업들이 처한 상황이 매우 급박했다(출처 : 내외경제신문, 2001.3.21).

을 철저히 속인다. 감사인은 정확히 기업에서 무엇이 일어나고 있는지 파악하기가 힘들다. 경영자는 감사인에게 감사서류에 대해 거짓말을 하며, 서류를 위조하고, 관련 증거들을 인멸하며, 다른 내부 종업원들에게 감사인과 어떤 얘기도 하지 말 것을 강요한다. 따라서 감사인은 은폐 사항들을 파헤치기가 매우 어렵다. 이 경우 기업경영자는 부적절한 거래를 사전에 방지하고 중대한 회계오류를 탐지할 수 있는 기업의 내부통제제도(internal control system)를 무시할 수 있다. 따라서 감사인이 감사절차를 통해 둘 이상의 종업원들간에, 특히 재무적 통제능력을 많이 가지고 있는 최고수준의 관리자들간에 공모나 결탁을 발견한다는 것은 매우 어렵다.

감사인은 경영자의 부정과 사기를 가능한 한 많이 발견하기 위하여 철저하게 감사계획을 세울 필요가 있다. 감사인은 경영자사기와 관련하여 기업이 가장 비난을 받을 만한 높은 수준의 위험영역을 찾아 이를 입증할 수 있어야 한다. 그러나 이와 같은 감사를 수행하기에는 많은 시간이 소요된다. 모든 형태의 사기행위를 전력투구하여 찾을 수는 없다. 만약 경영자가 그들의 사기행위를 감추는 데에 숙련되어 있다면 회계감사인은 이를 찾기가 더더욱 쉽지 않다. 이와 같은 이유 때문에 감사인은 감사보고서에서 재무제표상의 왜곡표시가 심각하고 중요한 오류가 없다는 합리적 확신(reasonable assurance)만을 제공한다. 경영자사기의 가능성이 없다는 것을 입증하기에는 어려움이 따르기 때문이다.

감사실패의 두 번째 분식회계의 경우에는 위와는 상당히 다르다. 분식회계란 기업이 재정상태나 경영성과를 실제보다 좋게 보이려는 목적으로 부당한 방법으로 자산이나 이익을 조작하는 회계처리를 말한다. 예를 들어, 재고자산이나 매출채권을 부풀리고, 각종 비용을 줄이고 매출을 늘리는 방식, 혹은 부채를 장부에서 삭제하는 방식 등을 들 수 있다.

많은 경우에 감사인은 고객이 사용한 회계처리실무의 어느 부분이 미심쩍은지 익히 잘 알고 있다. 감사인은 기업이 사용한 회계처리방법의 적절성에 대해 심각한 의심을 가질 수도 있다. 그러나 결국 감사인은 기업을 고객의 입장에서 생각하게 되고, 소신껏 자신의 의견을 개진하지 못할 때가 많다. 즉, 기업의 회계처리가 원칙에 심각하게 빗나가지 않는 한, 회계처리에 관한 감사인의 의사결정은 어리석게 될 수 있다는 것이다. 오늘날 많은 소송사건은 회계이익이나 그 밖의 회계정보가 정보이용자를 오도하거나, 혹은 받아들일 수 없는 적절하지 못한 회계처리방법을 감사인이 묵인하고 있는지의 여부와 관련되고 있다. 어떤 상황에서는 감사인들이 기업의 압력으로 인해 조작적인 분식회계처리방법을 용인하기도 한다.

감사인은 감사실패로 인해 사회로부터 비난을 받는다. 그러나 또 다른 일, 기업도산(business failure)으로 인해 불필요한 비난을 받을 때가 있다. 기업도산과 감사실패(audit failure)는 분명히 다르다. 하루하루 오랜 세월을 성실하게 지켜온 기업가라 할지라도 하루아침에 불운이 닥칠 수 있다. 감사인의 적정의견은 미래 기업의 재무상태에 대한 건전성을 완전히 보장해 주는 것은 아니다. 물론 적정의견을 받은 기업의 매출이 크게 감소되고 갑자기 어려움이 닥친다면, 감사인은 비난을 받을지도 모르는 일이다. 그러나 감사보고서는 기업의 미래를 예측하는 자료가 아니다. 감사인은 잘못된 기업경영정책이나 어떤 어려움을 극복할 수 없는 경영자의 무능한 결과에 대해 책임을 지지는 않는다. 따라서 회계보고서의 이용자는 관심 있는 기업의 재무제표를 주의 깊게 관찰할 책임이 있으며, 기업의 장단기 계획과 관련하여 그들이 할 수 있는 최선의 투자의사결정을 내려야 한다.[10]

요약하면, 감사인들은 재무제표에 대한 감사의견을 제시하는 것 이외에도 기업경영의 세계에서 매우 중요한 재무관련 업무를 수행하고 있다. FASB에서는 회계처리방법에 대한 권위 있는 규칙과 재무보고에 대한 많은 공시규정을 제정하고 있다. 사람은 음식을 먹어야 산다. 마찬가지로 다양한 경제활동을 통하여 성장하는 기업들이 여러 규정들을 효율적으로 사용할 수 있도록 제도적인 뒷받침이 따라야 한다. 이런 관점에서 볼 때, 회계감사제도는 회계처리방법의 제규정들을 기업이 유효하게 실행하도록 하여 재무제표의 유용성을 증진시키는 주요한 제도적 장치라 할 수 있다.

감사인은 기업의 감시인이라 할 수 있다. 기업에서는 독립적인 회계감사인의 의견이 반영되지 않고는 회계처리방법과 공시내용의 실무적 개선을 이루어내기가 쉽지 않다. 따라서 감사인은 회계기준에 따른 적절한 회계처리 및 공시방법을 기업에 설득하고 조언할 수 있어야 하며, 궁극적으로는 이로 인해 기업의 재무제표가 정보이용자에게 유용하게 활용될 수 있을 것이다.

10) 재무비율분석에 근거한 투자의사결정의 구체적인 내용은 제18장에서 설명하기로 한다.

7. 감사보고서와 검토보고서는 어떤 차이가 있을까?

물론 있다. 가장 큰 차이는 감사인이 감사의견을 표명하기 위해 수행하는 업무에 차이가 있다. 사실 소기업들은 경제적인 면에서 회계감사를 받을 수 있는 처지가 안 된다. 대부분의 기업들은 감사비용이 사업을 위하여 조달된 부채의 연간 총이자비용을 상회하기 때문이다. 따라서 자금을 공급하는 은행업자와 그 밖의 자금대여자들은 자금을 대출해 줄 때 일반적으로 소기업의 감사보고서를 요구하지는 않는다. 그러나 자금을 대출해 줄 때 참고기준이 되는 해당 기업의 재무제표를 감사인이 최소한이라도 재무제표를 검토(review)해 주길 바라고 있다. 그렇지 않다면 기업이 감사인을 고용하여 재무제표에 대해 긍정적인 의견을 개진하여, 크게 문제가 되지 않을 것이라고 소기업의 투자자들을 안심시키기도 한다.

공인회계사인 감사인은 검토(review)라고 부르는 어떤 제약된 업무절차를 수행할 수 있다. 재무제표의 검토업무는 회계감사(audit)보다 훨씬 적은 범위를 가지고 진행한다. 검토는 기업의 회계장부를 확인하여 회계기준에 위배되어 작성된 중요사항이 존재하는지에 대해 합리적 확신(reasonable assurance)이 아닌 소극적 확신(negative assurance)만을 제공하는 것이다. 즉, 회계감사처럼 감사의견을 표명하지 않고 대부분 질문과 분석적 절차만을 수행하는 업무를 말한다. 따라서 감사업무에 비해 부담이 적고 수수료도 저렴하다. 이 때문에 재무제표의 신뢰성은 감사업무보다는 다소 떨어진다고 할 수 있다. 이러한 검토업무도 기업의 재무제표에 대한 충분한 증거를 제공할 수 있다. 이에 따라 재무제표가 '일반적으로 인정된 회계원칙'(GAAP)인 회계기준에 부합하도록 해당 기업이 간과하고 있거나 잘못 인식한 회계처리사항을 지적하고 있는 것이다.

검토업무는 회계감사보다 실질적으로 덜 중요함을 내포하고 있다. 기업의 재무제표에 대하여 독립적인 입장에서 전문적인 의견을 표명하고 있지 않다는 것을 정보이용자들이 알고 있어야 한다. 검토업무의 관점에서 본다면, 감사인은 적극적이 아닌 소극적으로 확인검토를 하게 마련이다(예를 들면, *"수정사항이 꼭 필요한 것은 아니다"* 혹은 *"감사를 실시하지 아니하였기에 감사의견을 표명하지 아니한다"* 등의 문구). 물론 이러한 소극적인 확인사항까지도 기업의 채권자나 투자자들에게는 충분하고 유효한 정보가 될 수 있다.

많은 소기업들은 재무제표를 완성하기 위해 회계전문가의 도움을 필요로 한다. 공인회계사가 일정기간 고용되어 필요로 하는 어떤 조정사항과 함께 회계처리를 살펴본 후 재무제표 작성을 도와준다. 이와 같은 서비스를 재무제표의 편집(compilation)이라고 부른다. 이 경우 해당 기업과의 독립성을 요구받지 않는다. 물론 여기에서는 감사 혹은 검토도 이루어지지 않는다. 따라서 이러한 상황에서 회계사는 재무제표에 대한 어떠한 전문적인 의견도 표명해서는 안 된다. 또한 이때에는 소극적인 확인검토라도 해주어서는 안 된다.

실무에서는 대다수의 소기업들은 납세신고서를 준비하고 법인세를 최소화하기 위해서도 일정기간 회계사를 고용하고 있다. 그 밖에도 소기업은 회계처리를 위한 양질의 회계프로그램을 사용할 것을 권유받으며 다양한 조언을 얻기도 한다. 그러나 소기업이 재무제표 작성에 도움을 받아야 하는 경우에는 외부감사인이 아닌 다른 회계법인과 별도로 회계자문(PA : Private Accounting)계약을 맺어야 한다.

♣ 떨어진 회계감사 품질…'감사인 지정제' 손 본다
-세전이익과 과세소득 차이 클수록 자의적인 이익조정 많아

정부가 회계감사의 품질을 높이기 위해 감사인 지정대상을 확대하는 등 감사인 지정제도를 손보기로 했다. 제2의 대우조선해양 사태를 막고자 분식회계·부실감사에 대한 과징금 한도를 폐지하는 등의 규제 수위도 높인다. 특히, 불공정한 거래관행을 뿌리 뽑는 데 칼을 빼들었다. 선진국의 경우, 기업간 거래는 서로 대등한 반면, 우리나라는 갑을관계로 엮여 이루어지는 거래가 많다. 정부는 이에 하도급·가맹·유통·대리점 등 4대 갑을관계 문제에 전면적으로 손을 대기로 했다. 기획재정부가 발표한 '새정부 경제정책 방향' 자료에 따르면 정부는 고질적인 갑을관계 해소를 위한 제도개선이나 법집행을 강화한다. 우선 대·중소기업 간에 동등하게 교섭할 수 있도록 단체구성권을 확산하고, 노무비가 변동될 때 납부단가 조정신청·협의권을 인정하기로 했다. 보복조치에 대해선 제재를 강화하거나 징벌적 손해배상제를 확대한다. 기술유용, 부당단가 인하, 전속거래 구속행위 등 불공정 하도급행위를 근절하는 방안도 마련한다.

주가조작 범죄를 엄중하게 처벌하고, 회계법인의 독립성·객관성 보장을 위한 감사인 지정제도도 개선한다. 업계에선 전체 상장사를 대상으로 감사인을 지정하는 '전면 지정제'보단 자유선임 6년, 지정 3년으로 손질하는 방안이 유력하다는 관측이다. 여기에 금감원의 감리주기를 줄이고, 분식회계·부실감사 제재도 강화한다. 정부는 "자본시장 교란행위에 대한 처벌 강화로 건전하고 투명한 시장질서가 확립되고 투자자 보호가 강화될 것"이라고 설명했다.

기업의 지배구조도 손질한다. 총수일가의 편법적 지배력을 차단하고자 일감 몰아주기 규제·과세를 강화한다는 방침이다. 이를 위해 지주회사 행위제한 규제 강화, 인적분할 시 자사주 의결권 부활 방지, 대기업의 기존 순환출자 단계적 해소 추진 등의 정책이 이루어질 것으로 보인다. 또 금융보험사의 계열사에 대한 의결권 제한을 강화하고 금융그룹 통합감독을 시행할 계획이다. 소액주주 경영권 견제를 위해선 다중대표소송제·전자투표제 도입, 집중투표제 의무화를 추진하기로 했다. 담합 행위도 뿌리 뽑는다. 독과점을 야기하는 각종 진입·영업규제를 전면적으로 재점검한다. 또 담합 근절을 위해 집단소송제 도입, 과징금 상향, 공익 신고자 보상금 한도 확대(20억원→30억원) 등 선진국 수준으로 제재를 강화하기로 했다. 중·소상공인들도 동반해서 성장할 수 있는 구조를 만든다는 복안이다.

정부는 중소기업 적합업종 해제 품목 가운데서 민생에 영향이 큰 업종을 생계형 적합업종으로 지정하기로 했다. 또한 골목상권 보호를 위해 복합쇼핑몰에 대형마트 수준의 영업제한 규제를 두겠다는 방침이다. 협력이익배분제를 통해 대기업의 이익을 중소협력사에 공유·출연했을 때 세액공제 혜택을 주고, 상생협력기금을 출연했을 때 기업소득환류세제 과세대상에서 차감해주는 부분을 늘리기로 했다. 또한 기업이익을 근로자와 공유했을 때 세제지원 방안도 검토할 계획이다. 아울러 사회적 경제가 시민경제, 농어촌 등 지역경제의 새로운 모델로 정착할 수 기반을 구축한다. 사회혁신기금, 사회투자펀드 조성 등 사회적 경제 특성이 반영된 금융시스템을 구축하거나, 판로개척을 위해 공공조달 가점제도, 대기업 연계 판로·유통 지원 등의 체계도 마련하기로 했다.

(조세일보, 강상엽, 일부수정, 2017.7.25)

잠깐! 휴식하며 생각해 보기

내부감사(internal audit)란 조직내부의 조직원이나 임원에 의해 내부조직 역량을 조사·평가하고 경영에 관한 모든 기록을 감사하는 것을 말한다. 조직 내의 내부감사인은 자체적으로 업무감사를 실시하는 경우가 대부분이므로 업무감사와 내부감사는 동일한 의미로 사용되기도 한다.

상법상 내부감사에 관한 의무사항

① 주주총회에 의견진술의무 : 제출될 의안 및 서류의 부당여부
② 이사회에 보고의무 : 각 이사의 비행 및 부정행위 우려시 보고의무
③ 감사록 작성의무 : 감사의 경위, 개요 및 기본원리를 기록화하여 회사에 반드시 비치
④ 내부감사보고서의 작성 및 제출의무

자산총액이 1,000억원 이상인 상장법인은 상근감사를 두어야 하며 감사의 임기는 3년이다. 또한 주식회사 중 직전 사업연도말 자산총액이 120억원(부채총액 : 70억원 이상, 종업원수 : 300인 이상) 이상인 경우, 내부감사에 추가하여 전문감사인에 의한 외부감사를 거쳐야 한다.

외부감사(external audit)란 피감사인과는 독립적인 입장에서 감사인이 감사를 수행하는 경우를 말한다. 외부감사인이 주로 재무제표감사를 실시하며 감사된 회계정보는 인증되기 때문에 재무제표의 신뢰성이 높아진다.

영어로 토의해 보기(Discussion Questions)

[DISCUSSION 1]

Accounting statements rarely report financial performance without error. List three types of errors that can arise in financial reporting.

ANSWER

Three types of potential errors in financial reporting include :

1. error introduced by rigidity in accounting rules ;
2. random forecast errors ; and
3. systematic reporting choices made by corporate managers to achieve specific objectives.

Accounting Rules. Uniform accounting standards may introduce errors because they restrict management discretion of accounting choice, limiting the opportunity for managers' superior knowledge to be represented through accounting choice. For example, SFAS No. 2 requires firms to expense all research and development expenditures when they are occurred. Note that some research expenditures have future economic value (thus, to be capitalized) while others do not (thus, to be expensed). SFAS No. 2 does not allow managers, who know the firm better than outsiders, to distinguish between the two types of expenditures. Uniform accounting rules may restrict managers' discretion, forgo the opportunity to portray the economic reality of firm better and, thus, result in errors.

Forecast Errors. Random forecast errors may arise because managers cannot predict future consequences of current transactions perfectly. For example, when a firm sells products on credit, managers make an estimate of the proportion of receivables that will not be collected (allowance for doubtful accounts). Because managers do not have perfect foresight, actual defaults are likely to be different from estimated customer defaults, leading to a forecast error.

Managers' Accounting Choices. Managers may introduce errors into financial reporting through their own accounting decisions. Managers have many incentives to exercise their accounting discretion to achieve certain objectives, leading to systematic influences on their firms' reporting. For example, many top managers receive bonus compensation if they exceed certain prespecified profit targets. This provides motivation for managers to choose accounting policies and estimates to maximize their expected compensation.

[DISCUSSION 2]

The conservatism principle arises because of concerns about management's incentives to overstate the firm's performance. Joe Banks argues, "We could get rid of conservatism and make accounting numbers more useful if we delegated financial reporting to independent auditors, rather than to corporate managers." Do you agree? Why or why not?

ANSWER

We don't agree with Joe Banks because the delegation of accounting decisions to auditors may reduce the quality of financial reporting. Auditors possess less information and firm-specific business knowledge than corporate managers when portraying the economic reality of a firm. The divergence between managers' and auditors' business assessments is likely to be most severe for firms with distinctive business strategies or ones which operate in emerging industries. With such an information disadvantage, even if auditors report truthfully without having any incentive problem, they cannot necessarily choose "better" accounting methods and accruals than corporate managers do.

Auditors also have their own incentive to record business transactions in a mechanical way, rather than using their professional judgement, which leads to poor quality of financing reporting. For example, auditors are likely to choose accounting standards that require them to exercise minimum business judgment in assessing a transaction's economic consequences, especially given their legal liability risk. The current debate on market value accounting for financial institutions illustrates this point. While there is considerable agreement that market value accounting produces relevant information, auditors typically oppose it, citing concerns over audit liability.

[DISCUSSION 3]

What potential problems do you think can arise from the auditor's dual responsibility?

ANSWER

Problems with auditor's dual responsibilities. The auditor's dual responsibilities make an auditor walk a tightrope in a number of ways :

A lack of *independence in fact* is a situation in which the auditor is interested in satisfying the client's interests at the expense of the interests of those who rely on the results of the audit. It means that the client can exert influence on the auditor to ensure that the results of the audit are favorable to the client.

A lack of *independence in appearance* is actually a more difficult problem in most instances than a lack of independence in fact. If the interested parties other than the client even think the auditor lacks independence from the client, the results of the audit (the opinion) are suspect. It really does not matter whether the lack of independence actually exists or not. If those who read the financial statements *think* the auditor lacks independence from the client, those users will not be able to rely on the opinion expressed by the auditor.

Some instances arise in which the auditor cannot perform the audit because of the confidential relationship with the client who is unwilling to disclose relevant information to the public. The auditor believes that the information is necessary to reflect fairly the financial condition of the client. Oftentimes the auditor must withdraw from the engagement. This creates financial hardship for the auditor.

CHAPTER

17 회계처리방법 및 이익관리

기업의 각종 회계보고서가 왜곡표시되지 않고 공정한 방법으로 작성된다고 모든 사람들이 인정한다는 것은 어려운 일이다. 오히려 회계보고서로 인해 정보이용자들은 많은 어려움에 직면할 수 있다. 어떻게 보면 회계는 기술적인 측면도 있기 때문에 여러 대안의 회계처리방법으로 인해 항상 논쟁이 뒤따를 수 있다. 그러나 분명한 것은 모든 기업에 맞는 하나의 통일된 규칙만을 일괄적으로 적용하는 것은 무리가 따른다. 이에 따라 '일반적으로 인정된 회계원칙'(GAAP)이라 부르는 회계기준의 규칙들이 상세하고 기술적인 조항으로 재무보고를 위한 유일한 잣대로 사용되고 있다. 특히 기업들은 재무제표가 회계기준에 따라 왜곡표시되지 않고 적정하게 표시되어 있다는 적정의견을 받기 위해 이러한 규칙들을 제대로 준수해야 한다.

구체적으로 말하자면, 기업은 회계정보를 산출할 때 기업회계기준을 준수해야 한다. 기업회계기준은 기업이 제공하는 회계정보, 즉 재무제표(F/S$_s$)의 유용성, 다시 말해 회계정보의 목적적합성과 표현충실성을 제고시키는 역할을 한다. 이는 기업이 제공하는 회계정보의 질을 향상시킨다고 할 수 있다. 우리나라의 경우 넓은 의미에서의 기업회계기준의 체계는 명문화된 '기업회계기준서'와 '기업회계기준해석서'로 구성되며, 실무적용상의 지침을 제공하기 위해 '기업회계기준적용사례'가 있다. 이들은 곧 '일반적으로 인정된 회계원칙'(GAAP)이라는 회계기준이라고 할 수 있다. 그러나 2011년부터 국제회계기준(IFRS)을 적용하기로 함에 따라 회계기준이 삼원화되었다. 즉, 상장기업은 국제회계기준을 필수적으로 적용해야 하고, 비상장기업은 IFRS 적용에 따른 비용부담을 덜어주기 위해 일반기업회계기준과 국제회계기준을 자발적으로 선택하여 사용할 수 있도록 하였다. 또한 중소기업은 중소기업회계기준을 적용해야 한다.

모든 회계정보는 GAAP지침에 따른 결과물이다. 그러나 이러한 지침들은 특정 의사결정을 할 수 있는 적절한 정보를 즉각적으로 제공하는 수단은 아니다. GAAP라고 불리는 회계기준에서는 필요한 회계처리방법과 공시요건이 포함되어 있다. 이러한 회계기준은 과연 얼마나 좋은 규정이라 할 수 있을까? 또 GAAP는 왜 수시로 변경되고 있을까? 외부정보이용자들은 아마도 재무보고제도가 적절히 작동되고 있는 것으로 알고 있으며, GAAP지침은 재무제표의 기능과 목적에 잘 부합한 것으로 간주하고 있다.

한편 오랜 세월을 거치면서 회계기준에 대한 비판의 목소리도 가라앉지 않고 있다. 아마도 회계정보에 대한 재무제표이용자들의 기대가 점점 한층 커지고 있기 때문이다. 그러나 점차적으로 증대하고 있는 기업 및 경제환경의 복잡성과 다양성에 보조를 맞추기가 그리 쉽지 않다.

본장에서는 기업활동과 관련하여 여러 회계거래를 기록하기 위해, 하나 이상의 회계처리방법을 인정하고 있는 GAAP지침의 다양성에 대해 논의하고자 한다. 기업의 활동영역은 모두 동일하지만, 어떠한 회계처리방법을 선택했느냐에 따라 기업활동의 결과는 판이하게 달라지게 된다. 즉, 기업의 재무보고는 상이한 회계처리방법을 사용함으로써 컴퓨터게임처럼 다양하게 즐길 수 있는 대상이라는 것이다.

1. 회계처리방법의 유연성을 생각해 보자!

회계정보를 산출할 때 '일반적으로 인정된 회계원칙'(GAAP)은 왜 필요할까? 한마디로 말하면 다양한 회계환경의 차이, 즉 국가별, 업종별, 기업별 환경의 차이로 인해 실무에서 나타나는 다양한 회계처리 요구를 모두 충족시킬 수 없기 때문이다. 쉽게 말해 기업의 가치는 물리적인 자[尺]처럼 획일화된 척도에 의해서 잴 수 없기 때문이다.

여기에서 '일반적으로 인정된'(generally accepted)의 의미는 "다수에 의하여 지지되고 실질적으로 권위가 있다"는 것이다. '일반적으로 인정된 회계원칙'(GAAP)에는 예를 들어, 기업회계기준과 상법, 세법과 공인회계사회가 발표한 회계처리 지침 등을 들 수 있다. 기업의 재무제표는 오랜 세월을 거쳐 확립된 '일반적으로 인정된 회계원칙'이라고 불리는 표준에 따라 작성된다. 아마도 GAAP가 아닌, 하나로 통일된 규정만으로 작성된 기업의 재무제표를 볼 수 있다면 보기 드문 현상일 것이다.[1)]

독립적인 전문감사인들에 의한 회계감사는 재무제표를 작성할 때 GAAP의 지침에 따라 적정하게 표시되어 있는지를 확인하기 위함이다. 따라서 기업의 주주로서 그 해당 기업의 감사받은 재무제표를 입수할 때마다, 이는 GAAP에 따라 작성되었다고 간주해도 전혀 무리가 없다. 이와 같은 GAAP의 기본적인 아이디어는 기업이 이익을 창출하고 재무상태나 현금흐름을 제시하기 위해 반드시 준수해야만 하는 일반적인 회계처리방법에 대하여 구체적인 지침을 제공하기 위함이다. 또 다른 목적은 기업이 회계상의 거래를 재정적으로 어떻게 기록하고 유지해야 하는지, 동일한 표준회계기준을 적용하기 위함이다. 즉, 서로 다른 기업의 재무제표가 상호 비교가능하도록 하는 것이다.

만약 기업마다 독자적인 회계처리방법을 고집한다면 얼마나 많은 혼란을 초래할까? 예를 들면 동일한 산업 내에서, 어떤 기업은 감가상각을 원가기준으로 계상하며, 다른 기업에서는 현행원가기준으로 계상한다면 어떻게 될까? 회계정보 수치의 상호 비교는 무의미하게 될 것이다. 일반적으로 기업의 회계정보 전달과정은 회계의 순환과정에서 이미 살펴보았듯이 다음과 같이 6단계로 요약된다.

---

1) 재무회계의 지침은 지속적으로 변화하며 발전하고 있다. 해마다 미국의 권위 있는 지침을 제정하는 민간기관인 재무회계기준심의회(FASB : Financial Accounting Standards Board)에서는 새로운 기준을 소개하고 있다. 또한 FASB에서는 오래된 회계기준을 수정하여 손질을 하고, 오래된 기준을 대신할 수 있는 대체기준을 공표하고 있다. 예를 들어, 상장기업의 회계보고서에 주당순이익(EPS : earnings per share)이 공시되어야 한다는 규정도 그리 오래된 것이 아니다.

우리나라에서도 재정경제부(재경부) 혹은 금융위원회 등 정부부문의 주도로 회계기준이 제정되어 왔지만, 1999년 9월부터 민간회계기준 설립기구인 한국회계기준원/한국회계기준위원회(KAI/KASB : Korea Accounting Institute/Korea Accounting Standards Board)를 회계기준의 제정기관으로 지정하여 업무를 수행하고 있다.

① 한 회계기간 동안에 발생하는 기업의 영업활동과 관련된 모든 회계거래를 분석하고 인식한다.
② GAAP에 의거하여 각 회계거래의 기본적인 거래형태와 영업활동에 대한 정확한 회계처리방법을 결정한다.
③ 한 회계기간 동안에 기업의 영업활동과정에서 발생한 회계거래에 대해 정확한 회계처리방법을 적용한 후 기록한다.
④ 회계기말에 포괄손익계산서계정(수익, 비용)과 재무상태표계정(자산, 부채, 자본)을 집합하여 결산한다. 이때 기말잔액은 기말시점의 정확한 수치이어야 한다.
⑤ 한 회계기간 동안의 재무제표를 준비하고 재무제표의 표시와 공시에 대해 명시된 규칙에 따라 필요한 주석사항을 완성한다. 물론 감사를 받은 재무제표에는 감사보고서를 포함시킨다.
⑥ 기업의 재무제표를 모든 정보이용자들에게 공시한다.

본절에서는 두 번째 항목인 GAAP를 중심으로 설명하고자 한다. 제2단계를 더 정확하게 설명하자면, 기업의 회계거래 측정을 위해 GAAP에서 인정된 여러 가지 회계처리방법 중에서 하나를 선택하는 단계이다. 예를 들어, 어떤 기업에서 능력과 평판이 좋은 두 명의 CPA를 고용하고 있는데, 두 명의 CPA는 상호 독립적으로 회계장부를 기록하고 있다고 가정하자. 현재 이 기업은 독립된 두 개의 회계장부를 가지고 있다. 그러나 회계기간 동안에 측정되고 인식할 회계거래와 영업활동은 동일하다.

자! 이제 중요한 질문을 던져본다. 이 두 명의 CPA는 과연 동일한 회계기간 동안에 같은 금액의 당기순이익을 산출했을까? 각각 기록한 재무상태표상의 기말잔액은 동일한 금액일까? 주석사항도 과연 같은 내용일까? 아마도 이와 같은 질문과 동시에 많은 의구심을 가질 수 있을 것이다.

그러나 십중팔구는 서로 다른 당기순이익이 계산된 것으로 보아야 한다. 비용항목 중 최소한 하나 이상이 상이할 것이며, 더군다나 한 회계기간 동안의 매출액까지 상이할지도 모른다. 결국 재무상태표 항목의 금액이 상이하게 된다. 매출액과 비용 항목은 자산과 부채의 증가 혹은 감소를 초래할 것이다. 그러므로 비용이 상이하면 자산과 부채도 다를 것이다. 또한 회계기간의 당기순이익이

다를 경우, 기말재무상태표상의 이익잉여금도 당연히 다르게 된다.

그렇다면 두 명의 CPA 중 한 명이 계산을 잘못하였거나, '일반적으로 인정된 회계원칙'(GAAP)을 잘못 적용하였을까? 그렇게 추측할 수는 없다. 아무에게도 잘못이 없다. 그렇다면 어떻게 서로 다른 회계수치가 산출되었을까? 이에 대한 답변은 다음과 같다. 많은 비용항목 및 매출액의 계산을 위해, GAAP의 지침서에서는 오직 하나만의 회계처리방법을 제시하지 않고, 오히려 두 개 혹은 세 개의 회계처리방법을 신축적으로 사용할 수 있도록 허용하고 있기 때문이다.

언뜻 보기에 재무회계의 역할은 정확한 눈금을 가진 저울대로 사람의 몸무게를 측정하는 것처럼 보인다. 그러나 사실 GAAP지침을 따르는 재무회계에서는 기업에서 어떤 종류의 저울대를 사용할 것인지 선택할 수 있는 재량권을 주고 있다. GAAP의 지침은 많은 음식물(비용과 매출)을 준비하기 위해, 하나 이상의 많은 조리법을 담고 있는 요리책으로 간주해 볼 수 있다. 예를 들어 매출원가와 감가상각비는 GAAP에서 인정되는 상이한 회계처리방법으로 계산할 수 있다.[2)]

기업의 활동은 모두 동일하더라도 회계처리방법은 그들의 선택여부에 따라 달라지게 된다. 회계처리의 상이한 방법을 선택함으로써 게임처럼 즐길 수 있다. 실질적으로 기업에서는 비용과 매출액의 기록을 위해서 GAAP에서 인정된 여러 회계처리방법 중에서 하나를 선택한다. 이때 대부분의 기업에서는 당기순이익이라는 수치를 가장 중요한 회계정보로 간주하고 있다. 그렇다면 당기순이익은 선택된 회계처리방법에 의해 얼마나 많은 영향을 받을까? 이 질문이 아마도 대부분의 기업경영자가 갖고 있는 주요한 의문사항일 것이다.

2. 기업경영자는 회계처리방법의 유연성을 선호할까?

많은 사람들은 GAAP의 보호하에서 인정되고 있는 회계처리방법의 유연성(flexibility)과 탄력성(elasticity)을 그다지 환영하지 않는다. 그러나 기업경영자는 그렇게 생각하지 않는다. 첫 번째로, 기업경영자는 모든 법률, 규정, 지침, 기준 혹

2) 이와 같은 두 가지의 주요한 비용계정의 회계처리방법에 대한 선택은 일반적으로 재무제표의 주석사항에 공시된다.

은 규칙 등은 여러 가지로 해석될 수 있다는 것을 실무적 경험을 통해 잘 알고 있다. 그들은 회색지대와 같은 희미한 세상에 잘 적응되어 있다. 그들은 흑백처럼 분명하고 차별된 세상만을 기대하고 있지 않다는 것이다. 두 번째로 기업경영자는 회계처리방법의 선택권이 주어진 것을 내심 반가워한다는 사실이다. 그들은 회계처리방법과 정보공시에 대해 더 많은 선택권이 주어지기를 원하는지도 모른다.

기업의 최고경영자(CEO)뿐만 아니라, 높은 위치에 있는 임직원들은 무엇보다 기업의 재무제표가 왜곡표시되지 않도록 노력해야 한다. 특히 이익을 측정하기 위해 사용된 회계처리방법은 GAAP에서 허용한 범위 내에서 선택되어야 한다. 만약 회계처리방법이 기업에 허용된 선택범위를 벗어난다면, 왜곡되고 오도된 재무제표로 인해 비난을 면치 못할 것이기 때문이다. 기업경영자는 왜곡된 재무제표를 신뢰한 채권자와 투자자가 입은 손해에 대하여 보상할 책임이 있다. 이러한 문제를 차치하더라도, 재무제표를 철저히 준비하기 위해서라도 기업경영자는 회계처리방법의 선택사항을 매우 주의 깊게 관찰해야 한다. 어떤 회계처리방법과 회계정책이 그 기업에 가장 일관성 있는 방법인지를 결정해야 한다. 예를 들어 보수적인 회계처리방법(될 수 있는 대로 이익을 낮게 기록하는 방법)을 취할 것인지, 혹은 보수적이 아닌 회계처리방법(될 수 있는 대로 이익을 높게 기록하는 방법)을 취할 것인지를 신중히 결정해야 한다.

기업에서 회계처리방법의 선택은 매출액과 비용 항목들을 기록하는 시점(timing)과 관련이 있다. 매출액을 빨리 기록할수록 회계이익이 빨리 기록된다. 만약 기업이 보수적이 아닌 회계처리방법을 원한다면 회계담당자는 매출액이 빨리 기록되고, 비용이 늦게 기록되는 회계처리방법을 사용하도록 해야 할 것이다. 반면에 기업이 보수적인 회계처리방법을 원하고 있다면, 회계담당자는 매출액의 기록을 더디게 하고, 비용의 기록을 빨리 하게 하는 방법을 사용하도록 해야 한다. 이로 인해 회계이익은 가능한 한 늦게 기록이 된다. 매출원가와 감가상각비를 기록하기 위한 회계처리방법 역시 이와 같은 두 가지 방법의 좋은 예가 될 수 있다.

때때로 기업경영자는 회계처리방법을 선택할 때 이에 관여하는 것을 피하고 싶어 한다. 그러나 그건 옳지 않다. 왜냐하면 첫째, 이미 설명한 대로 재무제표는 GAAP에 의거하여 100% 완전하게 작성될 수 없는 위험성이 늘 도사리고 있기 때문이다. 특히, 재무제표가 독립적인 전문감사인에 의해 감사받지 못했을 때에는 더욱 그렇다. 둘째, 높은 위치에 있는 최고관리자는 기업의 일반적인 정책과 경영철학에 합당한 회계처리방법이 채택될 수 있도록 노력할 필요가 있기 때문이다. 기업의 최고경영자라면 어떤 형태의 재무제표 표시가 그 기업에 가장 적절한지를 판단해야 한다.

3. 회계처리방법의 유연성보다 일관성이 중요할까?

기업이 매출액과 비용을 기록하기 위해 일단 회계처리방법을 선택하면, 특별한 사유가 없는 한 그 방법을 계속하여 사용해야 한다. 기업은 그 회계처리방법을 놓고 더 이상 고민하지 않아야 한다. 미국의 국세청(IRS)과 증권관리위원회(SEC)에서는 다음 회계연도에 기업이 회계처리방법을 갑자기 변경하는 경우는 매우 회의적으로 보고 있다. 더욱이 회계감사인은 그러한 변경사항을 감사보고서에 기록해야 한다. 물론 어떤 특별한 경우 이외에는 이러한 회계처리방법을 변경할 수 없다.[3]

이와 같이 기업은 매년 회계처리방법의 일관성(통일성 : uniformity)을 유지하는 것이 매우 중요하다. 전술한 바와 같이, 회계처리방법간의 차이는 매출액과 비용이 기록되는 시점과도 관련되어 있다. 즉, 해마다 연간매출액과 비용은 회계처리방법에 따라 달라진다. 이로 인해 회계정보의 가장 기본이 되는 회계이익이 달라지게 되는 것이다. 그러나 회계처리방법의 선택에서 지나치게 유연성을 강조하다보면 기업간 정보의 비교가능성이 떨어지는 문제가 발생하게 된다. 한편 유사한 회계거래나 다양한 회계사건을 단순히 하나의 방법만으로 일률적으로 회계처리하는 통일성만을 강조하는 것도 문제가 있다. 따라서 국제회계기준(IFRS)에서는 유연성과 통일성을 조화시킬 수 있는 방안을 재무회계 개념체계(conceptual framework)에서 제시하고 있다.

변경된 회계처리방법에 따라 나타나는 회계이익의 차이는 그 금액이 중요하다면 영업을 시작하는 첫해에, 혹은 급속히 성장하는 시기에, 혹은 급속히 둔화되는 시기에 공시될 수 있다. 그러나 급속한 성장이나 둔화를 가져오지 않는 성

3) 한국채택국제기준(K-IFRS)에서는 "회계처리에 관한 기준 및 추정은 기간별 비교가 가능하도록 매기 계속하여 적용하고 정당한 사유 없이 이를 변경하여서는 아니된다"고 규정하고 있다.

숙한 회사인 경우에는 연간 당기순이익을 기준으로 볼 때 확실히 말하기는 어렵지만, 그 차이금액이 크지 않을 것으로 본다. 만약 기업에서 실제 사용하고 있는 회계처리방법 대신에 다른 방법을 사용할 경우, 얼마만큼의 당기순이익이 차이가 나는지 GAAP에서는 이와 관련된 기록을 요구하지는 않는다. 그러나 보수적인 회계처리방법은 재고자산 및 유형자산과 관련하여, 포괄손익계산서에 기록된 손익항목의 금액이 현저하게 중요한 차이를 나타낼 수 있다.

4. 기업은 이익관리가 왜 필요할까?

일반적으로 이익관리의 유형은 기간조정과 회계처리방법의 선택에 따라 이루어진다. 실물거래를 통한 이익관리는 경영자가 실제 거래의 시기를 조정함으로써 기간이익의 변동성을 감소시키는 것을 말한다. 반면, 회계처리방법을 통한 이익관리는 경영자가 회계처리방법을 선택함으로써 기간이익의 변동성을 감소시킬 수 있다.

회계처리방법의 선택 외에도 기업경영자는 기록된 이익을 관리(earnings management)하려고 할 때 다음과 같은 방법을 사용할 수 있다. 첫 번째는 이익유연화(이익평준화 : income smoothing or massaging the number)이다. 기업경영자는 회계기간에 기록되는 이익을 늘리거나 혹은 줄이기 위해, 어느 범위까지는 비용의 일부와 매출액의 기록시기를 조절할 수 있다. 이러한 방법을 이용하기 위해 기업경영자는 해당 연도의 이익이라는 저울 위에 그들의 손을 살짝 올려놓게 된다. 쉽게 말하면 이때 경영자가 저울의 어느 허용선을 초과하지 않으면 이익유연화라 하고 심각하게 초과해 버리면 장부조작(cooking the books)이라 부른다. 이러한 장부조작 행위는 경영자사기(fraud)에 해당되며 명백한 불법행위라 할 수 있다.

가장 보편적인 이익유연화의 방법도 기업의 재량비용과 연관되어 있다. 예를 들어 수선유지비(repair and maintenance expenses) 같은 경우이다. 경영자는 단순히 이를 비용으로 처리하기 위하여 작업지시를 미리 할 수도 있고 늦게 할 수도 있다. 따라서 해당 연도 기간의 비용으로 기록되지 않을 수도 있고, 혹은 그 기간 동안의 비용으로 기록될 수도 있다. 이와 같은 방법으로 재량비용이 기록되는 시점(timing)을 조절할 수 있는 것이다. 기업에서는 많은 재량비용을 가지고 있다. 알기 쉬운 또 다른 예를 들면 종업원교육훈련개발비(employee training and development)와 광고선전비(advertising expenditures) 등이다.

재량비용의 기록시기는 조절할 수 있는데, 이를 이용하여 각 기간에 걸쳐 이익을 유연화시킬 수도 있다. 기업경영자는 회계처리과정을 통해 이익을 부풀리는 대신에 오히려 조금 떨어질 수 있도록 하면서, 해당 기간에 이익이 얼마만큼 오르고 있는지 알려줄 것을 재무담당임원에게 미리 요청할 수 있다. 이는 기업경영자가 해당 회계기간의 이익을 사전에 조정하고 있다는 것을 말해준다. 회계기간 동안에 이익의 전망은 기대치보다 올라갈 수도 있고 내려갈 수도 있다. 미리 예측한 이익수치는 지난해와 비교하여 경영자로서 수용할 수 없는 금액일 수도 있다. 이러한 상황에서 기업경영자는 당해 연도의 이익수치를 올리거나 혹은 내리려고 결정할 것이며, 이때 최선의 방법이 재량비용을 조절하는 일이다. 또 다른 이익유연화 방법으로 기업은 수익을 기록하는 시점을 조절할 수도 있다. 예를 들면 매출의 경우, 주문도 하지 않은 기업의 판매상에게 많은 상품을 먼저 선적함으로써 매출을 올릴 수 있다. 또한 기업은 다음 해에 해당되는 매출을 올해의 장부에 기록할 수도 있다.

두 번째는 장부조작으로서 이는 매우 심각한 사안이다. 이것은 이익의 평준화 수준을 뛰어넘은 것으로서 이익의 수치를 의도적으로 조작하고, 불법적인 위험성을 내포하고 있다. 이익을 낮추거나 높이기 위해 재량비용을 이용하는 것과는 기본적으로 다르다. 장부조작은 매출이 전혀 없을 때 매출을 기록하거나, 해당 연도의 실질적인 비용이나 손실을 아예 기록하지 않는 등 매우 위험한 범법행위이다. 따라서 장부조작은 회계기록을 위조(falsification)하는 것이라 할 수 있다. 더 심하게 말하자면, 장부조작은 기업의 재무제표를 잘 치장하기 위해 일부러 속이는 경영자사기(management fraud)나 불법행위(illegality)에 해당된다. 이러한 허위재무보고의 문제는 많은 기업에서 뒤늦게 회계분식(accounting fraud)의 문제로 불거져 사회적 이슈가 되고 있다. 감사인은 이에 대한 증거를 찾기 위해 노력하지만, 경영자가 이러한 부정이나 사기에 정통해 있다면 이를 발견하기란 결코 쉽지만은 않다.

5. 이익의 질이란?

경영 및 재무 관련 정기간행물이나 신문지상에 이익의 질(quality of earnings)

이라는 구절이 자주 등장한다.[4] 기업의 전망을 평가하기 위해서는 이익의 크기는 물론이고 이익의 질에도 관심을 가져야 한다는 것이다. 보수적인 회계처리방법은 일반적으로 양질의 이익을 갖는 것으로 간주된다. 특히 증권분석가나 투자전문경영자가 보수적인 회계처리방법에 많은 관심을 갖고 있다. 그들은 회계추정치와 회계선택범위가 폭넓게 이루어져야 한다고 말한다. 그들은 수익이나 그 밖의 이익이 너무 일찍 기록되는 경우나, 혹은 비용 또는 손실의 인식을 회피하는 회계처리방법에 대해 세심한 경계를 하고 있다. 물론 재무제표감사를 받는다 할지라도 그들은 기업의 이익이 얼마만큼 신뢰성이 있는지, 그들 스스로 좋은 느낌이 들 때까지 전체적으로 세심하게 검토하곤 한다.

무엇보다도 현금흐름표상의 '영업활동 현금흐름'에 상당한 주의를 기울일 필요가 있다. 왜냐하면 기업이 충분한 현금을 가지고 있는지의 여부는 기업경영자가 결코 조작할 수 없는 유일한 수치이기 때문이다. 회계처리방법은 단지 이익을 결정하는 것이지, 현금흐름을 결정하는 것은 아니다. 만약 창출된 이익이 안정된 현금흐름을 수반한다면, 그 기업의 이익은 양질의 특성을 지니고 있는 것으로 간주할 수 있다. 또한 회계이익이 기간별로 큰 차이를 나타내는 것보다 매년 일정수준으로 유지되고 있는 경우에 이익의 질이 좋다고 할 수 있다. 특히 꾸준히 증가하고 있다면 더욱 좋다. 비경상적 이익 또는 비반복적 이익의 비중이 높지 않다는 의미이기 때문이다.

기업이 보고한 재무제표가 하얀 눈처럼 흠이 없다고 생각하는 것은 아주 천진난만하다고 할 수 있다. 우리 모두는 사람이지 천사가 아니다. 결국 사람의 마음에는 어떤 목적을 쉽게 성취하기 위해 누구나 속이고 싶어 하는 최소한의 욕망이 있다. 물론 소수의 경찰이 뇌물을 받는다고 전체가 그렇다고 볼 수 없듯이, 기업 대부분의 재무제표는 정직하게 준비된다. 그러나 기업경영의 일선에는 일부 사기꾼 같은 경영자도 분명히 존재하고 있다. 그들은 어떤 사적인 음모를 꾸미기 위해 회계제도의 한계점을 이용하여 허위재무제표를 작성하기도 한다는 것이다.

4) 대부분의 사람들은 '회계이익의 질'을 설명하기 위해 기업에서 사용하고 있는 회계처리방법의 특성을 강조하는 경향이 있다. 그러나 결국은 회계이익에 상응하는 현금흐름이 수반될 때 이익의 질은 높다고 할 수 있다. 이에 대한 구체적인 내용은 '제13장 1.'에서 '영업활동 현금흐름'과 함께 공식으로 제시하였다.

영어로 토의해 보기(Discussion Questions)

[DISCUSSION 1]

Bill Simon says, "We should get rid of the FASB and SEC, since free market forces will make sure that companies report reliable information." Do you agree? Why or why not?

ANSWER

We partly agree with Bill on the point that corporate managers will disclose only reliable information when rational managers realize that disclosing unreliable information is costly in the long run. The long-term costs associated with losing reputation, such as incurring a higher capital cost when visiting a capital market to raise capital over time, can be greater than the short-term benefits from disclosing false information. However, free market forces may work for *some* companies but not *all* companies to disclose reliable information.

Note that Bill's argument is based on the assumption that there is no information asymmetry between corporate managers and outside investors. In reality, the outside investors' limitation in accessing the private information of the company makes it possible for corporate managers to report unreliable information without being detected immediately.

The SEC and FASB standards attempt to reduce managers' ability to record similar economic transactions in dissimilar ways either over time or across firms. External auditors, who attempt to ensure that managers' estimates are reasonable, enforce compliance with these standards. Without the SEC, FASB standards, and auditors, the likelihood of disclosing unreliable information would be high.

[DISCUSSION 2]

Why do you think a company might be opposed to adopting IFRS?

ANSWER

Why not voluntarily follow IFRS? Some of the issues students might raise for a company not wanting to follow IFRS are :

- Resistance to standardization and/or ignorance of IFRS.

- Management wanting to do it "their" way because they understand their business.
- Not wanting to pay the costs necessary to maintain IFRS records.
- Using non-IFRS accounting methods may make the company's financial statements "look better."

[DISCUSSION 3]

Joe Watts, an analyst at EMH(Efficient Markets Hypothesis) Securities, states : "I don't know why anyone would ever try to value earnings. Obviously, the market knows that earnings can be manipulated and only values cash flows." Discuss.

ANSWER

Valuing earnings is an alternative way of valuing a company even if earnings can be manipulated. Note that, with an infinite forecast horizon, the valuation based on discounted abnormal earnings delivers exactly the same estimate as DCF-based methods, even if there is earnings manipulation. The estimated values using accounting-based valuation are not affected by accounting choices because of the self-correcting nature of double-entry bookkeeping. Current period earnings can be manipulated, but the values estimated with accounting-based valuation are not to be manipulated. However, with finite horizons, earnings manipulation *can* affect value unless the analyst recognizes and undoes the manipulation. Also, when accounting data is used to forecast cash flows, even a DCF valuation is potentially vulnerable to accounting manipulation.

There are two *practical* advantages to valuing earnings. First, accounting-based valuation (using earnings) frames the valuation task differently and can immediately focus the analyst's attention on the key measure of performance : ROE and its components (i.e., value drivers such as profit margins, sales turnover, and leverage).

Second, if it is more natural to think about future performance in terms of accounting returns, and if the analyst faces a context where a "back-of-envelope" estimate of value would be of use, the accounting-based technique can be simplified to deliver such an estimate. "Short-cut" estimates are useful in a variety of contexts where the cost and time involved in a detailed DCF analysis is not justified. In this context, the detailed DCF method is analogous to a manual camera for which the distance, light exposure, and shutter speed need to be set before taking a picture whereas the "short-cut" accounting-based valuation is analogous to an automatic camera.

PART V

경영분석 및 관리회계의 조명

CHAPTER

18 경영분석의 이해

일반적으로, 기업경영분석에서 가장 널리 사용되고 있는 방법은 기업의 수익성(profitability)과 재무위험(financial risk)을 분석하기 위해 재무비율(financial ratios)을 이용한 분석기법이다. 이를 비율분석(ratio analysis)이라고 부른다. 예를 들어, "과연 XYZ(주)를 인수해야 할까?"와 같은 구체적인 물음에도 대답할 수 있어 기업의 이해관계자들이 다양한 의사결정을 하는 데 유용한 재무정보를 제공한다. 또 다른 예로 XYZ(주)의 주식을 사도 되는지, 혹은 그 회사가 발행한 사채를 구입해도 괜찮은지, 이러한 종류의 의사결정을 위하여 재무비율을 이용한 다양한 정보가 필요하다.

재무정보는 기업조직의 내부경영관리분석을 함에 있어서도 기업의 장단점을 알 수 있도록 해주는 가교 역할을 한다. 만약 기업의 잘못된 부분이 발견된다면, 돌이킬 수 없는 투자손실이 발생하기 전에 이를 사전에 교정할 수 있도록 방향을 제시해야 한다. 이와 같이 재무제표이용자가 기업의 정보를 실제 의사결정에 활용하기 위해서는 재무제표에서 정보를 추출하여 분석하는 작업(예 : 경영관리분석, 투자분석, 신용분석 등)을 해야 한다. 이에 대한 해답을 찾는 과정을 재무제표분석(financial statement analysis) 또는 경영분석(business analysis)이라고 한다.

우선 재무비율이란 무엇인지 생각해 보자. 일반적으로, 비율이란 단순히 어떤 두 수치간의 비교를 의미한다. 마찬가지로, 재무제표분석에서는 재무제표상에 있는 주요한 두 수치들의 관련성을 상호 비교하는 것이다. 그렇다면 주요 수치들을 비교한 결과가 좋은 의미인지 나쁜 의미인지, 혹은 너무 높은지 너무 낮은지 어떻게 결론을 내릴 수 있는 것일까?

이에 대한 의사결정을 위해, 기본적으로 3가지의 비교기준이 존재한다. 첫째, 관련 수치들에 대한 해당 기업의 과거수치흐름을 검토하는 것이 중요하다. 둘째, 해당 기업의 관련 수치를 동일산업 내 경쟁기업의 수치와 상호 비교해 보는 것이다. 셋째, 관련 수치를 해당 기업이 속한 산업의 평균수치와 비교 검토하는 것이다.

본장에서는 회계정보이용자인 기업의 주주들과 자금공급자들이 신용 및 투자 그리고 재무의사결정을 위해 해당 기업의 재무제표를 입수하게 되면, 이와 관련하여 무엇을 고민해야 하는지 논의하고자 한다. 특히, 논의될 주요 재무비율은 기업분석에 있어서 기본적인 필수사항이라 할 수 있다. 따라서 본장에서는 기업의 현재 재무상태와 과거 경영성과를 통해 수익성과 재무위험을 측정할 수 있는 재무비율을 분석하는 방법과 이로 인한 잠재적인 논쟁거리를 구체적으로 살펴보고자 한다.

1. 재무제표를 총체적으로 바라보자!

외부에 공시되는 재무제표의 작성목적은 투자자들과 자금대여자들에게 해당 기업에 대한 유용한 재무정보를 제공하고, 자본의 원천에 대한 회계처리내용을 알려주기 위함이다. 기업의 종업원들이나 그 밖의 정보이용자인 채권자들도 해당 기업의 재무관련 사항에 대해 아주 민감하게 반응한다. 재무제표의 일차적인 주요 이용자들은 기업의 소유주인 투자자와 채권자들이다. 오늘날 재무보고기준과 '일반적으로 인정된 회계원칙'(GAAP)은 이러한 주요 정보이용자들과 함께 공유되고 발전되어 왔다고 할 수 있다.

기업의 주식과 그 밖의 다른 유가증권은 공개된 시장에서 거래되고 있다. 미국의 경우, 이러한 공개시장에서 거래되고 있는 상장기업에 의한 회계정보의 공시는 연방법에 의하여 관리되는데, 이 연방법은 증권거래위원회(SEC)에 의해 주로 시행된다.[1] 우리나라의 경우, 한국거래소에 상장된 종목들의 주식가격 움

1) Big Board라고 불리는 미국 뉴욕 월가에 위치한 세계 최대 규모의 뉴욕증권거래소(NYSE), 벤처기업들이 상장되어 있는 미국의 장외주식거래시장인 자동거래증권거래소(NASDAQ), 그리고 그 밖의 증권시장에서는 유가증권이 거래되고 있는 기업의 재무정보 공시와 의사전달 등

직임을 나타내는 코스피(KOSPI)시장과 장외등록주식의 거래를 활성화시키기 위한 고수익 · 고위험 시장인 코스닥(KOSDAQ)시장, 그리고 초기 벤처기업과 중소기업이 상장할 수 있도록 특화된 제3의 주식시장인 코넥스(KONEX)시장이 있다.

예를 들면, 기업은 그들의 주주들과 자금공급자들에게뿐만 아니라, 다른 사람들에 임의적으로 대상을 선택하여 기업정보를 개별적으로 공시할 수는 없다. 또한 공적으로 재무정보를 포괄적으로 공시하기 전에 그 어떤 사람에게도 자의적으로 이를 귀띔해서도 안 된다. 재무정보에 관한 규정과 통상적으로 인정하는 회계실무에서의 관습은 기업의 재무제표와 모든 재무정보가 해당 기업의 투자자와 채권자에게 똑같이 접근될 수 있도록 고안되어 있다. 기업의 재무제표는 재무상태와 경영성과에 관한 최초의 정보근원지는 아니다. 한국거래소에 상장된 상장기업에서는 최근의 이익수치에 관하여 간략하게 정리된 내부간행물을 발간하고 있다. 이것들은 주주와 채권자를 위한 기업의 재무정보 공시에 앞서 공표되고 있는 것이다. 본 단원에서는 기업의 연차재무제표에 그 초점을 두고자 한다.[2)]

지금까지 제시되었던 동일한 기업의 재무제표가 〈표 18-1〉에서 다시 제시되었다(단, 주석사항은 포함시키지 않았다). 다음 사항을 고려해 보자. 본 사례의 기업은 현재 $10.4(백만)의 매출실적을 나타내고 있으며 더 성장하기 위해서는 매출액의 증대가 필요할 것이다. 여기에서는 매출실적의 크기가 주요한 포인트는 아니다. 그러나 비율분석을 통한 재무제표분석의 기교는 사기업이든 공기업이든 혹은 대기업이든 소기업이든 어떤 종류의 기업이든 간에 적용될 수 있기에 총체적으로 이해할 필요가 있다.[3)]

일반적으로 투자자들과 채권자들은 기업의 매출 신장 및 하락, 경영성과, 현금흐름, 그리고 재무상태 등에 많은 관심이 집중되어 있다. 따라서 본장에서는 실무에서도 재무제표분석에 널리 사용되고 있는 기본적인 비율분석이 제시

과 관련하여 여러 가지 많은 규정과 규칙을 시행하고 있다.

2) 사기업이나 비상장기업에서는 일반적으로 재무제표가 공시되기 전에는 그들의 소유주인 주주와 자금공급자에게 이와 관련된 서신이나 간행물을 송부하지 않고 있다. 분기 및 반기보고서와 같은 중간보고서는 연차보고서를 간략하게 압축한 형태라고 할 수 있다.

3) 여기에서는 유가증권의 분석에 대해, 전반적이고 광범위한 영역을 논의하지 않는다. 이러한 영역은 경쟁기업의 장 · 단점, 국내외 경제의 변화, 그리고 기업인수합병 등의 가능성 등에 관한 포괄적인 분석이 포함되어야 하기 때문이다. 또한 연도별로 주요한 재무비율의 변화를 알아보기 위하여 필요한 추세분석의 내용은 다루지 않는다.

〈표 18-1〉 외부보고용 약식 재무제표의 예시(주석사항은 생략됨)

포괄손익계산서

매출액(sales revenue)	$10,400,000
매출원가	6,760,000
매출총이익(gross margin)	**$3,640,000**
영업비용	2,080,000
감가상각비	260,000
영업이익(operating earnings)	**$1,300,000**
이자비용	103,000
법인세차감전이익(EBT)	$1,197,000
법인세비용	478,800
당기순이익(net income)	$718,200
기타포괄손익	$0
총포괄이익	$718,200
주당순이익(EPS)	$3.59

자본변동표(주주지분 변동보고서)

구 분	자본금	이익잉여금
기초잔액	$725,000	$2,026,500
당기순이익		718,200
회계연도에 발행된 주식	50,000	
회계연도에 지급된 배당금		(200,000)
기말잔액	$775,000	$2,544,700

재무상태표

자산	
현금	$565,807
매출채권	1,000,000
재고자산	1,690,000
선급비용	160,000
유동자산	**$3,415,807**
유형자산	3,000,000
감가상각누계액 −기계장치 등	(800,000)
자산총계	**$5,615,807**
부채와 자본	
매입채무	$640,000
미지급비용	257,167
미지급법인세	23,940
단기차입금	625,000
유동부채	**$1,546,107**
장기성지급어음	750,000
부채총계	**$2,296,107**
자본금(200,000주)	775,000
이익잉여금	2,544,700
자본총계	$3,319,700
부채와 자본총계	**$5,615,807**

현금흐름표

영업활동 현금흐름		
당기순이익		$718,200
매출채권의 증가	($175,000)	
재고자산의 증가	(440,000)	
선급비용의 감소	25,000	
감가상각비	260,000	
매입채무의 증가	105,000	
미지급비용의 증가	59,667	
미지급법인세의 감소	(12,060)	
		$540,807
투자활동 현금흐름		
유형자산의 구입		**($750,000)**
재무활동 현금흐름		
단기자금조달	$25,000	
장기자금조달	150,000	
주식발행	50,000	
주주에게 배당금지급	(200,000)	
		$25,000
회계기간 동안 현금흐름의 증감		($184,193)
기초의 현금		$750,000
기말의 현금		$565,807

되고 있다. 기업의 재무보고서가 공시된 시점에서 투자자들이 가장 먼저 행하는 일은 재무제표를 대강 훑어보는 작업일 것이다. 과연 그들은 무엇을 찾고자 노력하고 있는 것일까? 무엇보다도, 한 회계기간 동안에 기업이 이윤을 창출했는지, 아니면 결손을 초래했는지를 알아보기 위해 포괄손익계산서상의 당기순이익을 관찰하는 것이 중요하다. 본 사례의 기업은 한 회계연도 동안에 결손이 아닌 $718,200의 당기순이익을 창출했다. 그렇다면, 이 당기순이익의 수치는 좋은 성과인지, 혹은 보통 성과인지, 아니면 나쁜 성과인지, 이를 어떻게 알 수 있을까? 아래에서 비율분석을 통해 검토해 보기로 한다.

대부분의 재무정보이용자는 기업의 포괄손익계산서를 먼저 검토한 후, 아마도 기업의 자산을 훑어보고, 이를 부채와 비교하기를 원할 것이다. "기업의 자산이 과연 부채의 상환을 충분하게 충족시킬 수 있을까?" 재무비율을 통한 분석이 이에 대한 최적의 해답을 제공할 수 있다. 다음으로 기업의 현금흐름을 관찰할지도 모른다. 〈표 18-1〉에 현금흐름표가 제시되어 있다. 이는 외부보고용 재무제표에 반드시 포함되어야 할 기본재무제표 중의 하나이다. 그러나 본장에서 논의될 어떠한 재무비율도 현금흐름과 직접적으로 관련된 수치는 없다. 기본적으로 투자자들과 채권자들은 현금흐름과 관련하여 특정 기준이 될 수 있는 재무수치를 정하는 것이 중요하다.

기업의 현금흐름은 많은 재무간행물과 투자자문가 및 투자회사가 발행한 보고서에서 항상 강조되고 있다. 특히 '영업활동 현금흐름'은 기업의 핵심 재무요인이다. 본 예제의 기업은 회계연도 기간 동안에 $540,807의 '영업활동 현금흐름'을 창출했다. 이는 같은 해 동안에 $750,000의 '투자활동 현금유출'보다 훨씬 적은 액수이다. 또한 '재무활동 현금흐름'은 $25,000로서 기업의 현금흐름잔액은 지난해에 비해 $184,193만큼 감소되었음을 알 수 있다.

이와 같은 방법으로 현금흐름표를 검토한다면, 해당 연도에 어디에서 현금을 획득했으며, 그 현금으로 무엇을 했는지에 대한 유용한 정보를 제공받을 수 있다. 단, 여기에서는 어떠한 재무비율도 계산되지 않았다는 사실을 기억하자. 당기순이익에 대한 현금흐름의 비율은 매우 흥미로운 비율이 될 수도 있지만, 일반적으로 재무제표분석에서 사용되지는 않는다.

예를 들어, 주당현금흐름(CPS : cash flow per share)을 얻기 위해서는, '영업활동 현금흐름'을 유통주식수로 나누어 계산한다. 그러나 보기 드물게, 이러한 특정 비율은 거의 사용되지 않는다. 현금흐름표에서 알 수 있듯이, 해당 기업은 회계연도 기간에 주식을 추가 발행했다. 따라서 자본금이 $50,000만큼 증가했다. 해당 연도의 당기순이익은 곧 이익잉여금계정을 증가시키고 주주에게 지급된 배당금은 이익잉여금계정을 감소시킨다.

〈표 18-1〉에 자본변동표(주주지분변동보고서 ; statement of changes in stockholders' equity)라는 재무제표를 소개하고 있는데, 이는 한 회계연도 동안에 발생한 자본(소유주지분)의 변동을 표시하는 재무보고서이다. 국제회계기준(IFRS)에서는 이를 기본재무제표의 하나로 규정하고 있으며, 본 예제의 기업에서도 이를 기본재무제표에 포함시키고 있다.

이러한 자본변동표는 자본금, 자본잉여금, 자본조정, 기타포괄손익누계액, 이익잉여금의 변동에 대한 포괄적인 정보를 제공한다. 예를 들어 기업이 여러 종류의 주식을 소유하는 복잡한 자본구조를 가지고 있을 때 더욱 필요하며, 해당 회계연도에 자기주식의 일부를 매입할 때에도 자본변동표에 표시된다. 자본변동표는 재무제표간에 연관성을 제고시킨다. 본 예제에서는 자본금과 이익잉여금의 기초 및 기말 잔액이 제시되어 재무상태표와 연관성이 있으며, 자본금과 이익잉여금의 변동내역은 포괄손익계산서와 현금흐름표의 연관성을 나타내고 있다.

2. 장 · 단기 지급능력에 대한 비율(유동성비율, 안정성비율)을 살펴보자!

증권분석가, 투자유가증권관리자(투자상담사), 개인투자자, 그리고 그 밖의 정보이용자 등은 기업의 3가지 주요 재무항목에 관심이 많다. 현금흐름(cash flow), 부채지급능력(solvency ; debt-paying ability), 그리고 이익성과(profit performance)가 바로 그것이다. 현금흐름 분석에 있어서는 재무비율을 사용하지는 않지만, 부채지급능력 분석과 이익성과 분석에 있어서는 기본적으로 다양한 지표로 제시되는 재무비율을 사용하고 있다.

은행 등의 채권자들은 기업에 자금을 대여하거나 대여금을 연장할지의 여부를 결정할 때 특정 재무비율에 관심이 많다. 이러한 비율은 기업의 신용가치를 분석하고, 조달된 차입금과 이자비용을 지불할 수 있는 능력을 판단할 수 있는 유용한 재무지표이다. 부채지급능력은 만기가 되었을 때 채무를 지불할 수 있는 기업의 재무능력을 말한다. 모든 기업이 부채지급능력을 관리하고 유지하는 것은 필수적인 사항이다. 만약 기업이 지속적으로 차입금에 대한 채무불이행을 한다면, 그 즉시 영업이 중단될 수 있거나, 혹은 최소한의 정상적인 영업활동이 저지되는 법적인 소송절차로 비난을 면치 못할 것이다.

(1) 유동비율(current ratio : 유동성비율, 단기지급능력)

유동비율은 기업의 단기부채 지급능력을 나타내기 위한 지표로 유동성(liquidity)을 평가하는 데 사용된다. 이는 재무상태표상의 유동자산의 합계를 유동부채의 합계로 나누어 산출된다. 따라서 기업의 유동비율을 다음과 같이 계산할 수 있다.

$3,415,807(유동자산의 합계) / $1,546,107(유동부채의 합계) = 2.21(221%)

이와 같이, 본 예제에서 기업의 유동비율은 1을 기준으로 볼 때 2.21로 나타났다.[4] 일반적으로 만족할 만한 기업의 유동비율은 최소한 2 이상이 되어야 한다고 지적한다. 물론 임의적이지만 대부분의 기업은 이러한 최소비율이 채권자들이 기대하는 수치임을 알고 있다. 다시 말해, 단기채권자들은 일반적으로 유동부채에 대한 기업의 수용치를 유동자산의 절반 혹은 그 이하로 원한다.

그렇다면 왜 단기채권자들은 기업이 이러한 한계선을 가지고 있어야 한다고 보는 것일까? 이에 대한 주요한 이유는 기업의 단기부채 지급능력에 대한 방어막으로서 안전한 완충장치가 필요하다는 데에 있다. 유동비율이 2라는 것은 같은 회계기간에 만기가 되는 $1의 단기부채를 지불하기 위해, 가까운 미래 기간에 기업이 현금으로 전환될 수 있는 $2의 유용한 자산을 가지고 있다는 의미이다. 즉, 단기부채의 $1당 가까운 기간에 현금화가 가능한 $2만큼이 뒷받침된다는 것이다. 그 밖의 추가적인 유동자산이 있다면, 이는 안전한계선(margin of safety)을 뛰어넘은 좋은 신호라 할 수 있다.

본 예제의 기업에서는 유동비율이 2보다 작거나 1 정도라 할지라도, 정확한 시기에 단기부채를 상환할 수 있다. 왜냐하면 기업은 현재 3가지의 무이자부 부채, 즉 매입채무, 미지급이자비용, 미지급법인세 등을 가지고 있는데, 이는 유동

4) 일반적으로 유동비율은 221%처럼, 퍼센트(%)로 거의 나타내지 않는다. 이러한 유동비율은 운전자본(=유동자산−유동부채)과 함께 평가하는 것이 더 바람직하다.

자산 합계의 약 27%[=(1,546,107−625,000)/3,415,807]이다. 단기차입금으로 은행에서는 $625,000만큼 대여해 주었으며, 이는 유동자산 합계의 약 18%(=625,000/3,415,807)를 차지하고 있다.

요약하면, 신용조달을 위한 단기자금공급자는 일반적으로 기업의 유동자산이 유동부채의 2배 이상이 되어야 양호하다고 할 수 있다. 채권자는 소유주가 아니기에 기업이 벌어들인 이익을 나누어 가질 수 없다. 다만 그들이 제공한 자금은 단지 이자수입으로 다시 거둬들일 뿐이다. 채권자는 대여금에 대한 상환위험이 최소화되길 원한다. 이자수익을 고정수입으로 받는 투자자로서 단기채무에 대한 변제위험부담을 안고서는 나중에 원금을 보상받기 어려울 수 있기 때문이다.

(2) 당좌비율(quick ratio : acid test ratio : 유동성비율, 초단기지급능력)

재고자산이 현금으로 전환되기 위해서는 많은 시일이 걸린다. 일반적으로 제품은 판매되기 전에 몇 달 정도 보유된다. 만약 제품이 신용조건으로 판매된다면, 특히 기업 대 기업으로 판매되는 경우에는 매출채권을 회수하기 전까지 또 한 번의 지연기간(waiting period)이 주어진다. 요약하면, 재고자산은 매출채권만큼 유동적이지 못하다. 즉, 현금으로 전환되기 위해서는 상대적으로 더 많은 시일이 소요된다. 더군다나, 모든 재고자산이 순조롭게 판매되리라고 사전에 보장할 수도 없다.

따라서 기업의 단기부채 지급능력에 대한 엄격한 판단기준은 당좌비율(acid test ratio ; quick ratio)을 통하여 효율적으로 측정된다. 즉, 당좌비율은 유동성을 평가하는 데 있어 유동비율보다 더 엄격한 기준이다. 이를 측정할 때 일반적으로 재고자산은 제외되고 있다.[5] 오직 현금과 시장성 유가증권 그리고 매출채권만이 기업의 유동부채를 변제할 수 있는 원천으로 간주된다. 본 예제에서 기업의 당좌비율은 다음과 같이 산출된다(본 예제의 기업은 시장성 유가증권에 투자하지 않음).

$565,807(현금)+$1,000,000(매출채권) / $1,546,107(유동부채의 합계) = 1.01(101%)

5) 선급비용도 당좌비율(acid test ratio ; quick ratio)을 산출할 때 제외되는 항목이다. 당좌비율은 현금으로 '빠르게'(quickly) 전환될 수 있는 자산만을 이용하여 기업의 유동부채를 지불할 수 있는 유용한 기준이 된다.

당좌비율과 관련하여 유동비율과 마찬가지로 많은 예외사항이 있겠지만, 일반적으로 만족할 만한 기업의 당좌비율은 최소 1 이상이 되어야 한다.

(3) 부채비율(타인자본비율(debt-to-equity ratio) : 안정성비율, 장기지급능력)

어느 정도의 부채는 기업에 유익하지만, 너무 많은 부채는 항상 재무적 위험(financial risk)이 따른다. 재무적 위험은 보통주주에게 귀속되는 이익의 변동폭이다. 이러한 점에서 부채비율(debt-to-equity ratio)은 기업이 장기적으로 빚을 신중하게 사용하고 있는지를 알아보기 위한 지표라 할 수 있다. 그렇지 않으면 너무 빚이 많아 통제할 수 없게 되어, 채권자의 위험(lender's risk)을 야기시킬 수 있는 빚덩이가 기업에 누적될 수 있기 때문이다. 본 예제에서 기업의 부채비율은 다음과 같이 산출된다.[6]

$2,296,107(부채합계) / $3,319,700(자본합계) = 0.69(69%)

이 부채비율은 기업이 주주지분의 매 $1마다 $0.69만큼의 부채를 사용하고 있다는 것을 말해주고 있다. 모든 부채(이자부 혹은 무이자부 혹은 단기 혹은 장기)와 모든 소유주지분(최초납입금액 혹은 이익잉여금)은 이 비율을 산출하기 위해 포함된다.

0.69의 부채비율을 가지고 있는 이 기업은 적절한 레버리지를 소유한 것으로 간주된다. 레버리지(leverage)란 고정비(예 : 영업비용, 재무비용) 때문에 발생하는 손익확대효과를 말한다. 따라서 고정비용이 높은 기업은 수익의 증감률보다 당기순이익의 증감률이 더 크다. 여기에서 기업은 주주지분의 매 $1마다 총자산(자기자본+타인자본) $1.69을 사용하고 있다. 즉 기업은 주주지분의 매 $1당 $1.69만큼의 유용한 자산을 가지고 있는 셈이다.

대부분의 기업들은 1 이하의 부채비율을 유지하려고 노력한다. 기업은 많은 부채를 원하지 않으며, 자산의 절반보다 더 많은 부채를 지니고 있어야 할 필요성을 채권자들에게 확신시키기도 어렵다. 그러나 일반적으로, 공익사업을 하는

6) 부채비율은 부채자본비율이라고도 부르며, 기업분석 목적에 따라 어떤 경우에는 부채비율을 '부채/자본' 대신 '부채/자산'으로 산출하기도 한다.

자본집약적(capital intensive ; asset heavy) 기업과 대부분의 금융기관에서는 1보다 더 큰 부채비율을 유지하고 있다.

(4) 이자보상비율(interest coverage ratio, times interest earned : 안정성비율, 장기지급능력)

채무에 대한 이자비용 및 법인세비용을 부담하기 위하여 기업에서는 충분한 영업이익의 창출이 필요하다. 이를 이자및법인세차감전이익(EBIT)이라 부른다. 이때 영업이익으로부터 이자를 지급할 능력을 알아보기 위해 이자보상비율을 산출할 수 있다. 이 비율은 아래와 같이 이자및법인세차감전이익인 영업이익을 이자비용으로 나누어 산출된다.

$1,300,000(영업이익 : EBIT) / $103,000(이자비용) = 12.6배

이자보상비율은 채권자에게 지급할 고정비용(이자비용)에 대한 안전도(safety margin)를 나타낸다. 분명히 이 비율은 1 이상이 되어야 좋지만, 어떤 특정 기준이 존재하지는 않는다. 본 예제에서 해당 기업의 영업이익은 연간이자비용의 12배가 넘는 수치로서 채권자의 입장에서 볼 때 매우 흐뭇해할 만하다. 이 비율이 높을수록 안전도가 높다고 할 수 있다. 그러나 만약 기업의 영업이익이 이자비용을 간신히 소화시킬 수 있는 수치라면, 채권자는 매우 당황하게 될 것이다.

3. 수익성을 나타내는 비율(수익성비율 : profitability ratio)을 살펴보자!

(1) 매출액순이익률(ROS : return on sales)

기업이 매출을 창출하면서 관련 비용을 통제한다는 것은 어떻게 이익을 벌어들이는지를 알 수 있는 방법이다. 기업이 매출로부터 얼마만큼의 순이익을 창출하는지를 제시하는 재무비율은 매출액순이익률로 나타낼 수 있는데, 이는 한 회계연도 동안의 당기순이익을 매출액으로 나눈 값이다.[7] 따라서 본 예제에서 회

계연도의 매출액순이익률은 다음과 같이 산출된다.

$718,200(당기순이익) / $10,400,000(매출액) = 0.069(6.9%)

6.9%라는 매출액순이익률을 다른 방법으로 설명한다면 다음과 같다. 즉, 기업은 매출액 $100마다 $6.9의 당기순이익을 벌어들였으며, 이를 위해 $93.1의 당기비용을 지출했다는 것이다. 그러나 이 매출액순이익률은 산업별 및 기업별로 아주 현저하게 달라질 수 있다. 어떤 기업은 5%의 매출액순이익률로도 아주 호황을 누리기도 하며, 또 다른 기업에서는 자산에 투자된 거대한 투하자본금액을 회수하기 위해 25% 이상의 매출액순이익률을 필요로 한다.

기업의 소유주들은 기업이 이익을 벌어들이면서 오랜 세월에 걸쳐 과연 좋은 이익성과를 유지하고 있는지에 늘 관심을 가지고 있지만, 이에 비례하는 위험도 감수하고 있다. 그렇다면 계속적으로 손실을 입고 있는 손실기업에 얼마만큼의 자금을 풀 수 있을까? 기업 소유주의 투자의사결정은 단연 해당 기업의 과거와 미래의 경영성과에 달려 있다. 여기에서 이익이란 이익의 절대적인 수치만을 말하는 것은 아니다. 이익을 창출하기 위해 투자된 자본과 비례한 상대적인 이익수치를 의미할 수 있다.

예를 들어, 기업에서 $100,000의 연간 당기순이익을 벌어들였다고 가정해 보자. 만약, 자본이 $250,000이라 한다면, 그 당기순이익을 벌기 위해 사용된 자본에 대한 기업의 이익성과는 40%(=100,000/250,000)이다. 이는 아주 양호한 수치라 할 수 있다. 반면에 자본이 그 10배인 $2,500,000이라고 한다면 기업의 이익성과는 4%이다. 이는 상대적으로 아주 저조한 수치라 할 수 있다. 여기에서의 주요 포인트는 기업이익은 절대적인 크기가 아니라 이익을 창출하기 위하여 투자된 자본의 크기와 상대적으로 비교되어야 한다는 것이다. 이와 관련된 구체적인 수익성비율을 아래에서 살펴보기로 하자.

(2) 자기자본이익률(자본순이익률, ROE : return on equity)

기업의 자기자본은 재무상태표상에서 소유주지분계정(자본계정)의 합계액이

7) 매출액이익률의 경우, 분자를 당기순이익 대신 매출총이익 혹은 영업이익을 사용할 수 있는데, 이때에는 매출총이익률 혹은 매출액영업이익률이라 부른다.

다. 보통주주의 이익은 한 회계기간의 당기순이익에서 기업이 발행한 우선주에 배당되는 배당금을 차감한 금액을 말한다. 우선주란 당기순이익에서 먼저 지분을 획득할 수 있는 우선권을 가지고 있는 주식이다. 그러나 본 예제에서 기업은 우선주를 발행하지 않았다. 따라서 당기순이익의 모든 금액은 보통주주에게 속한 지분이 되는 셈이다.

연간 당기순이익을 자본으로 나눈 수치를 자기자본이익률(ROE)이라고 하는데, 이는 자본이 얼마만큼의 이익을 창출하고 있는지를 나타내는 재무비율이다. 본 예제에서 ROE는 다음과 같이 산출된다.

$718,200(당기순이익) / $3,319,700(자본) = 0.216(21.6%)

여기에서는 편의상 기말 자본의 잔액을 사용했는데, 사실 이 대신에 가중평균된 평균자본 잔액을 사용한다. 21.6%의 연간 ROE는 일반적인 기준에 의하면 아주 좋은 수치라 할 수 있다. 그러나 모든 수치가 상대적이기 때문에 이 ROE는 산업별 평균수치와도 비교되어야 한다.

위험요소(risk factor)도 매우 중요한 변수이다. 말하자면, 소유주는 투자한 자본이 얼마나 많은 위험성을 내포하고 있는지, 이에 대한 문제도 한번 짚고 넘어가는 것이 중요하다. 21.6%의 ROE가 아주 양호한 수치인지, 혹은 그저 양호한지, 아니면 나쁜지의 여부에 관한 결론을 내리기 위해서는 기업의 과거수치와 미래전망에 대해 좀더 투명하게 알고 있어야 할 것이다. 또한 자본의 기회비용(opportunity cost of capital)을 고려해야만 한다. 즉, 또 다른 용도로 투자자본을 사용한다면 소유주에게 얼마만큼의 투자에 대한 보상(ROI : return on investment)효과를 얻게 할 수 있는지를 고려해야 한다.[8] 투자에 대한 보상(ROI)은 회사의 자본을 그대로 유지하면서 소유주에게 이익의 일부를 되돌려 주는 것을 말하는데, 그 예로 이익잉여금에서 지급되는 배당금이 있다.

8) 여기에서는, ROE를 단순화하기 위해 법인세요소를 고려하지 않았다. ROE를 정확히 분석한다는 것은 결코 단순한 작업은 아니다. 일반적으로 자기자본이익률(ROE)＝매출액순이익률(＝당기순이익/매출액)×총자산회전율(＝매출액/총자산)×(1＋부채자본비율)(＝총자산/자본)로 분해된다.

(3) 총자산이익률(ROA : return on assets)

수익성비율과 관련하여 또 다른 유용한 재무비율인 총자산이익률을 소개하면 다음과 같다. 이는 경영자가 사용하고 있는 자산이 얼마나 효율적으로 수익을 창출하고 있는지를 나타내는 재무비율이다.

> $1,300,000(영업이익 : EBIT) / $5,615,807(총자산) = 0.231(23.1%)

23.1%라는 총자산이익률은 해당 회계연도 동안에 사용된 기업의 자산 $100마다 이자와 법인세 차감 전에 영업이익으로 $23.1만큼 벌었다는 것을 나타낸다. ROA비율은 기업이 조달한 차입금의 연간이자율과 비교될 수 있다.

본 예제에서 해당 기업의 장·단기 부채에 대한 연간이자율은 약 8%(=103,000/(625,000+725,000))이다. 기업은 ROA기준으로 측정해 볼 때 약 23%를 벌었다. 이 두 가지 비율의 차이는 약 15%로서 매우 양호하다고 할 수 있다. 이와 같이 고정비용인 이자비용 때문에 발생하는 이익증대의 원천을 재무레버리지이익(financial leverage gain)이라 부른다. 만약 기업의 ROA가 연간이자율보다 적을 때에는 재무레버리지손실(financial leverage loss)이 발생한다.

(4) 주당순이익(주당이익, EPS : earnings per share)

기업가치와 유가증권 분석에 있어서 가장 많이 사용되는 재무비율 중의 하나는 주당순이익(EPS)으로 보통주 1주당 귀속되는 순이익을 나타내는 지표이다. 실무에서 기업의 경영성과를 평가하는 데 가장 보편적으로 이용되고 있는 수익성 지표이다. 이러한 EPS의 기본적인 산출방법은 다음과 같다.

> (당기순이익 − 우선주배당금) / 유통보통주식수
> = ($718,000 − $0) / 200,000주 = $3.59(기본주당순이익)

더 정확하게 말하자면, 유통되는 보통주식수는 가중평균하여 계산된다. 왜냐하면, 어떤 보통주식은 기초가 아닌 기중에도 발행되기 때문이다. 몇 가지 사항을 살펴보자.

첫째, EPS비율의 분자는 오직 보통주주들에게 귀속되는 당기순이익(net income available for common stockholders)[9]임을 분명히 이해하고 있어야 한다. 많은 기업들은 고정적으로 배당금을 우선 지급해야 하는 우선주를 발행하고 있다. 우선주주에게 지급될 연간배당금은 '보통주주에게 귀속되는 당기순이익'을 결정하기 위해 당기순이익으로부터 차감된다.

둘째, 주당순이익 앞에 '기본'(basic)이라는 단어에 주의를 기울여야 한다. 이는 주주의 손에서 실제 유통되는 보통주식수는 EPS비율에 있어서 분모를 의미한다. 대부분의 기업들은 미래의 어느 시점에 시장가격 이하로 추가적인 주식발행을 요구할 수 있는 여러 종류의 계약을 맺고 있다. 예를 들면, 기업에서는 임원이나 종업원들에 대한 보상으로 미래의 어느 시점에 고정가격으로 보통주식을 구입할 수 있도록 하는 주식매입선택권(스톡옵션 ; stock options)을 부여하고 있다. 만약 미래에 주식의 시장가격이 고정된 옵션가격보다 오른다면, 그들은 권리를 행사하여 할인가격으로 주식을 매입할 수 있을 것이다. 유통주식수는 스톡옵션과 더불어 인플레이션의 영향을 받게 되는데, 만약 추가적으로 주식을 발행할 때에는 EPS는 조금 낮아지게 될 것이다. 왜냐하면, 당기순이익은 더 많은 유통주식수에 의해 점유되기 때문이다.[10]

기본 주당순이익(basic EPS)은 스톡옵션이 행사될 때 발행될 추가적인 주식수를 인식하지 않는다. 또한 기본 주당순이익은 기업이 발행한 전환사채(convertible bonds)와 전환우선주(convertible preferred stock)의 잠재적인 희석효과를 고려하지 않는다. 이러한 유가증권들은 보유자의 권리를 가지고, 미리 정해진 가격에 의해 보통주로 전환되고 있다.[11]

스톡옵션과 전환증권의 잠재적인 효과를 투자자들에게 알리기 위해, 일반적

9) 즉, 당기순이익에서 우선주주에게 지급되는 배당금을 차감한 금액(즉, 당기순이익－우선주배당금)을 말한다. 본 예제에서는 우선주배당금은 $0으로 지급되지 않았다.

10) 즉, 주당순이익(EPS)은 그 비율에 있어서 더 커진 분모 때문에 약간 희석되어 낮아지게 될 것이다. 한편 주식매입권(stock warrants : 주식인수보증권)은 일정한 권리행사기간에 미리 약정된 가격으로 일정한 수량의 주식을 매입할 수 있는 권리를 증명할 수 있는 증서를 말한다. 신주인수권(stock rights)이란 기존 주주가 그들이 가지고 있는 지분비율에 따라 신주를 우선적으로 매입할 수 있는 권리를 말한다. 따라서 신주인수권과 주식인수보증권(주식매입권)은 추상적인 권리와 그 권리에 대한 증서의 관계이다.

11) 전환사채는 사채권자의 청구에 의해 주식으로 전환할 수 있는 사채로서, 사채이면서 동시에 잠재적인 주식의 성격을 가진다. 전환우선주는 우선주주에게 미리 약정한 비율로 우선주를 보통주로 전환할 수 있는 선택권을 부여한 주식을 말한다.

으로 희석 주당순이익(diluted EPS)이라고 부르는 또 다른 EPS가 공시된다. 이로 인해 EPS가 낮아질 수 있는데, 이는 스톡옵션 계획과 전환증권하에서 발행될 수 있는 추가적인 보통주에 의해 야기되는 희석효과가 고려되기 때문이다.

국제회계기준(IFRS)에 따르면, 보통주에 대해 기본 주당순이익과 희석 주당순이익은 기업의 포괄손익계산서상에 표시하고 그 산출근거를 주석으로 기재하도록 규정하고 있다. 이는 주당순이익(EPS)의 중요성을 강조하는 의미로 볼 수 있다. 이와 같이 주당순이익(EPS)은 실무에서 유용하게 활용되고 있지만, 이를 해석할 때에는 각별한 주의를 요하는 현상이 있다. 이익유보(earnings retention)라는 현상이다. 이익유보는 기간별로 발생한 기업이익의 일부를 적립함으로써 주식수의 증가와 상관없이 자본이 증가하는 현상이다. 따라서 기업의 수익성이 감소하고 있는데도 불구하고 이익유보로 인한 자본증가 현상 때문에 주당순이익이 증가할 수 있다.

이와는 대조적으로, EPS 이외에 지금까지 논의된 어떤 재무비율도 포괄손익계산서상에 반드시 공시할 필요는 없다. 물론, 기업은 선택적으로 재무비율을 공시할 수 있다. 일반적으로 기업의 연차보고서에 포함되는 주석의 맨 끝에 주요 재무비율이 공시된다.

4. 주가 및 보통주평가와 관련된 비율을 살펴보자!

(1) 주가수익률(주가수익비율, PER : price-earnings ratio)

현재 미국에서는 12,000개 이상의 기업체 주식이 공개시장, 즉 뉴욕증권시장(NYSE), 나스닥증권시장(NASDAQ), 그리고 그 밖의 장외거래소시장 등에서 매매되고 있다. 주식의 일별 시장가격의 변동은 투자자들 누구에게나 많은 주의를 끌고 있다. 물론 주식가격의 등락은 많은 요인들에 의해 좌우되지만, 무엇보다도 기업의 당기순이익이라는 발생된 이익성과와 잠재적인 현금흐름에 달려 있다고 할 수 있다. 즉 과거의 이익과 미래의 잠재적인 이익성과의 전망이 주식가격의 형성에 주요한 요인이 된다.

예를 들어 보자. 현재 주식의 시장가격이 $110인데, 이 가격이 높은지 낮은지, 아니면 거의 만족할 만한 수준인지를 알고자 한다. 이때 주식의 시장가격인 주당주가를 최근의 재무상태표상에 공시된 주당장부금액과 비교할 수 있다. 이를 주가장부금액비율(PBR : pricc-book value ratio)이라고 한다. 기업의 경영이 효율적이고 미래수익의 전망이 좋을수록 이 비율이 커지게 된다. 이는 자산을 기준으로 하는 가치평가방법(asset-based valuation approach)이다.[12] 그러나 실무적으로는 자산기준 접근방법보다 이익기준 접근방법(earnings-based approach)을 대체적으로 선호하는 편이다. 이를 위한 출발점은 앞에서 설명한 주당순이익(earnings per share)을 계산하는 것이다.

주가수익률(PER)은 주가수익비율이라고도 하는데, 기업이익이 주식시장에서 어느 정도 평가받고 있는지를 나타내는 지표이다. 이는 보통주 1주당 주가를 주당순이익으로 나누어 계산한다. 즉, 다음과 같이 주식의 현행 시장가격을 주당순이익과 상호 비교하여 주가수익률(PER : price/earnings ratio)이라는 비율로 표시한다. 구체적으로 주가수익률은 현재 주식가격이 순이익의 몇 배만큼으로 시장에서 형성되었는지를 나타낸다.

주당주가 / 주당순이익 = 주가수익률(PER ; PE ratio)

예를 들어, 어떤 기업의 주식이 현재 시장에서 1주당 $80로 거래되고 있으며, 가장 최근 연도의 기본 주당순이익은 $4이라고 가정하자. 따라서 PER는 20이 된다. 지금까지 논의된 그 밖의 다른 재무비율과 마찬가지로, 20의 PER가 높은지 낮은지를 알기 위해서는 경쟁회사 및 산업평균치와 상호 비교되어야 한다. 그러나 PER가 최소한 얼마만큼 되어야 한다는 어떠한 기준도 존재하지 않는다. PER는 한국거래소에서 매일 거래되는 수많은 주식들의 거래관련 정보와 함께 그 밖의 재무관련 간행물에서 항상 PER를 포함시킬 정도로 매우 유용한 재무비율이다. PER에 근거하여 주가상승 혹은 주가하락을 적절히 예측할 수 있기 때문이다.

사기업이나 아직 공개되지 않은 비상장기업의 현행 주식가격은 시장가격이 존재하지 않는다. 왜냐하면 이들의 주식은 시장에서 거래되지 않고 있으며, 혹은 거래된다 하더라도 그 가격이 공개되지 않기 때문이다. 그럼에도 불구하고,

12) 기업의 총자산에서 총부채를 차감하면 총주주지분이 산출된다. 자산기준평가방법 혹은 장부가치평가방법은 유가증권분석에서 괄목할 만한 역사를 가지고 있다.

이들 기업의 주주들은 소유하고 있는 주식의 가치를 알고 싶어 한다. 이때에도 PER를 사용하여 대략적으로 주식가치를 추정할 수도 있다.

현재 당신이 어떤 기업의 주식을 일부 소유하고 있으며, 거래시장에서 어떤 사람이 그 주식을 매수하길 원한다고 가정하자. 당신은 아마도 매도가격(offer price : 오퍼가격)으로 주당순이익의 10배로 정했다고 한다면, 이때 시장의 잠재적인 매수자는 그 가격을 지불하려 할 수도 있고 안 할 수도 있다. 혹은 그 가격 이상인 주당순이익의 15배 혹은 20배를 지불하려 할지도 모른다.

(2) 어닝스일드(earnings yield)와 시가총액(market cap)

주가수익률(PER)의 역수로서 어닝스일드라고 부르는 E/P ratio가 있다. 즉, 주당순이익을 현재의 주가로 나눈 값을 말한다. 이는 금리이자율과의 차이를 통해 상대적인 주식매력도를 측정하는 지표로 활용된다. 본 예제에서 기업의 규모는 현재상태보다 10배보다 더 크며, 이미 상장된 기업이라고 잠시 상상해 보기로 하자. 따라서 기업의 연간매출액은 $104,000,000이며, 최근 연도의 당기순이익은 $7,182,000이다. 또한 유통되고 있는 주식은 2,000,000주가 된다. 그러나 이때에도 기본 주당이익은 $3.59로 기업의 규모와 상관없이 일정하게 계산된다.

한편, 기업의 보통주가 주당 $50에 거래되고 있다고 가정하면 어닝스일드는 다음과 같이 계산된다.

$3.59(주당순이익 : EPS) / $50(주당주가) = 7.2%(어닝스일드 : E/P ratio)

즉, 어닝스일드는 주식의 현행 시장가격의 7.2%만큼 주당 연간 당기순이익을 기업에서 벌어들이고 있다는 의미가 된다. 이 지표는 내부유보(earnings retention)를 포함한 수익률이라고 해석할 수 있다.

시가총액은 주식시장에 상장되어 있는 기업의 모든 주식을 시가로 평가한 금액을 말한다. 현재, 이 기업의 시가총액은 $100,000,000(=$50×2,000,000주)이 된다. 이는 기업의 재무상태표에 기록된 자본, $3,319,700보다 훨씬 더 많은 금액이다. 사실, 이 기업의 현재 시가총액은 연간매출액, $10,400,000보다 더 많다. 일반적으로 대부분 기업의 시가총액(market cap ; market capitalization)은 재무상태표에 기록된 자본의 장부가치(book value)보다는 훨씬 더 높게 산출되고 있다. 이는 무형의 자산들을 기업의 재무제표에서 제대로 인식하지 못하고 있기 때문으로 볼 수 있다. 따라서 넓은 의미에서 무형자산은 기업의 시가총액에서 순자산(자본)을 차감한 것으로 볼 수 있기 때문이다.

(3) 토빈 Q(Tobin's Q)

토빈 Q(Tobin's Q)는 주식시장에서 평가된 기업의 시장가치를 기업의 실물자산의 대체원가(replacement cost)로 나눈 값을 말한다. 일반적으로 경쟁력 있는 기업의 경우에는 토빈 Q값이 높고, 경쟁력이 약화되면 토빈 Q값이 낮아진다. 예를 들어, 주식투자를 위해 기업분석을 할 때, 어떤 기업의 토빈 Q 비율이 매우 높다는 것은 그 기업의 가치가 시장에서 과대평가되고 있어 안정적인 수익을 얻을 수 있지만 큰 수익은 기대하기 어렵다. 또한 기업의 인수합병과 관련된 의사결정에도 활용된다. 이와 같이 정보이용자는 기업의 토빈 Q 비율에 따라 투자를 결정할 수 있다.

‘부채비율’ 대체할 재무지표 개발해야

부채비율은 기업의 재무건전성을 나타내는 매우 중요한 재무지표다. 부채를 자기자본으로 나눠 표시하는 부채비율 개념은 신용평가기관의 신용등급 평가와 국내외 금융회사의 여신 결정에서 중요한 재무위험 측정 요소로 사용된다. 부채비율이 명시된 국내 법률 규정에서는 대개 ‘부채비율 200% 초과’와 ‘동종업종 평균 부채비율의 1.5배 초과’ 등의 기준이 유가증권시장 상장 규정, 자본시장법, 주식회사의 외부감사에 관한 법률상 외부감사인 지정 대상의 결정에 규제 기준으로 작용한다.

그러나 부채비율 개념의 사용은 최근 국제회계기준이 변경되면서 한계에 직면했다. 당장 내년부터 적용될 수익인식기준(K-IFRS 1115호)과 2019년도부터 적용될 리스회계기준(K-IFRS 1116호) 등으로 인해 기업의 부채비율이 업종에 따라서는 큰 폭으로 늘어날 전망이기 때문이다. 예를 들어, 수익인식기준 변경으로 종전에 매출취소예상액의 매출총이익률만큼 순이익으로 인식하던 반품충당부채를 앞으로는 매출취소예상액만큼 총액으로 반품충당부채를 인식하고, 이에 상응하는 원가를 반품회수권(자산)으로 인식해 부채비율이 증가하게 된다. 리스회계기준 변경으로 운용리스 이용자는 지금까지 부채로 표시하지 않던 미래 지급 리스료를 전액 부채로 나타내야 한다. 이로 인해 국내 기업의 부채비율이 폭발적으로 늘어날 것으로 예상된다. 최근 회계기준원이 발표한 리스회계기준 변경의 양적 영향 분석 결과에 따르면, 2015년 말을 기준으로 우리나라 상장사의 연결재무제표상 평균 부채비율은 4.5% 증가하고, 별도재무제표의 부채비율은 3.7% 증가하는 것으로 나타났다. 특히, 항공운송업 부채비율은 99.3%까지 늘어난다. 소매업 부채비율도 24.4%, 종합건설업은 7.4% 증가한다는 것이다.

주목해야 할 점은 기업 재무제표의 외형상 변화가 종전에는 공시하지 않던 자료를 신규 반영해 나타나는 것이 아니라, 재무제표 주석사항 등을 통해 이미 반영하고 있던 정보를 재무상태표에 새롭게 표시한다는 사실이다. 즉, 기업의 경제적 실질이 동일함에도 불구하고 단순히 회계기준 변경으로 부채비율이 증가하고, 기업의 재무안정성이 악화돼 보이는 착시현상이 나타난다는 것이다. 부채비율이 적용되고 있는 현행 법률 등 때문에 기업들이 여러 제재를 받는다면, 기업 활동이 불필요하게 제약을 받게 된다.

이런 부채비율 개념을 계속기업의 재무건전성 지표로 사용하는 것은 문제가 있다. 새로운 회계기준이 시행되기 전에 이에 대한 검토와 대안 지표의 개발이 필요하다. 기업들은 새로운 회계기준에 의해 나타날 재무적 영향을 면밀히 분석해 주주와 투자자에게 자세한 변화 내용을 설명하는 노력을 기울여야 한다. 기업을 평가 심사하고 규제하는 기관들은 기존에 당연하게 사용하던 '부채비율 200%' 등 문제가 많은 기준을 재검토해 적합한 대안을 제시해야 한다. 순차입금(총차입금-현금및현금성자산)을 자기자본으로 나눠서 계산하는 '순차입금비율' 또는 부채를 총자산으로 나눠 계산하는 '총자산부채비율' 등이 대안이 될 수 있다. 순차입금비율은 업종별 적정 운전자본 규모에 비례하는 자산과 무이자 부채의 영향을 배제하고 순전히 기업의 자본조달 레버리지 상태를 판단할 수 있는 지표다. 총자산부채비율은 새로운 회계기준에 의해 자산과 부채가 동시에 늘어나는 경우에도 그 영향을 최소화할 수 있다는 장점이 있다. 많은 선진 자본국가가 총자산부채비율을 일반적으로 사용하고 있는 것을 고려할 필요가 있다. 기업 활동의 불합리한 규제를 방지하고 국내 자본시장 활성화를 위해 새로운 전환이 필요한 시점이다.

(한국경제신문, 서울대 회계학 교수 이창우, 일부수정, 2017.6.15)

강조하고 싶은 한마디

많은 재무비율은 해당 기업의 재무제표자료에서 산출될 수 있다. 예를 들면, 자산회전율(asset turnover ratio)[13]과 배당수익률(dividend yield)[14]은 유가증권 분석에서 자주 등장하는 주요 재무비율 항목이다. 산출될 수 있는 재무비율은 한정되지 않으며, 다양한 분석방법에 따라 그 폭을 넓힐 수 있다. 쉽게 얘기하면, 기업활동을 위해 필요한 총밑천 중에서 기업 스스로 마련한 밑천의 비중을 자기자본비율[15](=자기자본/총자산)이라고 하며, 타인으로부터 차입하여 마련한 밑천과 자기자본에 대한 비중을 부채비율(=타인자본비율 : 부채/자기자본)이라고 한다.

이러한 재무비율분석에 있어서의 묘미는 여러 가지로 해석될 수 있다는 데에 그 초점을 둘 수 있다. 물론, 어떤 재무비율이 가장 중요한 것인지 말하기는 쉽지 않다. 전문적인 재무분석가들은 일반적으로, 아주 적은 재무비율을 활용하기보다는 많은 재무비율을 한꺼번에 활용하는 경향이 있다. 그러나 미래에 어떠한 재무비율이 해당 주식의 시장가치에 최상의 유용한 정보를 제공하는지, 이를 알아낸다는 것은 결코 쉬운 일이 아니다. 따라서 재무비율에 근거한 기업경영평가를 수행하기 위해서는 재무자료뿐만 아니라 이와 관련된 비재무(비계량)적인 경제분석자료 등에 대한 추가적인 검토가 뒤따라야 한다.

---

13) 자산회전율은 총자산이 수익을 창출하는 데 얼마나 효율적으로 이용되는지를 평가하는 재무비율이다. 매출액/총자산=자산회전율

14) 배당수익률은 투자자가 배당으로 얻은 수익을 평가하는 재무비율이다. 주당배당액/주당시장가치=배당수익률

15) 자기자본비율은 일반기업이 자산을 소유하기 위해 사용한 자금 중에서 자기자본이 차지하는 비율을 나타낸다. 그러나 국제결제은행(Bank for International Settlements, BIS) 자기자본비율이란 은행이 빚을 제때에 갚을 수 있어 부도의 염려가 없는지를 나타내는 비율을 말한다. 은행의 안정성, 즉 빚을 제때에 갚을 수 있어 부도가 나지 않을 정도를 알려주는 재무지표라 할 수 있다.

[부록] 산업별 기업경영분석 사례 예시[16)]

기업명	산업분류	재무비율
[1] SK하이닉스	반도체메모리산업	PER
[2] 네이버(NAVER)	인터넷소프트웨어산업	PBR
[3] 셀트리온	바이오제약산업	EV/EBITDA
[4] OCI	태양광산업	ROE
[5] 포스코	철강금속산업	ROIC

16) 본 사례는 5개 업종에 해당하는 기업의 애널리스트 보고서를 수정 및 요약한 것으로, 기업재무분석을 간결하게 예시하기 위한 참고자료이다.

[1] 반도체메모리산업/SK하이닉스(000660)

반도체 '슈퍼 노멀'의 시대

(단위 : 십억원, 원, %, 배)

Financial Data					IFRS 연결 기준	
투자지표	단위	2015	2016	2017F	2018F	2019F
매출액	십억원	18,798	17,198	28,563	30,186	30,521
영업이익	십억원	5,336	3,277	12,310	12,256	10,233
세전이익	십억원	5,269	3,216	12,109	12,133	10,117
순이익	십억원	5,269	3,216	12,109	12,133	10,117
EPS	원	5,937	4,057	13,439	13,500	11,256
증감률	%	n/a	−31.7	231.2	0.4	−16.6
PER	(x)	5.2	11.0	4.9	4.9	5.9
PBR	(x)	1.0	1.4	1.4	1.1	1.0
EV/EBITDA	(x)	2.3	4.2	2.5	2.0	1.9
영업이익률	%	28.4	19.1	43.1	40.6	33.5
EBITDA 마진	%	49.4	45.0	62.9	64.0	59.9
ROE	%	21.9	13.0	34.1	25.8	17.5
부채비율	%	38.8	34.1	26.9	20.6	17.4

자료원 : 이베스트투자증권 애널리스트보고서(어규진, 2017년 7월 4일 "계속 올라가는 추정치") 인용 및 수정

1. 기업 개요

- SK하이닉스는 SK그룹 소속이며 SK그룹의 지주회사는 SK(주)이다. 1949년 10월 국도건설 주식회사로 설립되어 2012년 3월 SK하이닉스 주식회사로 상호를 변경하였다. SK그룹은 2014년 6월 말 기준으로 83개사의 계열사를 두고 있다.
- 현재 주력 생산제품은 DRAM, NAND Flash 및 MCP(Multi-chip Package)와 같은 메모리 반도체 제품이며, 2007년부터는 시스템 LSI분야인 CIS(CMOS Image Sensor) 사업에 재진출하여 종합반도체 회사로 그 영역을 넓혀가고 있다.
- 반도체산업을 둘러싼 환경은 디지털 기기가 모바일화 및 스마트화되고 자동차, 의료기기, 산업기기 등이 인터넷을 기반으로 발전함에 따라 우호적인 시장 여건이 지속되고 있다.
- DRAM 수요는 PC/모바일에서 서버 영역으로, NAND 수요는 모바일에서 PC/Server

대용량 스토리지 영역으로 주요 수요처가 확대되며 지속적인 성장이 예상된다.

- 기존과 같은 외형 경쟁을 위한 무리한 공급 확대는 제한적일 것으로 전망된다. 따라서 향후 메모리 반도체 산업은 안정적 수요와 제한적인 공급으로 인해 메모리 시장 성장의 기회가 더욱 증대할 것으로 예상된다.
- 중국 및 인도 등 신흥시장의 비중이 확대되고 경쟁력이 부족한 업체들이 일부 구조조정되어 반도체산업 경기 변동 폭은 전과 비교하여 많이 줄었다. 실제로 메모리 반도체의 경우, 미국과 유럽의 매출액 비중은 2012년 21%에서 2018년 12%로 축소가 예상되는 반면, 아시아 지역의 매출액 비중은 2012년 79%에서 2018년 88%로 지속 증가될 전망이다.

2. 산업분석

- 반도체 메모리 제품 시장은 스마트폰과 Data Center 구축을 위한 서버 및 SSD 수요 확대로 인해 지난해 하반기부터 시장가격 회복세를 보이기 시작했다. 시장조사기관인 IC Insights도 올해 전체 반도체 메모리 시장은 850억3천만 달러로 2016년 대비 약 10% 성장을 예상하고 있고 2016~2021년까지 연평균성장률은 7.3% 수준에 도달할 것으로 전망했다.
- 최근 3년간 미국 내 메모리 제품에 대한 수입규모는 지속 감소했다. 그러나 4차 산업혁명을 견인하고 있는 Data Center와 슈퍼컴퓨터 등의 시스템은 미국 내에서 주로 생산을 하고 있기 때문에 2017년 이후 미국 내 메모리 수입은 증가할 것으로 예상하고 있다.
- 한국의 삼성과 SK하이닉스 메모리 제품에 대한 2016년 기준 미국 수출액은 1억4천380만 달러, 비중은 7.7%이다. 매년 축소되는 것으로 보이나, 실제 생산을 진행하는 생산거점(멕시코, 중국, 베트남 등)으로 수출되는 전체 금액을 포함해서 판단할 필요가 있다.
- 메인 메모리로 많이 사용되는 DRAM 제품은 시장조사기관인 DRAM Exchange에 따르면 2016년 기준 업체별 시장점유율은 삼성 48.0%, SK하이닉스 26.3%, 미국 Micron 18.9%순이다. 한국 업체들은 74.3%의 높은 시장점유율을 보이고 당분간 이런 모습이 유지될 것으로 보인다.
- 저장용 메모리 제품인 Flash 제품 경우, 2016년 4분기 DRAM Exchange 발표에 따르면 삼성 37.1%, 도시바 18.3%, Western Digital 17.7% 그리고 SK하이닉스 9.6%의 시장점유율을 나타내고 있다. 한국 업체의 전체 점유율은 46.7%로 DRAM 제품에 비해 상대적으로 작기는 하지만, 업계의 영향력은 큰 편이며 최근 일본 도시바에 대한 인수경쟁 결과에 따라 시장에 큰 영향을 줄 것으로 예측하고 있다.

- 한국의 메모리 제품 산업은 대기업 위주로 구성돼 있다. 그러나 이들 업체를 지원하는 2, 3차 부품업체들과 장비업체 등 많은 중소기업에 끼치는 영향이 크며, 당분간 지속될 메모리 제품 호황에 대비해 투자 확대 및 기술 투자 등이 필요할 것이다.
- 미국 실리콘밸리무역관 관계자에 따르면 반도체 시장에서 한국 업체들은 메모리 제품으로는 높은 시장점유율을 차지하고 있다. 그러나 시장조사 기관인 IHS에 따르면 비메모리 제품 시장은 여전히 전체 반도체 시장에서 약 80% 수준의 시장을 가지고 있어 아직 한국 업체는 5% 수준의 낮은 시장점유율을 차지하고 있다. 따라서 비메모리 제품 시장 확대를 위한 지속적인 노력이 필요하다고 밝혔다.

3. 경쟁사 분석

- 국내 업체 역시 인공지능 시장에 특화된 반도체 연구개발 노력을 기울이고 있다. SK하이닉스는 기계가 쉽게 인식하기 어려운 비정형적 문자 · 음성 · 영상 · 이미지 등 데이터의 효율적 처리가 가능한 뉴로모픽(Neuromophic)칩 개발을 위해 스탠퍼드대와 연구개발 협약을 맺었다.
- 삼성전자도 지난 3월, DRAM과 낸드플래시를 조합해 현재 최고 속도 제품보다 최대 1.6배 빠르고 읽기쓰기 성능도 우수한 Z-SSD를 일부 고객사에 공급함으로써 미래 산업의 필수 조건으로 꼽히는 초고속 메모리 시장을 공략하겠다는 의지를 보였다.
- 마이크론 테크놀로지는 클라우드 서비스 제공업체 및 스마트폰 제조업체의 수요가 줄어든 반면 메모리 칩 가격이 상승하여 매출수익이 예상보다 높을 것으로 전망했다. 마이크론 테크놀로지의 주가는 2017년에 44% 상승했으며, 수익 실적 발표 이후 약간 더 상승했다.
- 최고경영자 산제이 메흐로트라는 회사가 모바일 및 Data Center 시장의 성장 추세를 반영하는 2018년까지 업계의 수요 증가를 기대하고 있다고 발표했다.
- 급격히 늘어나는 클라우드 서비스 제공업체 및 PC 산업 안정화로 인해 PC와 서버에서 사용되는 메모리 칩의 가격이 급격히 상승했다. 메모리 칩 판매가 전체 매출의 약 60%를 차지하는 마이크론은 3분기의 메모리 칩 가격이 약 14% 상승했다고 밝혔다.

4. 재무비율 분석

(1) 안정성

- 부채비율(부채총액/자기자본)은 자기자본에 비해 얼마나 많은 부채를 가지고 있는가를 나타내는 척도이다. SK하이닉스는 2012년 SK그룹에 인수된 시점부터 부채비율이 꾸준히 감소하여 2016년 현재 34.1%의 매우 안정적인 수치를 가지고 있음을 알 수 있다. 이는 2012년부터 꾸준히 자산이 증가했으나, 그에 대한 부채비율은 감소했기에 회사가 꾸준히 부채를 줄이고 이익잉여금으로 회사의 자산을 늘려왔음을 의미한다. 부채비율이 일정한 기울기로 감소하여 회사가 재무적으로 안정화된다는 것을 알 수 있다.
- 유동비율(유동자산/유동부채)은 기업의 단기부채 지불능력을 나타내기 위한 지표로 사용된다. 즉, 1년 내로 갚아야 하는 부채와 1년 내로 현금화할 수 있는 자산의 비율로서, 이 비율이 높을수록 현금 지급능력이 높다는 것을 나타낸다. SK하이닉스는 2012년 이후로 150% 이상의 유동비율을 꾸준히 유지하며, 2014년 이후로는 유동비율이 꾸준히 상승하고 있다. 이는 SK하이닉스가 급작스러운 위기에도 현금 지불능력이 우수하다는 것을 알려준다. 메모리 반도체 산업의 특성상, 비유동 자산의 비율이 큼에도 안정적인 현금 수급이 가능하다는 것을 알 수 있다.
- 자기자본비율(자기자본/총 자산)은 기업 재무구조의 건전성을 나타내는 대표적 지표이다. 이 지표는 기업이 금융비용을 부담하지 않고 장기적으로 운용할 수 있는 안정된 자본의 비율을 의미한다. SK하이닉스는 2012년 이후로 이 비율이 꾸준히 상승하며 50% 이상을 상회하고 있음을 알 수 있다. 일반적으로 자기자본비율이 50% 이상일 때 안정적이라고 하는데 이로써 SK하이닉스의 재무구조가 전반적으로 안정적임을 알 수 있다.
- 고정비율(고정자산/자기자본)은 기업의 자기자본을 고정자산에 투입한 정도를 나타내는 지표이다. SK하이닉스의 사업 분야인 메모리 반도체 사업은 그 사업의 특성상 투자설비능력에서 타사와 경쟁력을 가진다. 또한 생산량과 효율성이 반도체 공정 설비와 FAB의 수에 직접적으로 영향을 받기에 고정자산에 대한 투자가 불가피하다. 그럼에도 불구하고, SK하이닉스의 고정비율이 꾸준히 감소하고 있다는 것은 고정자산을 투자하는 것에 비해 자기자본의 증가가 더 크다는 것을 의미하고 이는 수익구조에서 안정하다는 것을 의미한다. 다만, 다른 산업에 비해 고정자산의 비율이 높은 것은 사업의 특성상 위험요소로 작용할 수도 있다.
- 이자보상비율(영업이익/금융비용)은 기업의 채무 상환능력을 나타내는 지표이다. 즉, 이 지표는 기업이 영업이익으로 금융비용을 얼마나 감당할 수 있는지를 보여

준다. SK하이닉스는 2012년 마이너스의 이자보상비율을 보이며 영업이익이 적자였지만 SK그룹에 인수되고 난 이후인 2013년부터는 300%(3배) 이상의 이자보상비율을 보인다는 것을 알 수 있다. 즉, 채무에 대한 상환능력이 뛰어나다는 것을 나타낸다. 다만, 2016년에는 전방 산업인 PC산업의 부진과 공급과잉으로 인한 DRAM의 가격 하락으로 영업이익이 전년 대비 감소하여 이자보상비율 또한 낮아졌다. 하지만 현재 2017년 반도체 호황기의 슈퍼사이클을 통해, 2017년과 2018년에는 더 나은 이자보상비율을 보일 것으로 예상된다.

(2) 수익성

- 매출총이익률(매출총이익/매출액)은 총매출에서 매출원가를 제외한 매출총이익이 얼마큼의 비율을 차지하는가를 나타내는 지표이다. 즉, 매출원가에 대한 경쟁력을 나타내는 지표이기도 하다. 2012년 SK그룹에 인수된 후 SK하이닉스는 매출총이익률을 늘리며, 원가경쟁력을 가지기 시작하였다. 제조업에서 매출총이익률이 40% 이상인 것은 수익성이 우수하다는 것을 의미한다. 메모리 반도체 산업의 특성상 원가 절감을 통해 가격경쟁력을 가지는 것이 중요하기에 이러한 매출총이익률의 변화는 긍정적인 관점에서 바라볼 수 있다. 다만, 2016년 메모리 반도체 공급과잉으로 인해 DRAM의 시장가격이 감소하면서 일시적으로 매출총이익률이 떨어진 것을 확인할 수 있다. 이는 매출총이익률뿐만 아니라 모든 수익성 지표에서 부정적인 영향을 미쳤다는 것을 확인해볼 수 있다. 메모리 반도체의 공급과 수요 불균형을 이해한다면 이러한 특성으로 인한 일시적인 수익성 감소가 앞으로도 일어날 수 있는 일이란 걸 알 수 있다. 한편, 이러한 수익성 감소로 인한 주가의 하락이 투자의 기회가 될 수 있다는 것을 의미한다.
- 매출액영업이익률(영업이익/매출액)은 매출총이익에서 판매비와 경상개발비를 제외한 영업이익의 비율을 말한다. 메모리 반도체 산업은 그 특성상 끊임없는 기술개발이 중요하다. 따라서 경상개발비가 높다는 것은 미래의 시장경쟁력을 확보한다는 것을 의미하기도 한다. SK하이닉스는 2012년부터 꾸준히 판매비와 경상개발비를 늘렸으며, 2016년에는 DRAM 가격 하락으로 수익성이 감소함에도 판매비와 경상개발비를 높이는 결정을 하였다. 이는 수익성 지표에는 부정적인 요소로 작용하였지만, 2017년 반도체 슈퍼사이클을 고민했을 때 현명한 결정이었다고 생각된다. 다만, 앞으로 비슷한 상황이 있을 때 무리한 결정을 하는지에 대한 여부를 확인해보아야 할 것 같다. 매출액순수익률은 매출액영업이익률에 비해 수익성에 대한 판단 여부가 희석되고 그 의미가 중복되기에 따로 분석하지 않을 것이다.
- 자기자본이익률(ROE | 순수익/자기자본)은 자기자본을 이용하여 얼마큼의 수익을

올렸는지에 대한 지표이다. 통상적으로 이 지표는 15% 이상이 되면 긍정적으로 판단하며 SK하이닉스는 2012년을 제외하고는 모두 15% 이상의 ROE를 보여주고 있다. 이는 이론적으로 주주들이 SK하이닉스에 투자했을 때 매년 15%의 이자를 얻을 수 있다는 것을 의미한다(물론, 주가가 항상 자기자본에 수렴하지는 않지만). 동종업계에 종사하는 삼성전자 ROE의 경우 12%(2016년 기준)인 것을 고려하면 자기자본에 비해 경쟁력 있는 수익성을 가지고 있다는 것을 알 수 있다.

(3) 성장성

- SK하이닉스는 2012년 SK그룹으로 편입되면서 박성욱 사장(현재 SK하이닉스 부회장)의 주도 아래 높은 성장률을 가지는 회사로 변화되었다. 총자산 성장률은 2013년을 기준으로 전년 대비 10% 이상을 꾸준히 유지하며, 꾸준하게 성장하였다. 이는 회사가 안정적인 수익구조로 전환되어 꾸준히 수익을 내고 있다는 것으로도 해석할 수 있다.
- 매출액 성장률을 통해서도 SK하이닉스의 성장률을 파악할 수 있다. 다만, 매출액 성장률은 2013년에 최고점을 찍은 후 점차 감소하는 추세이다. 심지어 2016년에는 SK그룹에 인수된 후 처음으로 마이너스의 매출액 성장률을 기록한다. 이는 2016년 메모리 반도체 공급과잉으로 인한 가격 하락이 주된 원인으로 분석된다. 메모리 반도체 공급과잉으로 인한 가격 하락의 영향은 영업이익 성장률과 당기순이익 성장률에서 여실히 드러나는데, 이는 고정비용이 높은 메모리 반도체 산업의 특성상 비용은 일정한 데 반해 가격이 하락하면 상대적으로 수익성이 저하되기 때문으로 분석된다(즉 매출액－매출원가인 매출총이익이 상대적으로 줄어들기 때문임). 확실히, 성장성의 지표에서도 전방 산업인 PC산업의 4년 주기 사이클로 인한 공급-수요 불균형의 영향을 확인할 수 있다. SK하이닉스를 볼 때 이 부분은 주기적으로 위험으로 작용할 것으로 예상된다.
- 재무적 정보 외에 SK하이닉스의 성장성을 분석한다면, 2016년 메모리 반도체 가격 하락에도 불구하고 SK하이닉스의 성장성은 메모리 반도체 시장에서 부각되고 있음을 알 수 있다. 현재 2017년 메모리 반도체 슈퍼 활황기를 맞으며, SK하이닉스의 반도체 시장의 순위가 5위에서 3위로 상승했다.

5. 실적전망 및 목표주가

- 메모리의 타이트한 수급 및 가격 강세 추세는 3분기 성수기까지 지속되어 동사의 3분기 실적은 매출액 7.5조원(＋76.9%, YoY), 영업이익 3.42조원(＋370%, YoY)의

분기 사상 최대 실적을 갱신할 전망이다.

- 메모리 시장 호조 속에 동사는 21nm DRAM 양산 확대 및 3D NAND 가동에 따른 원가절감 효과로 2017년 연간 실적은 매출액 28.6조원(+66.1%, YoY), 영업이익 12.3조원(+276%, YoY)의 역대 최대 실적을 기록할 전망이다.
- 동사에 대해 목표 BPS 기준을 2018년으로 변경하여 목표주가를 88,000원으로 상향한다.
- 동사는 최근 메모리 가격 강세 및 도시바 인수 이슈로 가파른 주가 상승이 진행중이다. 그러나 실적 추정치 상향분은 주가 상승분을 상회하는바 여전히 현주가 PER은 4.9배(2017년 예상기준) 수준으로 전세계 반도체 업체 중 가장 낮은 밸류에이션을 받고 있다. 이에 현시점에서 동사에 대해 투자의견 매수를 유지한다.

재무비율해설

PER(Price-Earning Ratio, 주가이익비율)
=주가/1주당 당기순이익(납세후)=주가/EPS

PER은 주가가 회사 1주당 수익의 몇 배가 되는가를 나타내는 지표로, 주가를 1주당 순이익(EPS : 당기순이익을 주식수로 나눈 값)으로 나눈 것이다. PER이 낮으면 이익에 비해 주가가 낮다는 것이므로 그만큼 기업가치에 비해 주가가 저평가되어 있다는 의미로 해석할 수 있다. 반대로 PER이 높으면 기업의 미래 이익이 증가할 것으로 전망된다.

[2] 인터넷소프트웨어산업/NAVER(KOSPI 035420)

상상이 현실이 되다

(단위 : 십억원, 원, %, 배)

Financial Data					IFRS 연결 기준	
투자지표	단위	2014	2015	2016F	2017F	2018F
매출액	십억원	27,585	32,512	40,226	45,153	49,372
영업이익	십억원	7,582	7,622	11,020	12,879	14,207
순이익	십억원	4,545	5,187	7,558	9,158	10,195
EBITDA	십억원	9,023	9,182	12,662	14,580	15,871
EPS	원	13,787	15,737	22,928	27,782	30,928
PER	%	51.6	41.8	33.8	31.4	28.2
PBR	배	13.1	10.2	6.6	6.0	5.0
EV/EBITDA	배	24.9	22.3	17.8	17.0	14.9
ROE	%	27.8	26.5	25.1	21.1	19.4
배당수익률	%	0.1	0.2	0.1	0.1	0.1

자료원 : HMC투자증권 애널리스트보고서(황성진, 2017년 3월 22일 "미래 성장전략 탐색의 원년") 인용 및 수정

1. 기업 개요

- 동사는 국내 1위 인터넷 포털 네이버(NAVER)와 글로벌 모바일 메신저 라인(LINE), 모바일 커뮤니티 서비스인 밴드(BAND) 등을 서비스하고 있다.
- 네이버는 우수한 검색엔진 기술력과 양질의 콘텐츠, 대용량 DB 처리능력 등을 토대로 4,200만명의 회원을 보유한 국내 1위 인터넷 포털이다.
- 지역, 멀티미디어, 실시간을 키워드로 모바일 검색 서비스를 강화하여 검색 품질과 정확도를 개선하였고, 네이버페이를 출시하여 네이버쇼핑을 개선하고 있다.
- 라인은 전세계에서 2억2천만명이 쓰는 글로벌 모바일 메신저 플랫폼으로 1 : 1 채팅, 무료전화, 영상통화, 그룹채팅, 이미지 및 영상 공유 기능 등을 PC와 모바일에서 제공한다.
- 매출구성은 비즈니스 플랫폼 47.1%, 라인 및 기타 플랫폼 37.5%, 광고 9.2%, IT 플랫폼 4%, 콘텐츠 2.2% 등으로 구성된다.

2. 인터넷소프트웨어산업 분석

- 인터넷 기업의 주요 매출원은 디스플레이광고, 동영상광고 등 광고, 검색, 쇼핑 검색 등 비즈니스 플랫폼, 페이, 클라우드 등 IT 플랫폼, 뮤직, 웹툰 등 콘텐츠서비스 등으로 구성되어 있다. 이러한 사업영역은 오프라인 산업 대비 상대적으로 경기변동과 상관관계가 높지 않다고 할 수 있다.
- 인터넷 서비스업체의 경쟁력은 주로 정보처리력, 검색기술력, 핵심서비스 제공능력 등으로 표현할 수 있다. 이용자수가 증가할수록 해당 서비스 효용이 증가하는 특성(네트워크 효과)이 있어 산업 초창기 대비 현재는 시장진입이 상대적으로 어려워졌다고도 볼 수 있다. 하지만 인터넷 시장은 이용자의 서비스 변경이 용이한 특성과 급속한 IT 환경 변화 등의 특성으로 새로운 아이디어와 기술력을 가지고 차별화된 서비스를 제공하는 신규업체의 진입이 여전히 활발한 상황이다.
- 최근 전 세계적으로 PC에서 모바일 기기 위주로 인터넷 이용환경이 급속히 변화하고 있다. 따라서 과거 대비 신규업체의 진입장벽이 낮아지고 이용자의 서비스 전환이 용이해져, 경쟁환경은 심화되고 있다.
- 광고, 비즈니스 플랫폼, IT 플랫폼, 콘텐츠서비스 등 인터넷사업의 경쟁요소는 상품 및 플랫폼의 우수성, 파트너 기반, 영업력 등으로 정의할 수 있다. 특히, 비즈니스 플랫폼 중 검색은 이용자의 검색활동이 상품 탐색을 위한 클릭과 온라인 구매로 이어지는 효율성이 높은 상품 구조이다. 양질의 데이터베이스 확보 및 이용자 요구에 정확히 매칭되는 파트너를 노출시킬 수 있는 정교한 타게팅 기술(검색로직)이 필요하며, 이용자의 수요와 판매자 공급에 의한 합리적인 가격 결정 시스템, ROI(투자 대비 효용성)가 높은 상품 개발 등도 중요한 요소가 된다. 광고 중 디스플레이광고의 경우, 이용자의 접근성 및 광고 노출횟수, 광고 주목도 및 이용자 참여도를 높이기 위한 새로운 광고 기법이 중요한 경쟁요소이다.

3. 경쟁사 분석

- NAVER는 2017년 5월 22일 기준 현재가 842,000원으로 시가총액 277,545억원을 기록하고 있으며 2017년 3분기 기준으로 매출액 10,822억원, 영업이익 2,908억원, 당기순이익 2,109억원을 기록했다. 2017년 3분기 기준으로 NAVER의 주당순이익은 6,233.79원, ROE 5.60%, PER 37.04배, PBR 6.75배로 분석되었다.
- 동일 업종 상장기업 카카오와 비교하면 카카오는 2017년 5월 22일 현재가 99,400원으로 시가총액 67,374억원을 기록하고 있으며 2017년 3분기 기준 매출액 215억원, 영업이익 47억원, 당기순이익 36억원을 기록했다. 주당순이익 333.59원, ROE

6.38%, PER 113.73배, PBR 1.96배로 분석되었다.

- 동일 업종 상장기업 KTH와 비교하면 KTH는 2017년 5월 22일 기준 현재가 6,790원으로 시가총액 2,425억원을 기록하고 있으며 2017년 3분기 기준 매출액 2,908억원, 영업이익 2,908억원, 당기순이익 6,233.79억원을 기록했다. 주당순이익 5.60원, ROE 37.04%, PER 56.58배, PBR 1.20배로 분석되었다.

4. 재무비율 분석

(1) 수익성

- NAVER의 2016년 영업이익은 11,020억원으로 2015년 7,622억원 대비 44.581% 증가했다. 2016년 당기순이익은 7,558억원으로, 2015년 당기순이익 5,187억원보다 45.71% 증가했다. 2014년에는 영업이익과 당기순이익이 각각 7,582억원, 4,545억원을 나타냈다.
- 2016년 영업이익률과 순이익률은 각각 27.40%, 18.87%로, 2015년 영업이익률 25.52%, 순이익률 15.89%와 비교해볼 때 각각 1.88%포인트, 2.98%포인트 증가했다.

(2) 안정성

- NAVER의 2016년 부채비율(%)과 당좌비율(%)이 각각 54.27%, 232.25%로 분석되었다.
- 부채비율을 지난 3년간 비교해보면 2014년 88.85%, 2015년 93.25%, 2016년 54.27%였다.
- 당좌비율을 지난 3년간 비교해보면 2014년 178.52%, 2015년 155.84%, 2016년 232.25%였다.
- 유보율을 지난 3년간 비교해보면 2014년 16,483.45%, 2015년 19,430.81%, 2016년 30,503.53%로 분석되었다.

(3) 성장성

- NAVER의 2016년 매출액이 40,226억원으로 2015년 32,539억원보다 7,687억원 증가했다. 2014년에는 매출액 27,585억원을 기록했다. NAVER의 매출액 증가율은 2016년 23.624%, 2015년 17.959%였다.

5. 실적전망 및 목표주가

- NAVER의 최근 성장은 NAVER 쇼핑의 강세를 통한 쇼핑 트래픽이 견인하고 있다. 최근 출시한 쇼핑검색광고 판매는 호조를 보이고 있는데, 기존 비즈니스와의 Carnivalization은 최소화시킨다는 전략을 취하고 있다.
- LINE은 다소 성장 정체국면에 진입한 것 아니냐는 우려에도 불구하고, 광고 중심의 성장세는 지속될 것으로 전망된다. 그동안 캐시카우 역할을 했던 게임과 스티커 부문이 다소 정체되고 있으나, 퍼포먼스 광고를 중심으로 한 성장세가 점진적으로 발현될 것으로 기대된다. 2분기 이후 뉴스에 동영상광고를 런칭할 계획이며, 타임라인의 광고노출 확대 및 광고 인벤토리 증대에 역점을 기울일 계획이다. 다만, 미래 성장을 위한 인력 투자가 본격화될 것으로 보여 LINE의 마진율 개선폭은 제한적일 것으로 판단된다.
- 2017년은 향후 미래성장을 위한 기술투자에 주력하는 한 해가 될 것이다. 이미 5년간 5,000억원의 기술 콘텐츠 투자를 단행하겠다는 계획을 발표한 바 있다. AI, 로보틱스, 자율주행, 음성인식, 번역 등 다양한 분야의 기술선도를 통해 새로운 플랫폼들의 가능성을 타진하는 원년이 될 전망이다. 금번 MWC를 통해 NAVER와 LINE이 공동 개발하여 선보인 AI 플랫폼 〈Clova〉의 발전방향이 주목되고 있다.
- 2017년에도 검색광고와 디스플레이광고 모두 모바일 트래픽 증가 및 NAVER 쇼핑의 강세에 힘입어 향후에도 성장 기조가 유지될 것으로 전망된다. 1분기 연결기준 예상 매출액은 1조520억원(+12.2% YoY), 예상 영업이익은 2,911억원(+13.4% YoY)을 기록할 것으로 전망하고 있다.
- 최근 단행한 YG엔터로의 1,000억원 투자(500억원 유상증자 참여, 지분율 9.1% 확보, 500억원 YG인베스트먼트 투자)는 YG엔터의 콘텐츠 확보를 통해 V live 등 관련 플랫폼들의 글로벌 경쟁력을 확보하기 위한 목적이다.
- 플랫폼으로서의 NAVER의 가치 증대 추세는 지속되고 있다. 투자의견 BUY와 목표주가 100만원을 유지한다.

재무 비율 해설	PBR(Price-to-Book Ratio, 주가순자산비율)＝주가/주당순자산

PBR은 주가를 주당순자산가치(BPS, book value per share)로 나눈 비율로 주가와 1주당 순자산을 비교한 수치이다. 즉, 주가가 순자산(자본금과 자본잉여금, 그리고 이익잉여금의 합계)에 비해 1주당 몇 배로 거래되고 있는지를 측정하는 지표이다. PBR이 1이라면 특정 시점의 주가와 기업의 1주당 순자산이 같은 경우이며, 이 수치가 낮으면 낮을수록 해당 기업의 자산가치가 증시에서 저평가되고 있다고 볼 수 있다. 즉, PBR이 1 미만이면 주가가 장부상 순자산가치(청산가치)에도 못 미친다는 의미이다.

[3] 바이오제약산업/셀트리온(KOSDAQ 068270)

'가능성'을 '가능'으로 만드는 기업

(단위 : 십억원, 원, %, 배)

Financial Data					IFRS 연결 기준	
투자지표	단위	2015	2016	2017F	2018F	2019F
매출액	십억원	603.4	670.6	845.7	1,052.7	1,169.9
영업이익	십억원	259.0	249.7	423.8	527.4	586.2
세전이익	십억원	163.1	229.3	417.0	523.7	587.7
순이익	십억원	154.1	178.0	312.6	392.6	440.6
EPS	원	1,286	1,456	2,553	3,054	3,264
증감률	%	34.0	13.2	75.3	19.6	6.9
PER	배	62.62	73.79	39.13	32.71	30.61
PBR	배	5.51	6.40	5.16	4.88	4.42
EV/EBITDA	배	30.08	38.63	23.74	19.04	16.67
ROE	%	10.48	9.50	14.14	15.32	14.79
BPS	원	14,623	16,794	19,347	20,457	22,591
DPS	원	0	0	0	0	0

자료원 : 하나금융투자 애널리스트보고서(선민정 · 이동건, 2017년 6월 14일 "바이오시밀러 그거 아무나 하는 거 아닙니다") 인용 및 수정

1. 기업 개요

- 1991년 설립되어 2005년 코스닥시장에 상장되었으며 단백질 의약품의 연구, 개발 및 제조를 주요 사업으로 하는 기업이다. 생명공학기술 및 동물세포대량배양기술을 기반으로 항암제 등 각종 단백질 치료제를 개발, 생산하는 것을 목적사업으로 한다.
- 램시마는 세계 최초의 단일클론 항체 바이오시밀러이자 자가면역질환 치료제로서, 한국식약처(MFDS), 유럽연합 집행위원회(EC), 캐나다, 일본 후생성, 그리고 2016년에는 미국 FDA의 판매승인을 득하였다.
- 종합 인플루엔자 항체 치료제인 CT-P27의 안전성과 유효성을 평가하는 2a상 임상이 2014년 8월에 성공적으로 종료되었으며, 2016년 현재는 글로벌 2b상 진행 중이다.
- 매출구성은 CT-P13 바이오시밀러 외 84.65%, 고덱스 외 8.57%, 용역 4.82%, 램시

마 외 1.7%, 그리고 기타 0.27% 등으로 구성된다.

2. 산업분석

- 산업경기 측면에서 제약산업은 수요탄력성이 낮고, 경기흐름의 영향을 덜 받는 특성을 가지고 있다. 새로운 신약 발견을 위한 연구가 곧 산업의 경쟁력으로서 타 산업에 비해 비중이 높은 차별성을 보유하고 있으며 의약품 가격은 비탄력적인 특성을 갖는다.
- 세계 제약시장은 경제성장과 의료수요 증가 등으로 2003년 500조원에서 2013년 1,100조원대 시장으로 연 평균 6% 성장했고, 2016년에는 1,400조원 규모에 달할 전망이다.
- 2014년 현재 국내에서 완제의약품의 생산업체는 299개사이며, 생산액 5,000억원 이상인 업체는 5개사이다. 생산액 1,000억원 이상인 업체는 40개사로 전체 완제의약품 생산액의 86.6%를 점유한 것으로 나타나 대형 제약사 중심의 생산 구조가 지속되고 있음을 알 수 있다.
- 전문의약품의 비중은 2009년 이후 80% 이상을 차지하고 있으며 2014년 전년 대비 9.8%포인트 증가한 83.1%를 기록하였다. 의약분업 이후 조제 권한이 약사에서 의사로 넘어가면서 의사의 처방전에 의해 약이 조제됨에 따라 전문의약품 위주의 조제가 이루어지고 있다고 볼 수 있다. 인구고령화 및 만성질환의 증가 등 향후 전문의약품의 수요는 더욱 늘어날 것으로 예상된다.

3. 경쟁사 분석

- 국내 바이오시밀러 업계의 대표주자 셀트리온과 삼성바이오에피스가 미국 시장에서 격돌한다. 셀트리온은 세계 최초 항체 바이오시밀러라는 점을 내세우며, 삼성바이오에피스는 삼성이라는 브랜드 가치를 각각 내세울 것으로 보인다.
- 녹십자셀이 개발한 면역항암제 '이뮨셀-엘씨' 처방이 증가하면서 매출이 늘었다. 상반기 매출액은 전년 동기 대비 22.2% 증가한 173억2,000만원, 영업이익은 16억 900만원을 기록했다. 당기순이익은 394.6% 증가한 16억2,000만원을 달성했다.
- 한미약품은 작년 계약 변경에 따른 사노피 기술료 감소분을 제외할 경우, 매출과 영업이익, 순이익 등 모든 부문의 경영 지표가 대폭 개선됐다고 설명했다. 실제로 사노피 수익을 제외한 2분기 매출은 전년 대비 4.5% 성장했으며, 영업이익도 흑자로 전환됐다. 순이익은 26.2% 성장한 121억원을 달성했다. 연구개발(R&D) 투자액은 368억원(매출 대비 16.5%)으로 국내 제약업계 최고 수준을 유지하고 있다.

4. 재무비율 분석

- 기업의 지불능력을 판단하는 유동비율은 210.9%이다. 1분기 말 기준으로 유동자산이 1조2,983억원에 달하는데 유동부채는 6,156억원으로 절반 수준이다.
- 유동비율은 꾸준히 늘어나는 추세이다. 지난 2013년 말까지만 해도 110.8%에 불과했지만 매해 증가세를 나타내며 지난해 말 205.5%를 기록했다. 통상적으로 유동비율은 200%가 넘는 것이 이상적이라 판단된다. 재무제표상의 부채 총액을 자기자본으로 나눈 부채비율은 37.5%이다. 2014년부터 지난해까지 부채비율을 살펴보면 매년 자본이 꾸준히 늘고 부채는 비슷한 수준에서 관리되고 있다. 지난 2014년만 해도 72.3%였던 부채비율은 현재 절반 수준으로 줄어든 상태이다.
- 순차입금 비율은 13.5%로 2014년(53.9%)에 비해 큰 폭의 감소세를 나타냈다. 차입부채는 꾸준히 줄어드는 추세이다.
- 매출액증가율은 81.3%에 달하며 영업이익은 231.3%, 주당순이익(EPS) 증가율은 520%에 달한다. 수익성 지표 또한 좋다. 영업이익률이 45.5%로 전년 말(37.2%)보다 크게 늘었다. 법인세・이자・감가상각비차감전영업이익(EBITDA) 마진율은 58.7%이다. EV/EBITDA는 금년도 말 기준으로 23.74로 추정된다.
- 기업의 총자산에서 당기순이익이 차지하는 비율인 총자산이익률(ROA)은 8.8%이다.

5. 실적전망 및 목표주가

- 주력제품 바이오시밀러 의약품 P/O 계약금이 4월, 5월, 6월 각각 603억원, 674억원, 722억원(누계 1,998억원)을 기록하며 지난해 2분기 P/O 금액 1,455억원 대비 37.4% 성장중이다. 미국 시장 진출 본격화 및 신규 제품 유럽 시장점유율 확대로 성장 모멘텀이 지속될 전망이다.
- 트룩시마 : 현재 국내와 유럽에 판매 중인 리툭산/맙테라의 바이오시밀러 트룩시마(유럽 EMA로부터 오리지널 제품과 동일하게 모든 적응증에 대한 판매 허가)는 내년 상반기 중 미국 FDA의 허가가 날 것으로 예상된다(6월 말 신청, 통상 10개월 검토 기간).
- 허쥬마 : 일본에 판매 허가를 신청한 허셉틴의 바이오시밀러로, 미국 임상암학회(ASCO)에서 임상 3상 결과 발표 이후 올해 중 미국에서 최종 시판 허가를 신청할 예정이다. 유럽 내 판매허가 신청이 올해 중 가시화될 것으로 전망된다.
- 동사가 생산하는 바이오 의약품 세계 독점 판매권을 보유하고 있는 셀트리온헬스케어가 7월 28일 상장 예정으로 재고자산 및 회계이슈가 해소될 것으로 판단된다. 예상 시가총액은 4.4조~5.6조원이다.

- 허쥬마의 일본 허가 신청 도입에 따라 신약 성공확률을 임상 3상은 55%에서 76%로 상향 조정하며, 목표주가는 기존 130,000원에서 135,000원으로 상향 조정한다.
- 주력 제품 처방액의 증가에 따라 양호한 실적이 지속될 전망이며, 신규 파이프라인 북미 시장진출 모멘텀 확보 중으로 앞으로 양호한 주가흐름도 이어질 전망으로 보인다.

재무비율해설

EV/EBITDA

(Enterprise Value/Earnings Before Interest, Tax, Depreciation and Amortization)

* EBITDA＝당기순이익＋순이자비용＋법인세비용＋감가상각비＋무형자산상각비

EV/EBITDA는 기업의 시장가치를 세전영업이익으로 나눈 값으로, 기업의 적정주가를 판단하는 데 사용된다. 만약 기업의 EV/EBITDA가 2배라고 한다면 해당 기업을 시장가격으로 매수했을 때 그 기업이 벌어들인 이익의 2년간 합이 투자원금과 같게 된다는 것을 의미한다. 즉 EV/EBITDA의 수치는 투자원금을 회수하는 데 걸리는 기간을 나타내며, 이 수치가 낮다는 것은 기업의 주가가 낮으면서(저평가됨) 영업현금흐름(영업력과 재무구조가 좋음)이 좋다는 것을 의미하게 된다. 따라서 EBITDA는 수익성을 나타내는 지표로, 기업의 실질가치를 평가하는 중요한 잣대로 쓰인다. EBITDA는 국가간 또는 기업간에 순이익이 상이하게 계산되는 요인(세제의 차이 등)을 제거한 후, 기업의 수익창출능력을 비교할 수 있는 지표로 널리 활용된다.

[4] 태양광산업/OCI(KOSPI 010060)

새로운 반세기를 향한 새로운 도약

(단위 : 십억원, 원, %, 배)

Financial Data					IFRS 연결 기준	
투자지표	단위	2014	2015	2016	2017F	2018F
매출액	십억원	2,420	2,302	2,739	3,335	3,222
영업이익	십억원	−76	−145	121	173	223
영업이익률	%	−3.1	−6.3	4.4	5.2	6.9
순이익	십억원	−20	100	242	158	130
EPS	원	−835	4,206	10,151	6,642	5,454
ROE	%	-0.7	3.5	7.9	4.9	3.9
PER	배	0	17.8	7.8	13.1	15.9
PBR	배	0.7	0.6	0.6	0.6	0.6
배당수익률	%	0.3	0.0	0.5	0.2	0.2

자료원 : 미래에셋대우 리서치센터 애널리스트보고서(박연주 · 김민경, 2017년 4월 27일 "폴리실리콘 가격 바닥 통과") 인용 및 수정

1. 기업 개요

- OCI는 소다회 및 관련제품의 제조 및 판매를 주 사업 목적으로 1959년 8월 5일 설립되었으며, 1976년 6월에 한국거래소가 개설하는 유가증권시장에 주식을 상장하였다. 종속회사는 OCI Enterprises Inc, OCI Global Ltd 등 39개의 회사로 구성된다.
- 사업부문은 폴리실리콘 등 태양광산업 관련소재를 제조 및 판매하는 베이직케미컬, 태양광 발전사업 및 솔라패널을 제조하는 에너지 솔루션, 그리고 카본블랙 및 무수프탈산 등을 제조 및 판매하는 카본케미컬 외 도시개발업 등으로 구성된다.
- 2016년 현대오일뱅크(주)와 합작법인인 현대오씨아이(주)(지분율 49%)를 설립해 2018년 2분기 중 10만톤 규모의 1단계 상업생산을 목표로 카본블랙 제조설비 건설 진행 중에 있다.
- 매출구성은 에너지 솔루션 44.24%, 베이직케미컬 37.18%, 카본케미컬 20.9%, 기타 0.98%, 연결조정 −3.31% 등으로 구성된다.

2. 산업분석

- 태양광은 빠르게 변하는 산업으로서 2009년만 해도 크게 주목받지 못하다가 최근 들어 RPS 시장[17]이 확대되면서 국내 시장이 확대되다 보니 관심이 커지고 있다. 2014년 하반기부터 공급 과잉이 풀리면서 제조 기업의 실적 개선이 이어지다가 2016년 하반기부터 공급 과잉이 심화되었다. 올해는 기업의 실적이 작년보다 좋지 않을 것으로 예상된다.
- 하지만 2020년 이후에 시장이 좋아질 것으로 보이며 태양광 발전에 대한 인식 자체가 빠르게 변화하고 있다. 불과 10년 만에 제일 비싼 에너지에서 제일 저렴한 에너지원이 되어가는 과정을 걷고 있으며, 실제로 2020년 이후에는 제일 싼 에너지원이 되지 않을까 판단한다.
- 2020년이 지나면 태양광산업은 새로운 비즈니스 모델이 생겨나 지금과는 사뭇 다른 새로운 시장 환경이 조성될 것으로 보인다. 태양광 밸류 체인은 폴리실리콘, 잉곳&웨이퍼, 셀, 모듈, 설치/발전사업으로 매우 단순하다.

3. 경쟁사 분석

- 국내 태양광산업은 2012~2013년 구조조정을 일단락하며 각 생산체계에서 경쟁력이 우위에 있는 기업들만 살아남은 상황이다. 실제 폴리실리콘은 OCI와 한화케미칼 등 국내 기업의 총생산능력은 8만 톤으로, 중국(20만7,750톤)에 이어 두 번째로 많다. 중국의 생산능력은 한국보다 배 이상 크지만, 고순도 폴리실리콘 생산 비중은 극히 낮다. 한국산 폴리실리콘은 지난 2008년부터 2011년까지 3년간 중국으로 수출하는 양이 10배 이상 증가했을 뿐 아니라, 2014년부터는 중국 현지에서 수입 1위를 차지할 정도로 제품 경쟁력을 인정받고 있다.
- 태양전지 부문에서도 국내 기업의 활약이 두드러진다. 한화큐셀은 태양전지 연간 생산 능력이 6.8GW로 세계 1위이다. 이 중 4.2GW(한국 2.2GW, 말레이시아 2GW)가 퍼크 기술을 활용한 태양전지 생산 능력이며, 이 역시 세계 1위이다. 퍼크(PERC) 기술은 태양전지 셀 뒷면에 반사막을 넣어 태양전지 효율을 높이는 것이다. 한화큐셀은 아웃소싱하는 중국 기업과 달리 직접 제조방식으로 제조단가 부문에서도 경쟁력을 갖췄다는 평가이다. 아울러 다결정 태양전지 부문의 효율 세계 1위를 달성하는 등 고품질과 고효율 제품을 바탕으로 지난해 한국과 미국, 호주,

17) RPS(Renewable energy Portfolio Standard)는 일정규모(500MW) 이상의 발전설비(신재생에너지 설비는 제외)를 보유한 발전사업자(공급의무자)에게 총발전량의 일정비율 이상을 신・재생에너지를 이용하여 공급하도록 의무화한 제도이다.

터키 등의 시장에서 점유율 1위를 기록했다.

- 이 밖에 LG화학은 지난해 591MWh(점유율 21%) 규모의 ESS 생산량을 기록하며 2015년에 이어 세계 시장점유율 1위 자리를 지켰다. 삼성SDI가 그 뒤를 바짝 추격하며 한국은 국가별 시장점유율 1위를 기록하고 있다. 웅진에너지는 단결정 태양광 잉곳, 웨이퍼 생산능력이 세계 1위이다. 이들 기업의 공통점은 해외 시장을 적극 개척해 성과를 냈다는 점이다. 인건비와 전력요금 등 중국보다 절대적으로 불리한 여건이지만 기술 경쟁력으로 이를 만회하고 있는 것이다.

4. 재무비율 분석

- OCI의 지난 3월 말 기준 부채비율은 82% 수준이다(부채총계 2조6,670억원, 자본총계 3조2,450억원). 2015년 말 대비 부채는 1조3,895억원 줄었고, 자본은 28억원 줄어드는 데 그치면서 부채비율이 43%포인트가량 하락했다. 전년말 대비해서도 9%포인트 감소한 수준이다.
- OCI머티리얼즈(현 SK머티리얼즈)를 꼽을 수 있다. 2015년 말 OCI는 알짜로 평가받는 자회사 OCI머티리얼즈를 SK그룹에 매각했다. 이를 통해 OCI는 4,816억원의 유동성을 확보했다. OCI머티리얼즈 장부가액이 1,400억원대였다는 점을 감안하면 OCI는 대략 3,400억원가량의 자본확충 효과를 본 셈이다.
- 지난해에는 미국 알라모 태양광 발전소도 대부분 매각을 완료했다. 알라모 발전소는 OCI가 지난 2012년 미국 텍사스 샌 안토니오시에서 총 400MW 규모의 태양광 전력 공급계약을 수주(알라모 프로젝트)하면서 설립됐다. 알라모 발전소는 1～9까지 총 9개로 구성돼 있다.
- 이 중 지난해 알라모 7과 알라모 6를 매각했다. 투자금을 고려하면 600억원대의 차익을 실현한 것으로 보인다. 특히 알라모 6는 당초 장기적으로 보유할 계획이었으나, 재무구조 개선을 위해 매각하기로 방침을 바꾼 것으로 전해진다. 재무구조 개선을 위해 유동화할 수 있는 자산을 모두 처분하겠다는 의지로 해석되며, OCI의 수익성도 완연한 회복세를 보여 당분간 이 같은 재무구조 개선효과가 이어질 것으로 전망된다. 이에 따라 금년도 말 기준으로 ROE는 4.9로 추정된다.

5. 실적전망 및 목표주가

- OCI의 주가는 폴리실리콘 가격과 동행하고 있다. 연초 중국 수요 회복 기대감으로 폴리실리콘 가격이 상승했으나, 예상보다 수요가 약해 춘절 이후 가격이 반락하면서 주가도 하락하였다. 폴리실리콘 가격이 하락했기 때문에 2분기 실적은 부진할 것으로 예상되며, 태양광 수요의 회복이 필요한 상황이다.

- 폴리실리콘 가격이 상승세를 보이고 있는 점이 가장 긍정적인 부분이다. 4월 말 16$/Kg수준으로 지난해 2분기 가격에 근접하고 있다. 지난 2분기는 설비확충을 끝내고 폴리부문이 BEP에 근접했던바, 가격 상승세가 지속될 경우 폴리부문의 흑자전환 가능성이 높아진 상황으로 판단된다. 다만, 2분기 P3설비 안전점검을 위한 가동중단으로 약 6%의 물량 감소가 다소 영향을 미칠 것으로 예상한다.
- 4월 상업운전을 시작한 열 병합 발전소 역시 수익성 개선을 견인할 것으로 예상한다. SMP에 따라 변동이 있을 수 있으나 연간 2천억원 매출과 약 10% 수준의 수익성이 예상된다. 1분기 에너지 솔루션 사업부 영업이익 660억원은 태양광 발전 매각수익이 대부분으로 신규 매각 여부에 따라 변동 폭이 클 것으로 예상된다. 현재 잔여 태양광 발전 설비 중 알라모 6(110MW)와 알라모 6+(50MW)가 건설 중이지만 알라모 6는 자체 운영될 가능성이 커 매각차익보다는 운영수익에 기여할 것으로 전망된다.
- 최근 주가 상승과 폴리실리콘 및 원유 가격 상승 등을 반영하여 목표주가를 PB 1x, 135,000원으로 조정하고 투자의견은 유지한다.

재무비율해설

ROE(Return On Equity, 자기자본이익률)＝당기순이익/평균 자기자본

기업이 자기자본(주주지분)을 활용해 1년간 얼마를 벌어들였는가를 나타내는 대표적인 수익성 지표로 경영효율성을 표시해 준다. ROE가 높다는 것은 자기자본에 비해 그만큼 당기순이익을 많이 내 효율적인 영업활동을 했다는 뜻이다. 그렇기 때문에 이 수치가 높은 종목일수록 주식투자자의 투자수익률을 높여준다고 볼 수 있어 투자자 측면에선 이익의 척도가 된다.

[5] 철강금속산업/포스코(KOSPI 005490)

더 나은 세상을 향한 도전

(단위 : 십억원, 원, %, 배)

Financial Data					IFRS 연결 기준	
투자지표	단위	2015	2016	2017F	2018F	2019F
매출액	십억원	58,192.3	53,083.5	58,870.6	60,607.4	62,330.0
영업이익	십억원	2,410.0	2,844.3	4,520.0	4,504.0	4,818.4
세전이익	십억원	180.8	1,432.9	3,680.4	3,648.1	4,232.2
순이익	십억원	180.6	1,363.3	3,501.7	3,471.1	4,027.7
EPS	원	2,072	15,637	40,164	39,812	46,197
증감률	%	(71.1)	654.7	156.9	(0.9)	16.0
PER	배	80.36	16.47	8.14	8.21	7.08
PBR	배	0.34	0.51	0.61	0.57	0.54
EV/EBITDA	배	6.16	6.74	5.85	5.48	4.83
ROE	%	0.44	3.26	7.99	7.44	8.09
BPS	원	490,547	503,596	536,419	568,890	607,746
DPS	원	8,000	8,000	8,000	8,000	8,000
ROIC	%	(2.2)	3.8	6.2	6.1	6.6

자료원 : 하나금융투자 애널리스트보고서(박성봉 · 박가빈, 2017년 7월 21일 “무난한 실적 지속 전망, 향후 업황이 관건!”) 인용 및 수정

1. 기업 개요

(1) 철강부문

- 우리나라의 조강 생산은 지속적인 철강설비 확충으로 증가세이며, 세계 조강 생산에서 차지하는 비중도 2010년 4.1%에서 2012년에는 4.5%로 증가하였다. 2013년은 경기 침체로 인한 수요 감소로 우리나라 조강 생산이 감소하였으며, 2014년에는 신규 설비 본격 가동으로 역대 최고치를 기록하였다.
- 세계 경제에 대한 불확실성이 지속되고 있는 가운데, 중국의 조강 생산 확대로 세계 조강 생산량은 2014년 3월 월간 기준으로 사상 최고치를 경신하였다.
- 철강산업은 자동차, 가전, 조선, 건설 산업 등이 주요 수요산업이다. 철강재는 이들 수요산업의 원자재로 사용되는데, 향선별 판매를 보면 내수와 수출의 비중이 5.4 :

4.6 수준이며, 수출지역별로는 동남아, 중국, 일본 등의 비중이 높은 편이다.

(2) 무역부문

- 최근 중국의 GDP 성장률 하락, 일본 엔화 변동, 우크라이나 사태 등 국제사회의 주요 이슈들은 환율 변동, 원자재 가격 등락 등 주요 경제 지표와 대외 교역환경의 변화를 초래하였다. 이는 회사의 비즈니스에 직간접적인 영향을 제공하고 있다.
- 세계 경제는 미국을 중심으로 완만한 회복세를 지속할 것으로 전망되나, 철강, 화학, 곡물 등 상품 수요의 회복이 급격하게 이루어지기는 어려울 것으로 보인다. 주요국의 통화정책 변화, 유럽 경기 회복세 둔화, 신흥국의 성장세 약화 및 지정학적 리스크 등은 세계 경제 회복에 부정적인 영향을 줄 것으로 예상한다.
- 석유, 천연가스, 철광석 등 주요 원자재를 거의 100% 수입에 의존하는 우리나라의 특성상 해외 자원 개발 광구의 확보는 국가적 차원에서 장려되고 지원되는 추세에 있다. 이에 회사는 한국석유공사 및 한국광물자원공사 등을 통한 성공불융자 등을 활용하여 적극적인 신규 자원 개발 광구 확보 및 개발에 참여하고 있다.
- 셰일가스 등 비전통 에너지 생산 증가 및 중동 산유국의 증산, 우크라이나 사태를 둘러싼 관련국 간의 대립 등 광범위한 세계경제의 불확실성 속에 최근 유가는 급격하게 하락하였다. 이로 인해 자원 개발 산업의 수익성이 일시적으로 악화된 상황이다.

(3) 건설부문

- 주택분야의 경우, 다년간 지속된 부동산 시장 침체로 인하여 신규주택 수요는 높지 않다. 그러나 1인 가구 증가 등 소가족화의 영향으로 소규모 주택 및 오피스텔에 대한 수요가 증가하고 있으며, 국민소득 향상은 삶의 질적 수준의 향상에 대한 욕구로 이어져 고급주택에 대한 수요도 확대될 것으로 전망한다.
- 토목분야에 있어서는 최대 수요처인 정부의 재정 부족에 따라 공공발주 사업이 감소하고 있는 상황에 있으나, 자본 확보의 일환으로 정부는 민자 유치에 적극적인 태도를 견지하고 있다. 따라서 SOC 사업을 통한 민간업체의 사회기반시설 건설 참여 기회는 더욱 확대될 것이라 기대된다.
- 부동산시장은 장기 침체에 따른 바닥 심리와 정부의 경기부양 정책, 거시경제여건 개선 등에 힘입어 투자심리가 개선되면서 지방 및 수도권을 중심으로 점차 회복되고 있다. 도시정비 사업의 경우, 재건축 허용 연한 30년 변경시 서울에 25만 가구가 재건축 가능하므로 시장 환경이 개선될 것으로 전망한다.

2. 산업분석

- 철강업은 설비투자가 크게 소요되기 때문에 즉각적인 증설 및 감설이 어렵다. 경기변동시 공급량 조절이 어렵고 업황에 따른 손익변동, 수급불균형이 자주 발생한다.
- 산업의 쌀이라 불릴 정도로 기초소재가 가능하기 때문에 건설, 조선, 자동차, 전기, 전차 등 다양한 전방산업을 보유하고 있다. 동시에 원료, 에너지 등 다양한 후방산업을 두고 있다.
- 2008년 금융위기 이후, 분석 대상 철강기업의 M&A 거래규모는 현저한 감소세를 보였으며, 이 기간 유럽에서 아시아로 철강 M&A의 중심이 이동했다. 금융위기 전에는 1천348억 달러를 기록했으나 위기 이후에는 1천266억 달러로 거래금액이 감소했다. 금융위기 이후 인수 대비 매도거래 비중은 지속적으로 증가 추세를 보이고 있다.
- 2017년 6월 30일 기준 철근 국내 유통가격은 철근 기준가 63.5만원을 넘어선 64.5만원에 위치한다. 시장에 유통되는 제품의 가격이 기준가격을 넘어서 거래되고 있는 것은 의미가 있다고 판단된다.
- 국내의 철근 수요는 철근 재고 부족을 더욱 가속화시켰다. 이는 철근 제품가격의 하락 요인을 상쇄하고 상승으로 방향을 이끈 것으로 예상된다. 4월 철근 수출 및 내수 출하는 100만톤을 넘어섰다. 철근 수출량이 극히 미미한 점을 고려한다면 내수 철근이 전체 철근 출하를 견인하고 있다고 보아도 무방하다.

3. 경쟁사 분석

- 철강업계 전반적으로 대내외적인 어려움에 처해 있는 가운데, 현대제철은 사드 보복에 따른 추가적인 피해도 예상되고 있다. 현대·기아차의 중국 시장 판매량이 급감하면서 현대제철의 자동차용 강판 수요도 감소하는 상황이다.
- 실제 올해 2분기에 현대제철은 전년 동기 대비 18.8% 감소한 3,509억원의 영업이익을 기록했다. 반면, 포스코의 경우에는 지난해 같은 기간보다 44.3% 증가한 9,791억원의 영업이익을 달성했다.
- 동국제강은 브라질 CSP[18]에서 본격적인 상업생산이 시작돼 후판 사업 경쟁력은 한층 높아질 것으로 기대하고 있다. 동국제강은 이를 바탕으로 전략제품에 마케팅 역량을 집중, 신시장 개척, 신제품 개발에 주력해 고부가가치 제품개발 및 판매에

18) 동국제강이 포스코, 브라질 철광석회사 발레와 합작해 설립한 브라질 페셈철강주식회사(CSP) 제철소를 말한다.

집중한다는 전략이다. 특히, 고수익 제품의 가전 및 건재 컬러 제품에 마케팅 및 영업력을 집중해 이익 개선에 주력한다는 계획이다.

4. 재무비율 분석

- 2016년 3분기 영업이익이 1조343억원을 돌파한 이후 수익성 개선이 지속되고 있다. 지난해부터 원재료 가격이 오르면서 판매 단가가 급등한 덕분이다. 중국이 철강 구조조정 작업에 돌입하면서 글로벌 철강 영업환경도 단기적으론 개선됐다. 3년에 걸친 구조조정과 긴축정책에 연결기준 부채비율은 7년 만에 60%대에 진입했다.
- 이에 비해 고부가가치제품인 WP(월드프리미엄)제품 판매 비중은 전년 동기 대비 10.7%포인트 상승한 56%로 사상 최고치를 달성함으로써 재무건전성 강화와 수익성 증대라는 두 마리 토끼를 잡고 있다는 평가이다.
- 포스코는 중국 철강산업 구조조정, 선진국 경제회복세 등으로 철강 수요 증가세가 지속될 것으로 보고 있다. 이에 따라 재무건전성 확보, 원가절감, WP제품 판매 확대 등 내부 수익창출 노력을 지속해 나간다는 방침이다.

5. 실적전망 및 목표주가

- 중국 철강재 가격 상승세가 투자심리에 긍정적으로 작용하고 있다. 지속 여부를 예단하기는 어렵지만, 중국 철강재재고 감소세가 가격 상승기조에 긍정적인 요인이다.
- 포스코 3Q17실적은 투입 원재료 가격의 하락과 유지되고 있는 높은 제품가격의 시차로 원료가격과 제품가격 간의 스프레드가 확대될 전망이다. 포스코대우와 포스코건설 등 주요 자회사들의 실적 개선도 3Q17에 기대된다. 나아가 구조조정도 마무리 단계로 전반적인 실적 안정화에 기여할 전망이다.
- 포스코의 향후 ROIC는 상승이 기대된다. 그동안의 재무구조 개선 노력으로 인해 고정자산의 합리적 조정의 결과가 가시화될 전망이다.
- 포스코의 목표주가를 기존 360,000원에서 390,000원으로 상향한다. 목표주가는 본업의 개선 및 자회사 실적안정화를 반영하여 추정치를 변경하고 새롭게 과거 5년 평균 PER 0.72배를 12개월 Forward BPS 538,467원에 적용하여 산출하였다. 중국 철강재 가격 상승과 3Q17에 원료가격 대비 제품가격 스프레드 확대, 그리고 자회사들의 실적 개선 전망은 주가에 긍정적일 전망이다.

재무 비율 해설

ROIC(Return On Invested Capital, 투하자본순이익률)=NOPAT/IC

기업이 실제 영업활동에 투입한 자산으로 영업이익을 얼마나 거두었는지 나타내는 지표이다. 기업의 수익창출역량을 측정하는 데 활용되고 있다. NOPAT(Net Operating Profit After Tax)는 '영업이익(1−법인세비용/세전이익)'이다. 즉, 법인세를 차감한 후 세후영업이익을 의미한다. IC(Invested Capital)는 '총자산−투자자산−매입채무−장기성매입채무'로 실제 영업활동을 위해 투입된 유형자산과 순운전자본 등을 집계한 것이다.

영어로 토의해 보기(Discussion Questions)

[DISCUSSION 1]

What are the potential benchmarks that you could use to compare a company's financial ratios? What are the pros and cons of these alternatives?

ANSWER

Comparison to Firm's Prior History. By comparing the company with itself over time, it is possible to document changes (improvements or declines) in the company's performance. Changes in capital structure or improvements in gross margins or return on assets may evolve slowly as the firm implements the necessary changes in operations and financing. Only by looking at the patten of these changes over time can we see if the individual changes in financial ratios from year to year are permanent or temporary. However, this approach does not tell us how well the firm is doing compared to other companies. For example, a firm may appear to have performed poorly (well) relative to its own historical performance, yet relative to other firms in the economy or its own industry, it may have performed quite well (poorly).

Comparison to Firm's Expected or Budgeted Performance. This could be relative to management or external analysts' forecasts. These types of comparisons can be very helpful by showing how well the firm has performed relative to expectations. An obvious limitation is that the comparisons are only meaningful if the expectations are carefully constructed.

Comparison to Industry Average. Industry average financial ratios provide a benchmark against which to interpret individual company ratios. A firm's return on sales, asset turnover, and financial leverage can be compared to industry averages. What are the implications if a firm has a lower return on equity or lower days payable than the industry? Are any differences consistent with the firm's operating policies and goals? Industry comparisons can provide only a partial picture if the industry as a whole has performed well or poorly, or if the firm is following a different strategy from other firms in the industry. It can also be quite difficult to assess what the appropriate industry comparison group is, since many firms operate in more than one business segment.

Comparison to Market. Benchmarking the performance of an individual firm against the market can be informative. Ultimately, investors want to allocate resources within the economy as a whole. A firm that is a strong performer relative to its industry may therefore be a relatively weak overall performer if its industry is underperforming. However, market analysis can be difficult for many key financial ratios which are industry specific and do not lend themselves to cross-industry comparison or evaluation. For example, important ratios for banks include those on regulatory capital, which are not relevant for most other industries. Working capital ratios typically differ across industries, so that it makes little sense to compare days inventory or days receivable for a supermarket relative to the same ratios for a steel manufacturer. Finally, differences in ratios can arise because of differences in business risk across industries. For example, ROEs and leverage are likely to be very different for construction firms than for supermarkets.

[DISCUSSION 2]

Geoffrey Henley, a professor of finance, states : "The capital market is efficient. I don't know why anyone would bother devoting their time to following individual stocks and doing fundamental analysis. The best approach is to buy and hold a well-diversified portfolio of stocks." Do you agree? Why or why not?

ANSWER

Professor Henley's strategy is consistent with much of the literature in modern finance. If the stock market is efficient, diversification permits investors to generate a risk-return relation that strictly dominates that of investing in just a few stocks.

However, if the stock market is not completely efficient, it may be possible to use fundamental analysis to predict future stock prices. In this sense, an informed investor can generate an even higher risk-return profile than holding a diversified portfolio by investing in stocks where he/she has an information advantage. Of course, one could think of the superior returns from this strategy as a return on the investment of time and money required to acquire and evaluate information about the financial and strategic performance of a firm.

Thus, Professor Henley's recommendation is probably very sound advice to most investors, who do not invest in following a few stocks very closely. However, it may not be the best advice for a professional investor who has invested in developing industry or firm-specific knowledge from detailed fundamental analysis.

[DISCUSSION 3]

Barton Company requested a sizable loan from First Federal Bank to acquire a large tract of land for future expansion. Barton reported current assets of $1,900,000 ($430,000 in cash) and current liabilities of $1,075,000. First Federal denied the loan request for a number of reasons, including the fact that the current ratio was below 2 : 1. When Barton was informed of the loan denial, the comptroller of the company immediately paid $420,000 that was owed to several trade creditors. The comptroller then asked First Federal to reconsider the loan application. Based on the these abbreviated facts, would you recommend that First Federal approve the loan request? Why? Are the comptroller's actions ethical?

ANSWER

Although the amount of working capital was unchanged, the current ratio for Barton Company increased as a result of paying $420,000 to the trade creditors :

	Before		After	
Current assets	$1,900,000	= 1.77	$1,480,000	= 2.26
Current liabilities	$1,075,000		$655,000	
Working capital	$825,000		$825,000	

The current ratio has increased to an amount that is considered to be acceptable by First Federal Bank, but it appears that the increase is mere "window dressing." Total working capital was unaffected by the transaction. In the process of improving the current ratio, Barton Company created a potential cash crisis. The cash balance was reduced to $10,000($430,000 − $420,000) compared with current liabilities of $655,000. First Federal should deny the second loan request.

A more fundamental point concerns the validity of the 2 : 1 criterion imposed by First Federal. The case illustrates the ease with which some ratios can be manipulated. Usually a rigid cut-off point is not advisable for ratio analysis.

[DISCUSSION 4]

What is the difference between fundamental and technical analysis? Can you think of any trading strategies that use technical analysis? What are the underlying assumptions made by these strategies?

ANSWER

Fundamental analysis uses information in a firm's financial statements and other sources of public information to assess a firm's expected future performance, and hence its likely value. Firms with estimated values greater than their current prices are then recommended as buys and those with values lower than the current price as sells. In contrast, technical analysis uses patterns of past stock price changes, trading volume, or levels of short-sale interest in the stock for making recommendations on whether to buy or sell a stock.

The key assumption underlying technical trading strategies is that the stock market is inefficient. Technical descriptors of stock price movement, past prices, volume, etc., are common knowledge and, in an efficient market, should fully reflected in prices.

[DISCUSSION 5]

What is the objective in reformulating financial statements for credit analysis? How does the reformulation for credit analysis differ from that for equity analysis?

ANSWER

The financial statements are reformulated for credit analysis with the objective of indicating the firm's liquidity, that is, its ability to repay its debts. So assets are grouped according to when they are likely to be turned into cash, and liabilities are grouped according to their maturity (when cash is needed to cover them). Equity analysis, in contrast, groups assets and liabilities in such a way as to evaluate the firm's underlying profitability.

[DISCUSSION 6]

You have the opportunity to invest $10,000 in one of two companies from a single industry. The only information you have is shown here. The word *high* refers to the top third of the industry ; *average* is the middle third ; *low* is the bottom third. Which company would you select? Write a brief paper justifying your recommendation.

Ratio	Company A	Company B
EPS	High	Low
ROA	Low	High
Current	High	Average
Price/earnings	Low	High
Dividend yield ratio	High	Average

ANSWER

1. Company A shows a high EPS but a low ROA. There are a number of possible explanations for this situation. The high debt/equity ratio suggests that Company A is highly leveraged and is able to generate high earning for stockholders by using a large amount of debt financing.
2. The low level of liquidity for Company A is a concern given its high debt/equity ratio.
3. Despite a high EPS, Company A has a low price/earnings multiple. This is often an indication of limited growth opportunities or concern in the market.
4. The dividend yield for Company A is high. The company may be paying significant dividends or its stock price may be currently depressed.

CHAPTER 19

재무제표의 활용시 유의사항 : Q&A

기업은 본질적으로 외부로부터 제공받은 자원으로 가치를 창출하여 주주의 부를 증대시키기 위해 존재한다. 일반적으로 기업의 최고경영자(CEO)는 소비자에게 필요한 제품과 서비스가 무엇인지, 그리고 그 제품과 서비스를 생산하고 제공할 능력을 어떻게 갖추어야 하는지를 파악해야 한다.

기업의 재무영역은 주주의 부를 극대화하기 위해 이루어지는 재무의사결정과 관련된다. 회계영역은 이와 같은 재무의사결정과 관련하여 유용한 정보를 제공하기 위한 일종의 정보시스템이라 할 수 있다. 회계는 크게 재무회계와 관리회계의 두 가지 세부영역으로 나누어진다. 특히, 전통적으로 회계는 기업이 가지고 있는 현금의 획득과 배분을 관리하는 재무관리의 영역으로 취급되어 왔다.

재무회계는 기업이 일정기간 동안 수행한 경제적 활동의 결과를 인식, 측정하여 유용한 회계정보를 제공한다. 회계정보는 재무제표를 통해 제공되며 기업경영자는 회계기준을 적용하여 재무제표를 작성하고 외부에 공시한다. 재무회계는 시간적 관점에서 볼 때 기업의 과거 및 현재 활동을 기록하기 위해 고안된 정보시스템이다.

반면 관리회계는 기업내부 경영자에게 의사결정에 필요한 정보를 제공하는 역할을 한다. 경영자가 당면한 경영계획을 수립하여 의사결정을 하고, 향후 결과를 평가하기 위해서는 미래를 예측할 수 있는 정보가 필요하다. 관리회계는 기업내부경영자를 위한 시스템이므로 경영자는 의사결정에 필요한 정보를 기업

내 회계시스템에서 재량적으로 창출하면 된다. 실질적으로 경영계획수립을 위한 미래예측이나 분석에 의해 개선될 수 있는 경영의사결정과 관련한 회계정보를 제공하는 업무는 관리회계의 몫이라 할 수 있다. 이때 그러한 정보를 생산하고 제공함에 있어 기업이 반드시 준수해야 할 기준이 있는 것은 아니다.

한편, 재무관리는 기업활동 중에서 자금을 조달하는 기능으로부터, 설비투자 등의 투자관련 의사결정까지 그 영역이 많이 확장되어 있다. 넓은 의미에서 볼 때, 재무관리의 기능은 주주의 부에 영향을 줄 수 있는 의사결정을 위해 재무제표와 연계하여 기업의 재무분석까지 포함하고 있다. 예를 들어 자본시장에서 주식과 회사채의 가격이 어떻게 결정되고 운용되는지를 분석하여 기업가치 평가방법을 제공한다.

본장에서는 재무제표의 유용성과 활용방법에 대해 논의한다. 또한 주식에 투자하는 사람들과 기업이 발행한 회사채에 투자한 사람들이 필수적으로 알고 있어야 할 주요 내용을 살펴보고자 한다. 일반적으로 (주)A의 보통주를 구입할 때 사실 투자한 돈이 (주)A로 직접 흘러 들어간다고 생각하고 있는 사람들이 많다. 주식투자금액은 (주)A로 들어가는 것이 아니라 주식의 판매자에게 흘러간다는 걸 이해하지 못한다. 1차 자본시장(primary capital market)과 2차 자본시장(secondary capital market)의 분명한 개념적 차이를 이해하지 못하기 때문이다. 예를 들어, 새 차를 구입할 때에는 딜러인 (주)현대차, (주)기아차, 혹은 (주)GM으로 직접 돈이 흘러가지만, 중고차를 구입할 때에는 그 차를 소유했던 이전소유자에게 돈이 흘러간다는 사실을 이해하면 된다. 이때 딜러들은 판매수수료만을 지급받았을 뿐이다.

본장에서는 기업의 재무제표분석과 관련하여 생각해 볼 수 있는 질문들을 중심으로 논의하고자 한다. 이러한 질문들은 전반적으로 많은 정보이용자들에게 중요하며, 기업을 매수할 때 이론적으로 알고 있어야 할 기본적인 내용들도 있다.[1)]

---

1) 재무제표분석은 특히 적대적인 기업인수합병을 시도하는 기업매수인, 기업의 차입매수 LBO (Leveraged Buyout)를 고려하는 기업경영자 등에게도 필요한 사항이다. 여기에서 기업인수합병(M&A : merger & acquisition)이란 어떤 기업이 다른 기업을 취득하거나, 혹은 둘 이상의 기업이 합쳐 하나의 기업이 되는 것을 말한다. 적대적 매수(hostile takeover)란 인수대상기업 경영진의 반대를 무릅쓰고 해당 기업의 주식을 매입하여 강제적으로 경영권을 확보하고자 하는 기업인수 방식을 말한다. 사업결합을 총체적으로 M&A라고 하며, 구체적으로는 Merger(합병)와 Acquisition(지분인수)으로 구분하고 있다.

차입매수(LBO : leveraged buyout)란 소요자금을 차입하여 기업을 매수하는 것을 말한다. 일반적으로, 인수기업(acquirer)이 피인수기업(target firm)의 자산을 담보로 소요자금을 융자받아 기업을 인수하게 되는데, 자금마련을 위해 인수기업의 자산을 담보로 제공하는 경우도 있다.

아래에서는 주식과 회사채의 투자자들이 기업의 재무제표와 관련하여 기본적으로 이해해야 할 사항을 중심으로 논의를 전개하고자 한다. 그러나 기관투자자들과 금융기관 등과 같은 전문투자자들이 아닌, 전형적인 일반 개인투자자들의 관점에서 조명한다.

[질문 1] 재무제표는 정보이용자에게 왜 중요할까?

대다수의 사람들은 기업의 경영성과와 재무상태 그리고 현금흐름에 관한 주요한 정보를 입수하기 위해 무엇보다 기업의 재무제표에 의지하고 있다. 이러한 정보이용자로는 먼저 기업에 자금대여 여부를 결정하는 채권자(예 : 금융기관)가 있으며, 상장회사의 주식이나 회사채를 살지 혹은 팔지 혹은 보유할지를 결정하는 투자자가 있고, 기업의 가치를 결정하여 기업을 사고파는 매수인과 매도인이 있다. 또한 외상으로 기업에 물품을 팔아야 할지 그 여부를 결정하는 물품 및 용역공급자가 있으며, 다른 사람의 돈을 관리하고 수탁책임을 수행하는 정보중개인이 있다.

그렇다면 경영자에게 과연 재무제표란 무엇일까? 기업경영자는 재무제표를 완성할 책임이 있는 동시에 직접적인 이용자이다. 경영자는 얼마만큼의 이익을 벌었는지, 혹은 얼마만큼의 손실이 발생했는지를 알기 위해 이익정보가 필요하다. 이는 경영자보수와도 관련이 되기 때문이다. 또한 경영자는 기업의 재무상태를 최상으로 유지하기 위해, 부채의 지급능력의 문제점을 파악하기 위해, 그리고 자금조달에 관한 정보를 알기 위해 재무상태표와 현금흐름표의 정보를 필요로 하고 있다.

이와 같이 내부이용자와 외부이용자 모두 그들의 관점과 욕구를 충족시키기 위해 기업의 재무제표를 필요로 하고 있다. 재무제표는 기업의 경영성과, 재무상태 그리고 현금흐름에 대한 직접적이고 주요한 정보의 원천이라 할 수 있다. 기업에서는 가장 최근의 예측된 이익성과치를 자체적으로 보도자료를 이용하여 발표한다. 그러나 이는 사전자료일 뿐 나중에 최종 결과치는 확정된다. 이러한 재무제표는 무엇보다도 목적적합한 정보이어야 하고 충실하게 표현되어야 하며, 정보이용자의 정보욕구를 충족시켜야만 한다는 것은 두말할 필요도 없다. 일반적으로 재무제표이용자들은 특히 다음과 같은 3가지의 주요 사항에 관심이 많다.

① 기업의 경영성과(profit or loss performance) : 즉 수익성 평가
② 기업의 재무상태(financial condition) : 특히 부채를 제때에 갚을 수 있고 재정적인 곤경을 피할 수 있는 기업의 지급능력 및 미래전망 : 즉 유동성 및 안정성 평가
③ 기업의 주식가치 평가 및 현금흐름 창출능력 평가 : 즉 기업의 실질 가치 평가

무엇보다 위에 열거된 세 가지 재무정보는 기업의 재무제표이용자들이 항상 분석하고 있어야 하는 핵심사항이라 할 수 있다. 정보이용자들은 이 이외에도 기업의 재무제표에서 추가적인 정보를 찾고자 면밀히 관찰해야 한다. 예를 들면, 기업이 은행에 충분한 현금을 현재 보유하고 있는지, 혹은 기업성장을 위해 미래의 현금흐름을 충분히 보유할 수 있는 잠재력이 있는지 등이다.

[질문 2] 재무제표는 신뢰할 만한 가치가 있을까?

기업의 재무제표는 투자자에게 중요한 것만은 사실이다. 또한 회계감사를 받은 재무제표의 대부분은 GAAP라는 체계화된 회계기준에 따라 공정하게 기록되어 있다. 그렇지 않다면, 회계감사인은 독립적인 입장에서 해당 기업이 제공한 재무제표에 대해 어떤 오류나 결함을 지적할 것이다. 따라서 재무제표의 신뢰성 및 유용성을 판단하기 위해서는 반드시 회계감사인의 감사보고서가 동시에 검토되어야 한다.

그러나 재무회계의 기준은 수시로 변한다는 사실을 동시에 이해하고 있어야 한다. 오랜 세월에 걸쳐 이익측정방법이나 정보공시에 대한 실무적인 회계관습은 계속적으로 변화되고 있다. 또한 회계기준을 제정하는 담당기관에서는 재무보고관습 및 문제시되는 영역을 지속적으로 관찰하고 있다.

특히 필요한 경우, 재무관습 및 기업환경의 변화뿐만 아니라, 기업이 처해 있는 정치적, 법적, 그리고 경제적 상황의 다양한 변화에 부응하기 위해서도 회계기준을 개정한다. 예를 들어 자본시장이 국경을 초월한 기업활동의 증가로 인해 글로벌화됨에 따라 국제적으로 통일된 회계기준에 대한 요구가 전세계적으로 증가하였다. 이러한 움직임에 맞추어 우리나라에서도 국제회계기준(IFRS)을 채택하여 기업회계기준서라는 설명서 형태로 제정하였다.

[질문 3] 재무제표는 오해의 소지가 있으며, 왜곡표시된 허구성이 포함되어 있을까?

불행인지는 몰라도, 물론 그럴 수 있다. 미국의 유명한 일간지인 월스트리트저널(WSJ)과 뉴욕타임스(New York Times)에서는 최고경영자들의 부정과 사기에 대해 많은 기사를 다루고 있다. 예를 들어, 불법대출이나 자산의 부적절한 사용, 알려질 수밖에 없는 영업손실 등의 고의적 은폐, 혹은 영업비용을 낮게 기록하기 등 여러 가지 사례를 들 수 있다. 또한 매출액을 과다하게 기록한다든지, 혹은 매출환입(sales returns)을 기록하지 않는다든지, 혹은 재무적 곤경(financial distress)의 징후를 말소시켜버리는 행위 등을 들 수 있겠다.

이와 같이 분식회계(window dressing)는 항상 존재할 수 있다. 분식회계란 기업이 부당한 방법으로 자산이나 이익을 조작하는 회계처리를 말한다. 특히 다루기 어려운 현금항목 이외에도, 기업의 모든 자산은 잠재적인 문제점을 지니고 있다. 예를 들면, 기업에서는 불량 매출채권을 모두 제각시키지는 않는다. 재고자산의 경우에도 일부는 판매될 수는 없지만, 그렇다고 모두 제각되지는 않는다. 또한 유형자산의 일부는 오래되어 못 쓰게 되면 사실 예비창고에 비치해 놓아야 하지만, 이러한 자산들도 기업의 회계장부에 살며시 올려놓는 경우가 많다.[2)]

다른 제3자와 공모가 연루된 최고경영자의 부정과 사기는 교묘하게 감추어져 있기 때문에, 감사인이 이를 적발하기 쉽지 않다. 감사인은 숙련된 회계전문가로서 잘못된 감사의견을 표명할 수 있는 감사실패의 확률을 낮추기 위해 노력한다. 그러나 때로는 분식회계를 적발하지 못하여 가끔씩 고소를 당하기도 한다. 자칫 회계법인이 정당한 절차를 수행하였음을 입증하지 못하면 거액의 피해를 입은 투자자들과 채권자들의 피해액을 부담하게 될 수도 있다.

---

2) 분식결산의 경우, 예를 들어 돈이 회계연도 말까지 들어오는 것처럼 보이도록 결산 후에도 현금수입을 기록하기 위해 장부를 보류하고, 기말재무상태표에 현금이 더 많이 쌓아지도록 한다. 현재 우리나라 상장법인 10곳 중 1곳 이상이 분식결산을 통해 감사인으로부터 감사의견을 받지 못하거나(의견거절) 부적정의견을 받은 것으로 드러났다. 또한 분식결산이 적발될 때에는 경영성과에 관계없이 신규여신 중단과 대출회수 등 강력한 금융제재를 하고 있다.

이와 별도로 공인회계사법과 외부감사법 등 관련 제도를 정비하고 관련자에 대한 형사고발 등 법적, 행정적 처벌을 강화하면서 회계투명성을 높이기 위해 분식회계를 뿌리뽑도록 할 방침이다. 이런 방안으로는 회계법인간 상호감리제 도입, 부실회계 코스닥기업 등록취소요건 강화, 부실감사에 대한 공인회계사 제재강화, 동일 회계법인의 회계사 6년마다 주기적 교체 등이 마련돼 시행되고 있다(출처 : 매일경제신문 일부수정, 2010.2.2).

이와 같이 재무제표는 잘못 작성되어 정보이용자에게 오해의 소지를 인길 수 있는 잠재적 위험성이 항상 도사리고 있다. 그러나 일단 부정과 사기가 발견되면, 투자자들은 기업의 최고경영자와 감사인에 대해 법적인 청구권을 제기하게 되는데, 결코 좋게만 끝나지 않는다. 법적인 절차를 통해 피해를 입은 부분을 보상을 받은 후에라도, 개인투자자들은 결국 얻을 게 없다는 것이다.

재무제표의 사실기록 여부와 관련하여 두 가지의 질문이 주어질 수 있다. 하나는, 일반적으로 인정된 회계원칙(GAAP) 중에서 기업이 자의적으로 선택한 회계처리방법을 얼마만큼 신뢰할 수 있는지의 여부이다. 따라서 기업 스스로 선택한 방법이 일관성을 가지고 신뢰성 있게 매년마다 적용되고 있는지가 중요하다. 또 하나는, 회계보고서에 얼마나 거짓 없이 있는 사실 그대로를 충실하게 기록하고 있느냐는 것이다.

회계이익은 기업이 선택한 회계처리방법에 대한 신뢰할 수 있는 결과물이 되어야 한다. 다시 말해, 일단 회계처리방법이 선택되면 그 방법을 계속적으로 적용해야 한다. 그러나 규칙적이지는 않지만, 가끔씩 기업경영자는 더 좋은 결과를 보기 위해 이익에 대한 회계처리방법에 개입하곤 한다. 예를 들어, 기업의 연간 회계이익에 원치 않는 심한 굴곡이 있을 경우, 이익흐름의 균형이 이루어지도록 회계이익을 유연하게 만들 수 있다(이익 유연화). 투자자들은 이익의 심한 변동보다 안정된 이익흐름을 더 좋아하기 때문이다. 따라서 정보이용자들은 기업의 회계이익이 어떤 선까지는 수익과 비용의 기록시점을 조절하면서 유연하게 만들어질 수 있다는 것을 이해하고 있어야 한다.

재무제표의 공시는 또 다른 이슈이다. 사실 대다수의 기업에서는 모든 사실을 낱낱이 밝히는 것을 꺼린다. 나쁜 뉴스는 보통 숨어 있으며, 가능한 한 최소한의 선에서 강조된다. 분명히 재무제표 내에는 솔직함과 진실함의 논의가 결여되어 있다. 많은 기업들은 회계보고서에서, 그들의 실수와 문제들을 완전히 공시함으로써 깨끗하지 못한 부분들을 공공연하게 씻어내려는 노력이 부족하다고 할 수 있다. 연차보고서 내에는 '경영진의 논의 및 분석'(MD&A : management discussion and analysis)이라는 단원이 있다. 여기에서는 해당 연도에 무엇이 발생했는지, 예를 들어 유동성, 자본조달, 영업성과 등 꽤 간결한 내용이 함축되어 있다.[3]

3) 재무보고에 대한 공시관습의 역사를 살펴보면, 회계기준을 제정하는 해당 기관이 모든 기업에

[질문 4] 개인투자자로서 재무제표를 직접 분석하는 것은 효과가 있을까?

사실, 의심스러운 일이다. 아마도 매우 놀랄 만한 대답일지도 모른다. 또한 비난받을 수 있는 대답인지도 모른다. 전통적으로 기업의 재무제표를 분석함으로써 주식이 저평가되었는지 혹은 고평가되었는지 판단할 수 있다. 그러나 실증적인 연구결과는 반드시 이를 지지한다고 볼 수 없다. 주식의 시장가격은 기업의 연도별/분기별/반기별 재무제표 정보를 포함하여, 공개된 이용가능한 모든 정보를 반영하고 있기 때문이다.

물론, 기업의 재무제표를 전문투자자처럼 철저히 분석하는 것을 즐기고 있다면 물론 좋은 일이다. 이로 인해 가치 있는 학습경험이 이루어지기 때문이다. 그러나 자본시장에서 아직 알려지지 않은 새로운 정보를 발견하리라고 기대하기는 매우 어렵다. 재무제표분석을 통해 다른 사람이 간과한 귀중한 정보를 발견한다는 것은 결코 쉽지 않다.

이 때문에, 개인투자자는 특정 기업의 재무제표를 직접 분석하기보다는 오히려 기업분석을 전문적으로 담당하는 재무분석가(애널리스트) 등이 분석한 최신의 자료를 입수하여 읽어보고 이를 활용하는 것이 훨씬 바람직하다고 할 수 있다. 그렇지만 재무분석가의 보고서를 분석하기 위해서는 기본적으로 재무제표를 이해하고 분석할 수 있는 능력을 가지고 있어야 함은 자명하다.

[질문 5] 다양한 재무비율을 분석함으로써 얻는 유익은 무엇일까?

투자자의 의사결정을 위한 비율분석(ratio analysis)의 핵심은 기업의 수익성(profitability)과 재무위험(financial risk)을 면밀하게 분석하는 일이다. 무엇보다도 투자하기 전에 해당 기업의 재무제표를 통해 가치 있는 어떤 내용들을 얻을 수 있다. 예를 들어, 기업이 빚이 많아 너무 많은 이자비용으로 시달리고 있지 않은지? 이로 인해, 기업은 그 빚을 갚아가면서 파산되지나 않을지? 기업은 과거 수년 동안 지속적인 이익을 창출했는지? 혹은 오랜 기간에 걸쳐 많은 현금을 창출

대해 공시요건을 강요할 때 그때 비로소 공시하는 경우가 많다. 그렇지 않을 경우, 소수의 기업만이 자의적으로 한다. 미국의 경우, 몇 년 전까지만 해도 연금 및 퇴직금에 관하여 기업에서 공시하기를 꺼려 왔다. 결국, 회계기준 제정기관이 이에 대해 완전공시를 요구하게 되었다. 또 다른 예를 든다면, 현금흐름표의 경우 1950년 이래 증권분석가가 계속적으로 공시를 요구했지만 회계기준에서 정식으로 공표되기 전까지는 사실 소수의 기업만이 현금흐름표를 공시해 왔다. 물론, 기업의 불안전한 제품이나 계류중인 소송사건, 그리고 최고경영자 보수 등의 공시는 기업이 기꺼이 할 수 있는 공시사항은 아닐 것이다.

해오고 있는지? 또한 오렌 기간 동안 주주에게 배당금을 계속적으로 지급하고 있는지? 기업은 다양한 종류의 주식을 발행하고 있는지? 만약 그렇다면, 다른 종류의 주식과 비교하여 상대적으로 어떤 주식이 더 많이 거래되고 있는지? 등이다.

또 다른 예를 들어보자. 어떤 사람이 집을 구입하려고 한다면, 사전에 여러 가지 주거상황을 면밀하게 조사하고자 할 것이다. 지하인지, 1층인지, 2층인지 혹은 몇 개의 방을 가지고 있는지, 아파트인지 개인주택인지, 혹은 외관상 보기가 좋은 집인지 등을 알기 위해 세밀하게 조사할 것이다. 이와 마찬가지로, 투자자는 기업의 금융상품에 자기자본을 투입하기 전에 먼저 기업의 기본적인 재무구조를 알고 있어야 한다. 재무제표에 함축되어 있는 정보를 통해 투자자에게 해당 기업과 친숙해질 수 있는 기회가 제공되기 때문이다.

기본적인 주식투자전략의 하나는 어떤 목표수준에 맞는 대상기업을 찾기 위해 재무관련보고서 혹은 컴퓨터 데이터베이스에 수록된 재무제표자료를 철저히 조사하는 것이다. 예를 들어, 기업의 시장가치와 장부가치 간의 비율이 어떤지, 혹은 기업의 현금흐름 및 주당현금흐름이 기업의 주가와 어떤 관련성이 있는지 등을 구체적으로 살펴보는 것이 중요하다. 어쨌든, 재무제표상의 면밀한 재무비율분석은 개인투자자로서 투자하기 전에 찾고자 하는 대상기업을 철저히 탐색하고, 선택할 수 있는 좋은 통로가 된다.

[질문 6] 재무제표상에 영업(재무)성과를 쉽게 알아낼 수 있는 재무비율이 있을까?

물론 존재한다. 다음과 같은 방법을 권한다. 먼저, 한 회계연도 기간의 매출액 증가율 혹은 감소율을 산출하고 지난해의 수치와 상호비교한다. 그러고 난 후, 해당 기업의 주요 영업활동 관련 자산과 자기자본 및 당기순이익의 변화를 분석하기 위한 기준치로서 이 비율을 사용한다. 예를 들어, 작년에 비해 올해의 매출액이 20% 증가했다고 가정하자. 그렇다면, 이익도 20%만큼 증가했을까? 또한 기업의 매출채권, 재고자산, 유형자산, 그리고 자기자본도 20% 증가했을까? 한번 가볍게 검토해 보는 것이다.

이런 방법은 그저 대충 한번 훑는 정도의 약식방법이다. 그러나 여기에서 재무비율의 어떤 불일치를 발견할 수 있다. 예를 들면, 기업의 매출액은 단지 20%만큼 증가했는데, 재고자산은 80%로 증가했다고 가정하자. 이 경우에는 기업의 주요 경영정책에 대한 실수의 신호로 볼 수 있다. 재고자산의 과다보유는 나중에 제품의 가격인하로 연결될지도 모르기 때문이다. 기업경영자는 통상적으로 재무제표에 이와 같은 재무비율의 불일치를 기록하지 않는다. 따라서 정보이용자들은 스스로 이러한 불일치의 내용을 찾아낼 수 있어야 한다.

[질문 7] 보수적인 회계처리방법은 기업가치와 관련성이 있을까?

일반적으로 주식 및 회사채가 활발하게 거래되는 상장회사들은 겉으로는 그렇게 보이지 않지만, 대부분의 기업들은 이익을 측정할 때 자산과 당기이익을 낮게 산정하여 보수적으로 기록하는 회계처리방법을 선호할 수 있다. 그러나 자본시장에서 주식가치가 측정될 때 기업들간에 이익측정방법이 다르다는 것을 시장이 이미 흡수하고 있다. 다시 말해, 이익과 자산, 그리고 부채의 크기가 기업마다 서로 다른 회계처리방법으로 다르게 기록된다 할지라도, 자본시장은 상이한 회계처리방법의 영향을 받을 정도로 그렇게 어리석지 않다는 것이다.

물론 이것은 일반화된 결론은 결코 아니고 일관성 있는 기준이 존재하는 것도 아니다. 그러나 전반적으로 회계처리방법에 따른 회계이익의 차이에 대해 자본시장은 쉽게 반응하는 것처럼 보이지는 않는다. 예를 들면, 기업에서 주식의 시장가치를 높이기 위해 현재 사용하고 있는 회계처리방법을 단순히 바꾼다 하더라도 자본시장은 이런 방법에 즉각적으로 반응하지 않기 때문이다. 그러나 기업이 발행한 주식의 가치를 알 수 있는 공개시장이 부재한 비상장기업(privately held business)에 투자하고자 할 때에는 해당 기업의 회계처리방법에 각별한 주의를 기울일 필요가 있다.

[질문 8] 재무제표상에 기업의 이익창출전략이 제시되고 있을까?

결코 아니다! 그러나 이상적인 보고서는 단순히 기업이 얼마만큼의 당기순이익을 창출했으며, 이익창출을 위한 매출액과 비용이 얼마나 발생했는지만을 기록하는 것으로 끝나지 않아야 한다. 그 대신, 기업의 회계보고서에서는 이익을 창출할 수 있는 길잡이와 청사진이 될 수 있는 항목을 제공할 필요가 있다. 이로 인해 정보이용자들은 기업의 주요한 이익창출요인을 포함하여 기본적인 이익창출전략을 파악할 수 있게 되는 것이다. 즉 기업의 영업활동이 다양해지면서 정보이용자들은 재무제표에서 나타나지 않는 상세한 정보를 제공하는 부문별 보고(segmental reporting)를 필요로 한다.

예를 들어, 현재 상장기업의 연차보고서에는 영업부문의 각 라인별로 매출액과 영업비용이 공시된다. 여기에서 어느 영업부문이 더 많은 이익을 창출하고 있는지 알 수 있기 때문이다. 따라서 부문공시(segment disclosure)제도는 기업이 추구해야 할 옳은 방향이라 하겠다. 예를 들어, 매출액과 영업이익을 국내외 및 지역별, 사업별, 라인별로 분류하는 것은 정보이용자들에게 매우 중요할 수 있다.

기업에서는 주요한 제품라인에 대한 이익률(이윤폭 : profit margin)을 보고하지는 않는다. 그러나 일반투자자가 아닌 증권분석가와 전문투자자 모두는 이러한 이익률에 많은 관심을 가지고 있다. 일반 회계보고서에서는 이와 같은 재무정보가 발견되지 않는다. 또한 이익분석을 위해 포괄손익계산서상에서 굳이 고정비용과 변동비용을 별도로 분리하지 않고 있다. 외부용 포괄손익계산서는 기업의 최고경영자가 직접 참조하려는 보고서는 아니다. 경영자가 올해의 목표이익률을 달성하기 위해서는 제품의 매출액과 생산원가가 얼마만큼 되어야 하는지를 알아야 하는데, 이때 매출액과 생산원가에 대한 예측정보를 활용한다. 실무적으로, 최고경영자가 참조하려는 이익관련 정보는 매우 사적인 내부정보로 간주된다. 따라서 이러한 정보는 해당 기업의 경쟁업체뿐만 아니라 투자자에게까지도 일정한 거리를 두고 있는 현실이다.

[질문 9] 재무제표상에 총체적으로 기업가치가 기록되어 있을까?

결코 아니다! 재무상태표상에 기업의 시장가치가 얼마인지 기록되지 않는다. 다만, 시장성 있는 유가증권(단기매매금융자산), 매출채권, 그리고 FIFO기준 재고자산 등과 같은 기말자산의 경우, 현행시장가치는 해당 자산의 장부가치와 매우 근접해 있다. 반면에, LIFO기준 재고자산, 가속상각법에 의해 상각된 유형자산, 그리고 오래전에 구입한 토지 등의 경우 해당 자산의 장부가치는 현행시장가치(대체원가)와 비교할 때 상대적으로 낮게 책정된다. 재무제표는 공정가치(fair value)기준과 계속기업(going-concern)이라는 국제회계기준(IFRS) 개념체계의 기본 가정하에 만들어진다. 따라서 기업인수합병(M&A)의 경우, 기업의 인수를 심각하게 고려할 때나 기업인수가 실질적으로 이루어질 때까지는 해당 기업이 얼마에 거래될지 단지 추측할 뿐이다.[4)]

4) 일반적으로, 기업의 매수자는 해당 기업의 최근 재무상태표에 기록된 소유주지분의 장부가액이나 혹은 필요하다면 그 이상의 금액을 매수원가(사업결합원가)로 기꺼이 지불하려고 한다.

즉 해당 기업의 순자산에 대한 공정가치가 결정되기 전까지는 인수합병에 소요된 매수원가를 알 수 없다.

주식의 시장가치는 해당 주식의 장부가치에 결코 구속되지 않는다. 비상장기업이든 상장기업이든 해당 주식의 시장가치는 매도자와 매수자 간의 교섭가격이며, 이는 순자산의 장부가액 이외에도 다양한 요인들에 따라 달라지고 있다. 전반적으로 볼 때 기업의 시장가치, 즉 주가는 주로 미래에 구체화될 기업의 이익창출능력에 달려 있다. 매수자는 기업의 가장 최근 주당순이익(EPS)의 10배 혹은 20배 이상을 기꺼이 지급할 수도 있을 것이다. 따라서 투자자들은 기업이 발행한 주식에 대한 주가수익률(PER)을 항상 주의 깊게 살필 필요가 있다.

[질문 10] 그렇다면 개인투자자로서 재무제표의 단순한 검토는 어떤 유익이 있을까?

감사받은 재무제표는 일단 신뢰할 수 있다. 최근에 경영자가 허위로 작성한 재무제표를 믿고 투자했다가 큰 손해를 입은 투자자들에게 해당 회계법인이 엄청난 변상비용을 지불해야 했던 사례들이 존재한다. 그러나 감사받은 재무제표는 기업이 작성한 재무제표에 대해 독립적인 제3자의 입장에서 전문감사인이 신뢰성을 부여한 것이다.

투자자로서 감사받은 재무제표를 분석할 때, 많은 시간을 투자하기 전에 다시 한 번 심사숙고하면서 고민할지도 모른다. 왜냐하면, 수많은 투자자들이 동일한 재무분석을 하고 있다는 것을 알고 있으며, 다른 투자자들이 발견할 수 없는 주요 사항을 혼자서 찾아낼 수 있는 확률은 거의 없기 때문이다. 그러나 빠른 투자분석을 위해 지난해 기업의 매출액에 대한 변화율을 당기순이익과 영업활동 관련 자산의 변화율과 비교 검토해 보는 것은 의미 있는 일이다. 이는 가치 있는 주요한 비율차이를 발견할 수 있기 때문이다. 단 한 번의 재무제표의 검토라 할지라도 기업의 재무구조를 이해하는 데에 있어 가장 좋은 방안이다. 보수적인 회계처리방법을 사용하고 있는 기업에 대해서는 너무 걱정할 필요는 없다. 이는 해당 기업의 주식가치에 결코 역효과를 준다고 할 수 없기 때문이다. 반면, 기업의 회계정책과 관련하여 회계처리방법이 회계이익과 자산가치에 어떠한 영향을 주고 있는지를 항상 주의 깊게 관찰해야 한다.

재무제표의 공시(disclosure)는 재무보고서에서 적용할 인식(recognition) 및 측정(measurement)과 함께 주요한 회계의 기능이다. 재무제표에서 기업의 이익전략에 대한 지침을 굳이 찾으려고 할 필요는 없나. 기업가치는 주로 미래를 예측할 수 있는 과거 및 현재의 기업이익과 많은 관련이 있는 것은 사실이다. 그러나 기업의 시장가치는 재무제표상에서는 결코 발견되지 않는다. 분명히 공시제도는 오랜 기간에 거쳐 많은 진전이 이루어지고 있다. 오늘날 재무제표상에서 일반적인 내용은 '경영진의 논의 및 분석'(MD&A : management discussion and analysis)에서 열거되고 있다. 여기에서 기업의 경영성과와 문제점 그리고 경영전략 등이 제시된다. 사실 공시제도는 경쟁적 우위를 확보하는 측면에서, 기업에 어떠한 손실도 입히지 않으면서 미래의 경영비전을 확장시킬 수 있는 주요 장치이다.

국제회계기준(IFRS)의 특징 중의 하나도 주석으로 공시되는 재무정보를 매우 강조하고 있다는 것이다. 우리나라 재무제표 공시에 관한 규정을 살펴보면 상법상의 회사는 영업보고서를, 외감법상의 회사는 감사보고서를, 그리고 자본시장법상의 회사는 사업보고서를 작성하여 상세한 정보를 제공해야 한다.

요약하면, 기업에 대한 유용한 재무정보를 찾기 위한 다양하고 많은 정보의 원천이 존재하고 있다. 특히 연차보고서는 기업의 경영성과, 재무상태, 그리고 현금흐름에 관한 정보의 요새로 자리매김을 계속할 것이다. 나아가 향후 인터넷 생태계에서 이러한 유용한 정보의 공시제도는 수작업 파일이 아닌 새로운 전자파일에 의해 계속적으로 변화될 것임이 분명하다.[5)]

---

5) 오늘날에는 기업들의 재무제표와 그 밖의 모든 자료에 대한 전자데이터베이스가 구축되어 인터넷을 통해 데이터 입수가 가능하도록 되어 있다. 이와 같은 재무정보의 거대한 데이터베이스(EDGAR : electronic data gathering, analysis, and retrieval system)를 통해 많은 기업들은 재무정보를 유용하게 사용하고 있다. 또한 정보이용자들에게 다양한 정보를 제공하기 위해 웹사이트를 구축하고 있다. 예를 들면, 금융감독원의 전자공시시스템(DART) 및 LEXIS/NEXIS 데이터베이스는 어떤 특정 회사의 정보를 찾는 데에 아주 유용하게 사용된다. 또한 Moody's(Moody's Investors Services)와 S&P(Standard and Poor's)와 같은 재무정보공표 회사들은 해당 회사의 주요 역사적 배경까지 제공하고 있다.

잠깐! 끝맺기 전에 한마디

기업의 재무제표를 근거로 하여 투자의사결정을 내릴 때, 투자자는 항상 신중하고 주의 깊게 결정해야 한다. 대부분의 많은 투자자들과 채권자들은 기업의 재무제표가 지닌 한계점을 충분히 이해하지 못한다. 그러나 현명하게 사용한다면, 재무제표의 기본적인 분석은 투자와 자금대여를 위한 의사결정에 필수적인 출발점이 될 수 있을 것이다.

기업경영분석을 위한 재무비율분석의 수치를 잘 이해하기 위해서는 산정된 수치와 상호비교할 수 있는 비교기준(benchmark)이 반드시 필요하다. 즉, 특정 기간이나 기업 재무수치로 해당 기업의 경영성과 및 재무상태를 평가하기 위해서는 어떤 기준치가 필요하다. 기업분석시 일반적인 비교기준으로 활용될 수 있는 주요 사항은 다음과 같다.

① 해당 기업의 과거의 재무비율(추세분석)
② 해당 기업 경쟁회사의 재무비율
③ 해당 기업이 속한 산업평균재무비율

영어로 토의해 보기(Discussion Questions)

[DISCUSSION 1]

Despite many years of research, the evidence on market efficiency appears to be inconclusive. Some argue that this is because researchers have been unable to link company fundamentals to stock prices precisely. Comment.

ANSWER

Evidence on market efficiency comes primarily from studies that show how stock prices change with the announcement of new public information. In general, these studies show that stock prices change quickly with these announcements, implying a high level of efficiency. However, more recent efficient markets research suggests that this conclusion may be premature. This research finds, for example, that earnings information is not completely impounded into price for several quarters, a significant departure from the notion of a highly efficient market.

The primary difficulty in interpreting the evidence on market efficiency is that the empirical tests are joint tests of market efficiency with a particular asset-pricing model. The abnormal returns generated by trading strategies based on firm size and price-to-earnings ratios, for example, may therefore reflect the omission of important sources of risk from the pricing model used to generate the abnormal returns, rather than a market inefficiency.

[DISCUSSION 2]

John, who has just completed his first finance course, is unsure whether he should take the course Business Analysis and Valuation Using Financial Statements, since he believes that financial analysis adds little value, given the efficiency of capital markets. Explain to John when financial analysis can add value, even if capital markets are efficient.

ANSWER

Efficient market hypothesis states that security prices reflect all avaliable information, as if such information could be costlessly digested and translated immediately into demands for buys or sells. Efficient market hypothesis implies that there is no further need for analysis involving a search for mispriced securities.

However, if all investors adopted this attitude, no equity analysis would be conducted, mispricing would go uncorrected, and markets would no longer be efficient. This is why there must be just enough mispricing to provide incentives for the investment of resources in security analysis.

Even in an extremely efficient market, where information is fully impounded in prices within minutes of its revelation (i.e., where mispricing exists only for minutes), John can get rewards with strong financial analysis skills :

(1) John can interpret the newly announced financial data *faster* than others and trade on it within minutes ; and

(2) Financial analysis helps John to understand the firm better, placing him in a better position to interpret other news *more accurately* as it arrives.

Market may be not efficient under certain circumstances. Mispricing of securities may exist days or even months after the public revelation of a financial statement when the following three conditions are satisfied :

(1) relative to investors, managers have superior information on their firms' business strategies and operation ;

(2) managers' incentives are not perfectly aligned with all shareholders' interests ; and

(3) accounting rules and auditing are imperfect.

When these conditions are met in reality, John could get profit by using trading strategies designed to exploit any systematic ways in which the publicly available data are ignored or discounted in the price-setting process.

Capital in market efficiency is not relevant in some areas. John can get benefits by using financial analysis skills in those areas. For example, he can assess how much value can be created through acquisition of target company, estimate the stock price of a company considering initial public offering, and predict the likelihood of a firm's future financial distress.

[DISCUSSION 3]

Financial reporting rules in many countries outside the U.S. (e.g., the UK, Australia, New Zealand, and France) permit management to revalue fixed assets (and in some cases even intangible assets) that have increased in value. Revaluations are typically based on estimates of realizable value made by management or independent valuers. Do you expect that these accounting standards will make earnings and book values more or less useful to investors? Explain why or why not. How can management make these types of disclosures more credible?

ANSWER

The usefulness of earnings and book values will depend on any information asymmetry between management and investors as well as management's incentives to manage reported performance using fixed asset revaluations. Consider the case where management has more precise information on the value of certain key assets than investors. Asset revaluations are one way for them to provide information to investors on these values.

Of course, information asymmetry also provides management with the opportunity to use discretion in making revaluations to conceal poor performance, perhaps to increase compensation or job security, or to reduce the risk of violating debt contracts.

Hence, if there are effective institutional constraints on the abuse of management reporting discretion, such as monitoring by independent auditors and valuers, the press, the board of directors, and financial analysts, permitting management discretion in financial reporting will increase the usefulness of financial accounting reports. However, if these institutional constraints are ineffective, discretion will actually reduce the value of accounting data.

[DISCUSSION 4]

Consider the case where all investors are fundamental investors and agree on the "fundamental value" of stocks. What is your prediction about the behavior of stock prices?

ANSWER

Stocks would be "efficiently priced" at the agreed "fundamental value." No investor would be able to make a return from a deviation of market prices from fundamental value. Stock prices would change as new information arrived that revised the fundamental value. But that new information would be unpredictable beforehand. So changes in prices would also be unpredictable : stock prices would follow a "random walk."

Investors may disagree on "fundamental value," of course. We would then expect the traded price to be a consensus of opinions about value.

CHAPTER

20 관리회계의 이해

지금까지 논의된 각 장의 내용은 기업이 공시한 외부재무제표(external financial statements)와 관련된 주제들을 주로 다루고 있다. 그러나 회계는 기업재무활동의 외부보고 이외에도 많은 기업내부 보고와 관련되어 있다. 따라서 지금까지 논의된 내용과는 다른 각도에서 간략하게나마 회계의 의미를 살펴보도록 한다. 이는 외부재무제표의 한계점을 이해하기 위해서도 필요한 내용이다. 또한 기업의 외부정보이용자인 투자자와 자금공급자 등을 위한 외부재무보고서와 내부정보이용자인 경영관리자를 위한 내부원가보고서 간의 차이점도 쉽게 이해할 수 있다.

관리회계는 회계의 주요한 영역 중의 하나이다. 통상 회계는 재무회계와 관리회계로 대별된다. 재무회계(financial accounting)는 투자자, 채권자, 정부기관 등 기업의 외부정보이용자를 위한 회계보고서의 작성과 공시를 강조하는 반면에 관리회계(management accounting)는 기업 내부적으로 경영관리자의 의사결정에 필요한 회계정보의 제공을 강조한다.

기업이 내부적으로 관리해야 할 가장 중요한 일은 바로 정확한 원가를 계산하는 것이다. 원가보고서는 경영자의 모든 의사결정에 가장 근간이 되는 자료이며 기업의 정확한 손익을 결정하기 위해 필요한 중요한 자료이다. 이때 기업이 내부적으로 정확한 원가를 계산하는 방법을 다루는 영역이 원가회계(cost accounting)이다. 경영관리자는 우선 제품의 총원가와 단위당 원가가 얼마인지를 정확히 산정해내야, 이를 바탕으로 기업의 손익을 분석함은 물론 조직내부의 다양한 의사결정을 효과적으로 수행할 수 있다.

이러한 원가회계는 내부의사결정 목적의 관리회계 측면과 외부보고 목적의 재무회계 측면을 모두 가지고 있다. 원가계산은 재무보고에 영향을 미치기에 원가계산준칙을 따라야 하기 때문이다.

본장에서는 내부의사결정에 필수불가결한[1] 원가보고서를 포함한 회계정보의 활용을 간략하게 살펴보고자 한다. 기업의 내부경영관리자는 원가정보를 포함한 회계정보를 활용하여 다양한 의사결정을 수행하는데, 가장 핵심적인 의사결정의 예로 두 가지를 들 수 있다. 이 중 하나는 제품생산량을 결정하는 일이고, 다른 하나는 다양한 상황에서 발생할 수 있는 많은 대안 중에 최적의 안을 선택하는 일이다.

제조기업의 가장 본연의 기능이 바로 '제품을 생산하여 판매하는 일'이므로, 경영자가 제품의 생산량을 결정하는 일은 매우 중요하다. 즉, 경영자는 우선적으로 기업이 손실을 보지 않고 이익을 극대화하기 위해 제품의 적정한 생산량을 결정해야 한다. 또한 기업은 제품생산과 관련된 의사결정 이외에도 제조환경 속의 다양한 상황에 직면하게 되는데, 경영자는 이익을 극대화하기 위해 많은 대안들 중에 가장 좋은 대안을 선택해야만 한다.

본장은 세 절로 나누어 우선 경영의사결정에 활용될 원가의 특성을 살펴보고, 원가정보를 활용하여 제품생산량을 결정해 보며, 여러 가지 대안 중 최적의 대안을 선택하는 것에 대해 살펴보고자 한다. 첫째, 경영자가 원가정보를 활용하여 제대로 판단하기 위해서는 우선 원가의 특성을 명확히 알아야 한다. 원가의 특성 중 가장 중요한 개념은 바로 변동비와 고정비와 관련된 사항(이를 원가행태라고 함)이다. 경영자는 원가의 변동적 요소와 고정적 요소를 구별할 줄 알아야 제대로 된 의사결정을 할 수 있다. 둘째, 변동비와 고정비라는 원가의 특성을 구분하여 '기업이 손실을 보지 않거나 이익을 극대화시키는 생산량'을 결정하는 문제를 설명한다. 이를 CVP분석(cost-volume-profit analysis)이라 한다. 셋째, 경영자가 원가정보를 활용하여 각 대안을 비교한 후 최적의 대안을 선택하는 방법으로 관련원가(relevant costs) 분석을 설명한다.

본장의 성격은 한번쯤 경험삼아 대충 훑어볼 수 있는 내부의사결정용 회계와 외부보고용 회계 사이에 작은 연결고리와 흡사하다고 할 수 있다. 따라서 본

1) 구체적인 제품원가의 계산과 관련해서는 원가회계를 심화하여 학습할 것을 권장한다.

장에서는 기업경영자의 내부의사결정에 필수불가결한 원가정보를 강조하는 관리회계를 조명하고자 한다. 그러나 관리회계의 전반적인 내용에 비해, 아주 간략하게 정리된 맛보기에 불과한 내용들이다.

1. 원가는 어떤 특성을 가질까?

경영자가 원가정보를 가지고 의사결정을 수행하기 전에 우선 원가의 중요한 특성을 이해해야 한다. 원가는 제품의 생산량이나 작업시간 등으로 표시되는 소위 '조업도(volume)'의 수준에 따라 해당 원가가 변화하는 양상에 의해 구분하게 된다. 이러한 양상에 따라 크게 '변동비'와 '고정비'로 분류할 수 있다.

[그림 20-1]은 원가를 단순히 '변동비'와 '고정비'로 분류할 때, 각각의 양상을 보여준다. 변동비(variable costs)는 제품생산량이 증가함에 따라 비례적으로 비용이 증가하는 항목을 의미하고, 고정비(fixed costs)는 제품생산량이 증가하더라도 비용의 변화가 없는 항목을 의미한다.

제품을 더 많이 생산하기 위해서는 더 많은 자원이 소모되므로 상식적으로 관련 비용이 증가하는 것은 당연해 보인다. 변동비는 이렇게 생산량이 증가함에

그림 20-1 원가분류 : 변동비와 고정비

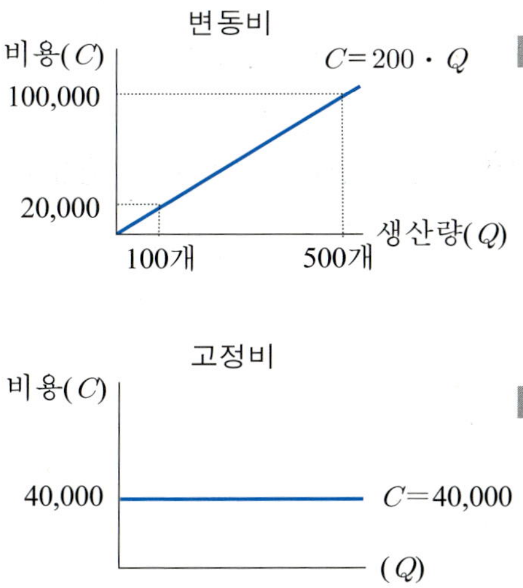

생산량(Q)에 따라 총액이 변하는 원가

- 생산량(Q) 100개일 때,
  변동비(C)=200원×100개=20,000원
- 생산량(Q) 500개일 때,
  변동비(C)=200원×500개=100,000원

생산량(Q)에 따라 총액이 변하지 않는 원가

- 생산량(Q) 100개일 때, 비용=40,000원
- 생산량(Q) 500개일 때, 비용=40,000원

따라 필연적으로 비용이 늘어난다는 사실을 의미하는 것이다. 물론 [그림 20-1]과 같이 기업이 실제로 제품을 생산하면서 생산량에 따라 정확하게 비례하는 경우(완전한 $C=bQ$의 함수관계를 의미함)를 찾는다는 것은 다소 곤란한 일이 될 수도 있다. 통상 기업에서 변동비라 부른다면, 정확하게 'y절편이 0인 일차함수($Y=bX$)'의 형태를 갖는 원가라기보다는 제품생산량이 늘어나면 대체로 이에 비례하여 증가하는 원가를 의미한다.

반면에 고정비라 함은 실제 제품생산이 이루어지든 그렇지 않든지 간에 또는 제품생산이 늘어난다 할지라도 무조건 일정한 비용이 발생하고 있는 항목을 의미한다. 여기서 고정비의 경우 제품생산이 이루어지지 않더라도 비용이 무조건 발생하고 있음에 주목해야 한다. 즉, 기업이 제품을 생산할 의도를 가지고 있다면 무조건 일정한 비용은 투입해야 하는 것이다. 예를 들어보면 다음과 같다. 어떤 제조기업이 제품생산을 위해 필요한 토지와 공장을 직접 매수하거나 건설하지 않고, 다른 기업으로부터 적절한 공장을 임차하여 쓴다고 가정해 보자. 이 경우 동 기업은 실제 제품을 생산하였는지는 상관없이 일단 공장을 임차하고 임차료를 지불해야 한다. 동시에 한번 공장을 임차하고 임차료를 지급한다면 제품생산량과는 상관없이(심지어 제품을 생산하지 않더라도) 일정기간 동안 동일한 임차료를 지불하면 되는 것이다.

한편, 원가는 생산량 변동에 따라 변화하는 양상에 따라 변동비와 고정비로 나눌 수 있지만, 때에 따라 두 가지의 특성을 모두 가지고 있는 원가(이를 준변동원가라 한다)도 있다. [그림 20-2]는 택시요금의 사례를 보여준 것이다. 택시요금은 일정한 거리(조업도)까지는 기본료만 받으므로 고정비의 행태를 보여주다가,

그림 20-2 택시요금

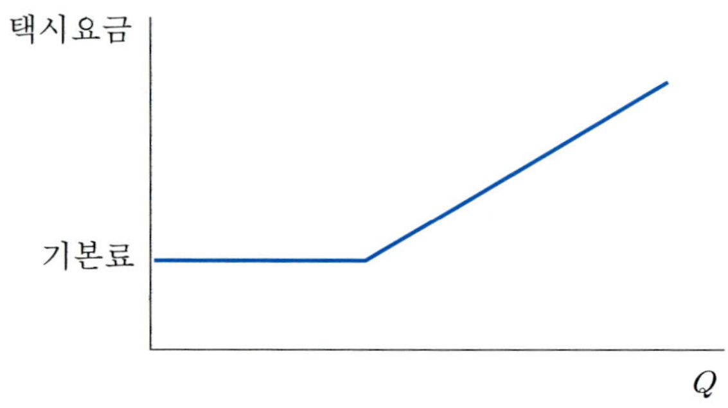

일정거리를 넘으면 거리나 시간(조업도)에 비례하여 요금을 받으므로 변동비의 행태를 보여준다. 따라서 택시요금은 고정비와 변동비의 성격이 혼합되어 있다고 볼 수 있다.

지금까지 원가의 중요한 특성을 살펴보았는데, 경영자는 원가의 변동적 요소와 고정적 요소를 분별할 줄 알아야 해당 원가정보에 기초하여 합리적인 의사결정을 할 수 있다. 만약 경영자가 어떤 제품의 생산량을 늘릴 계획이라면, 어떤 원가는 생산량에 비례하여 늘어나는지 아니면 또 다른 원가는 생산량과 무관하게 변화가 없는지를 알아야, 생산량을 늘리면 이익이 증가하는지 아니면 감소하는지를 파악할 수 있다. 경영자가 복잡한 제조환경에서 최적의 의사결정을 도모하기 위해서는 무엇보다도 조업도의 변화와 관련지어 원가들을 구분해내는 것이 선행되어야 하는 것이다.

2. 이익을 달성하기 위한 생산량은 어떻게 결정될까?

경영자의 의사결정 중 가장 핵심적인 문제 중의 하나인 '기업이 손실을 보지 않거나 혹은 이익을 극대화시키는 생산량은 무엇인가?'를 결정하는 문제이다. 즉, 제조기업의 가장 본연의 기능이 바로 '제품을 생산하여 판매하는 일'이므로 경영자는 제품생산량을 결정하는 일이 가장 중요하다. 문제를 단순화하기 위해 본절에서는 기업이 제품을 생산하는 대로 동 제품이 판매된다고 가정하여 논의한다.

경영자가 제품의 생산량과 관련하여 던지는 가장 기본적인 두 가지의 질문이 있다. 그 질문은 아래와 같다.

첫째, '손실을 보지 않으려면 최소한 몇 개의 제품을 판매해야 하는가?'이다. 기업이 제품을 생산하여 판매함으로써 이익은 보지 못하더라도 최소한 손실은 면해야만 당장 폐업은 막을 수가 있다. 물론 사업 초기에 빠른 정착을 위해 무조건 팔 수만 있다면 생산원가에도 못 미치는 가격에 박리다매를 추구할 수도 있을 것이다. 그러나 생산원가에도 못 미치는 가격에 제품을 지속적으로 팔 수는 없는 노릇이다. 얼마 가지 않아 기초자본금조차 거덜나서 결국 폐업을 맞을 것이다. 결국 기업은 생산원가를 넘는 범위에서 시장에 팔릴 수 있는 가격을 합리적으로 설정하고 이러한 가격이라면 어느 정도 팔아야 손실을 보지 않는지를 결정할 수 있다. 여기서 기업이 손실을 보지 않는 지점을 손익분기점(break even point)이라고 하고, 손익분기점에서의 생산량을 산정한다는 것은 경영자는 결국 어느 정도를 팔아야 손해를 보지 않는지에 대한 해답을 얻는 것이다.

둘째, '기업이 이 정도의 이익을 내는 것을 목표로 하고 있는데(목표이익), 이러한 목표를 달성하려면 과연 어느 정도 판매해야 하는가?(목표판매량)'이다. 앞서 첫 번째 질문과 같이 손실을 보지 않도록 최소한 어느 정도 팔아야 하는가의 문제는 생존과도 직결되므로 매우 중요한 질문임에 틀림없다. 그렇지만 기업은 결국 이익을 내서 장기 성장을 꾀하는 것이 숙명이므로 이를 위해 기업전략을 수립하고 제반 상황을 고려하여 목표이익을 수립하게 된다. 즉, 기업의 경영자 및 종업원들 모두 '이 정도의 이익은 내야 한다'는 목표에 공감해야 하나로 뭉쳐 성장을 꾀할 수 있는 것이다. 경영자는 이러한 목표이익을 달성하기 위해 과연 제품을 어느 정도 팔아야 하는지에 대해 고민한 이후, 목표생산량(판매량)이라는 실천적이고 가시화된 목표를 기업의 모든 소속원들에게 제시해야 한다.

위에서 제시된 기본적인 두 개의 질문에 대한 해답은 소위 '원가-조업도-이익 분석(CVP analysis : cost-volume-profit analysis)'이라 부르는 분석방법에 의해 접근할 수 있다. 이를 간략하게 소개하고자 한다.

우선 첫 번째 질문은 '손실을 보지 않으려면 최소한 몇 개의 제품을 판매해야 하는가?'인데, 이를 손익분기점에서의 생산량이라고 한다. 기업이 제품에 대한 적정가격을 설정하여 판매하기 시작하면, 판매량의 증가에 비례하여 총수익도 증가하게 된다. 대부분의 경우 제품 1단위당 가격이 존재하고 제품판매량이 늘어나면 총수익(TR : total revenue)도 증가하게 된다. 이를 수식으로 정의해 보면 식 ①과 같다.

그림 20-3 총수익

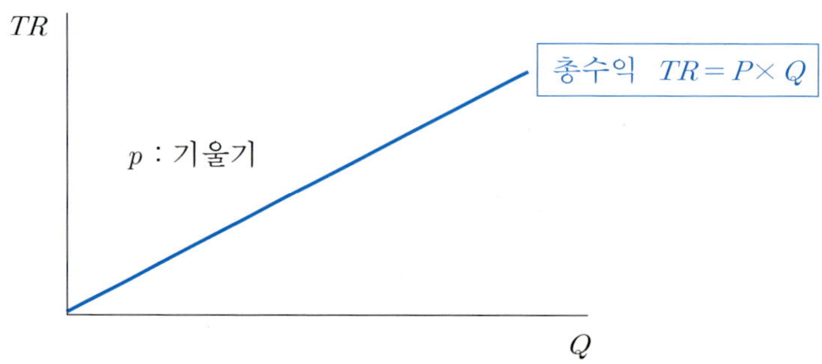

총수익(TR)=단위당 판매가격(p)×판매량(Q) .... ①

식 ①을 보면, 총수익(TR)은 판매량에 완전하게 비례하는 형태임을 알 수 있다. 물론, 어떤 기업이 묶음 단위로 판매하여 묶음 단위로 판매대금을 받는다고 한다면, 위와 같은 완전한 일차식의 형태가 될 수는 없다. 그러나 통상 기업이 최종소비자에게 판매하는 형태는 판매량에 따라 판매대금을 받게 되므로 위 식과 같은 형태가 일반적이다. 이를 그래프로 보면 [그림 20-3]과 같다.

이번에는 총원가(TC : total cost)의 측면을 보기로 하자. 식 ②는 총원가를 보여준다.

총원가(TC)
=총변동원가 +총고정원가
=단위당 변동비(v)×판매량(Q)+총고정원가(F) .... ②

앞서 살펴본 것과 같이, 원가는 생산량이 늘어나면서 비례하여 늘어나는 변동비가 있고, 생산량과는 상관없이 일정하게 발생하는 고정비가 있다(여기서는 준변동원가는 무시하기로 하자). 식 ②의 경우 총원가를 총변동원가와 총고정원가로 구분한 것이다. 총변동원가(TC)는 제품의 수량이 늘어날 때 비례하여 늘어나므로 단위당 변동비(v)에 제품수량(Q)을 곱하여 산정하고, 총고정원가(F)는 제품

그림 20-4 총원가

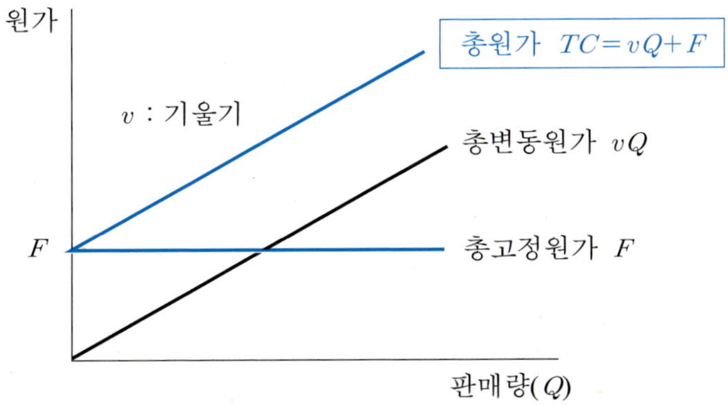

수량과 무관하므로 총금액을 그대로 표기한다. 이를 그래프로 보면 [그림 20-4]와 같다.

여기서 총이익(TM : total margin)은 총수익에서 총원가를 빼면 구할 수 있다. 따라서 위 식 ①에서 식 ②를 차감하면 바로 총이익이 된다. 총이익을 산정하는 과정을 보면 식 ③과 같다.

총이익(TM)
= 총수익(TR) − 총원가(TC)
= 단위당 판매가격(p) × 판매량(Q)
− 단위당 변동비(v) × 판매량(Q) − 총고정원가(F)
$= (p-v)Q-F$ ………………………………………… ③

식 ③에서 총이익은 총수익에서 총원가를 차감하여 산정된다. [그림 20-5]를 통해 총이익 부분을 확인해 보자.

이제는 손익분기점에서의 생산량을 살펴보자. 손익분기점(BEP : break even point)은 손실도 이익도 나지 않는 지점을 의미하는데, 바로 총이익이 0인 지점이다. 그렇다면, 손익분기점에서의 생산량은 바로 식 ③에서 총이익을 0으로 놓을 때의 생산량(Q)을 의미하게 된다. 이를 위해 식 ③을 정리하면 식 ④와 같다.

그림 20-5 총이익

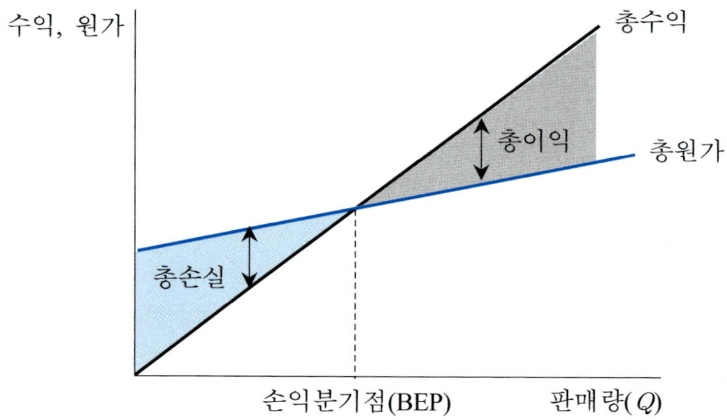

> 손익분기점 생산량(Q at BEP)
> $= F \div (p-v)$ ·· ④
> $=$ 총고정원가$(F) \div$ 단위당 공헌이익$(p-v)$ ························ ⑤

위의 식 ④에서 단위당 판매가격(p)에서 단위당 변동비(v)를 차감한 것을 단위당 공헌이익(Unit Contribution Margin)이라 정의하고 식 ⑤와 같다. 여기서, 단위당 공헌이익은 제품 1단위를 더 팔 때 늘어나게 되는 이익을 의미하게 된다. 결국 손익분기점 생산량은 총고정원가를 단위당 공헌이익으로 나눈 값이 된다는 것을 식 ⑤를 통해 알 수 있다. 결국, 식 ④와 식 ⑤는 기업이 손실을 보지 않기 위해서 어느 정도의 제품을 팔아야 하는지를 말해주는 것이다. 이것이 바로 손익분기점 판매량이다. 손익분기점 판매량은 총고정원가를 단위당 공헌이익으로 나눈 개념이라는 사실을 알 수 있다.

이제는 두 번째 질문인 '기업이 이 정도의 이익을 내는 것을 목표로 하고 있는데, 이러한 목표를 달성하려면 과연 어느 정도 판매해야 하는가?'에 대해 살펴보기로 한다. 이미 설명한 첫 번째 질문은 기업이 최소한 손실을 보지 않기 위한 일종의 '생존판매량'과 관련되어 있는 데 반해, 두 번째 질문은 기업의 장기적 성장을 위한 전략 아래 수립하고 있는 목표이익 창출을 위한 '목표판매량'과 관련되어 있다.

우선 총이익을 산정하기 위한 식 ③을 다시 변경하면 식 ⑥과 같다.

> 총이익
> $=$ 총수익$(TR)-$총원가(TC)
> $=$ 단위당 판매가격$(p)\times$판매량(Q)
> $-$단위당 변동비$(v)\times$판매량$(Q)-$총고정원가(F)
> $=$ 단위당 공헌이익$(p-v)\times$판매량$(Q)-$총고정원가(F) ········· ⑥

식 ⑥에서 총이익을 기업의 목표이익(target margin)으로 대체하면, 자연히 판매량은 목표판매량(target Q)이 되므로 아래 식 ⑦과 같이 나타낼 수 있다.

> 목표이익
> =단위당 공헌이익$(p-v)$×목표판매량(target Q)−총고정원가(F) … ⑦

식 ⑦은 목표이익과 목표판매량의 일차함수 관계를 보여주고 있는데, [그림 20-6]을 통해 양자의 관계를 확인해 보자.

그림 20-6 목표이익과 목표판매량

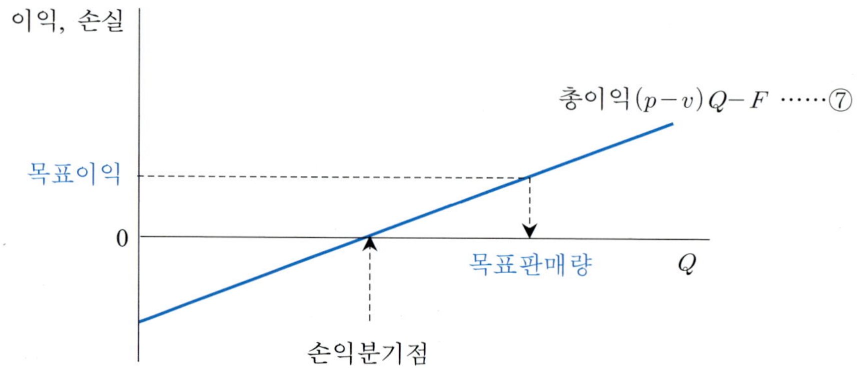

식 ⑦에서 목표판매량을 구하기 위해 식을 정리하면 식 ⑧과 같이 나타낼 수 있다.

> 목표판매량(target Q)
> =(총고정원가+목표이익)÷단위당 공헌이익 …………………… ⑧

식 ⑧을 통해 우리는 목표판매량은 '총고정원가와 목표이익의 합'을 단위당 공헌이익으로 나눈 값이 된다는 것을 알 수 있다. 결국, 식 ⑧은 기업이 목표이익을 달성하기 위해서 어느 정도의 제품을 팔아야 하는지를 말해준다. 앞서 언급한 바와 같이 경영자는 기업 전체가 목표한 이익을 달성하려면 과연 제품을 어느 정도 팔아야 하는지에 대해 고민하여 해답을 기업 내의 모든 관리자 및 종업원들에게 제시해야 할 것이다.

3. 최적의 대안을 어떻게 찾을까?

경영자는 앞서 살펴본 제품의 생산량과 관련된 의사결정 이외에도 제조환경 속의 다양한 상황에 직면하면서 원가정보를 활용하여 많은 대안들 중에 최적의 대안을 선택해야만 한다. 예를 들면, 일회성 특별주문을 요청받았는데 이를 수락하는 것이 좋을지? 제품에 들어가는 특정 부품을 외부에서 조달할지 아니면 자가생산해야 하는지? 기존의 구기계나 설비를 그대로 사용할지 또는 신기계나 설비로 대체할지? 등 열거하기도 어려운 수많은 선택의 상황에 직면하게 된다. 이러한 다양한 선택의 상황에서 경영자는 기업 내·외부정보를 활용하여 최적의 대안을 찾아야 하는 것이다.

경영자가 제조와 관련된 의사결정을 수행하는 경우 정확한 원가정보의 기초 위에 제대로 된 판단기준을 가지고 의사결정을 수행할 때서야 비로소 기업을 성공적으로 이끌고 나갈 수 있다. 여기서 경영자가 제대로 된 판단을 하기 위해서는 대안을 비교할 때 대안간의 차액을 발생시키는(또는 의사결정에 직접적으로 관련되는) '관련원가(relevant costs)'를 산정해낼 수 있어야 한다.

본절에서는 일회성 특별주문의 예를 통해 대안간의 차액을 발생시키는 '관련원가분석'을 설명한다. 우선 관련원가(관련수익 포함)와 관련원가분석이 무엇인지를 살펴보자. 경영자는 기업경영을 하면서 수많은 대안들 중에 최적의 대안을 선택해야 하는 상황에 직면하게 된다. '관련원가'라 함은 여러 가지 대안간의 차이를 발생시키는 원가를 의미한다. 만약 경영자가 두 개의 대안만을 고려한다고 할 때, 두 대안간의 차이를 발생시키면 '관련원가'이고, 두 대안간의 차이를 발생시키지 않으면 '비관련원가'이다. 당연히 두 대안간의 좋은 대안을 선택하고자 할 때, 대안간의 차이를 발생시키지 않는 '비관련원가'는 의사결정과정에서 고려하지 않아야 한다.

중요한 것은 어떤 원가가 '관련원가'인지 아닌지는 절대적으로 정해져 있는 것이 아니라 상황에 따라(즉, 비교하는 대안에 따라) 달라진다. 즉, 어떤 상황에서는 특정 원가가 관련원가가 되지만, 또 다른 상황에서는 특정 원가가 비관련원가가 되기도 한다.

한편, 관련원가와 유사하게 '관련수익(relevant revenue)'이란 개념도 함께 사용된다. 마찬가지로 관련수익이란 고려중인 여러 가지 대안간의 차이를 발생시키는 수익을 의미한다. 여러 수익 중에서 대안간의 차이를 발생시키면 관련수익이고, 그렇지 못하면 '비관련수익'이라 한다.

통상적으로 '관련 수익 및 원가 분석'이라 함은 '관련수익과 관련원가'를 '비관련수익이나 비관련원가'로부터 분리해내고, 대안간의 차이가 있는 금액이 얼마인지를 결정하는 일이라 할 수 있다. 관련수익 및 관련원가 분석을 할 때, 관련수익의 인식은 비교적 쉬운 반면에 관련원가의 인식은 고려해야 할 사항이 많아서 다소 복잡하다. 따라서 관련수익 및 관련원가 분석을 할 때에는 주로 관련원가에 초점이 맞추어지므로 간단히 '관련원가분석'이라도 부르기도 한다.

제조환경에서 많은 의사결정은 생산량 증대 및 감소와 병행하여 이루어지는 경우가 많다. 따라서 수많은 대안간의 선택의 상황에서 관련원가분석을 수행하는 경우, 우선 원가가 변동비적 성격을 갖는지 아니면 고정비적 성격을 갖는지는 결정해야 한다. 많은 경우에 있어 변동비는 관련원가로서 의사결정에 고려한다. 반면에 고정비는 비관련원가로 의사결정에 고려되지 않는 경우가 다반사다. 그렇지만, 변동비라 해서 무조건 관련원가이고 고정비라 해서 무조건 비관련원가가 되는 것은 아니라는 점에 유의해야 한다.

또한 생산량의 증대 및 감소가 전제되어 있는 경우, 관련원가 중 변동비와 관련해서 단위당 변동비를 산정해 고려하는 것이 좋다. 왜냐하면 생산량이 늘거나 줄 때 해당 원가의 변동을 바로 파악할 수 있기 때문이다. 반면에, 고정비가 관련원가에 포함된 경우는 총액이 중요하지 단위당 고정비는 큰 의미가 없는 경우가 대부분이다. 왜냐하면 대안간에 차이를 발생시킬 경우 고정비는 고려되어야 하지만, 고정비 자체는 제품수량과는 관련이 없으므로 단위당 고정비를 산정하는 것은 큰 의미가 없기 때문이다.

그렇다면, 실제로 아래의 일회성 특별주문의 사례를 통해 대안간의 차액을 발생시키는 '관련원가분석'을 수행해 보자.

[사례 1] 특별주문관련 의사결정 (1)

침대제조기업 (주)대목은 일반침대와 고급침대라는 두 개 유형의 제품을 제조하여 판매하는 기업이다. (주)대목은 일반침대의 경우, 가정용소비자를 대상으로 하고 있으므로 몇 군데 백화점에 납품하거나 직매장을 통해 판매하고 있고, 고급침대의 경우 고급호텔에 사용할 수 있도록 제조하고 있으며 7개의 고급호텔체인과 장기계약하여 정기적으로 납품하고 있다. 이 같은 상황에서 기존의 장기계약중인 호텔체인이 아닌 다른 한 호텔에서 갑작스럽게 개업을 빨리 하게 되어 고급침대 100개가 부족하다고 하며 한 개당 150만원에 구입하겠다고 주문을 하였다. 동 호텔은 다른 침대제조기업과 장기계약을 맺은 상태이므로, 동 주문은 장기계약이 아닌 일회성 주문이다. 다음은 (주)대목의 고급침대 생산과 관련된 자료이다.

제품단위당 변동비 :	100만원
총고정비 :	40,000만원

단, 기타 판매비나 일반관리비는 발생하지 않는다고 가정한다. 위와 같은 상황에서 (주)대목은 다른 한 호텔로부터의 고급침대 100개에 대한 특별주문을 수락해야 할까?

이 문제를 풀기 위해 다시 한 번 앞에서 관련원가분석을 위해 강조한 두 가지 사항을 살펴보자. 첫째, 원가를 고정비와 변동비로 구분할 때 고정비는 생산량의 증감과 무관하므로 대부분의 경우 비관련원가로서 고려하지 않게 된다는 점이다. 그렇지만, 대안간에 차이를 발생시키는 고정비는 관련원가로 고려한다. 둘째, 생산량의 증감이 전제된 경우 변동비를 관련원가로 고려할 때에도 단위당 변동비를 알아야 하고 단위당 변동비에 제품수량을 곱해서 총변동원가를 산정할 수 있다는 것이다.

이제는 두 가지 사항을 염두에 두면서 관련원가분석을 수행하자. '관련(수익)원가분석'이라 함은 '관련수익과 관련원가'를 '비관련수익이나 비관련원가'로부터 분리해내고 대안간의 차이가 있는 금액이 얼마인지를 결정하는 일이다. 따라서 가장 먼저 해야 할 일은 비관련원가를 제거하는 것이다.

현재 고급침대 생산을 위해서는 변동비와 고정비가 발생하고 있다. 그렇다면, 이 중에 비관련원가는 무엇인가? 위의 사례에서 특별주문을 수락하든 그렇지 않든 간에 40,000만원의 총고정원가는 무조건 발생하게 된다. 즉, 고급침대의 특별주문을 수락하는 대안이든 아니면 수락하지 않는 대안이든 간에 고정비는 동일한 금액으로 발생하므로 양 대안간의 선택을 하는 문제에서는 고려될 여지가 없는 것이다. 따라서 고정비는 비관련원가이므로 더 이상 의사결정에 고려하지 않는다.

그렇다면, 특별주문을 수락하는 경우와 그렇지 않은 경우 관련 수익 및 원가는 무엇이고 또 얼마인가? 특별주문을 수락하는 경우 개당 주문가격이 150만원이고 주문량이 100개이므로 총관련수익은 15,000만원이다. 또한 특별주문을 수락하는 경우 변동비는 추가적으로 발생하는데, 개당 변동비가 100만원이고 주문량이 100개이므로 총관련원가는 10,000만원이다. 따라서 특별주문을 수락하는 경우 증분이익은 5,000만원이 발생하기 때문에 (주)대목은 고급침대 100개의 특별주문을 수락해야 한다. 이를 정리해 보면, 다음과 같다.

특별주문을 수락하는 경우 :

증분수익	단위당 150만원×100단위＝	15,000만원
증분비용	변동비 : 단위당 100만원×100단위＝	10,000만원
증분이익		5,000만원

[사례 2] 특별주문관련 의사결정 (2)

만약, 위의 사례에서 특별주문과 관련된 다른 상황은 동일하되, (주)대목이 고급침대 100개에 대한 주문을 수락하는 경우 고급침대 생산을 위한 1대의 기계장치가 추가적으로 더 필요하고 동 기계장치를 타침대 생산회사로부터 임차한다고 가정해 보자. 동 임차료가 6,000만원이라고 할 때 이러한 상황에서 (주)대목은 특별주문을 수락해야 할까?

위와 같이 다소 변화된 상황을 고려해 보자. (주)대목이 특별주문을 수락하는 경우 1대의 기계장치를 임차해야 하고, 이에 따라 6,000만원의 고정비가 추가적으로 발생한다. 앞서 설명한 바와 같이 고정비는 생산량의 증감과 무관하게 발생하므로 비관련원가로 분류되는 경우가 대부분이다. 그러나 이와 같이 특별주문을 수락하는 경우는 특별주문을 수락하지 않는 경우와 달리 추가적으로 고정비가 발생하게 된다. 즉, 추가적인 고정비는 분명히 생산량 자체에 변동하는 원가는 아니지만, 두 대안간의 차이를 발생시키는 관련원가임에는 틀림없다. 따라서 6,000만원의 추가적인 고정비는 의사결정에 고려해야만 한다. 따라서 증분이익(손실)을 다시 산정해 보면 다음과 같다.

특별주문을 수락하는 경우 :

증분수익	단위당 150만원×100단위=	15,000만원
증분비용	변동비 : 단위당 100만원×100단위=	10,000만원
	고정비 :	6,000만원
증분손실		(1,000만원)

위에서 보는 바와 같이, 고급침대 100개에 대한 특별주문을 수락하면서 발생하는 추가적인 고정비로 말미암아 오히려 1,000만원의 추가적인 증분손실이 발생하게 됨을 알 수 있다. 따라서 (주)대목은 고급침대 100개의 특별주문을 수락하지 않아야 한다.

지금까지 특별주문의 사례를 통해 '관련원가분석'을 실제로 수행하는 과정을 살펴보았다. 다시 요약해 보면, '관련원가분석'은 '관련수익과 관련원가'를 '비관련수익이나 비관련원가'로부터 분리해내고, 대안간의 차이가 있는 금액이 얼마인지를 결정하는 과정이다. 즉, 관련원가분석은 우선적으로 비관련원가를 제거하는 것이고, 그 다음 대안간의 차이가 나는 금액을 결정하는 일이다.

주의를 요하는 한마디

회계의 모든 영역 중에서 특히, 관리회계(managerial accounting ; management accounting)는 과학이라기보다는 예술(art)에 더 가깝다고 할 수 있다. 여기에는 권위 있는 회계기준이나 규칙이 없으며, 관리회계를 지배하는 일반적으로 인정된 관리회계원칙도 없다.

예를 들어, 세무회계에서는 세법에 규정된 원칙을 따라야 하며, 재무회계에서는 외부용 재무제표를 준비하기 위해 '일반적으로 인정된 회계원칙'(GAAP)을 따라야 한다. 이에 반해, 관리회계는 몇 개의 정립된 규칙만을 가지고 기업경영자의 조직운영과 성장을 위한 의사결정에 유용한 재무정보를 제공하는 폭넓게 열려진 회계분야의 영역이라 할 수 있다.

따라서 관리회계는 정보의 신뢰성 혹은 객관성보다는 조직내부의 의사결정을 위한 정보의 경제성을 중시한다. 즉 객관성이 낮은 주관적인 정보라도, 내부의 의사결정에 도움이 된다면 유용한 정보가 된다. 다만, 원가계산은 내부의사결정에도 필요하지만 재무보고에도 영향을 주기 때문에 원가계산준칙을 따라야 한다.

이와 같이 생산에 투입되는 재료비, 노무비, 경비 등의 원가를 파악하여 제품의 원가를 산정하는 방법을 다루는 원가회계는 기업의 내부의사결정에 도움이 되고 동시에 외부재무보고 목적으로도 필요한 영역이다. 즉 원가회계는 관리회계 측면과 재무회계 측면을 동시에 가지고 있다고 할 수 있다.

마지막으로, 본서가 회계/재무정보이용자의 의사결정을 위한 좋은 길잡이가 되길 바랄 뿐이다.

영어로 토의해 보기(Discussion Questions)

[DISCUSSION 1]

> Define accounting.
> Briefly distinguish financial accounting from managerial accounting.

ANSWER

Accounting is a system that collects and processes (analyzes, measures, and records) financial information about an organization and reports that information to decision makers.

Financial accounting involves the preparation of the four basic financial statements and related disclosures for external decision makers. Managerial accounting involves the preparation of detailed plans, forecasts, and performance reports for internal decision markers.

[DISCUSSION 2]

> Fred argues, "The standards that I like most are the ones that eliminate all management discretion in reporting—that way I get uniform numbers across all companies and don't have to worry about doing accounting analysis." Do you agree? Why or why not?

ANSWER

We don't agree with Fred because the delegation of financial reporting decisions to corporate managers may provide an opportunity for managers to convey their superior information to investors. Corporate managers are typically better than outside investors at interpreting their firms' current condition and forecasting future performance. Since managers have better knowledge of the company, they have the potential to choose appropriate accounting methods and accruals that portray business transactions more accurately. Note that accrual accounting not only requires managers to record past events, but also to make forecasts of future effects of these events. If all discretion in accounting is eliminated, managers will be unable to reflect their superior information in their accounting choices.

When managers' incentives and investors' incentives are different and contracting mechanisms are incomplete, giving no accounting flexibility to managers may result in a costlier solution to investors. Further, if uniform accounting standards are required across all companies, corporate managers may expend economic resources to restructure business transactions to achieve a desired accounting result. Manipulation of real economic transactions is potentially more costly than manipulation of earnings.

[DISCUSSION 3]

Two years after a successful public offering, the CEO of a biotechnology company is concerned about stock market uncertainty surrounding the potential of new drugs in the development pipeline. In his discussion with you, the CEO notes that even though they have recently made significant progress in their internal R&D efforts, the stock has performed poorly. What options does he have to help convince investors of the value of the new products? Which of these options are likely to be feasible?

ANSWER

The CEO could potentially take advantage of the following options to provide information about the value of the firm's new projects:

- Analysts meetings
- Voluntary disclosure of internal R&D efforts
- Initiating of increasing its dividend
- Stock repurchases
- Sale of a block of stock to a pharmaceutical company or other knowledgeable firm

While each of these options could be used to communicate directly or signal management's private information about the value of the firm's new projects, the firm may be either unable or unwilling to undertake some of these options.

Stock repurchases and initiating/increasing the dividend are likely to be infeasible. Both of these strategies require cash that the firm probably does not have. The typical biotech firm does not turn a profit for several years after going public. In fact, it often returns to the capital markets for additional resources to support it while products are developed and the firm waits for regulatory approval. Hence, these high-cost strategies are probably not realistic options for the firm.

Analysts meetings and increased voluntary disclosure are more likely actions for the firm. These represent efficient ways for the firm to provide detailed information about its new projects. If management information is not considered to be credible, investors and analysts may not pay attention to information provided in this manner. Furthermore, management may be reluctant to provide detailed information to the diverse group of shareholders and analysts because of critical information it could provide to competitors.

Sale of a block of stock to a pharmaceutical company or other knowledgeable firm would also be feasible for the firm to do. It would signal to outsider investors and analysts that a very knowledgeable player with access to sensitive company information about the firm's new projects has decided to make a substantial investment in the firm. The firm may prefer not to sell a block of stock in this manner for reasons of corporate control. If the potential blockholder sees the private information and decides that the firm is undervalued, it may decide to try to acquire the firm outright. Furthermore, the firm may not want to disclose the information to a potential competitor. However, there may be legal arrangements between the firm and a potential blockholder that could limit the likelihood of any of these events.

[DISCUSSION 4]

What do you think the phrase "managing the financial statements rather than managing the business" means?

ANSWER

If the company's management becomes too focused on the presentation of short-term results to external parties, it will have a tendency to make operating decisions based on the impact of those decisions on the financial statement, rather than making those decisions based on the long-term good of the company. This is known as "*managing the financial statements*" rather than managing the business.

[DISCUSSION 5]

Give an example of a management decision that would be made differently depending on whether the manager is concerned with short-term profits versus the long-term well-being of the company. Explain the impact of the two different perspectives on the outcome of the decision.

ANSWER

Management decisions —short-term vs. long-term focus. Responses to this question will vary, but many will relate to either cost reduction or cost increase decisions.

Cost reduction decisions. Decisions of this type are greatly influenced by whether management has a short-term or long-term perspective. A good example is whether or not to reduce a company's labor force. Most businesses find it necessary to lay off employees periodically. The cost of labor is extremely high, and a company simply cannot afford to keep employees on the payroll if the volume of business declines. The decision to let employees go, however, must be made carefully because there are long-term as well as short-term considerations (not to mention that one is dealing with people who will be hurt by the decision!).

(1) *Short-term perspective.* There is probably no better way to quickly improve profits than laying off employees to reduce wages expense. Companies whose management is focused on the short run can actually use layoffs as a way to manipulate profits. After cost of goods sold, human resource costs are among the highest expenses for most businesses.

(2) *Long-term perspective.* Letting employees go will save a company money in the short run, but may actually be more costly in the long run, for a number of reasons :

- It usually costs an enormous amount of money to recruit, hire, and train employees. If a company reduces its labor force to save money, but then must replace those employees later on, it will incur the cost of training the new employees.
- Employee layoffs usually cause morale problems and there is often an adverse impact on the productivity of remaining employees.

If management has the long-term health of the company in mind, it will carefully consider the possible future adverse effects of cost reduction decisions. If, on the other hand, management is preoccupied with short-term profits, it will ignore potential future problems and will make the decision that will have the most immediate impact on profits.

Cost increase decisions. This type of decision is also greatly influenced by whether management has a short-term or long-term perspective. A good example is whether a company should spend money on research and development (R&D). Research and development is usually very costly. Furthermore, the benefits derived from the money spent on R&D are often not realized for many years (if at all).

(1) *Short-term perspective.* Current accounting standards (GAAP) require that all the money spent in R&D be expensed in the period incurred. This means that every dollar spent reduces net income by a dollar. Therefore, management can improve the short-term profits of a company by deciding not to involve itself in R&D activities or reducing its R&D expenditures.

(2) *Long-term perspective.* In many industries, companies must spend money on R&D if they are to remain technologically competitive. Indeed, many companies will simply not survive at all if they do not invest in R&D. If management has an eye on the long-run success (or survival) of the company, it is willing to sacrifice profits in the short run to achieve success in the future.

찾아보기

저자 소개

나 영

중앙대학교 경영경제대학 경영학부 교수
(미) 럿거스 대학원 졸업(경영학 석사, 경영학 박사)
공인회계사, 세무사, 입법고등고시, 공무원시험 출제위원 역임
한국공인회계사회 윤리위원, 윤리조사심의위원 역임
교육부 교과과정심의위원 역임
한국연구재단 학술지 전문평가단 및 사회분야 전문위원(RB) 역임
한국마사회 경영자문위원 역임
중앙대학교 사무처장, 사회과학대학 학장 역임
한국회계학회 회계학연구회 회장 및 회계저널 편집위원장 역임
한국경영학회 KBR 편집위원장 역임
한국경영교육학회 회장 역임

〈주요 저서 및 논문〉

· IFRS 회계학원론(박영사, 2020)
· 통계적 연구방법론의 이해(신영사, 2020)
· 경영성과와 전략적 관리회계(영화조세통람, 2003)

· 계열사 신규상장 여부와 시장유형에 따른 기업집단 지배구조의 복잡성과 터널링의 관련성(회계저널, 2022)
· 히든 챔피언의 내부 및 외부 지배구조에 따른 무형자산성 지출의 가치관련성(회계저널, 2021)
· 은행의 조기손실인식이 경기 순응성과 이익관리에 미치는 영향(경영학연구, 2019)
· 민화전시 관람동기가 만족도를 통해 행동의도에 미치는 영향(경영학연구, 2017)
· Health Information Technology Competitive Advantage and Financial Performances(Journal of Health and Human Services Administration, 2016)
· Underpricing of Carved-Out Initial Public Offerings(The Journal of Economic Research, 2002)
· 경영자의 재무의사결정과 비대칭적 원가행태(회계저널, 2016)
· 한국 회계학교수 인력의 수급에 관한 기초연구(회계저널, 2015)
· 기업지배구조가 특수관계자 거래에 미치는 영향(회계저널, 2015)
· 공정공시와 자기자본비용의 관련성(회계학연구, 2014)
· 이익관리를 위한 비정상재고자산변동액의 활용 : 매출액조정액 및 매출원가조정액의 비교(경영학연구, 2014)
· 기후변화 대응 및 에너지 목표관리제하의 위험요인과 기회요인에 따른 가치관련성(경영학연구, 2013)
· 기업규모에 따른 CSR활동과 기업가치에 대한 실증분석(회계저널, 2011) 외 다수

양대천

중앙대학교 경영경제대학 경영학부 교수
서울대학교 경영대학원 졸업(경영학 석사)
고려대학교 경영대학원 졸업(경영학 박사)
샌디에고주립대학 방문교수(Fulbright Visiting Scholar)
예금보험공사 경영심의위원회 위원(현)
중앙대학교 CPA반 지도교수, 대학원 회계학과 학과장 역임
한국경영교육학회 부회장(현), 편집이사, 관리회계분과위원장 역임
한국회계정보학회 부회장, 사무국장, 감사, 윤리회계 분과위원장 역임
한국경영학회 KBR 편집위원 및 한국기업경영학회 편집위원 역임
한국회계학회 학술이사 역임
한국생산성학회 상임이사, 한국기업경영학회 상임이사, 한국관리회계학회 상임이사(현)
부천시 투자심사위원회 자문위원 및 황해경제자유구역청 자문위원 역임
포스코경영연구소 연구위원 역임
삼일회계법인 미국공인회계사 역임

〈주요 저서 및 논문〉

· 주식초보자가 가장 알고 싶은 재무제표 최다질문 TOP52(메이트북스, 2021)
· 재무제표를 알면 오르는 주식이 보인다(메이트북스, 2020)
· 재무제표를 꿰뚫어보는 법(메이트북스, 2019)
· 문과에도 길은 있다(메이트북스, 2018)
· 미라클 경영(자의누리, 2017)

· Impact of Minimum Wage Legislation on Gender Differentials in Sticky Wages: Evidence from Korea[Applied Economics Letters (SSCI), *forthcoming*]
· Managerial Overconfidence and Manipulation of Operating Cash Flow: Evidence from Korea [Financial Research Letters (SSCI), 2020]
· CEO Pay Slice and the Sunk-cost Effect[International Joumal of Entrepreneurship, 2019]
· Managerial Overconfidence, Self-Attribution Bias, and Downwardly Sticky Investment: Evidence from Korea[Emerging Markets Finance & Trade (SSCI), 2018]
· Impact of Wage Rigidity on Sovereign Credit Rating[Emerging Markets Review (SSCI), 2018]
· FDI Consequences of Wage-Cost Rigidities[Singapore Economic Review (SSCI), 2017]
· CEO Gender and Downward Pay Rigidities as Rent-extractions[AW (SSCI), 2017]
· Impact of Managerial Optimism on Cost Stickiness: Evidence from China[IJABER (SCOPUS), 2017]
· CEO Tenure, Market Competition, and Sticky Pay-without-Performance as the Rent-extractions [Asia-Pacific Journal of Financial Studies (SSCI), 2017]
· Mergers, CEO Hubris, and Cost Stickiness[Emerging Markets Finance and Trade (SSCI), 2015]
· An Empirical Study of the Impact of a Host Country's Tax Regime on Inbound and Outbound Foreign Direct Investment[Journal of Korea Trade (SSCI), 2013] 외 다수

제2판 재무회계와 재무분석

2017년 8월 25일 제1판 1쇄 발행
2022년 8월 25일 제2판 1쇄 인쇄
2022년 8월 30일 제2판 1쇄 발행

저 자 나 영 · 양대천
발행인 권 영 섭
발행처 (주) 신 영 사

㈜신영사

경기도 파주시 심학산로 12(출판문화단지)
등 록 : 1988. 5. 2 / 제406-1988-000020호
전 화 : 031-946-2894(代)
F A X : 031-946-0799
e-mail : sys28945@naver.com
홈페이지 : http://www.shinyoungsa.co.kr

정가 **25,000**원 ISBN 978-89-5501-803-5